普通高等教育“十二五”规划教材

市场调研

——行业发展与企业运营

汪劲松　著

科学出版社
北京

内 容 简 介

本书共分三篇14章，第一篇包括第1～3章，主要阐述市场调研行业的历史与现状、行业发展环境和客户需求特征；第二篇包括第4～9章，系统地分析了市场调研企业的营销战略和营销组合策略的制定和实施；第三篇包括第10～14章，围绕市场调研企业的实际运作，完整阐述了市场调研企业在项目组织、人力资源、服务质量、客户关系和业务流程方面的管理理论与方法，并总结归纳了作者长期从事调研企业管理的实践经验。

本书适合作为工商管理类特别是市场营销专业的本科生、研究生的教材和教学参考书。书中附有案例、思考与讨论和相关阅读材料，便于教师教学和读者自学。对于市场调研企业的经营管理者，本书可为其规划、组织、指挥和控制市场调研过程，为完成委托项目的调研服务提供系统指南和操作规范。

图书在版编目(CIP)数据

市场调研：行业发展与企业运营/汪劲松著. —北京：科学出版社，2013
普通高等教育“十二五”规划教材
ISBN 978-7-03-038128-6

Ⅰ. 市… Ⅱ. ①汪… Ⅲ. 市场调研-高等学校-教材 Ⅳ. ①F713.52

中国版本图书馆CIP数据核字（2013）第150285号

责任编辑：兰 鹏 张 凯 / 责任校对：李 影
责任印制：徐晓晨 / 封面设计：蓝正设计

科学出版社出版
北京东黄城根北街16号
邮政编码：100717
http://www.sciencep.com
北京盛通商印快线网络科技有限公司 印刷
科学出版社发行 各地新华书店经销
*
2013年8月第 一 版 开本：787×1092 1/16
2020年2月第二次印刷 印张：19
字数：475 000

定价：48.00元

（如有印装质量问题，我社负责调换）

前　言

市场调研是根据特定目的，采用科学的调查手段，运用现代技术工具和研究方法，进行市场信息调查、收集、整理和分析，为企业运营决策提供及时、全面、准确的信息。市场调研业是现代信息咨询业的重要分支，是第三产业中有效利用信息资源服务于客户的智力密集型产业。市场调研行业在发达国家已经进入一个非常成熟的阶段。美国企业每年花在市场调查上的费用超过100亿美元。中国的市场调研业产生于20世纪80年代初期，并随着我国社会主义市场经济体制的建立和加入WTO蓬勃发展起来。据全国市场研究行业协会测算，2008年，全国市场调研和咨询业营业额达到63亿元，以市场调查研究为主的各类调查咨询机构总量为6 300家左右，已成为具有相当规模的朝阳行业和服务产业新的经济增长点之一。

随着我国经济的高速增长和经济体制的转型，市场调研日益成为各类工商企业把握市场趋势、评估投资机会、制定营销策略的基础和依据。中国企业市场调查意识的增强给各类市场调研企业的发展带来了前所未有的机遇。2008年，中国的市场调研行业营业收入总额世界排名第7位，20年来其增长速度高居世界首位。本土调查企业中涌现出了如零点研究咨询集团、央视市场研究公司、新华信国际信息咨询公司等享誉业界的大型市场调查公司，但对于绝大部分的内地市场调研企业来说，其经营效益和发展状况却不容乐观，面临营销意识不强、市场定位模糊、缺乏研究特色、技术能力不足、专业人才匮乏、服务质量不高、营运效率低下、管理缺失规范等问题。面对越来越激烈的市场竞争挑战，如何突破制约其发展的障碍和瓶颈，以及打造企业的核心竞争力是国内市场调研企业亟待解决的重大课题。

笔者认为，缺乏对行业的深入理解、有效的营销策略和完善的服务管理模式，正是导致市场调研企业运营状况不良、发展后劲不足的根本原因。市场调研公司要实现企业的可持续发展，提升市场竞争能力，必须从深入分析和研究市场调研行业的特殊性和规律性开始，树立正确的营销观念，建立顾客满意战略，制定有效的营销组合策略，建立高效的服务营销模式，提升客户信任度和满意度。

自20世纪90年代，笔者开始持续跟踪和研究我国的市场调研行业发展和企业运营情况，并长期在各类市场调查和研究企业中从事委托项目管理、调研组织策划和调研企业管理工作，并主持和完成120多个市场调查委托项目。同时，在高校中从事市场调研课程的教学和研究近20年，积累了较丰富的理论知识和实践经验。笔者在充分吸收国内外当代市场调研理论的基础上，结合我国市场调研行业的发展情况，以现代市场营销理论为基础，从专业市场调研公司的角度对市场调研行业的发展和市场调研企业的运营模式进行研讨与探索，系统地阐述了市场调研企业的市场战略、服务流程和管理体系，较完整地总结了市场调研技术、方法和工具的实践运用，同时将市场调研行业发展中涌现的新理念、新技术、新方法介绍给读者。本书填补了我国在市场调研行业发展和企业运营这一领域的研究空白，具有开拓性、独创性和领先性，并同时兼顾理论策略和实践操作两个层面。本书适合于提供给市场营销专业的本科生、研究生作为教材使用；市场调研的从业人员也能从本书中获得开展市场调查活动的系统知识和技术方法；对于市场调研企业的经营管理者，本书为其规划、组织、指挥和控制市场调研过程，完成委托项目的调研服务提供系统指南和操作规范。

全书分为三篇14章，主要阐述市场调研行业的发展现状、需求环境和客户特征，系统地分析了市场调研企业的营销战略和营销组合策略的制定和实施。围绕市场调研企业的实际运作，完整阐述了市场调研企业在项目组织、人力资源、服务质量、客户关系和业务流程方面的管理理论与方法，并总结归纳了笔者长期从事调研企业管理的实践经验。

汪劲松

2013年5月

目 录

第三篇 市场调研企业的管理与运作

第14章

第一篇　市场调研行业的发展与环境

第1章

市场调研行业的发展

1.1 市场调研与市场调研行业

我国社会主义市场经济体系的逐步建立和经济社会的高速发展,居民购买能力的提高,以及消费观念和方式的更新极大地改变了市场供求状况,也促使企业必须转变经营理念,必须面向市场、适应不断变化的市场环境,并及时做出正确的经营决策。

在以市场机制为主导调节方式的现代市场经济体制和买方市场的条件下,企业要在激烈的竞争环境中求得生存与扩张,实现企业的盈利和发展目标,必须尽可能快地将企业产品或服务导向市场,并顺利实现商品的价值。现代营销的核心就是,企业必须面向市场需求制定符合企业实际和市场趋势的整体营销策略,开发出适销对路的产品或服务,并以适当的方式送达消费者和用户的手中。其前提和关键就是对市场需求的透彻而准确的分析,及时识别和正确应对市场环境的变化,审视消费者的需求,以此发掘蕴藏其中的营销机会。明晰市场需求是企业营销的首要和关键的环节,也是市场调研的根本任务。美国市场营销协会(American Marketing Association,AMA)对市场调研的含义所作的正式阐述为:市场调研是一种通过信息将消费者、顾客、公众与营销者连接起来的职能。这些信息用于识别和确定营销机会及问题,产生、提炼和评估营销活动,监督营销绩效,改进人们对营销过程的理解。市场调研规定了解决这些问题所需要的信息,设计收集信息的方法,管理并实施信息的收集过程,分析调查和研究数据,最后向需要者沟通所得的数据、结论及其意义。

市场经济及企业营销始终处于不断的发展过程中,人们对市场的理解及研究的角度不一,因此人们对市场调研的理解与定义也存在一定的差异。国内外学者关于市场调研的定义达数十种之多,各有特点与局限。有的观点是从企业营销的角度将市场视为某种商品的潜在与现实的消费者的需求总和,因而将市场调研理解为对消费者或特定顾客的调查和分析,即市场营销方面的调研。也有观点是从宏观经济学角度出发,将市场视为全部商品交换关系的总和,因而相应地将市场调研看做是广泛地对市场和市场方法进行科学的研究。美国学者 Brown lrndon O. 即持此观点。德国学者利索夫斯基(Lisoesky)的定义是,市场调研是指企业本身在经营和推销的各种环境影响条件下，运用系统的科学原理及方法所获得并认识的情报。台湾营销学家樊志育将市场调研分为广义和狭义两种，狭义的市场调研是针对顾客主要是目标消费群和潜在消费群的调研，即以购买和消费商品的个人或组织为对象，搜集和分析其消费的现状、动机、趋势等特征；而广义的市场调研则包括所有组织、市场及企业营运的诸方面，以各类社会组织营销的所有功能、阶段、作用为调研对象。作者在此不再对其进行新的定义，仅从各类定义中提炼出它们的共同点，据此对市场调研的概念范畴进行界定，使读者对其有较完整的实质性认识。

(1)市场调研的目标是发现潜在市场机会，解决特定的营销问题并降低经营决策中的不确定性。

(2)市场调研的对象是消费者、企业和其他社会组织。

(3)市场调研的内容是消费群体的需求特征与消费趋势，以及企业营销行为及其效果。

(4)市场调研的实质是对市场信息的搜集、分析、传递和应用。

(5)市场调研的核心是为企业制定正确的营销策略和整合传播方案提供依据。

可见，市场调研的基本目标就是发现和识别市场机会并将需求信息反馈给企业。本书主要是从市场调研专门化机构或企业，即市场调研项目受委托人的角度，来研究其功能和运作模式，兼有狭义和广义两方面的内容。

市场调研行业是现代信息咨询业的重要分支。它是根据特定目的，采用科学的调查手段，运用现代技术工具和研究方法，为解决经济、社会等方面问题而进行的咨询活动，是第三产业中有效利用信息资源服务于客户的智力密集型产业。现代咨询产业在纵向上可以划分为三个层次，即信息咨询、管理咨询和战略咨询。市场调查行业是咨询产业的基础层。发达的市场调研业是现代市场体系的重要组成部分，也是衡量一个国家或地区市场经济发达程度的重要标志。

1.2　国外市场调研行业的历史与发展

市场调查是商品生产和市场经济发展的产物，市场调研活动的历史可追溯到 19 世纪 90 年代。1879 年，N. W. Ayer 进行谷物市场调查是首次有记载的营销调研；1911 年，美国当时最大的出版商柯蒂斯出版公司，设立了全世界第一个调查机构——商业调查部，并聘请了调查专才配林先生担任其商业调研部经理，配林先后对农具销售、纺织品销售进行了系统的调研，收集了大量的第一手资料，撰写了专著《销售机会》，此后，他又对实地调研技术作出了一系列的贡献，被推崇为市场调研学科的先驱。但直到 20 世纪 50 年代以后，市场调研才真正成为一门系统的学科，或者说一门应用科学，被企业广泛运用于经营管理。从 20 世纪 20 年代开始，美国的一些垄断行业和企业相继建立了自己的市场调研组织。之后，从事市场调研的专门机构便如雨后春笋般纷纷成立。由兼营性发展到专业性，由企业的附属部门发展成为一个重要的行业。按 AC 尼尔森公司总裁 John Costello 的划分，国外的市场调查行业的发展大致经历了数据收集、数据分析和营销咨询三个阶段，并于 20 世纪 90 年代以后加快了向第三阶段发展的速度。目前，市场调研服务已成为世界咨询产业中的重要组成部分，并极大地提高了企业的营运效率和企业整合营销传播力度，据 ESOMAR 提供的数字显示，市场调查业 1997 年的全球营业额为 118 亿美元。2001 年，国际民意与市场调查协会(European Society of Opinion and Marketing Research，ESOMAR)的统计资料显示，全球的市场调研从业者达 200 多万，全球企业年调查费用高达 800 亿。目前，全世界的市场研究和咨询业已发展成为一个年营业额达 6000 亿～7000 亿美元、年增长率近 20%的庞大行业。各类调研和咨询机构达 40 多万家，从业人员超过 300 万人，业务范围也从市场营销调研发展到综合咨询，从经济领域扩展到政治、军事、法律、环境及全球性问题等诸多领域，并出现了一批在国际上享有盛誉的综合调研机构。例如，美国的兰德公司、日本的野村研究所、英国的伦敦国际战略研究所、罗马俱乐部等。全球市场调研的营业收入的一半集中在最大的 25 家跨国市场调研公司。

现代市场调研理论的研究者们通常将市场调研在国外的发展大体划分为五个阶段，见表 1-1。

表 1-1 市场调研行业的发展

时间	时期	主要内容和标志性事件
1900 年以前	萌芽期	1879 年，N. W. Ayer 进行谷物市场调查是首次有记载的营销调研； 1895 年，Gale 运用邮寄问卷、Scott 运用心理技术进行广告研究标志着市场调研进入学术研究阶段； 杜邦公司完成首次系统的顾客调研
1900～1920 年	发展前期	1911 年，第一家正式的市场调研机构 C. P. C 设立； Starch 和 Strong 拓展了市场调研量表技术
1920～1950 年	发展中期	世界最大调研机构 A. C. Nielsen 进入调研业并迅速发展； 抽样调查、问卷调查等多种调研技术与工具广泛应用，运筹学运用于市场分析； 市场调研作为正式课程在大学中得到普及，市场调研发展为成熟的产业
1950～1990 年	发展后期	企业对市场的需求大规模增长； 市场营销、消费者行为等理论融入市场调研； 数学模型、计算机、网络技术大幅度提高了市场调研的效率
1990 年以后	成熟期	网络技术应用； 专题委托调研、全球性市场调研增多； 定期调研已成为企业基本营运工作

1.3 国内市场调研行业的历史与发展

中国市场调研业的快速发育、成长，有其产生的时代背景和市场条件。20 世纪 80 年代之前，由于我国长期实行以指令性计划、统购统销为基础的计划经济体制，商品生产不发达，企业既不需要依赖市场制订经营计划也无须研究市场需求动态，市场调研的理论探索和学科建设更无从谈起。我国企业基本未组织过经常性、系统化的市场调研，市场需求信息和购销数据的搜集工作主要由各级地方政府的行业管理部门和统计机构来承担，信息处理工作也基本上采用逐层上报、分块分级汇总的单一形式。其功能也仅局限于为政府部门提供制订经济计划和政策的参考数据。随着中国经济体制的剧烈转轨，长期服务于计划经济体制的统计信息系统，已经很难适应发生了很大变革的市场现状，它所提供的统计信息，除一部分用于满足国民经济宏观管理的客观需要外，已很难或很少服务于现代企业的经营决策。从 80 年代中后期开始，小规模的市场调查活动逐渐在部分沿海发达地区的企业开展起来。1984 年，北京社会与经济发展研究所（民办机构）在内部成立了社会调查中心，这是我国记录在案的最早的民办调研机构。1986 年，北京社会调查所（后改称中国市场调查所）和北京社会调查事务所（后改称中国社会调查事务所）最早将民意调查结果推向媒体。1987 年 7 月，广州市场研究公司正式注册成立，成为中国第一家市场化运作、面向企业提供有偿服务的专业市场调查企业。改革开放以后，一方面，随着企业经营机制的转换和现代企业制度的推行，企业必须依靠市场才能求得生存与发展；另一方面，随着我国社会生产力的高速发展和经济领域的进一步对外开放，绝大多数行业已开始形成买方市场，市场竞争日益激烈，市场调研咨询服务在部分沿海发达地区的企业逐渐开展起来。1992 年开始的经济热潮、市场化进程的加快给市场调查业带来了前所未有的机遇。各类企业包括国有企业的市场调研活动空前活跃，专业调查企业接受委托调研和研究的项目大量增多。市场调研迅速成长为一个独立的新兴产业。从机构数量上看，1990 年中国大陆各地仅有各类调查机构 20 家，2000 年达到 1000 余家，根据科学技术部（简称科技部）2005 年进行的第一次全国经济普查的结果，我国具有法人资格的咨询机构有 45 418 家，从业人员为 42 万人，其中以市场研究/调查为主业的机构总数为 5900 家左右，北京、上海、广东三省（市）占近三分之二。从营业规模上看，1990 年全国市场调研和咨询业营业额仅有 1000 万，2000 年的营业总收入为 15 亿元人民币，到 2008 年达到 63 亿元，行业年均增长率高达 12.27%。根据中国传媒大学调查统计研究所教授柯惠新的研究，20 年间，中国的市场调研行业营业额总量在全球的排名从 20 年前的倒数几名到 2005 年的第 15 位到 2008 年世界排名第 7 位，发展速度十分惊人。据预测，我国 2020 年调研和咨询市场总规模将达 2500 亿元，我国将成为全球十大咨询市场之一。

中国市场调研和咨询业的发展历史大致可以分为五个阶段，见表 1-2。

表 1-2　国内市场调研和咨询行业的发展

时间	时期	主要内容和标志性事件
1945 年以前	萌芽期	由个别学者或院校组织的家计调查，仅限局部或地区
1945～1990 年	成长初期	主要由中央和各级地方政府统计部门、物价部门组织的职工生活调查及人口普查，仅用于制定经济和人口政策；部分企业开展小规模的市场调研活动；大专院校开始开设相关课程
1990～2000 年	成长中期	市场调研服务空前增长，市场调研和咨询开始形成独立的行业，涌现大量市场调研机构
20 世纪 90 年代末期至 2005 年	成长后期	调研服务需求和行业营运收入高速增长，国外大型调研公司进入中国，国内调研企业数量迅速增长
2005 年以后	成熟期	国内形成一批较高水平的市场调研企业，调研行业内部出现细分化和专业化，行业发展开始趋向规范化和自律

1.4 市场调研行业的运作方式与技术发展

在市场调研行业内部，从20世纪70年代以来，市场调研的运作方式与技术发展呈现出以下三个特征。

1. 标准化

西方发达国家的市场调研企业开始形成了一套较完整、规范的程序与标准，涵盖了自用户接洽、委托协议直到实施监控、报告提交的全部过程，对企业监控调研服务流程、确保市场调研的质量产生重要作用。例如，英国的市场调研组织协会，建立了用以衡量市场研究公司调查的正确性和可信度的标准(quality control system for interviewing，QCSI)，并使之适合ISO 9000质量认证体系。目前，在英国有80%以上的市场访问按此准则运行。我国的北京环亚市场研究社目前也采用此标准来控制面访和电话访问的质量，并于1997年通过安永会计事务所(Ernst&Young)审核，获得该体系的质量认证书。

2. 自律化

市场调研行业的发展和管理开始趋于规范化，市场化程度较高的各国纷纷在国内逐步建立了行业内部的管理协会，如美国市场研究协会(American Marketing Research Association)、英国的不列颠市场调研公司协会等。我国于1998年9月成立了行业自律性组织——全国市场调查行业协会(筹)(MRA)，并于2001年2月正式注册成立"中国信息协会市场研究业分会"(China Marketing Research Association ，CMRA)，目前该组织已有会员单位约200多家，基本包含了目前在中国市场上比较规范的、以市场调查为主营项目的大部分调研机构。与此同时，该组织也积极开展与国际调查行业相关组织的交流，加强与国际民意与市场调查协会、美国市场营销协会和世界民意研究协会(The World Association for Public Opinion Research，WAPOR)等机构的联系。

3. 技术多样化

市场调研的技术与手段随着市场调研的日趋盛行和产业技术革命而迅速发展和丰富起来。

Philip Kotler教授把市场调研技术的演进过程分为六个阶段，见表1-3。

表1-3 市场调研技术的发展

时间	时期	市场调研技术与方法
1880～1920年	工业统计阶段	普查、直接观察、基本分析
1920～1940年	技术阶段	随机抽样、配额抽样；问卷设计、相关分析
1940～1950年	自觉阶段	概率抽样、固定样本调查；回归分析、高等统计理论
1950～1960年	应用实验阶段	动机测量、态度量表；复回归和复相关分析
1960～1970年	计量方法阶段	因素分析、类别分析；贝氏统计分析、电脑数据处理
1970～1980年	消费理论阶段	计量经济模型、多属性态度模型；试销实验法、多元素尺度法

20世纪80年代以来，随着计算机网络技术、电子技术的发展，市场调研进入管理咨询和营销信息系统的时代，其专业方法、技术手段也日趋多样化，因特网在线调研、电话辅助调

查、电视监测器等现代技术也大规模运用于市场调查。

1.5 市场调研行业的结构与布局

根据科技部2005年的统计数据，独立调研和咨询企业为44 568家，占咨询机构数的98.1%，构成了目前市场调查行业的主体；其他事业单位为112家；民办非企业单位164家；社会团体1家；其他组织机构573家。按市场调研和咨询的客户构成划分，制造业客户占38%，为市场调查业的第一大客户。其中，快速消费品制造业客户占30%，耐用品制造商客户占8%；各类性质的广告公司是调查业的第二大客户，占15%。按营业收入水平划分，2005年全年营业收入在50万元以下的调研和咨询机构为34 195家，占全国总数的75.3%；在500万元以下的调研和咨询机构总数为43 795家，占全国总数的96.4%；在100万～500万元之间的调研和咨询机构数为5368家；500万～1000万元的机构为848家；1000万～5000万元为658家；5000万元以上的117家。在从事市场调研/研究为主的近8000家企业中，业内公认比较有规模的只有50～60家，基本集中在北京、上海、广州三地，这些公司的年营业额占了全行业营业额的80%左右。而占总量90%以上的市场调研和咨询公司，全年营业收入在百万元以下，从事调研的专业人员只有十到几十人。整个市场调研和咨询行业呈非常明显的“2/8”特征。在上述企业中，一类是业内公认形成一定规模、具有全国性影响力的较权威的调查公司，如零点研究咨询集团、上海尼尔森市场研究有限公司，其主要承接全国性、行业性的商业调研项目，资金实力雄厚、人员素质较高、管理运作规范，服务对象多为进入中国市场的大型跨国公司、大型中外合资企业、知名品牌企业和部分上市公司；另一类则是大量的区域性中小型市场调查企业，它们占全国各类市场调查企业总数的90%以上，所从事的市场调查业务基本局限于企业所在省、市(地区)范围内，主要服务对象大多数也是公司所在地(省、区)的各类企业、广告机构或地方政府，通常其年营业收入在100万元以下、固定资产在50万元以下。

1.6 市场调研公司的类型

目前，我国从事市场调研为主业的有近8000家机构。按执业主体性质划分主要有五类：①外资或合资市场调查研究公司，如AC尼尔森市场研究公司、北京益普索市场研究公司；②隶属政府职能部门的调查机构或国有调研公司，如各省市统计局的城乡调查队、经济信息中心；③独立的民营专业市场调查公司，如广州明慧市场研究有限公司、重庆立信市场研究有限公司；④由科研、教育、新闻等事业单位创办的半市场化的调查机构，如北京大学社会调查研究中心、中国传媒大学调查统计研究所、央视-索福瑞媒介研究等；⑤隶属各类企事业单位的市场调查部门，如大庆鑫山科技有限公司市场调查部、重庆时报研究院。其中，前三类占市场调查机构总数的98%以上，前三类市场调查公司在规模、市场定位、营销手段、面临的问题等方面都有着很大的差异。

第一类是外资调查公司，如盖洛普、SRG等，其投资规模大，管理规范，拥有较先进的调研技术手段，其进入中国市场的直接动力是其服务的大型跨国公司对中国市场的调查需求，间接动力是中国内地庞大的市场服务的潜力。最初，它们主要在内地的部分一线城市设立办事处，由海外总部接全球性的委托单子，实施其中国部分。随后，逐渐在国内设立独立营运的分公司或子公司，并在国内主要城市设立分支机构。这些外资调查公司多数具有以下特点：一是其项目质量的控制和全球性调研项目的要求相符合。项目操作的规范性较强，公司各部门分工明确，如同一项目实地资料的搜集和后期分析是由不同部门负责的。二是业务量较为稳定，较少承接国内客户委托，在 1997 年以前极少在国内市场展开营销活动。三是研究人员素质较高，公司在调研方面的培训能力很强。其劣势主要有三方面：一是调查项目的报价很高，往往超出国内客户的心理承受能力，如盖洛普所言“在调查质量上是客户选择我们，在调查报价上是我们选择客户”。二是高级管理人员和技术人员流动较大。外方掌握企业的主要决策权，人际关系和客户关系对公司的市场业绩有很大影响，加之调查行业的市场进入门槛低，以及国内调研企业的“高薪挖角”，因此常发生高级管理人员和技术人员“出走”的现象。三是外资调查公司的流程式、标准化运作更适于保证规范性研究项目的质量，对于客户较为特殊、针对性强的地域性项目，优势不明显。

第二类是有政府背景的国有调研公司，如国家及各省的统计局都设有专门的调研机构和稳定的调研队伍。其优势一是能发挥其城乡调查队的网络优势，且办公场所、人员工资等支出普遍较低，项目成本很低；二是拥有政府信息资源，能够容易获得很多行业的背景数据；三是依靠政府和相关部门的影响力拓展客户群，以往长期开展的信息咨询业务也更容易争取到市场调查业务，企业的社会可信度也比较高。但它们也存在相当的劣势，一是国有企业的管理体制不畅，个人工作绩效与回报得不到保障；二是市场压力不明显，企业营销取向不明显；三是受政府部门管理，缺乏独立性；四是基层的调查队工作环境差、调研手段单一，调研工作质量得不到保证，数据误差较大。目前，它们中的佼佼者亦有与外资合二为一的趋势，如国家统计局下属的华通现代已与美国的 Market Fact 合资，中央电视台下的央视调查咨询中心已与法国最大的收视率调研公司索福瑞集团(Sofres)合资。

第三类是独立的国内民营专业调查公司，以承接委托项目的市场调查为主要业务，部分规模较大的公司也涉足管理咨询、市场策划、信息发布、广告设计、人才推介等相关经营活动。管理者以个人独资或股份制合伙的形式投资创办公司，主要投资者往往同时也是调查公司的经营者和技术权威，具有从事市场调查工作的实践经历或较丰富的市场调研专业知识，熟悉市场调研的业务运作，公司所有权与经营权合一。它们的数量最多，在传媒上出现的次数也远远高于上两类调查公司。其优势在于：一是营运成本低，运作方式灵活，项目报价上具有明显的竞争优势。二是组织结构简单，员工没有太明确的专业分工，职能部门划分比较简单，常常根据委托课题的需要建立临时课题组(项目组)来完成调研业务，市场调查手段灵活多样。三是采用项目经理责任制，除前期客户沟通、业务洽谈外，一个项目从规划、设计、统计分析到报告撰写通常都由一位研究人员负责。责任明确，内部协调良好，但项目的质量也依赖于项目经理的个人素质和业务能力。四是市场营销能力较强，经常在传媒上发布调查结果，以增加知名度。对客户的反应迅速，服务意识较强。五是能够满足客户的特别需要，如某些难度较大的调研项目，民营公司往往能比外资、国有公司做得更好，因为它获得信息的手段较前两类灵活得多。但民营调查公司的劣势在于：一是企业规模不大，运作跨地区、多城市或比较复杂的调查项目的能力较差。因此其执行的调查业务一般局限于企业所在省、市范围内，客户也多数是当地企业。二是项目执行质量稳定性差。由于绝大多数民营调查公司都是在近 10 年内成立的，企业的技术水平和调研项目的质量与项目主持人、公司的主要技术人员的个人素质密切相关，故人员流失和变动对公司的项目质量有严重影响。三是市场开拓的难度较大，多数调查公司的知名度不高，人财物力有限，难以取得大公司和外资企业的信任，难以获得金额较大的项目合同。

尽管三种类型的市场调查各具特色，但作为专业调研公司，它们之间亦具有一些共同点。第一，专业调查公司着眼于长期发展，在项目质量上基本是负责任的。因为调查业的兴起时间不长，同业机构间较为熟悉，而客户群目前又相对固定，任何弄虚作假的行为都可能对一个试图在调查行业长期发展的公司造成致命的损害。第二，三类调查公司在决定调查结果准确性的实地工作中差异不大。在抽样框方面，由于难以获得精确到户地址的城市总人口样本框，故绝大多数调研公司都采用抽样员实地勘察的方法构建样本框；在访员素质方面，由于绝大多数访员都是兼职大学生，且相当多的大学生同时为几家公司担任访员，故各公司访员素质差异不明显。第三，对一些跨区域性市场的实地调研工作，大多采用“分包”或“转包”，由当地的市场调查公司实施，目前还没有一个调查公司能在全国所有省设立分公司。第四，由于调查业是智力密集型产业，企业的发展和原始资金的投入没有很大关系，故调查公司的兼并与重组在行业内部经常发生。

1.7　市场调研行业发展中存在的问题

自 20 世纪 80 年代引入我国以来，市场调研已逐渐成为利润空间巨大、发展前景良好的新兴行业，但与市场调研企业总体规模增长迅速、市场需求潜力巨大相对应的是，大量的地方性中小型调查公司平均规模偏小、营运利润低下、公司成长缓慢、业务拓展步履维艰。随着外资企业的加入和市场调查行业的竞争日趋激烈，行业内部已呈现出明显的马太效应。据统计，1990～2005 年，中国市场调查业境内客户平均报价有普遍下降的趋势，下降幅度约 38.9%；国内市场调查业对境内客户的报价水平相当于世界平均报价的 40%～55%，同比远低于欧美等国家。如果考虑非外资合资调查机构的报价，我国调查机构的报价水平相当于世界平均水平的 20%。据统计，2006 年我国国内调研企业的正式员工人数平均为 90 人，一般地方性中小型调查公司甚至不到 50 人，百人左右的企业已算中等偏上的规模。造成这种现象的原因是多方面的。作者在结合市场调查行业数年的工作经验和理论研究的同时，对近 200 家国内中小市场调查公司进行了电话访问和访谈调查，从所接触的 120 家中小型市场调查企业来看，其存在的普遍问题主要有以下几个方面。

1. 操作缺乏规范，服务流程混乱

国内的市场调查企业基本上是近 10 年内创办的，大部分调查企业没有成熟的操作流程，缺少严格的质量规范和研究准则，大多数公司的主要技术人员常常一人身兼数职，既是项目设计人、执行监督人，又是统计员、分析员。课题实施前不进行初步调查和行业分析，课题执行中缺乏明确的计划，随意性很强，课题完成后不进行数据审核和复查。有些市场调查公司售后服务跟进不足，报告出来后交给客户就算了事，既不与客户沟通，也不关心客户如何使用调查报告,其结果是调查信息往往缺乏真实性和可靠性,客户满意度很低。

2. 企业缺乏市场定位,缺少自身特色

在国内市场还不甚成熟的几年前,市场调查公司数量较少且客户多集中于外资企业,因此各市场调查公司之间竞争并不激烈。如今国内市场调查行业的发展规模已远远超过市场的需求。导致市场竞争白热化的重要原因之一,就是各市场调查公司普遍缺乏明确的定位。由于缺乏市场定位,许多中小型公司在业务项目设置上急功近利,求广求全,从市场调查、营运诊断到品牌策划、管理咨询什么业务都在做,什么业务都敢做,却什么业务都做不好,根本不认真考虑自身的实力。由于缺乏市场定位,其服务同质化、客户群重叠严重,各个公司不得不陷入无休止的"价格战"中,恶性价格竞争的结果使得整个市场调查行业的项目平均收入正呈逐年下降的趋势。2000 年,一个入户访问样本的报价可以达到 120 元/户,而如今已降至约 70 元/户,甚至 10～20 元/户也有公司争着做。其结果必然导致调查质量的下降和客户信任的丧失。

此外,由于缺乏市场定位,市场调查公司出现严重"扎堆"的现象。全国近 8000 家市场调查机构中,具有一定规模的 200 多家基本上集中在北京、上海、广东三地,广大中西部地区仅有不足 1000 家调查公司;市场调查业的客户则主要集中来自境内的外商独资或中外合资企业,服务于中小型国有企业和大量的民营企业的调查公司少之又少。

3. 调研课题泛而不专,服务缺乏核心竞争力

目前,许多市场调查企业所从事的调查业务,大多被动跟随客户的要求,揽到什么课题就做什么课题,摊子铺得太大,调查介入面广却缺乏行业专攻方向。现代企业向市场调查公司提出的要求已不是单纯的数据收集或数据统计,而更多的是需要市场调查公司提出有效的市场策略或营销建议。然而,目前大部分的中小型市场调查企业为了包揽业务、提高收入,通常是什么行业、什么课题都做,对所涉足的行业的了解基本上是"蜻蜓点水"、泛而不精,缺乏深入的研究和了解,缺乏行业知识的积累和沉淀,没有完善的行业数据库,因此难以形成自身的研究特色和提供权威性的调研成果。其服务品牌个性模糊,缺乏核心竞争力。

4. 对客户及其需求缺乏深入了解,"产销"不对路

缺乏清晰的市场细分意识和客户(行业)定位是国内中小型市场调查企业的一个明显弱点。由于很少对所涉足行业的市场形态、供需特征、竞争现状和发展规律进行深入的了解,更缺乏对此行业内各种层次的企业及其管理者的研究,大部分中小型市场调查企业无法了解目标客户的真正需求,从而无法提供有效的调研服务。一方面,市场调查企业在每一次接受委托调查之前,都需要花费很大精力和时间去了解相关的行业信息,以消除公司和客户之间的沟通障碍。另一方面,由于缺乏对客户情况的了解,调查公司往往误解客户委托项目的真实意图,调研设计中经常将一些毫不相干的问题放到问卷里,调研项目要么偏离客户需求,要么眉毛胡子一把抓,最后的结果就是问卷和报告都是过于冗长,让客户迷失在过多的数据之中,所提供的调研报告要么只能解决客户的一些初级问题要么起不到什么作用。结果造成了客户与调查公司互相埋怨和不信任。

5. 企业形象建设和市场推广的意识不强

在作者所访问的 120 余家中小型市场调查企业的主要管理者中,不乏精通调查技术和操作的专业人员,但多数却缺少市场推广的理念,忽视对自身市场形象的塑造和管理。在

120余家市场调查公司中，拥有较完善的CI系统者不足20%；近一半的企业没有自己的服务推广宣传册和企业介绍手册；近85%的企业从未参与过行业技术交流活动或举办自己的形象推广活动，加入行业协会（中国2001年已成立国内市场调研企业的自律性组织——全国市场研究行业协会）的意愿也不强烈；国内近8000余家调查企业中，上网企业仅有1200余家（根据中国企业黄页网站的统计数据），拥有自己的独立网页的不足500家。企业的知名度和社会影响力较小。

6. 项目运作缺少监控和反馈机制，导致与客户沟通出现障碍

易导致中小市场调查企业与委托客户之间产生冲突和不信任的另一个重要原因是，调查企业在执行调研课题时，往往忽视或缺乏相应的监控机制和反馈机制。一方面，许多小型调查公司没有专业督导人员，没有事后抽样检验程序，现场数据收集、入户访问等活动基本处于失控状态，调查结果真实性大打折扣。另一方面，许多调查公司只是在课题结束后向客户递交一纸调查报告交差了事，调查过程中客户根本得不到任何反馈信息，不了解调查数据源自何处，更不知道调查的结论从何而来。信息不对称引起了客户和调查公司之间的误会和冲突，使得客户对市场调查公司的信任大大降低。

7. 专业人才匮乏，服务质量不高

市场调研业是典型的高智力产业，其发展关键不在于资本而在于人才，获取调查市场的优势也只能是人才优势。一个运作良好的专业调查公司需要有一批具有深厚专业知识和综合知识，能胜任调研工作的课题策划专家、调查专家、电脑专家和分析专家等。但是，市场调研业在中国兴起的近30年里，中小型市场调查企业里具有相当专业知识和课题运作能力的人员严重不足，少数调查公司从业人员学历虽高，但缺乏市场营销运作的实战经验，导致许多调查课题管理的随意性较大，数据分析能力偏弱，调研报告深度不够，不能为客户提供有效的营销建议。此外，大量中小型的调查公司的访问人员没有接受过系统的专业知识教育，缺乏严格的职业技能训练，沟通能力和收集信息的能力不足，直接影响了调查效果，公司分析人员也无法向客户提供更多的市场信息，导致了调查服务的低质量。

8. 调查工具简陋，分析技术落后

市场行业的进入门槛较低，通常三五个人几台电脑十万元资金就可注册一家小型调查公司，成立初期的业务往往是由创业者凭借个人的信誉和关系承揽下来，实力弱小的特点决定了其难以在调查工具和设备上投入大量资金。在作者所访问的120家中小型市场调查企业中，仅有不到10%（11家）的公司拥有专门的单面镜访谈室或电话访谈室，几乎没有一家公司拥有数据扫描仪、计算机辅助电话访谈系统（CATI）、行为测试分析仪等较高级的市场调查专业设备。因此，这些中小型市场调查企业都没有较完整的行业数据库，数据的匮乏使其难以建立有效可靠的研究模型，定量分析能力和数据挖掘能力较差。

9. 售后服务严重不足

对市场调查业而言，客户与公司的关系并非简单、短暂的交易活动关系，而应该是连续、长期、互利、互惠的伙伴关系。据报道，国际驰名的市场调查企业罗兰・贝格公司现有的业务收入有77%来自于老客户。为客户提供有独特创意的建议和常年跟踪服务是每个调研企业在市场中成长与发展的基础。在这方面，国内中小型市场调查企业对客户售后服务工作明显不够重视，个别公司甚至存有“捞一把就走”的想法。在访谈的120家企业中，80%以

上的公司没有建立客户数据库，调查课题完成后没有与客户共同召开调查结题会或沟通会，几乎所有公司都不能明确回答客户方对调研报告的使用情况。服务滞后直接导致了这些企业极高的客户流失率（被调查企业客户流失率普遍在96%以上），最终形成市场越做越窄的尴尬局面。

10. 缺乏职业道德与职业自律

面对巨大的潜在市场，国内中小型市场调查企业裹足不前的一个重要原因是，少数“作坊式”调查公司缺乏职业道德与行为自律，形成了整个调查市场的恶性竞争，比较普遍的情况有：①人为篡改数据、与厂家“串谋”发布虚假信息欺骗消费者或客户。②利用控制抽样方式和样本，设置诱导式问题等方法故意炮制虚假数据，刻意讨好目标客户。③调查敷衍，采集数据不准确。很多小型的调查公司只有4～5个固定员工，加上临时招募10～20人充当访问员。这些临时访问员很多对调查只是应付了事，甚至“闭门造车”。这些行为直接或间接地损毁了整个行业的公信度，造成了市场调研的行业危机。

1.8 市场调研行业的发展趋势

市场调研行业的发展前景，既与行业内部企业的成长速度和行业整体发展的成熟度有关，更取决于市场调研和咨询服务本身市场需求的规模和未来变化。因此，分析和判断中国市场调研行业的发展趋势，不仅要看中国市场调研和咨询服务行业的历史和现状，还必须结合经济的全球化、市场一体化的趋势，并考虑中国改革开放和经济转型发展的进程。作者认为，未来20年国内的市场调研和信息咨询服务行业的发展将会呈现以下几种趋势。

1. 可开发市场需求潜力巨大

中国的市场调查业虽已有近20年的发展历程，但与国外发达国家比较，仍处于起步阶段。如果按人均营业额计算，在市场调研营业收入排前五位国家中，英国的企业和研究机构全年投资于每个消费者的平均调查费用最高，为22.9美元，美国为16.5美元，日本约为8美元，而中国仅为0.1美元。如果在未来的5年内我们能把投资于城市消费者的人均调查费用提高到日本目前一半的水平，整个中国市场调查业的年营业额将有40倍的增长。随着我国进入全面建设小康社会和社会主义市场经济时期，国际经济一体化和经济社会的快速发展，为国内市场调研和咨询行业提供了更加广泛的市场空间。一是随着政府职能的进一步转换，地区政府、企业和各类社会团体的经济意识和发展意识的提高，迫切需要获得大量的市场信息的专业化咨询服务，对市场调研服务的需求将逐步增长。部分地方政府和相关部门及社会管理机构甚至在涉及重大决策和专业化管理时，把大量调研和专业研究工作交由外部机构来完成，以保证决策的科学性，降低决策风险和管理成本。二是随着我国的各类企业逐渐面对买方市场，参与国际国内竞争，市场调查日益成为企业进行投资分析、制定产品开发计划的重要前提，同时也成为企业进行市场预测、选择目标市场和制定营销战略的主要依据，对市场环境、国际惯例、法律规则和文化习惯等方面动态信息的需求将更加迫切。市场调研服务的需求潜力巨大。2000～2008年，我国市场调查和咨询服务的市场规模快速扩大，营业总收入从约15亿元增长至63亿元，8年间增长了3.2倍，企业数量从1000家增加到约8000家，增长了7倍。国家的经济转型及机构改革，加入WTO和创新观念的形成都推动调研和咨询行业的发展。

2. 行业内部分工向纵深发展

中国信息协会市场研究业分会会长柯惠新教授认为，市场研究行业内部的专业化和细分化将是一个重要的趋势。社会经济的快速发展和市场竞争的日趋激烈，对调研咨询服务提出了更高的要求，效率和利润的压力也促使市场研究行业内部的专业化分工。这一分工主要体现在市场研究领域专门化和研究服务过程专业化两个方面。一是在前所未有的复杂社会经济发展条件下，企业所需求的信息咨询服务的内涵更加丰富，涉及不同产业领域及不同区域环境的经济、社会、法律、心理等方面的专业问题。一个市场研究公司不可能面面俱到、行行精通，必须实行市场细分化战略，集中自己的资源和优势，做好自己擅长的研究方向，打造自身的专业研究特色，才能凸显企业的核心竞争力，真正赢得和保持客户群体。目前，我国已出现了一些专门领域内的市场调研服务机构，如策点调研、零点研究咨询集团专注于消费者研究，波士顿公司、罗兰贝格公司则提供专业的品牌研究和咨询，赛立信、央视调查则把服务重点放在大众媒体方面。二是调研咨询服务的运作过程和内容越来越复杂，粗放型的调研服务将逐渐失去市场，调研服务领域和调研产业链的专业化分工日益明显。一个委托调研项目可能涉及资料分析、制订方案、员工培训、现场实施、效果评估、沟通反馈等多个环节。绝大多数市场研究机构将从资源配置和节约成本出发，采用集中化战略，专注于某一方面工作或专门提供某一技术环节的服务，形成多种类型的专业化调研机构。如零点研究咨询集团，逐渐从单纯的市场调研逐步发展变成以咨询为主的公司；如明路调查公司，专门从事网络数据采集和大规模的网络调查，为其他市场研究和分析公司提供大量的数据，但不参与市场研究和咨询。

3. 行业集中度提高

近 20 年来，欧美发达国家的市场调研行业通过激烈的竞争已经逐步走向高度集中。大型调研公司凭借其雄厚的资金、遍布全球的网络、成熟的管理模式和先进的技术设备，已在行业内部竞争中呈现明显优势并获得了绝大部分的调研业务。从全球来看，2000 年以后，市场研究公司的融资并购行为非常活跃，2006 年稍稍有所放缓，仍然还是很活跃，市场份额有进一步向大公司集中的趋势。根据 ESOMAR 数据，2000 年，全世界用于调研服务的经费约有 39%集中于 10 家全球最大的市场调研组织，大约有 51%的调研业务由 25 家最大的调研机构承担。2003 年，全球 10 大市场研究公司占全球总体市场份额的 52%，2007 年上升到 55%。据 ESOMAR 预计，10 年后全球调研业将由少数巨头把持。

与全球市场研究行业发展趋势一致，近几年，发生在中国的市场研究行业的并购交易也很多。许多中国的市场研究企业被外资、合资公司所控制，市场份额的集中度要高于全球水平，集中趋势也更为明显。例如，2008 年 3 月，WPP 旗下的 Research International 收购广州智道市场研究有限公司的大部分股份；2008 年 10 月，益普索并购“博思 B-Thinking”，进入中国汽车行业的营销及忠诚度研究领域，以及邓白氏与慧聪网在中国成立合资公司——慧聪邓白氏。除了几家较出色的本土公司，中国的市场研究行业已大多姓“洋”了，

与此同时，国内调研机构的规模也开始出现分化势头，调研市场的集中度有所提高。根据科技部统计，1999 年我国咨询业收入超过 5000 万元的咨询机构的咨询收入占全部咨询收入的 52.80%，而 2001 年这一数字增长到 56.52%。在市场调研为主的机构中，2001 年，

营业收入超过1000万元的机构的营业额占了全行业营业额的66%，机构数量占全行业机构总数的5%；2008年，营业收入超过1000万元的机构的营业额占了全行业营业额的72.5%，机构数量占全行业机构总数的2%。企业规模相对较大的市场调研咨询公司进一步快速成长，且与小型的调研咨询公司之间的差距正在加大。

随着我国市场经济的发展，这种行业内部的分化将更加明显，国内大量的市场调研和咨询服务企业将产生一轮联合、并购、重组的浪潮。未来中国的市场研究和咨询企业大体将形成六个层次，见表1-4。

表1-4 市场调研和咨询服务行业层次

企业类型	企业规模	目标市场	专业领域	发展方式
大型综合性市场研究公司	人员在2 000人以上，营业收入在5 000万元以上	中国高端市场和全球500强或行业内领先企业；国家政府或部门	战略咨询课题、专业顾问咨询、培训辅导、专题研究	大型数据库咨询、全球调研网络、长期固定服务
大型专业性市场研究公司	人员在1 000人以上，营业收入在1 000万元以上	某一个或几个行业或专业领域	专门性课题、系列化服务	行业分析、专业工具研发和系列深度研究
区域性综合市场研究公司	人员在1 000人以上，营业收入在1 000万元以上	特定区域内的地方主导产业的领先企业；地方政府相关部门	所有咨询课题、培训辅导、专业顾问咨询、区域经济研究	强调区域综合研究和深度研究、产业结构研究、长期固定服务
区域性专业化市场研究公司	人员在500人以上，营业收入在500万元以上	特定区域内的主要行业的重要企业；地方政府或政府部门	专门性课题、系列化服务	专业研究优势、定制化服务特色、实用性技术和方法
中小型定制化调研服务咨询公司	人员在100人以上，营业收入在100万元以上	地方政府部门；中小企业	区域性调研课题、特定客户课题	核心人物、特定客户优势、特定专业或方法
专项服务公司	人员在100人以下	调研行业的其他类型公司	行业专门辅助性业务或专项服务	地域内或行业内特殊资源、行业内专有技术

4. 大型化、全球化

尽管构成全球市场调研行业的绝大多数机构仍是上万家小型企业，但综合服务类调研公司及其分支组织已日益呈现大型化、全球化特征，如D&B市场信息服务公司，在世界各地设有数百个分支机构，1993年营业总收入达20.42亿美元，其中一半以上来自于美国以外。从20世纪80年代起，由于跨国公司经营实力的增长与全球市场的开放，大型市场调研企业开始将业务拓展到国家、地区及全球的层面上，在许多国家建立了子公司、办事处或类似的调研分支机构。同时，由于面临来自顾客的更为复杂的调研需求和不断增长的成本压力，市场调研公司之间也寻求组成战略联盟，共享市场数据和调研资源。如美国的AC尼尔森公司即与中国的市场调研协会合作进行市场调研技术的研讨和市场调研人员的培训。在全球排名前30位的调研公司中，近一半都与其他地区(国家)的调研机构建立了战略合作关系并不断推动其发展。

5. 服务模式多样化

经过 20 多年的探索和发展，我国调研机构的营运和服务模式已从单一的向客户提供调研报告开始延伸到以调研信息为基础，为客户提供管理咨询、营销诊断、员工培训、运作策划、辅助实施，个别企业甚至可以提供客户业务委托管理、公司管理代理等，从单纯的市场研究服务拓展到管理咨询。一些行业领域和经济较发达地区内，还出现了市场调研企业和其他咨询服务机构联合投标，共同承接项目，共同向客户提供相关服务。与此同时，一些实力较强、规模较大的市场研究机构除了提供传统的定制化、一对一调研服务外，还利用自身建立的专业动态数据库，面向行业内所有客户公开出售自己的研究报告和行业数据。此外，在线调研、在线数据订购、网络咨询等新的服务形式不断兴起，极大地丰富了市场调研企业的服务模式，提升了调研服务的效率和水平。

6. 国内企业的品牌意识开始形成

在市场竞争中，特别是与外资市场研究机构的竞争中，国内一批领先的调研企业逐渐领略了品牌的力量，并开始建设和积累自己的各种数据库、案例库、项目管理体系、知识管理体系和人才培训机制，开始探索适合我国国情的咨询模式、方法、体系、理念和模型，开始从公司制度、营销模式、企业形象等方面入手培育各自的服务品牌。进入 21 世纪以来，一些调研机构纷纷亮相各种媒体和各类高峰论坛，积极为各级政府和公共事业部门提供信息服务，并投资出版自己的研究成果和调研专著。

中国市场研究行业在经历了“产品时代”和“渠道时代”两个阶段后，已经迎来了“品牌时代”。通过品牌塑造，差异化将成为市场研究公司的市场营销新手段。如果一个品牌带给客户的联想仅仅是服务质量、价格、内容，在当今的品牌观念中是远远不够的。市场研究公司在品牌建设过程中，还需要进一步丰富品牌联想，包括所提供产品和服务的质量、企业文化、企业的社会责任感等，从而加深客户对企业的全方面了解，强化客户对品牌的认同感。

7. 调研技术和信息化技术结合更加紧密，企业信息化程度普遍提高

随着信息技术突飞猛进，以信息技术为基础的专业软件系统和信息管理系统，逐步取代了以往的手工处理等传统的统计分析手段。信息技术给市场研究行业所依赖的数据分析、信息转移、沟通模式等都带来了巨大变化。数据和信息的激增加大了甄别和管理的难度，数据和信息的快速传播在提高调研效率的同时又加剧了调研行业的竞争性。而信息技术企业的信息服务需求本身又成为调研行业的一个新的、快速增长的业务领域。同时，信息技术的发展以及信息技术与其他技术的融合，也催生了在线调查、网络调查等新型调研服务模式。

思考与讨论

1. 网络时代的来临给市场调研行业带来了哪些机遇和挑战？
2. 市场调研行业未来的发展趋势是什么？
3. 国内中小型调研企业应如何应对外资企业的“攻城略地”和行业内日趋激烈的竞争？

第2章

市场调研行业的特征与环境分析

2.1 市场调研与市场调研行业

作为一门系统的科学方法论，市场调查已发展成为综合了经济学、统计学、心理学、市场营销学、消费者行为学等学科内容的边缘科学。作为一门具有自身发展规律和社会实践性的应用科学，市场调查既具有自然科学性质，又具有社会科学的特征。具体体现在：①市场调查在本质上是搜集和处理信息的一种方法和手段，因而其具有严谨的科学性，实践操作需要应用大量的数学方法、计量模型和统计工具；②市场调查具有一套不以人的意志为转移的、严格的运作程序和客观的质量评价标准；③真实的市场调查的结论必须建立在客观的调查数据和严谨的定量分析基础上。同时，市场调查对象是消费者或经营者，是具体社会文化和经济环境中活生生的人及其行为，不同地域、不同层次的调查对象在价值观念、社会礼仪、语言沟通、行为习惯、生活形态乃至个性性格等方面存在着巨大的差别。例如，东西方消费者在个人隐私权的观念上明显存在差别；同一个调查问题，不同个性、文化层面的消费者理解不同，表述方式迥异。作为市场调查公司和市场调查专业人员，必须了解各种因素对调查课题的影响，根据不同的环境灵活运用不同的调查方法，具体反映在：①依据调查对象的文化层次和个性特征选择不同的交流方式和语言；②注重社会环境的差异，采用调查对象易于接受的调查方式；③注意遵守相关法律法规，尊重各地调查对象的风俗习惯。从这一角度讲，市场调查也是一门人际交流的艺术，具有显著的文化性。

2.2 市场调研行业的基本特征

现代市场调研行业的服务范围包括了市场环境调查 、消费心理分析、需求潜力调研、价格敏感度测试、竞争对手调查、产品开发论证、项目投资可行性评估等多个方面。虽然树立客户服务理念、制定正确的营销策略对于调查服务企业和产品制造企业同等重要，但市场调查企业提供的主要是咨询产品，是无形的智力服务，而生产型企业提供的是有形的物质产品，两者在经营策略和营销方法上存在很大的差异。市场调查服务具有其特殊规律。

1. 无形性

市场调查公司是以向特定客户提供信息服务为主的企业，其提供的服务是一种特定的调查活动，是信息处理的过程和结果，具有无形性。虽然调查公司最终将以文档或其他媒介形式向客户提供市场调研报告及相关统计资料，但这些不过是信息存储和传递的一种载体或介质，其"产品"——市场调查信息及其策略建议仍然是一种无形的信息。此外，市场调查服务的无形性还体现在其不可感知，即调查服务的水平与质量都是相对难以描述的抽象概念。委托客户在签订调查协议、购买服务之前，无法确定获得什么样的调研结果，也无法确定可能获得的调查服务水平。客户在接受调研服务后通常很难对数据的质量（调查报告的可靠度）做出客观的评价。对企业而言，短时间内也很难感受到调查服务给企业带来的利益。

2. 差异性

差异性是指市场调查服务无法像有形产品那样实现标准化生产，每次调研服务带给顾客的效用、顾客感知的质量都可能存在差异。这主要体现在三个方面：第一，调研委托项目基本上没有重复性。即使同一行业同一地区的客户企业，其所面临的竞争地位、要解决的市场问题和将要做出的营销决策也不可能相同，因此市场调研的目标、内容、调查方法等都存在着差别，市场调查公司实际上提供的是一种定制服务。第二，委托客户自身的差异。如行业经验、委托动机、对调研业务的了解程度等，也直接影响着客户对市场调查服务的质量和效果的感受。第三，调查人员的素质和状态的差异。在整个市场调查课题实施过程中，调查人员和客户要进行多次接触，所以调查人员（服务者）和客户之间的交流很大程度上决定了调查委托人（客户）对市场调查服务的感受和评估。调查公司项目执行人员的服务意识、调查技能、工作努力程度等都会影响到客户对调查质量的评价，即使是同一个调研人员，完成不同项目的质量和效果也可能存在差异。

3. 不可逆性

不可逆指调查服务难以重复或被退回。主要体现在三个方面：一是市场调查是一种定制服务过程，不能像有形产品一样被客户退货或由公司收回后重新出售，因为调查过程所耗费的时间、精力、财力是无法收回的。二是市场调查是一种信息咨询服务，其全部的价值体现在调研报告所包含的信息中，因此调查项目一旦由调查企业完成，形成文档并递交给委托客户后，实际上已经将信息产品及其价值转移到委托客户方，客户已获得相关利益。因此，市场调查的委托客户可能因为服务质量未达到合同标准而要求市场调查公司补充调查或索赔，但一般情况下是不可能"退货"的。三是通常情况下的市场调查基本采用抽样方式进行，即使重复选取上一次的调查样本，被调查对象也会因时间、环境、心理状态等因素的变化对同一调查问题做出不同的反应，因此即使是同一市场课题，重复调查的结果也会出现一定的差异，不可能取得完全相同的结果。

4. 时效性

市场信息的时效性是指，由于市场需求处于不断变化之中，市场调查信息所反映的内容会随时间的不断推移而与市场真实状况产生差异。因此，企业利用市场调查信息调整经营策略的时间越短，信息给客户企业的经营带来的收益就越大，信息的价值也就越高。市场调查服务的一大特征就是具有强烈的时效性。一些企业因为种种原因,将调查公司递交的报告搁置一旁,延迟很长时间才做决策,结果调研信息因丧失时效性对企业经营产生了危害,造成了市场调查公司与客户之间的误解和冲突。

5. 可复制性

市场调查所获得的信息是可以被储存、转售和复制传播的,这一特性往往对市场调查服务的供求双方产生重大的影响。一方面,市场调查公司可以充分利用其可复制性实现利益的最大化。如世界著名的AC尼尔森市场研究公司,它利用安装在5000家超市的扫描仪取得各类消费品销售额、市场占有率以及消费变动方面的信息,形成自己的消费动态数据库,并公开出售给各类厂商和零售商,供其进行消费者行为分析、营销效果测评。全球最大的市场调研机构Cognizant Corp公司利用电视收视监测仪专门搜集电视各频道的收视情况,向各电视台、企业和广告公司出售有关数据。上述公司由于其数据搜集工作并不针对特定的委托调查课题,可以合法地利用数据的可复制性多次出售以获取最大的价值。另一方面,由于调查信息的可复制性,市场调查公司对客户委托课题的调研结论和数据具有保密的义务,未经客户许可不得转售或公开传播(客户通常要求在调查委托合同中予以明确),否则极易引发双方的纠纷,也会严重影响市场调查公司的声誉。最典型的例子是,1998年12月,北京零点市场调查与分析公司因违背项目合作协议,公开披露北京市中锐文化传播有限责任公司委托项目的调查结果,被中锐公司以侵害商业秘密为由告上法庭,被判公开赔礼道歉并赔偿中锐公司经济损失10万元。信息的可复制性某种程度上考验了市场调查公司的行业道德操守。

2.3 市场调研业与普通服务业的差别

按照国家统计局2002年10月新颁布的《国民经济行业分类与代码》国家标准(GB/T 4754-2002),市场调研业划归为租赁与商业服务业,属商业服务业(代码74)中的咨询与调查业(代码743),但从我国调研行业的发展过程来看,市场调研业实际上是商业服务业与现代信息产业结合的产物,与一般的商业服务业相比,既有相似性又有差异性。市场调研业与一般商业服务业的相似性体现在两者都是向顾客提供无形服务,都有服务过程不容易展示、服务质量取决于多种不可控因素、难以进行大规模生产、成本与价格的关系比较复杂等共同特征,此外,也都具有差异性和不可逆性。与此同时,市场信息自身的特殊性使市场调研业与一般的商业服务业所提供的服务具有明显的差异,两者的不同点或者说市场调研服务的特殊性体现在四个方面。

1. 服务的同步性

普通的商业服务具有不可分离性,即服务的生产过程与消费过程同时进行,也就是说服务人员向顾客提供服务时,也正是顾客消费服务的时刻,二者在时间上不可分离。如消费者在欣赏音乐会时,乐队演奏的过程也就是听众欣赏和消费的过程。而市场调查则是调查过程和调研报告的提供在前,客户使用调研结论和信息在后,服务的提供与消费明显存在时间差。

2. 顾客的参与度

普通的商业服务只有在顾客在场时，服务者才能完成服务过程，如理发、美容服务。而市场调查过程中委托客户只执行监控和协调的职能或不定期了解一下调查活动的进程，一般情况下可以不参与市场调查的全过程，客户(或者说消费者)的参与程度比普通的商业服务低得多。

3. 存储性和复制性

普通的商业服务无法存储、转售，如宾馆的房间租给一个顾客后不能再提供给另一顾客；旅游、现场文艺晚会等都无法在某一时间生产并储存，然后在另一时间再进行销售或消费。而市场调查行业的“产品”——市场调查信息则有其特殊性，市场调查公司可以利用调查信息建立自己的数据库以备将来的研究之用；在委托客户许可的条件下，也可以多次转售和传播调查信息，但市场调查公司并不会因此而丧失信息。

4. 所有权

普通的商业服务在交易完成后便消逝了，消费者并不拥有任何实质的产品。服务的生产和消费过程中不涉及任何实体的所有权转移。如银行的存取款服务，顾客只是暂时将钱款的使用权“借”给银行，所有权永远是顾客的。但市场调查行业则不同，尽管调查信息的本身是无形的、可无限复制的，但调查信息的所有权仅属于委托调查一方，调查公司未经客户许可不得擅自转售、发布、传播或再使用该信息的内容，这一点无论在《反不正当竞争法》、《专利法》还是在调查行业规范中均有明确的限定。

2.4　市场调研行业与信息业的差别

目前，不论在国际上还是在国内，至今对于信息产业都缺乏一个权威的和统一的定义，有的学者将市场调查行业归为广义信息服务业，在国家统计局 2002 年 10 月新颁布的《国民经济行业分类与代码》国家标准(GB/T 4754—2002)中，增加了“信息传输、计算机服务和软件业”(代码 G60—62)，明确将信息行业与市场调查行业加以区分，分别归入不同的门类。信息业与市场调查行业的共同之处是两者都提供信息和信息处理服务。主要区别是：狭义上的信息服务业以电子信息技术为核心，以电子实体设备为基础，主要包括电子产品制造业、通信业和网络服务、软件业等，其服务的目标是为客户提供获取和处理信息的技术与渠道；而现代市场调查行业虽然也大量应用计算机和网络技术来丰富和充实调查技术，但其本质是提供客户所需要的信息内容，而不是信息媒介，也不一定要使用电子技术或设备。

市场调查企业要制定正确的营销战略，确保企业的生存与发展，在了解市场调查行业的特殊性质的基础上，还必须进行“消费心理”的分析，即理解委托客户是如何了解、选择和评价市场调查企业及其服务的。

2.5　市场调研行业结构

2.5.1　独立调研服务商和联合调研服务商

从产业特征上划分，市场调研行业属于当代最具发展潜力和良好前景的产业——信息产业，它向各类组织和企业用户提供特定的市场信息分析和咨询服务。从市场特征来看，市场调研产业自身的市场与其他社会生产部类和商品（服务）市场一样，由信息需求方与供给方组成。信息的需求方是从事商品或服务的生产、经营的企业及各种类型的社会组织，信息的供给方则是专营或兼营市场调研业务的企业或机构。其所交换商品——信息，同样具有价值与使用价值，同样遵循商品（服务）的价值规律和等价交换规律。市场调研企业的营运也同样存在市场营销导向、规模经济效益、扩大再生产等内在机制。所不同的是，市场调研业对从业人员的素质要求更高，人力资源和智力资源的投入在企业总体成本中占有更大的比重，因此西方一些国家也将其与管理顾问咨询、营销策划、软件开发、商业设计等归集成一个新的产业——智力产业。按构成主体的特征，可将各类市场调研组织划分为两大类。

1. 独立调研服务商

独立调研服务商是指专业市场调研企业，它是专门从事市场调研业务的独立组织或机构。专业市场调研组织根据其职能和范围，又可以划分为四种。

（1）综合型市场调研企业，能够为顾客提供综合型的市场调研服务的组织。这类组织既可以为各行业领域提供市场调研服务，又可以为客户提供从问题诊断到整个调研方案的设计、实施、结果报告全程的服务，如美国的AC尼尔森公司，中国的新华信等。

（2）标准服务型市场调研企业，为众多同类企业提供相同市场调研服务的组织。这类组织所收集和提供的信息，一般都是一些标准型的基础性的信息，各个企业只要需要就可以购买，如我国央视一索福瑞媒介研究有限公司提供的电视收视率信息，北京广播学院广告系市场信息研究所提供的《IMI消费行为与生活形态年鉴》，致联市场研究有限公司提供的药品零售信息等，都是将基本的调研信息定期编制成册，供应给各种需要该信息的企业。

（3）定制服务型市场调研企业，根据企业的特定需要提供市场调研服务的组织。这类组织所提供的服务完全根据客户的需求决定，如某企业需要了解新产品开发的构想、广告媒介的选择、新产品定价策略等，定制服务型市场调研组织就针对这些不同需要提供相应的服务。

（4）专业服务型市场调研组织，专门提供市场营销过程中的某项专门调研服务的组织。如我国统计部门的城乡调查队提供的问卷执行服务；某些大学的研究部门提供的数据处理、统计分析服务；地方统计局的信息服务机构提供的抽样服务等。

2. 联合调研服务商

结合型服务商是指隶属其他机构，但可对外提供市场调研服务的组织，如广告公司和其他咨询服务公司的市场调研部，以及政府机构和高等院校、科研单位的调研部门等。这种类型的市场调研组织通常可独立承担单位或企业的市场调研任务，也可协助其他的市场调研组织者承担相应的专业服务工作，如抽样、资料收集、资料分析等。如建于1988年的Spectra Marketing是一家地区性的调研公司，它通过建立一系列的战略联盟而发展壮大起来。同它联盟的大公司主要有信息资源公司（IRI）、Claritas公司、Mark Facts、唐纳利营销公司等，它同时还与Arbitron公司、花旗集团、西蒙市场调研公司等建立了战略联盟关系，通过这种结合型的战略联盟，IRI公司把有关美国市场消费者和商品购买的数据与《西蒙杂志》的读者数据结合起来，这使得联盟者能够对杂志读者感兴趣的商品进行排列。在这种结合型的战略联盟模式中，客户与调研公司依据关注未来和共同发展的原则进行合作，规定了一系列明确的行为规范，调研企业无需逐个项目竞标就可提供服务，这些服务通常包含数据收集、产品或顾客跟踪系统，调研公司凭借所具有的特殊技术或生产能力而提供其他的调研活动。

在大型企业的市场调研部中，大约有一半与调研提供者建立了结合型的合作伙伴关系，尤其在服务行业和消费品行业最常见，这样的好处是随着对使用者的需求和顾客的深入了解，调研企业能够更好地协调有关活动和提高效率，也可以将资源集中于客户项目。

2.5.2 企业规模结构

从企业规模和类型上划分，市场调研企业大致可分为以下四类。

(1)大型市场调查公司。它们通常有强大的国际技术背景，有比较成熟、规范的经营管理模式，在操作上比较规范和科学。在人力资源上的投入也比较大，有较好的薪酬福利待遇与发展平台，以及良好的培训机制，往往能吸引高素质的人才。公司内的专业化分工也比较细化。其中最著名的就是AC尼尔森市场研究公司。

(2)辛迪加服务企业。主要处理有关大众媒体以及产品变更方面的数据，提供很多公司需要的信息；如全球最大的市场调研机构Cognizant Corp公司利用电视收视监测仪专门搜集电视各频道的收视情况，向各电视台、企业和广告公司出售有关数据。

(3)定制化服务的调研公司。这类公司根据某个客户的具体要求，专门提供定制化的、种类繁多的调研服务。

(4)现场调研服务公司和其他专项服务的辅助性企业。目前，国内中小市场调研机构主要集中在“定制或专项调研服务”和“现场服务”两个层面上。定制调研是目前我国本土调研业业务最集中的领域。我国现有1500多家调研机构从事此项业务，但调研规模和服务范围较小，服务范围主要集中在国内的几个大城市，极少有国内公司的业务范围扩展至境外。而更多的小公司多是属于“现场服务公司”，主要接受国外企业或国内同行的委托转包业务，承担专项调查任务或现场数据采集。

2.6 市场调研行业的环境分析

这里，我们可以把行业环境定义为影响和制约该行业的所有企业制定和实施营销决策，以及与目标顾客建立并保持互利关系的内部条件和外部环境的总和，即影响企业营运能力的各种角色和力量。市场调研企业在市场调研行业的环境中开展服务活动，并受之影响和制约。根据它们对企业的影响力和作用机制的不同，可分为宏观环境和微观环境。微观市场营销环境是指与企业紧密相连、直接影响企业营销能力和效率的各种力量和因素的总和，主要包括企业(行业)自身状况、供应商、营销中介、消费者、竞争者及社会公众。由于这些环境因素对企业的营销活动有着直接的影响，所以又称直接营销环境。宏观市场营销环境是指企业无法直接控制的因素，它包括人口、经济、政治、法律、科学技术、社会文化及自然生态等因素。由于这些环境因素对企业的营销活动起着间接的影响，所以又称间接营销环境。微观市场营销环境和宏观市场营销环境之间不是并列关系，而是主从关系。微观市场营销环境受制于宏观市场营销环境，微观市场营销环境中的所有因素均受到宏观市场营销环境中的各种力量和因素的影响。

2.6.1 营销环境的特征

1. 客观性

企业总是在特定的社会与市场环境中生存、发展的。这种环境并不以营销者的意志为转移,具有强制性与不可控制性的特点。也就是说,企业营销管理者虽然能认识、利用营销环境,但无法摆脱环境的制约,也无法控制营销环境,特别是间接的社会力量,更难以把握。

2. 差异性

不同的国家或地域,人口、经济、政治、文化存在很大差异性,企业营销活动必须面对这种环境的差异性来制定不同的营销策略。而且,同样一种环境因素,对不同企业的影响也是不同的,如石油危机,造成国际石油市场价格的极大波动,对石化业、汽车业、航空业的影响十分大,而对那些与石油关联性较小的行业如农产品加工企业的影响则比较小。

3. 相关性

营销环境的相关性是指各环境因素间的相互影响和相互制约。这种相关性表现在两个方面:①某一环境因素的变化会引起其他因素的互动变化。如在党的十六大上明确提出,实现全面建设小康社会的奋斗目标必须解决“三农”问题。国家相继制定了加强农业建设的一系列方针政策,这些政策的实施,势必影响农业产业结构的调整,拉动农业投资,并为农业的发展提供了新的机遇,同时也意味着以种植、养殖生产业为主的乡镇和以农产品为原料的生产企业更迫切地需要获得城市对农产品的消费需求信息。②企业营销活动受多种环境因素的共同制约。企业的营销活动不仅仅受单一环境因素的影响,而是受多个环境因素共同制约的。如企业的产品开发,就要受制于国家环保政策、技术标准、消费者需求特点、竞争者产品、替代品等多种因素的制约,如果不考虑这些外在的力量,生产出来的产品能否被进入市场接受是很难把握的。

4. 动态性

营销环境是个多层次因素的集合体。营销环境中的每一环境因素随着时间的推移经常处于变化之中,而且营销环境因素的变化,既可能给调研企业带来业务机会,也可能对调研企业的经营产生威胁,这两者往往是并存的。例如,近年来大量外资调研咨询企业进入中国,既会加剧国内市场调研行业的竞争,对国内调研企业的业务拓展产生压力,同时也会进一步刺激企业对调研服务的需求,促进国内调研行业的整合和走向规范化。

2.6.2 宏观环境分析

就市场调研这一特殊的信息服务行业而言,在影响市场调研行业的诸多宏观因素中,经济、政治、法律、科学技术、社会文化环境对行业的运作和发展具有较明显的影响。

1. 市场调研行业的经济环境

进入21世纪以来,中国经济的高速发展给市场调查行业带来了前所未有的机遇。首先,随着社会生产力的快速发展,部分消费品和工业品已开始趋向买方市场,尤其是在东中部相对发达的地区,市场竞争日趋激烈。企业要想战胜竞争对手,就必须知己知彼,准确地把握消费者的需求,及时生产出适销对路的产品,以提高经营效益。而要做到这一点,离开了有效的市场调研和准确的市场定位是很难想象的。其次，竞争压力和发展的需要促使企业必须创新技术、拓展市场、优化资源配置，进而推动了全球市场一体化和企业国际化，需要企业对经营理念、市场战略、组织结构、管理规范、运作方法以至企业文化等方方面面进行系统整合。而要真正实现企业运作和管理的高效率，离开了精密的环境调研和市场研究同样是难以想象的。最后，随着中国经济的发展，出现了许多新兴的消费领域，如汽车、房地产、休闲旅游、保险、个人金融产品等，面对这些需求急剧变化的新兴行业和市场空间，发现和挖掘消费需求、开发适销对路的产品、制定正确的营销策略将是企业获得成功的首要任务。企业以往的成功经验将不再适用，潜在的市场需求已不再是靠直觉与经验就可发现和确定的了。市场调研和需求分析将被越来越多的企业所接受、关注和运用。

从企业在市场研究方面的投入来看，在国外，企业市场调研开支可达到 2.5%以上，而我国企业调研费用支出平均水平尚不足 1%。中国目前市场调查业的业务仍然有 50%～60%来自于外资合资企业、国内少数效益好的大型企业集团和政府机构。随着中国成为全球经济体最具发展活力和潜力的区域市场，可以预见到，大量海外投资、产品、服务、技术的引进必将更快地促进国内经济的发展，催生一批本土的世界级企业，大量中小型企业也将迅速崛起，市场调查业在未来将有非常大的发展空间，特别是逐渐与国际接轨，步入全球竞争的二、三线城市群和中小国内企业，将有可能成为拉动市场调查业进一步发展的潜在空间。现在国内市场调查业面临的主要问题是如何建立自身的竞争优势，有效开发国内需求，在更大的市场空间里赢得更大的市场份额。

2. 市场调研行业的技术环境

我国的市场调研企业获取调研信息的传统途径主要是通过报刊资料查询、历史资料研究、入户访问、实地调研、街头访问、电话调研、邮寄调研、虚拟角色访谈、日记式调研、固定样本跟踪、市场观察及记录、消费者座谈会、专业人士座谈、专家深访、消费者家访等一些传统的方法，随着互联网的普及和 IT 技术的发展，信息传递、处理和反馈的广度、速度、便捷性均大幅度提升，催生了调研技术和手段的创新，大量以网络为媒介或工具的调查方法和调研手段得到发展和应用，如网络问卷调查、网上体验测试、网络视频访谈等，各市场调研企业也纷纷成立自己的网站。

在数据分析方法方面，我国市场调研企业多采用相关分析、回归分析、聚类分析、判断分析、列表分析和因子分析等一些传统的统计分析方法。随着国外市场研究和咨询服务企业大量进入中国市场，SAP、SPSS、FOXTABLE 等大量国外引进的统计分析和数据库管理软件得到普及，并成为许多调研公司的必备工具。近年来，市场上甚至出现了专门用于市场调研的专业软件系统。但需要注意的是，一些中小型市场调研企业盲目崇拜"拿来主义"，匆忙引进新技术，却忽略了企业运营体制和人才质量等更为关键的成功因素。

在硬件设施方面，很多国内调研企业开始注重在调查设备设施方面的投入。据调查，2005～2008 年，国内调研企业、专业研究机构和高校在市场调查专门设备（设施）的配置方面的投入超过 15 亿元。许多较大的调研公司都配备有独立的焦点访谈室和监控室，并配有单面镜、同步录音和录像设备，一些调研企业还建立了专门用于电话访问的 CATI 室、专门用于广告测试的心理监测室。

3. 市场调研行业的法律法规环境

市场化程度较高的西方各国都建有比较成熟的行业内部的管理协会，负责行业内部机构间的合作协调、教育培训及学术交流，并制定和提供报价、费用预算等业务规范，从整体上树立和规范市场调研的伦理道德、服务标准，提升行业形象，如美国的市场研究协会、英国的ABMRC(不列颠市场调研公司协会)。在长期的实践和发展中，这些行业协会通过逐步建立和推行规范市场调查与研究服务的一整套较完整、规范的程序与标准，对调研企业从用户接洽、委托协议到实施监控、报告提交的全部服务流程进行规范并跟踪监控，进而确保了市场调研服务的质量。如英国的市场调研组织协会，建立了用以衡量市场研究公司调查的正确性和可信度的标准——QCSI。

我国于1998年9月成立了行业自律性组织——全国市场调查行业协会(筹)(MRA)，并于2001年2月正式注册成立"中国信息协会市场研究业分会"，目前该组织已有会员单位200多家。1998年，全国市场研究协会的前身——市场研究协会筹备委员会制定了《中国调研业同业机构公约》，作为中国国内第一个行会公约，标志着行业制度的形成。

2003年，全国市场研究行业协会开始推出了对调研质量具有重大意义的行业内"黑名单"制度。所谓"黑名单"制度是指，市场调研企业将曾经参加被访者的资料进行资料入库管理，并在下一个项目开始前先对预约被访者的资料和历史资料库进行核查，判断其是否已经参加过类似活动或其他访谈。同时，行业协会在行业协会网上设立共享"黑名单"库，以防止"会虫"(以赚取会议礼金或礼品为目的，用真实或假身份在一定时间内连续参加一家或多家研究企业举办的座谈会、深访等研究活动的人)扰乱正常的市场调研工作，影响到市场调研结果的真实性，导致市场调研企业遭遇诚信危机。"黑名单"制度的实施，遏止了"会虫"对市场调研行业秩序的危害，对行业调研质量，尤其是资料搜集质量具有重要的提升作用，稳定了市场调研行业的行业秩序。

2005年3月，中国市场研究行业协会标准与规范工作委员会根据协会章程和管理办法，参照行业准则、98行业公约等，广泛征集业内外意见，起草了《中国市场研究行业规范》，并在第四届中国市场研究行业双年会上公布和公示，这意味着在市场研究行业最具权威的机构联手缔造更高的行业伦理壁垒。这部规则与ICC/ESOMAR关于市场个社会研究的国际准则一起成为中国市场调研企业共同遵循的行业规范。

目前，国内市场调研行业已趋于成熟，行业内部分工进一步细化，行业自律和行业管理规范已开始形成，政府对信息服务和市场研究行业更加重视。但是，仍然缺乏国家宏观政策的支持，缺乏统一的行业强制性规范和标准，市场调研行业的相关法律法规仍然严重缺失，因此整个调研市场及各调研公司之间尚未形成规范竞争的局面。

4. 市场调研行业的社会文化环境

尽管国内的市场调查行业自20世纪90年代初就已经诞生，且最近几年取得了惊人的发展。但是，由于我国正处于社会主义市场经济体系逐步建设和完善的时期，相应的市场体系还不很完善，虽然资本市场、劳动力市场和消费市场已开始趋向成熟，但社会和经济信息的开放度尚不充分，企业非规范行为公开化和企业之间竞争的无序化大量存在，导致市场信息不能真正地反映市场的需求与潜力，企业与客户之间的联系被割断，使企业在捕捉市场信息方面无所适从，甚至不相信市场信息。在这种总体环境下，企业通过委托调研机构对市场进行调研，需要极大的成本，且具有极大的风险。因此，迄今许多企业很少或者根本不使用市场调研，对市场调研和咨询服务的需求仍然不足。2007 年，一项对华东地区 252 家大中型企业的调查结果显示，有过调查作业的只有 60 家，占 24%；设立了市场调研部门的只有 23 家，占 9%；坚持日常调研作业的 3 家，仅占 1.19%。目前，许多企业对市场调研行业的认识仍然不足，甚至过于狭隘，对市场调研行业的认识还存在一些误区。比较典型的有以下四方面。

1）市场调查“简单论”

有些人认为，营销调研无非是设计一份问卷、选定几个样本、面谈访问，然后写个报告；有些人则认为调研就是听取汇报，或者是到市场里转转，走访一下客户。基于这样的认识，许多企业常常对专业公司科学的、严谨的调查方式所产生的相对较大的成本产生怀疑。真正的市场调查，是从制订方案、选择样本、工具设计、实地控制、数据分析到获得结论一系列严谨的、专业的流程，其所采用的信息收集与处理技术，要比许多企业经营者想象的复杂得多、专业得多。

2）把企业的调查人员和部门混同于专业市场调查

许多企业认为自己有了负责市场调查的人员或者是部门，就等于有了市场调查。企业自己能完成全部的营销调研活动，无须委托专业的调研企业。实际上，即使企业内部已经有了专门的部门从事这一活动，与专业市场调查公司的合作仍然是十分必要的。从社会分工来讲，资源的合理配置有利于提高专业化、提高工作效率、降低成本。市场调查是一门很专业的方法和操作技术，需要经验丰富和经过专业训练的人才才可能高效率、高质量得完成，作为企业完全不必要去建立一支庞大的专门队伍。

3）市场调查“无用论”

在许多企业，尤其是中小企业，对市场调查仍然持不信任态度，不相信市场调查能解决企业的经营与销售难题。究其原因主要有两种：一种是观念问题，对自己的主观判断过于自信；另一种是由于部分低素质的市场调查公司粗制滥造的市场调查报告影响了企业对市场调查行业的信任。典型的例了是在新产品开发中一些企业经营者自持阅历深厚，不经过认真的市场调研和分析，凭经验和主观臆断做决策，结果产品盲目上市后付出的代价将是巨大的，不只是市场上多了一个不成功的产品，企业错过了良好的市场时机，而且企业所花费的人力物力可能成百上千倍于调研费用。中国宝洁公司虽然成立于 1988 年，但在 1985 年就开始在中国开展市场研究工作，也就是说，在合资公司成立的三年前就已经在中国开始了市场研究工作。曾任该公司总裁的 John Pepper 在北京大学的演讲中说：“我们的首要任务是深刻理解我们的消费者，即消费者的需求是什么。不管我们在世界的哪一个角落开始我们的生意，对消费者需求的研究始终是我们工作的切入点。对消费者需要研究的结果会告诉我们应该向市场推出哪一种产品，应该采用哪一种配方以及哪一种广告会最终为我们带来效益。”另一任总裁 Smale 在分析公司曾经经历过的错误时指出：“每当我们仔细地检讨我们曾经经历过的失败时，我们都会得出相同的结论，即失败的原因无一例外的都是由于我们没有深刻、全面地了解消费者及其所在的市场，从而导致我们过于乐观地估计了我们将要承担的风险。”

4)市场调查应该解决企业的所有问题

与上述相反的是，随着企业对市场的关注度越来越高，也有许多企业出现了对市场调研的期望度过高的情况。他们对市场调研的作用抱有不切实际的期望，希望一次调研包含的内容越多越好；希望调研企业给出的建议具体到市场操作甚至策划层面；希望得到直接见效的措施，把原本是调研企业、广告企业和策划企业等多方面解决的事都放到一本调研报告中解决。但事实上，没有任何一家调查公司或者是任何一本市场营销学教材宣称市场调查是万能的。从理论上讲，市场调查只不过是采取某些有效的方法，为企业发现或解决某些特定问题而收集和分析信息。

2.6.3 微观环境分析

从直接影响调查公司经营的各种因素来说，行业内部环境、竞争者、公众及营销中介对市场调查企业的运作和效益具有较显著的影响力。

1. 行业内部环境

市场调查业于20世纪90年代初在中国出现，目前已由行业萌芽期进入快速成长期，但市场调研业整体上的经营状况并不十分景气。从行业内部而言，主要体现在市场调研企业的操作不规范问题，主要表现在四个方面：一是专业人才匮乏。市场调研业在中国是一个发展较快的新兴产业，但调研行业的专业人才基本集中在京、沪、穗三大区域，多数调研机构缺乏具有丰富经验和专业知识的市场调查人才，导致项目操作时抽样调查随意性很大，数据处理不规范，大多数分析报告水平不高、深度不够。二是急功近利、求广求全，缺乏专业细分。一些调研机构宣称什么业务都可以做，个别公司甚至有“捞一把就走”的想法，存在短期行为，不注重建立自己的品牌形象。三是采取不正当手段压价与同行竞争，不遵循行业行为准则和操作规范，甚至在媒体上随意发布“排行榜”，制造虚假信息，误导公众。四是调研行业进入门槛较低，调研企业注册资金10万元即可，有的实际资金还不到10万元。目前，我国很多中小型市场调研企业资金紧张，积累缓慢，经常在生存线上挣扎，更谈不上企业自身技术、人才、规模的发展。

2. 竞争者

从狭义上而言，专业市场调研企业的主要竞争者大致有四类。一是涉及市场数据研究的部分政府部门，如各省市统计局的城乡调查队、经济信息中心；二是由科研、教育、新闻等事业单位创办的半市场化的调查机构，如北京大学社会调查研究中心、中国传媒大学调查统计研究所；三是兼营市场调查业务的广告公司、新闻媒体、市场研究或管理咨询公司；四是部分企业自己设立的调研部门。前两类机构的市场需求取向不明显，也缺乏独立性，很难及时有效地满足委托客户的需要。后两类机构多数没有专业的市场调研人才和专门的技术设备，数据分析能力也比较弱，基本上不能提供高质量的市场调查服务。因此，作为企业制定经营管理决策的前端工作，市场调研这样一种特殊性信息服务行业的可替代性很小。

专业的市场调研企业相对于替代性服务机构的优势在于以下几个方面。

(1)专业的调研企业能降低误差，提高调研的准确性。专业的调研企业拥有完整的抽样框和全面的抽样技术，而非专业组织一般不具备抽样框和抽样技术，容易导致抽样不科学，调研方法不专业，样本整体代表性差，抽样误差大。海南多维市场调研有限公司每年都对全省城镇居民抽样框进行更新，这样庞大的工作一般企业不可能做也没必要做。

(2)专业的调研企业拥有专业的调研网络和调研人员，同时拥有一整套科学的操作规程和质量监测体系，可以大大降低调研误差，而一般的企业无法具备也不可能具备。

(3)专业的调研企业拥有丰富的研究经验、科学的研究方法和专业的研究队伍，既能保证项目方案设计的科学性，也能保证研究结果的真实性和实用性。如果方案设计不科学，再科学的操作，再真实的数据，再优秀的分析员也写不出真正实用的分析报告；而调研方案虽设计科学，但不能按科学的操作规程操作，获取的数据资料也不真实，那么也无法做出优秀的分析报告。这其中的环节是相辅相成的，一般企业很难做到。

(4)专业调研企业站在第三者的角度客观地研究和分析问题，有利于发现新问题和找出新对策。而当事企业、当事人往往摆脱不了感情因素，难以做到客观、公正的分析，或者受企业以往管理思路和接触群体的影响，其分析出来的东西往往存在很大的局限性，难有真正的发现。

(5)节省成本，尽管委托专业的市场调研企业进行市场调研需要支付一定的费用，但同样的调研项目，如果由委托单位的人员自行调研，则需要更多的时间和开支才能达到同样的效果。专业调研企业丰富的经验、更高的效率、充实的资料和专业的设备都是得以节省成本的原因。

目前，兴起了一种依赖于网络来实施的互联网市场研究，企业可以在互联网上建立自己的在线监测系统，利用随机抽取访问者进行在线调查、在线焦点座谈、在线广告测试等方式获得自己想要的数据和信息。这种方法更便于实时监测，且可以有效提升客户的忠诚度。但是，科学准确的结论并不是企业通过几个简单的客户访问或者网上问卷的数据收集就可以得到的，没有专业的数据分析实力很难准确地把握消费群的实际动态。因此，在很大程度上企业仍需要委托专业的市场调研企业。

3. 公众

这里的公众是指对市场调查企业(行业)的营销目标和营销能力有实际影响或潜在影响的社会群体。公众对市场调研行业的关注、监督，影响并制约着市场调研企业的营销活动。社会公众对企业(行业)的看法或政策既可能增强也可能削弱企业实现经营目标的能力。因此，企业必须主动考虑如何处理好与公众的关系，而不是消极等待或者采取冷漠的态度。对市场调研企业而言，其所面临的公众主要有以下五种。

(1) 金融公众。金融公众为企业提供融资服务并可能影响企业盈利能力的团体，如银行、小额信贷公司、风险投资公司、证券交易所等。

(2) 媒介公众。媒介公众指报社、杂志社、电视台、广播电台等大众传播媒体。这些公众对树立企业形象、扩大企业声誉等具有重要作用。

(3) 政府公众。政府公众主要有各级统计局、经济信息管理机构、工商部门、税务部门等政府和社会管理机关。工商部门具有对市场调研企业进行核查审批和市场行为监督的行政职能，税务部门对市场调研企业是否严格按照国家相关法律法规的纳税起着监督和管制作用。企业在制订调查计划和实施调查活动时必须充分考虑政府和地方相关部门的政策及法规，适应政府公众对企业的要求。

(4) 社会公众。社会公众指一般公众和社会性团体。与市场调研企业密切关联的包括中国市场信息调查业协会、中国信息协会、中国市场学会、工商业咨询协会等行业组织协会。它们制定行业自律规范、组织行业内部职业技术认证、开展专业和专题研究，加强了与国家有关部门的沟通，在政府部门与企业之间发挥了桥梁和纽带作用。同时，也促进了业界对政策法律的理解和执行，加强了行业自律，确定了行业道德准则、常规技术标准和参考报价体系。加强了国际交流，形成了对外交流的窗口。

(5) 内部公众。内部公众指调研企业的全体员工。他们对企业信任与否、他们是否有积极性，直接决定了调研工作质量和效率的高低。并且，他们对企业的态度也会潜移默化地影响企业以外的公众，进而影响企业形象。

4. 营销中介

营销中介通常指在企业把产品送到最终购买者手中这一过程中给予帮助的有关机构，包括营销实销实体分配机构(批发零售环节)、营销服务机构(广告公司等)和金融中介(银行、保险公司等)。对市场调查企业而言，是指为市场调研企业进行宣传推介、推销研究成果，或协助市场调研企业推销其服务的有关机构。这也是市场调研企业拓展业务、扩大市场影响力必不可少的重要环节。

(1)广告企业。广告企业与市场调研企业的接触也许是因为调研企业被委托项目的广告需要，也许是市场调研企业自己的广告需要。从这些接触中，广告企业都可以对市场调研企业有比较深入的了解，可以在为其他企业进行广告服务的时候推荐他们所熟知并且印象良好的市场调研企业，或为受委托的市场调研企业策划广告方案，在市场调研企业的声誉和品牌的塑造、推广方面通常扮演着重要的角色。

各种广告媒介，如报刊、电台等比较传统的媒介，以及更具新时代性的网络媒介，都是市场调研企业宣传其企业形象及品牌的重要渠道。不少市场调研企业会在传媒上定期公布调查结果，或者与传媒合作发布调研信息，以此得到更多企业的关注，通过网络平台充分地展现自身实力和形象。

(2)科研部门或研究组织。一些行业协会或者一些企业的销售研究部门有时也会成为市场调研行业的中介。曾经委托专业调研企业做过市场调研的机构在与同行业交流过程中有意或无意传递的市场调研企业的信息，都有可能影响其调研企业的声誉。

上述几种力量既构成了企业营销的微观环境，也是一个企业的市场经营系统。疏通、理顺这个系统，是企业非常重要的经常性的任务。

通过对环境变化的观察，可以充分把握行业环境变化的发展趋势，从而发现调研行业和企业发展的机会，避免环境变化给调研行业和企业带来的威胁。有效地分析经营环境的变化，及时抓住营销机会或采取应变措施消除环境威胁，对调研行业和企业的发展具有重要意义。

☞ 思考与讨论

1. 市场调查行业的特征对客户评价调查公司的服务有何影响？
2. 联系一家市场调查公司，搜集相关资料，并对其经营环境进行分析。

第3章

市场调研行业的客户分析

3.1 市场调研行业的客户分类

市场调研公司的客户，即市场调研企业的服务对象，也是市场信息和市场研究成果的使用者。市场调研信息的用户或称客户几乎包括了所有类型的社会组织，如各类企业、社会团体、政府机构、公共事业单位等。因此，市场调研企业的目标市场几乎涵盖了社会的各个层面，市场调研的客户群是所有产业中最广泛、最复杂的。不同层面的委托客户，其行业特征、运行机制、调研课题的内容、调研方式、对信息的需求也千差万别，这正是市场调研业务运作难度较大的重要原因。因而，市场调研的工作更讲求具有创意性思维和操作方式的创新。

在我国，对市场信息的需求和依赖程度较高的组织，即调研信息的使用者主要有：

(1)各类企业；

(2)各类金融和投资机构(如银行、证券商等)；

(3)新闻媒体及广告代理公司；

(4)国家(地区)政府和统计部门；

(5)行业管理部门；

(6)社会公共事业部门。

上述客户大致又可划分为两大类，前三者为盈利性机构，后三者为官方或半官方性质的非盈利性机构。其中，第一大类客户数量最多，在市场调研企业营业收入中占绝大部分比例。

从企业的角度来看，市场调研信息的使用者可分为外部使用者和内部使用者两个类型。企业通常会将所获取的市场信息传递给这两类使用者，或与它们沟通共享。

外部使用者包括：

(1)供应商(包括原材料、技术、设备的供应商)；

(2)经销商(包括代理商、批发商、零售商、特许经营者等)；

(3)营销中介机构；

(4)行业管理机构或行业协会；

(5)商业仲裁和司法机构。

内部使用者包括：

(1)企业决策层；

(2)企业战略决策部门和营销部门；

(3)产品研发部门；

(4)财务部门；

(5)销售服务(包括售前、售中、售后服务)部门；

(6)人力资源部门。

3.2 市场调研业的客户需求特征

3.2.1 客户选择调研服务的时机

市场调研是指运用科学的方法，有目的地系统地搜集、记录、整理有关市场营销信息和资料，分析市场情况，洞悉市场的现状及其发展趋势，为企业或组织营销决策提供客观的、正确的依据。随着以消费者需要为导向的营销观念逐渐在我国的企业中确立，消费者需要什么，以及产品如何设计、怎样定价、如何销售、如何传播推广已经超越产品生产和销售过程，成为企业营销决策乃至制定投资战略所需要解决的首要问题。这些都要通过大量、缜密的市场调查与分析来解决。一般而言，企业大致在以下几种情况下迫切需要实施市场调研，这也是调查企业的最佳市场机遇和业务机会。

(1)规划企业/组织的投资战略和发展战略。假如企业对自己未来的企业定位、成长战略、投资方向、发展途径、企业文化塑造等方面迟疑不决或处于不确定状况，或者对企业未来的战略产生了怀疑，那么，来自第三方的市场调研公司可以有针对性地对企业的战略环境和市场机会进行调研，得到用于企业战略决策的关键数据，为企业选择最佳发展途径提供充分的信息，降低决策的风险。

(2)确定新产品设计方向和新市场的开发计划。当企业需要进入一个新领域、设计一个新品牌/产品，或者开发一个新的销售区域时，专业的调研服务能帮助企业系统、科学地了解行业结构和市场规律，明晰消费者的心理与行为，把握竞争者和销售渠道的特征，避免“摸着石头过河”可能带来的危机。

(3)制定产品/服务的营销策略和方案。假如企业已经拥有正确的定位和经营战略，进一步考虑在整合营销方面能否做得更加出色，能否超越竞争对手，那么就需要考虑各种营销战术，如品牌、包装、定价、广告、促销、分销渠道模式等的设计是否适当？在关键的市场因素上存在什么问题？此时，可以委托市场调查机构对影响营销的外部因素(如收入、人口、社会、自然环境、政策影响等)和内部因素(如产品定位、名称与品牌、包装、价格、渠道、促销等)进行调查，通过历史性的纵向对比和与竞争对手的横向对比分析，总结产品营销的经验教训，制定企业正确的营销策略。

(4)企业营销或管理出现问题或危机。如果企业的战略、战术都没有什么问题，但市场效果不佳，管理流程不畅，出现了执行力方面的问题，企业也愿意借助专业的调查机构，利用相关的知识和经验，检查企业执行方案的各个环节的连接是否存在问题，企业员工的关注因素及其满意度如何，如何充分发挥企业的核心竞争力，等等。也就是希望调查公司充当“医生”的角色，寻求改进的方案。

3.2.2 市场调研业的客户的特征

市场调查行业实际上是一个特殊的信息服务业，其服务对象或者说销售对象不是为了满足生活而消费的普通人群，而是为达成特定的目标的各类社会组织，既包括各类企业、社会团体，也包括政府机构、公共事业单位等，这就决定了市场调研行业面对的是一种特殊的“组织服务市场”，其产品是特定的知识信息或信息服务过程。其客户的需要和购买过程具有特殊性，市场调研企业必须深入研究这个市场的特点，并分析其购买者的行为，才能取得调研服务营销的成功。

从市场调查行业的客户需要和“订购”行为上看，其需求具有以下特征。

1. 需求具有派生性

市场调查服务的市场需求是由其客户的营销或管理需求派生出来的。例如，药品生产厂家对药品市场的调研需求，来源于患者对药品的需求和选择；政府机构委托市场调查公司了解公众的评价和反馈，是为了依据调研的信息改进管理制度或流程，向社会公众提供更好、更便捷的服务；饮料生产厂家聘请专业公司调查消费者对饮料的选择和购买行为，是为了生产出更符合市场需求的产品，提高企业的营销绩效。需求具有派生性这一特点要求调研公司不但要了解直接服务对象的需求情况，而且还要了解服务对象的目标顾客的需求动向。

2. 需求缺乏弹性

调研服务多数是一种“定制化”服务，每一次调研服务基本上只针对一个顾客，服务的可替代性也比较小。与此同时，调研市场的客户需求具有特殊性，客户往往只在特定的时间、地点选择调研公司，且对调研服务的内容、范围、完成时间、精度、效度等的要求都比较严格，可替代性较小。因此，市场调查服务的价格需求弹性一般较小。

3. 购买者正规化、专业化、系统化

调研服务往往涉及企业未来的重大决策或发展方向，关注和涉及的人员较多，并且多是企业高层主管，其决策过程比一般消费者决策要复杂得多，要涉及许多复杂的经济问题甚至是人际关系问题，往往需要花很多时间与调研企业商讨论证，且许多大型企业对调研项目还采用招标方式进行。这就意味着，市场调查公司的客服人员和营销人员必须是受过良好沟通训练、具有很强协调能力的专业人士。

4. 购买者数量较少且相对集中

市场调研行业是随着市场经济的发展产生和壮大的，也必然与市场经济的发达程度相关。通常情况下，经济发展水平越高、企业越集中、竞争越激烈的区域，企业对市场信息的重视程度越高，市场调研服务的空间也越大，从而也就导致了调研企业地理分布上的相对集中和不均衡性。例如，我国的市场调研企业80%以上集中在京津、长三角、珠三角地区，这是经济发展的一种必然趋势。

5. 理性但非专业化购买

企业对调研服务的每一次购买其实都是“新购”,对调研公司来说每一次都是“直销”,不存在“冲动性”购买,但多数企业客户却不具备专业方法和技术能力去客观地评估调研企业及其提供的服务,多数评估只是建立在对服务价格、项目完成期和内容的逻辑分析基础上,甚至有的企业连自身的需求都不甚明确。这意味着调研公司的营销者必须具有完备的技术知识,并能提供大量的有关自身及竞争者的数据。

3.3 市场调研业的客户行为特征

消费者在购买产品之前,首先搜集有关的产品资料并对产品进行评估。由于服务具有无形性的特征,因而客户对服务的评价过程显得相对比较复杂和困难。根据菲力普·尼尔森(Philip Nelson,1970)、达比和卡尼(Darby and Karni,1973)的解释,区分客户对有形产品和服务的评价过程的不同,主要依据三个特性:搜寻特性、经验特性和信任特性。搜寻特性是消费者在购买产品之前就可能感知的性质,如价格、形状等;经验特性是消费者在购买消费后才能感觉到的性质,如耐用度、稳定性;而信任特性是消费者甚至在购买消费后也难以评价的性质,如效果、使用寿命。客户只能相信服务人员的说法,并认为这种服务确实能为自己带来所期望获得的好处。例如,病人去医院看病,他们通常缺乏足够的医疗知识来辨别医生服务水平的高低,而只能相信医生的诊断,其他一些技术性或专业性服务如轿车维修、牙齿保健和美容用品等也具有较多的信任特性。对于市场调查而言,其具有无形性、差异性、分离性等特点,反映和评价市场调查服务质量的大多数指标,如调研数据的真实性、准确度、沟通性以及调研结论给客户带来的收益等基本上属于后两类,因此经验特性与信任特性在市场调查服务的评价中占有主要地位。这种类似经济学上的“信息不对称”现象,导致了委托客户在选择和评价市场调查企业时,具有以下两个明显的倾向。

1. 风险感受和风险意识增强

市场调研服务具有高度的技术性和专业性,而委托客户大多不具备市场调研方面的专业知识,也不了解相关的质量标准,因此对市场调查服务抱有较强的戒备心和不信任。在零点研究咨询集团对重庆企业进行的调查结果中,委托市场调查公司完成调研项目的企业不到30%,从侧面反映了这个问题。这就要求市场调查公司必须建立完善的服务策略去降低客户的风险意识,如提供服务保证、建立公司与客户之间的沟通渠道、服务流程标准化等。

2. 服务替代的搜寻意识增强

客户对市场调查服务信任度较低的另一结果是努力寻找相应的替代服务。对市场调查而言,就是客户自己来做市场调查,以避免信息不对称带来的风险。在零点研究咨询集团对重庆各类企业的调查中,69.2%的企业选择自己做市场调查。现代信息技术的普及如互联网的广泛使用又进一步强化了这种替代性。因此,市场调查企业必须要努力塑造专业化的形象,强化服务意识,制定明确的服务标准,愿意并能够根据客户的需要提供个性化的调查服务,只有这样,才能使客户感到自己提供的调研服务是无可替代的,从而弱化和消除客户的顾虑。

3.4　市场调研企业的信息传播渠道分析

3.4.1　信息及信息搜集渠道

市场调查业的客户对调研项目委托的决策过程与普通商品相似，即经历需求确认—信息搜集—服务及替代品评价—委托决定—购后感受五个步骤。其中，信息搜集渠道是客户了解服务及其相关特性的信息来源，对市场调查公司进入企业的选择视野，以及获得提供调查服务的机会具有至关重要的作用。从调查公司的角度而言，信息搜集渠道也是其公司形象和调查服务信息的传送渠道。此外，不同的信息搜集渠道对客户的影响力与服务或商品本身的性质相关，如电视媒体对搜寻特性为主的大众消费品传播力比较强，而对于以经验特性或信任特性为主的服务，口碑传播的作用更大一些。

3.4.2　企业信息传播渠道分析

委托客户在选择市场调研机构时的渠道通常有以下几种：

(1)同业行会，协会出版物和其他销售研究部门推荐；

(2)全国性的工商管理机构，工商业咨询协会及其出版物、企业名录等；

(3)各驻外使馆的商务处，这是寻找境外调研与预测代理机构的常用渠道；

(4)诸如国际贸易促进会之类的国际行业机构和组织；

(5)广告代理企业。

市场调研企业针对现有客户和潜在客户推销调研服务时所采用的方法有：

(1)小册子和其他推销出版物；

(2)自办机构杂志或期刊；

(3)在报纸和杂志上发表文章；

(4)对社会热点或某个主题开展或赞助开展相关的研究活动，并且将结果以报告的形式提交出来；

(5)讨论会、研讨会、会议、座谈会，等等；

(6)参加体育运动、娱乐、聚餐或其他社会公益活动；

(7)咨询专家个人推销自己的咨询服务或企业的咨询服务；

(8)在报纸和其他期刊上开辟专栏，合办专刊，或者出版著作；

(9)在电视或广播上参与活动；

(10)成为全国或当地相关组织(专业协会、商业协会或其他的协会组织)的会员。

从表面上看，市场调查企业可选择的信息传播渠道较广，归纳起来有各类媒体广告、人员上门访问、社会公益活动、调研信息公开发布、相关机构(如消费者协会、曾服务过的企业等)推荐、直接参与客户行业的内部活动六大类。但由于市场调查服务本身的无形性，以及高度技术化和专业化的特征，媒体广告无法有效地传播有关经验特性和信任特性的信息。委托客户很难在有限时间、有限信息条件下全面、清晰地了解市场调查企业及其服务。与此同时，调查企业的知晓度、信任度相对较低，简单的公益活动或少量次数的上门访问所传递的信息量也极为有限,因此人员推销的方式很难得到客户的接受和认同。机构推荐、直接参与行业活动两种方式是通过人际交往渠道进行口碑传播,传递的信息量较大,可沟通性强;而调研信息通过新闻媒体公开发布,能展现企业的专业能力,可信度高。因此,后三类渠道传播的有效性更强,成为调研企业比较理想的业务推广方式。中国市场调查网 2010 年对国内企业的随机调查统计也证实了这一点。调查显示,60 家各行业的企业中,50%以上的企业通过调查公司在媒体上公布的调查数据来了解调查公司,其次分别是他人的介绍推荐(44.4%)、与调查公司直接接触(33.3%)、借助互联网(33.3%)。由此可见,市场调查企业通过与媒体合作发布调查数据为公司的形象传播起到了良好的作用,同时口碑传播的作用也不可忽视。

3.5 市场调研企业的客户期望分析

3.5.1 客户期望的含义

客户期望(也称客户预期)是客户对市场调查企业所提供的服务水平的预期,即客户认为以一定代价应该可以获得的服务的满足程度。从消费心理学的角度讲,客户期望实际上形成了客户对市场调查企业的选择和评估标准。客户期望可分为两个水平,即理想水平和最低可接受水平,调研委托客户通过评估位于两个水平之间的各个调查公司,并综合衡量可能付出的费用、时间、风险等因素后,最终决定选择哪一家市场调查企业作为课题合作对象。因此,对于一个成功的市场调研企业来说,首先要明辨委托客户对市场调查服务持有怎样的期望,哪些因素使客户产生了这种期望,哪些标准决定了客户的选择。

市场调研企业做好期望值管理的关键是要给客户一个合理的期望,让企业与客户朝这一个方向努力,把双方期望值间的距离缩小,达到双赢的目的。如果市场调研企业为客户设定的期望值与客户本身的期望值之间差距太大,企业就算运用再多的技巧,客户也不会接受,因为客户的期望值对客户自身来说是最重要的。客户完成消费体验,期望值得到满足的时候,客户满意度就会升高;期望值如果得不到满足,客户就会产生沮丧感,由此导致客户资源流失。虽然在表面上这是客户的流失,实际上是客户期望值管理没有做好。客户期望值管理是在市场调研企业不增加运营成本的前提下有效提升客户满意度的实际有效的方法。企业应该进行良好的客户期望值管理,以实现对客户的拥有,为企业发展与成功打下坚实的基础。

3.5.2 客户对市场调查企业的服务期望

客户对市场调查企业服务水平的期望涉及调查能力、调查信度和效度、时间、费用等多个因素,很大程度上取决于对调研项目效果的预期,主要评估三个方面:市场调研公司定义的企业问题是否与企业的初衷完全一致;调研结果的表述能否解释和说明所需要解决的问题;调研所产生的误差是否对调研结果有影响。

目前,国内的调查市场尚处于初级发展阶段中,大多数客户对市场调查服务的需求还停留在市场信息搜集的层面上,主要强调市场调查企业能够切实地为企业提供消费者需求、市场现状、同业竞争方面的客观信息，仅有少数企业希望市场调查企业能够提供营销方案和咨询服务。零点研究咨询集团于 2010 年对国内企业所作的调研结果显示，企业希望市场调查解决的首要问题是了解自身产品在市场上的表现，为公司的营销提供决策依据；其次是提供消费者需求和消费行为的信息，最后是提供市场的同行业的数据和竞争情况。这一结果实际上也反映出客户（企业）对目前市场调查企业的服务能力评价不高。

3.5.3 客户期望的来源

客户期望在客户确定调查课题的合作对象之前就形成了，影响客户期望的因素比较复杂，其中既有调研企业可控因素也有许多不可控因素，作者曾就此问题以开放讨论的形式探询过所接触的 120 家中小型市场调查企业，普遍认为比较重要的因素有以下五项。

1. 公司的服务承诺

调查公司通常在递交客户的合作意向书中，对将要提供的调查服务提供各种承诺，如完成时间、误差率等，这是委托调查客户尤其是初次接触调查公司的企业形成客户期望的主要来源。

2. 场景和有形展示

调查公司的环境布局、办公设施直至名片、宣传手册、网页等有形实物和场景都在含蓄地暗示着公司的实力、专业水准和服务水平，对首次接触的客户具有强烈的影响力，相当程度上影响客户对调查公司的评价和未来服务的预期。通过市场调研企业的场景布置、用具摆设和文化氛围等的有形展示，塑造企业的市场形象，可以让客户在一定程度上感受到服务能给自己带来的好处，引导客户对服务产生合理的期望。

3. 经验比较

“经验”有两层含义，一方面是市场调研企业成立时间的长短，另一方面是该企业主要人员的从业经验。立业较早的市场调研企业对本行业的过去、现状及发展趋势有自己独到的看法，其管理体系和运作模式也相对规范和完善。对于过去接触或接受过市场调查服务的企业，往往会将过去的经历、服务感受与调查公司提供的标准进行比较，形成新的服务期望；从未接触过市场调查服务的企业，则会借用自己与类似行业组织（如管理咨询公司、营销策划公司）接触的经历作参照物与公司提供的标准进行对比，从而形成新的预期。

4. 他人介绍

过去未接触市场调查服务的企业，往往会向自己的同行或其他企业“打听”市场调查行业的相关信息，了解与市场调查公司打交道的方式。同行企业的经历在相当程度上影响客户对调查公司的服务的预期。相对国内其他行业而言，市场研究和咨询服务的公众知晓度、了解度都不高，因此许多企业往往会依赖推荐人或中间联系人的介绍。例如，市场调研企业往往同咨询公司、管理顾问公司建立良好的关系，然后由这些公司把自己介绍给客户。市场调研行业的“中介人”（介绍人、引荐人）在业务拓展和项目合同达成中具有重要作用，而客户对“中介人”的信任往往取决于其专业特长和权威性。因此，许多调研服务企业通常会有意挑选政府部门、高等院校、科研机构、行业龙头企业等具有较大影响力和社会公信度的机构作为自己的“推荐人”。

5. 社会舆论

新闻媒体的报道、公众对调查行业的评价乃至社会传言都会影响企业对市场调查行业的信任度和服务期望。

3.6 客户对市场调研企业的选择

委托客户对市场调研公司的选择评价标准实际上包括两个方面：市场调研公司的服务能力和客户需要付出的代价。据零点研究咨询集团对重庆企业的调查，企业认为好的市场调查企业应具有的特点是(括号内为选择对应内容的企业比例)：研究人员综合实力强(72%)、在同一行业有较多的项目经验(60%)、质量可靠(60%)及品牌知名度高(52%)。一般而言，比较成熟的企业客户在评选市场调查公司时，主要考虑以下几方面因素。

1. 公司的声誉

声誉是个综合性的评估标准，包含企业评级、社会知名度、信誉度、传媒影响力等很多方面，因此它是个比较软性的标准。有些客户认为，那些常在媒体上发表调研报告的市场调研企业一定具备良好的声誉。这种想法虽然有些偏颇，但却有一定的说服力。真正具备良好声誉的市场调查企业至少应该做到：准时完成调研项目；高质量完成调研项目；遵守职业道德标准。

2. 公司规模

对市场调研行业而言，企业规模体现为营业收入、专业人员数量、办公室面积和档次、调查专业设备与设施数量、分支机构数量等多个方面。通过对市场调查企业规模的了解，就可以大概知道这家企业的专长和所属的专业领域，以及调研能力等方面的信息。

市场调查企业的人员一般分为专职和兼职两种，企业的研究人员、技术人员等应是专职人员；访问员、复核员、编码员、行业专家等一般是兼职人员；实地督导有些是专职的，有些则是兼职的。这些可以量化的指标是判断企业实力的一种比较硬性的标准。办公室的面积和档次也从侧面反映了一个企业的规模。另外，从办公室的整洁程度与部门设置情况上可以看出一个市场调研企业的管理水平。

不同的市场调研企业要求的专业设施有所不同。例如，一个擅长做电话调研的市场调研企业应该有专门的电话设备，如隔开的电话间；一个常做定性研究的企业应该有为举行焦点团体座谈(focus groups)而准备的单面镜房间等。

分支机构方面主要指的是其(或在各地的合作伙伴)能够保证企业在其他城市的实地执行顺利地进行，这里的顺利不仅包括时间，也包括质量。有些企业在外地的执行都由合作伙伴来进行，有些企业则倾向于自己在当地设分支机构。一般来说，大多数企业实行有效控制成本策略，多采取与外地调研企业合作的形式。

3. 人员素质

人员素质指从业人员的个人素质及专业水准。这里所谈到的人员素质主要是指调查企业员工的基本素质，如敬业精神、职业意识、教育程度、组织协调能力等。其中，员工的沟通能力尤其重要，在委托客户对调查公司的认知度和理解度不高的情况下，员工的沟通能力甚至决定了客户对公司的信任度和接受调查服务的可能性。

4. 经验

主要人员的从业经验也很重要，在市场调查行业的经验越多，就越能准确地定义客户的问题，对各种调查方法的优缺点也越了解，对实地执行中易出现的问题能够及时把握。对于定量调查如此，对于定性调查，从业经验就更为重要，定性研究最常用的方法是焦点团体座谈，一个有经验的调查会座谈主持人能够从容地控制座谈的进程，调节气氛，调动每个参加者的主动性，并让参加者说出自己的观点。一个有经验的主持人与一个没有多少经验的主持人得到的信息不仅在数量上不同，在质量上也不一样。

除从业经验外，主要人员在某行业的市场调查的经验也能直接影响一个市场调查项目的质量，有些市场调查公司有自己的市场定位，他们或者只做电信业的调查，或者只做包装消费品的研究。一些综合性的市场调查公司也着意培训一些研究人员成为行业专家，如对OTC药品市场调查非常精通的人员。这样的行业经验使得研究人员对某行业的背景资料、存在问题等非常了解，对于该行业产品特性、客户构成、分销渠道、促销手段等也有深刻认识，这种了解和认识不仅有助于研究人员设计调查方案，而且在数据分析时也能够从自身知识出发解释数据，给出切实可行的建议。

5. 时间

“时间”一方面指一个市场调查公司的成立时间的长短，另一方面也包括该公司主要人员的从业时间。市场调查公司成立的时间越长，调查技术越娴熟，服务流程越规范，管理制度越趋于成熟。公司主要人员从业时间越长，操作经验越丰富，对客户调查问题定义的准确度、对调查实施过程的把握和控制程度，以及调查质量监控程序的执行水平都比较高，向客户反馈调查信息也比较及时。

6. 委托项目的适应性

很多市场调研企业特别是中小型市场调研企业并不是所有的调研项目都能够胜任，通常他们会选择特定的几个方面进行深入了解和研究。并且，由于地理、文化环境的差异，当地的调研企业在进行当地企业委托的调研项目时更加得心应手。所以，客户在选择市场调研企业时还会考虑其委托项目是否与可以委托的市场调研企业互相适应。

7. 价格

无论如何，报价都是客户选择市场研究企业时的一项重要评价因素。问题是，即使调研方法、调查内容、地域范围等方面相同，不同市场调查企业的调查服务的质量和水平不同，成本费用就有较大差距，报价也很难有可比性。此外，报价除了收费标准外，付款方式、付款周期和条件、免费服务项目等都是需要考虑的因素。

上述几个方面是客户在选择市场调研企业时主要考虑的因素。除此之外 ，还有一些因素如文本的制作水平、项目完成所需时间等，也是客户会考虑的。

3.7　选择市场调研企业的误区

在市场调研行业，各类市场调查公司通常也会采用一些营销宣传和市场推广来吸引客户，诱导客户购买调研服务。其营销宣传的重点是向客户展示其所提供的调查服务是高质量的，如品牌、成立时间、规模、曾经服务的品牌。客户也往往会通过这些信息来判断和评估调查企业。但在中国市场调查行业发展还不成熟的今天，这些信息也可能对客户产生一定的误导。较易对客户产生误导的信息有以下四种。

1. 品牌

客户往往认为品牌与质量相关。但在国内市场调查行业，品牌知名度多数不是靠口碑传播而是靠广告宣传积累而成的。由于成立时间久，在报纸、杂志见面的机会多，甚至请枪手写几篇分析报告刊登出来，出现频率高了，品牌知名度也随之提高。但这样出来的知名品牌与其质量并没有多大关系。

2. 成立时间

成立时间长往往代表了经验丰富。但实际上，公司成立时间长并不代表研究人员的经验丰富。国内市场调查行业由于工作的压力强度大，人员的流动是比较高的。因此，其研究质量和水平不一定很稳定。

3. 规模

规模在一定程度上代表了公司的资源和财务实力，但并不一定代表研究实力。国内市场调查行业中多数比较大的公司都是靠做实地操作起家的，在20世纪90年代初，许多调研企业靠做实地操作完成公司资本的原始积累，而真正做研究却是近几年的事。在一些真正有研究实力的大公司，其客户也有重点客户与非重点客户之分。核心的、优秀的专业人员通常都会安排去服务重点客户，而非重点客户则得不到相应水准的服务。

4. 曾经服务的著名品牌

通常情况下，外资著名品牌对调研服务都有比较完善的评估，因此调研企业有为著名品牌服务经验，在一定程度上说明其提供服务有相当的水准。但这也要分具体情况，如所提供的服务是否包括了研究分析，许多为宝洁服务的调查公司都只是提供实地执行方面的服务，这就只证明了该调查公司在实地执行方面有一定的水准，但并不代表其在研究分析方面具有实力。再如，是否有连续服务的经历，只有连续提供服务的才能说明问题。

如何找到好的市场调研公司？

要找到一家好的市场调研公司，您首先应该从以下的因素考虑：

1. 从业人员的个人素质、访员素质如何？
2. 是否有明确的收费标准？其标准是什么？
3. 现在，而不是曾经为哪些知名企业服务过？
4. 调查实施过程是否向客户开放？质量监控程序有哪些？
5. 能否与客户很好地对话或交流？
6. 是否有灵活性或可变通性？
7. 通常能按时间要求完成调查项目吗？
8. 是否被公认为是维持职业道德标准的？
9. 调查项目是否高质量完成？
10. 有什么样的调查经验？有多少这样的经验？

11. 提供者的人员结构中是否既有技术方面的专家，又有非技术方面的专家？

其他需要考虑的因素有：

1. 在特定行业的经验如何？
2. 是否有全国的实地执行网络？
3. 调研公司的规模如何？

☞ 思考与讨论 »»

1. 市场调研企业如何建立合理的客户期望？
2. 市场调研服务的客户具有什么特征？

第二篇　市场调研企业的营销战略

第4章

市场细分与目标市场定位

4.1 市场细分与定位战略的引入

随着我国经济的高速增长以及企业市场调查意识的增强，我国的市场调查行业正面临着前所未有的发展机遇。2001～2010年，我国市场调查行业营业收入的年平均增长幅度约为22%，高居世界榜首。日益增长的巨大的市场需求、较低的行业门槛，也使国内投资者一致看好中国市场调查行业，市场调查类企业的数量呈现前所未有的扩张。然而，与调研服务市场迅速扩大相对应的是，国内大量市场调查企业的生存环境和竞争能力不容乐观。整个行业实际上普遍处于一种混乱无序的状态。明显存在着以下几方面的问题：

(1)企业缺乏市场定位，缺少自身特色；

(2)调研业务泛而不专，服务缺乏核心竞争力；

(3)操作缺乏规范，服务流程混乱；

(4)对客户及其需求缺乏深入了解，“产销”不对路；

(5)企业形象建设和市场推广的意识不强；

(6)项目运作缺少监控和反馈机制，导致客户沟通障碍；

(7)售后服务严重不足。

因此，与外资大型市场调研机构相比，内地市场调查企业无论在资金、人才还是技术、经验上都存在很大差距，与之进行直接竞争显然是极不明智的。内地市场调查企业如果能树立现代营销观念，运用市场细分和市场定位这一利器，充分发挥潜在的优势，必定能够找到适合自己的生存和发展之道。

市场调查业本质上是一个需求驱动型的市场和顾客导向的行业。因此，从根本上讲，调查服务的市场营销是在定位基础上，面向特定客户群体对调查公司和调查服务的推广。其首要步骤是在有效的市场细分前提下，对企业服务和目标客户进行全面的营销定位。

4.2　调研企业的竞争分析

4.2.1　市场调研行业的竞争力量

迈克尔·波特教授在 1980 年提出了产业竞争五力模型，用于分析产业竞争环境。他指出产业竞争存在五种基本力量，这五种力量的状况及其综合强度，决定着行业的竞争激烈程度，同时决定了行业的最终获利能力。五种基本力量分别为：行业内对手的竞争、供应商讨价还价能力、购买者讨价还价能力、潜在进入者的威胁、替代产品的威胁。

在 1980 年出版的《竞争战略》中，波特写道："任何行业，无论在本国还是国际，无论是一个产品还上一项服务，竞争规则就蕴藏在五个竞争力量当中。"他断言，这五种力量组成了竞争的全貌，展示给大家一个易于理解并利于企业参与市场竞争的框架模型。波特认为："这五种竞争力量的集合力决定一家企业的盈利能力。这五种力量的能量强弱在不同行业中会有所差别，并且会随着行业的发展发生变化。" 对于国内市场调研企业的决策者们而言，这五种力量同样发挥着必不可少的杠杆作用。

1. 新的竞争对手

随着社会对市场调研行业的逐渐了解和接受，越来越多的本土市场调研企业在人们的关注和社会的期待中产生发展起来。同时，这也吸引了新的竞争者加入，这些新的竞争者主要是中国加入 WTO 后随之而来的国外的大型市场调研企业或外资的咨询顾问公司，它们大多实力雄厚、技术先进、人才济济。2000 年以后，世界上排名前 20 位的市场调查公司有一半已经进入了中国。这些进入中国市场的外资和合资市场调查公司尽管只占调查公司总数的 2%，但资金实力雄厚、人员素质较高、管理运作规范，具备强大的市场竞争力。据统计，自 2005 年以来，外资企业和国内大型企业的商业调查市场基本上被外资商业调查公司主宰，外资及合资调查公司已经占到国内整个市场调研行业营业总额的 50%，且有不断增长的趋势。这种竞争必然会打破原来的市场平衡，引发现有市场调研企业的竞争反应，也就不可避免地使整个行业的收益降低，甚至可能导致全行业的重新洗牌。

2. 替代服务的威胁

许多企业调研意识淡薄，不了解市场调研的意义，甚至不知何为市场调研。它们认为专业的市场调研企业并不是不可替代的，也许它们自身也能进行市场调研和数据分析。即便是那些了解市场调研的重要性的企业也有可能因为担心专业市场调研企业无法满足它们的客户期望而选择自己设立市场调研部门，自己进行调研活动。这些专业市场调研企业的替代品将会使专业市场调研企业的产品和服务的价格受到限制。

3. 买方议价能力

目前，国内的市场调研行业尚处于无序竞争的状态，调研质量缺乏相应的衡量标准，价格成了部分企业唯一的竞争手段。这种情况下，市场调研的买方，即委托客户往往具有较强的讨价还价能力，在交易价格的制定方面握有较大的主动权。其结果是一些小型调查公司为了获得生存空间折价压价，用执行一个调研环节的资金，完成整个课题研究的系统工作，在透支了行业信誉度的同时，也扰乱了正常的市场价格竞争秩序，造成行业内滥价竞争的恶性循环。零点研究咨询集团的肖明超在《企业如何选择好的市场研究公司》一文中曾说过这样一个案例:某企业想投资开一家西餐厅,因此需要研究当地的西餐消费习惯,以考虑如何有效地进入市场和进行准确的市场定位。当时找了3家本地刚成立的市场研究公司,同时找了一家全国知名市场研究机构在当地的分支机构,同是一个项目,同样的调查方法和样本量,知名公司与本地公司之间的差价竟然在4万元左右,有个公司竟然报出了每个样本20元(包含了从问卷设计、实地执行到报告撰写的全流程费用)。实际上,市场调查仅问卷印刷费、抽样的费用、访问员劳务费、被访者礼品费、复核员劳务费等项,加起来也不只20元,这样的价格根本没有包含市场研究公司的智力劳动成果。而且,如此低的价格,如何能获得高质量的数据?

4. 卖方议价能力

由于调研服务的专业性较高,大量的调研工作和数据分析需要依托具有丰富经验和操作能力的专业人员去完成,调研质量与成本投入密切相关。如果委托客户不是非常专业,对价格也不大敏感,卖方即调研公司在议价时具有一定的主动权。有利于提高调研服务市场卖方议价能力的因素有:调研公司的品牌形象、服务能力和范围、研究分析质量、在客户行业内的知名度等。但目前的现实情况是,由于竞争的激烈和行业内的滥价竞争,一些中小市场调研企业为了获得项目往往随意降低收费标准。委托客户如果仅靠价格选择调查公司,这些调查公司为了完成合同必然减少成本投入,大大降低了调研和数据分析质量,委托企业往往得不偿失。某酒企欲推出一种浓香型的高档白酒,目标消费对象是企业家、高级经理、创业者、银行职员等商务人士。公司决定委托一家专业公司在全省范围内进行抽样调查,评估该项目的可行性,有5家专业公司参与了投标,最低报价是20万元。该酒企选择了最低报价公司,并强行把价格拦腰砍到了一半。由于预算太低,这家调查公司把预定的2000份问卷访问数量压缩了四分之三,而且使用没有培训过的临时招聘的大学生做访问员,省略了质量控制程序。一个半月后,该酒企对调研结果进行复核时,才发现其中很多数据存在严重问题。最后,双方不欢而散。从成本角度来分析,要完成这家酒企交给的那么大的任务量,即算是如此敷衍了事,调研公司也没什么利润可言。

5. 现存竞争者之间的竞争

随着海外市场调查企业纷纷抢滩中国,国内各类专业调研和咨询机构的数量与日俱增,市场调查行业内部的竞争也变得异常激烈,市场结构将出现失衡和变化,业内资源将得到进一步整合。少数外资调查公司、国有调研机构和大型民营专业调查公司将因资金、人才、技术、规模等方面的实力较强,在竞争中占据优势,短期内调查行业将维持三方并存的局面。而大部分业务拓展困难、规模小、收益低的中小型调查企业将会随着行业的不断发展被淘汰、重组与购并。

从行业整体看,中国市场调查业的发展前景广阔,但国内调研公司需加大人才投入的力度,发展有竞争力的产品,尽快完成从初级信息收集向咨询服务的进化过程,加快国内市场开发速度,才能在更大的生存空间内赢得市场。华南国际市场研究公司广州公司的总经理阮思宁认为,这两年开始出现的专业分工速度将会加快,如有的专门做基础数据的收集、有的专门做研究分析、有的专门做营销咨询,等等。这样,大的或者小的公司都会找到相应的市场。企业要求的服务也可以在市场调查业的细分中得到"度身定做"。只有这样,才能促进整个行业的快速发展。

4.2.2　国内市场调查企业的竞争优势

尽管存在着种种“先天不足”，与外资企业相比差距巨大，国内调查企业在激烈的竞争中仍然保持着旺盛的生命力，总体数量上保持着高速增长势头。1991 年，国内只有调查机构约 20 家，2002 年发展到 1000 余家，至 2008 年达到 5800 家左右，近 20 年之间增长了约 300 倍，其中部分经营有方、业绩卓著的企业还发展成为大型市场调研公司或咨询企业。与外资调查公司相比，本土调查企业有其自身的优势。

1. 本地化优势

首先，文化习俗、生活方式等特殊的国情对市场调查企业的实践操作影响非常大。外资调查公司虽然实力雄厚、经验丰富，但由于文化背景及观念不同，对我国国情以及各地特殊的地域文化了解不深，与国内客户（企业）的沟通存在不小的障碍，进入成本高昂。其次，中西方消费者在人际交往方式、价值观念和语言文化上存在很大差异。许多在西方国家通行的市场调查技术和手段在国内却难以推行，如焦点小组座谈、安装频道监测仪等常常被国内消费者拒绝。最后，文化和体制的差异也使市场调查企业中中外雇员的思维方式、工作方法有较大差别，许多跨国调研企业为吸纳国内人才，不得不重新了解中国传统文化，重新调整自己的管理和运作方式。由于上述原因，外资调查机构进入中国之后，常常需要 2～3 年的时间来完成文化、技术、人员的整合。而国内调查企业则非常了解和熟悉国内文化环境，不需要经历这样一个调整过程，在这方面相比国际同行竞争者占据一定优势。不过，随着外资调查公司努力推行人才本土化战略，国内调查企业的地域优势已越来越小。

2. 灵活性优势

市场调查业和任何行业一样，都存在着大量市场空隙。与跨地域运作、研究模式比较固定的外资市场调查公司相比，国内尤其是各地中小市场调查企业更熟悉当地经济环境和企业的需求，有自己的人际关系网络，信息渠道畅通，调查方式多样，更能有效地服务于当地的企业。此外，外资大型市场调查公司主要以大型国有企业集团和外资企业为目标客户，倾向于承接大规模、长期性的调研课题，无暇顾及也难以顾及各地的中小企业客户；而国内中小调查公司承接的调查课题，其项目可多可少，调查覆盖面可大可小，时间可长可短，能较好地满足中小客户的要求，同时调查手段灵活多变，有利于占领市场空隙。

3. 成本和报价优势

外资市场调查公司虽然人员分工明确、专业化程度高，但雇员数量多、机构庞大，管理营运费用也比较高，其调查课题的报价普遍较高，动辄数十万元甚至上千万元，而大部分中小企业承受能力有限，只好退而求其次。相较而言。国内调查企业的调查人员多来自本地，以兼职和临时招聘为主，固定员工较少、日常管理简单，营运成本低，因此在报价方面具有较强的竞争力，根据中国信息协会市场研究分会的统计，一个 200 人样本量的单项目调查，国内调查企业的报价基本上在 10 万元以下，国内企业比较容易接受。

4. 服务优势

国内市场调查公司实力弱小、市场面窄，因此往往有强烈的生存意识和竞争意识，对客户需求反应迅速，服务意识较强，与客户的合作和协调往往比大型的调查公司做得更好。此外，国内调查公司能够满足客户的特别需要，如某些特定的调查对象、行外人难以涉足的产业、难度较大的调研项目，国内市场调查企业因其获取数据的渠道和手段较灵活，往往能比外资调查公司更快速地获取信息。目前，面对外资企业的步步紧逼，国内市场调查行业已出现资源整合、重组的趋势，大型调研企业开始主动与地区性中小企业组成战略联盟，通过项目协作、优势互补，占有更大的市场份额。

4.2.3 国内市场调查企业的发展机遇

1. 国内市场潜力巨大

中国的市场调查虽已有十多年的发展历程，但与国外发达国家比较，整体市场仍处于初级阶段，蕴藏着巨大的可开发潜力。根据 ESOMAR 提供的数据，市场调查业 1997 年的全球营业额为 118 亿美元。美国排名第一，为 44 亿美元；而中国只有 0.54 亿美元，仅为美国的 1.2%、法国的 6.4%。如果按人均营业额计算，英国的企业和研究机构全年投资于每个城市消费者的平均调查费用最高，为 22.9 美元；美国为 16.5 美元；日本约为 8 美元；而中国仅为 0.1 美元。到 2005 年，我国调查行业总营业额也只有 50 亿元人民币，但 20 年间，中国的市场调研行业营业额总量在全球的排名从 20 年前的倒数几名到目前的 15 位。按业内人士的保守估计，在未来的 5 年内投资于城市消费者的人均调查费用将提高到日本目前一半的水平，整个中国市场调查业的年营业额将有 10 倍以上的增长。

2. 加入 WTO 与国际经济一体化带来新的增长

随着中国加入 WTO 和国际经济一体化，大量外国公司涌入中国市场，急需熟悉和了解中国的消费者及国内市场的运作方式。这就直接扩大了调查服务的市场需求，为中小型市场调查企业的发展带来新的契机。据报载，仅宝洁公司每年在华北地区投入的市场调查资金就不低于 700 万元；单在央视调查公司一家，各大跨国公司每年购买统计数据的费用就达到数百万元人民币。与此同时，外资的进入也会引发更加激烈的市场竞争，从而进一步促进了国内企业对市场调查的需求。据统计，1993 年国内调查业营业收入总量中超过 1/2 来自外资企业，而目前已经有 67%的份额来自内地客户。

3. 体制转轨与经济增长带来的机遇

近年来，我国经济的高速增长以及国有企业的加速转型，给市场调查行业带来了持续发展的机遇，根据中国市场研究协会会长柯惠新教授的报告，1999 年中国内地市场调查业总营业额的增长率达到 58%，而全球市场的增长率仅有 8.3%。从地域分布上看，目前较有规模的市场调查公司基本上集中在京津地区、江浙地区和广东地区的主要城市，而广大的西部地区、农村乡镇则缺少提供调查和咨询服务的企业。随着西部大开发的启动和农业经济增长，中西部非公有制企业、乡镇企业的竞争意识增强，对市场调查的需求日益迫切，这也给中小型市场调查企业的市场拓展带来了新的机遇。

4. 大众观念的转变改善了调查环境

对外开放、经济发展和社会的进步，大大扩展了人们的人际交往范围和沟通能力，弱化了传统文化中的自我封闭意识，居民对企业的市场调查活动的接纳程度和包容力也越来越高，市场调查公司接触和访问消费者的难度大大降低，更易取得调查对象的配合。居民观念的转变改善了市场调查操作的社会环境，使各种调查技术实施的难度和相关成本较以往显著下降，进一步促进了市场调查行业的繁荣。

5. 法制的健全净化了行业环境

随着我国相关经济法规体系的建立和完善，市场调查公司的行为将逐步得到规范。2001 年 4 月，全国市场研究行业协会的成立标志着国内市场调查行业开始走向自律，随着行业环境的净化和行业信誉的进一步提高，国内市场调查企业尤其是中小调查企业将得到更多的发展机遇。

以上我们对国内市场调查企业的竞争优势和面临的发展机遇进行了分析，结合前面部分的内容，我们可以沿用 SWOT 分析方法，对国内市场调查企业的竞争优劣、市场机遇和问题作一个简单的归纳（表 4-1），借此探索国内市场调查企业的正确、有效的营销战略。

表 4-1　国内市场调查企业 SWOT 分析表

维度	企业外部	企业内部
有利因素	市场需求旺盛、增长迅速；可开发的潜在市场巨大；行业运作环境有所改善	熟悉国情、市场和文化；操作手段灵活多样；定制化服务能力强；低成本
不利因素	行业公信力较低；竞争激烈，恶性“价格战”；缺乏行业强制性规范	资源有限，实力弱小；服务、运作欠缺规范；员工素质较低，人才匮乏；行业经验和信息积累不足；专业工具、技术手段落后

4.3　调研企业的市场细分

4.3.1　市场细分变量

所谓市场细分，是根据客户的需求差异，将整个市场（客户）细分为若干需求相似的客户群体。其目标是寻找到适合企业资源和能力的目标市场，并为企业未来的服务定位提供依据。市场调查行业有其特殊性，经常采用的市场细分变量主要有以下几种。

1. 地理细分

地理细分，即按客户所处的地域文化或行政区域来划分客户群体。我国不同地区的企业，在生产技术水平、管理方式、企业文化等方面都存在着差别，对同一类服务的需求和偏好可能会有所不同，它们对市场调研企业的服务价格、广告宣传等营销措施的反映也常常存在差别。例如，江浙地区的股份制企业和家族式企业众多，比较重视市场信息的搜集，信息渠道也相对畅通；而西部欠发达地区的个体企业的比重较大，市场调查的意识相对较弱，信息来源较少。因此，前者很注重市场调查服务所提供的数据真实性和准确度，后者则首先需要调查公司做大量的客户沟通和客户教育工作。此外，同一文化区域内的客户企业，其商业文化、商业价值观念比较接近，市场调查企业需要根据自身的服务能力和客户特征，明确企业最终为多大区域范围内的客户提供服务，是全国、所在地区、本省或是本县市？研究地理细分，有利于市场调研企业开拓区域市场。通过这种市场细分，企业应考虑将自己有限的资源尽可能投入力所能及的、最能发挥自身优势的地区市场中去。

2. 客户规模细分

市场调查公司所服务的企业，可按其规模分为大、中、小三类。承揽大型企业或企业集团的调查服务收益高，对公司影响力也有举足轻重的作用，市场调查公司对这类客户应予以特殊重视并保持经常联系。但这类客户对服务质量和调查公司资质的要求较高，比较注重调查公司是否具备相关行业的调查经验，其委托的调研课题往往覆盖范围大、内容复杂。因此，对于调研实力有限的中小型市场调查企业，很难获得大型的调研项目合同。就服务能力而言，中小型企业更容易成为中小型市场调查企业比较长期、稳定的客户来源。

3. 客户行业细分

行业细分是市场调查业最重要的市场细分参数。每一行业都有自己独特的关键成功因素、商业模式、竞争环境、专业技术和行业惯例。例如，对于零售连锁业，决定企业竞争力的关键是市场覆盖规模和物流管理水平，比较重视网络布局、消费环境等方面的信息；而对于美容美发行业，决定其经营成败的关键则是员工个人的操作技术和沟通能力，因而更关注员工评价、服务效果等方面的口碑。如果调查公司缺乏对客户所处行业的深入研究，以及丰富的专业经验和行业数据，就很难提供高质量的调研服务。目前，市场调查行业的一个趋势就是行业专业化的公司越来越受到企业欢迎，而那些“什么项目都能做”的调查企业越来越没有市场，因为只有专业化的研究才会令人信服。专业代表着调查公司的权威和不可取代的优势。尤其对于资源有限的中小型市场调查企业，如果能够执著于某一领域，较容易在实践中通过经验的积累，形成自己独特的调研技术体系（如专业研究模型）和专业集成数据库，这些资源也正是公司的特色和竞争力所在。很多市场调研企业特别是中小型市场调研企业的能力有限，并不是所有的项目都可以做得很好，这就需要对客户的行业进行筛选区分，对于那些不擅长或是不了解的行业的调研项目的接洽应该三思而后行。即使像零点研究咨询集团这一享誉业内的大型企业也进行了细致的市场细分，它根据十多年的积累研究，设立了IT电信与媒体研究组、房地产汽车研究组、快速变动消费品与金融研究组，为客户提供更为专业的服务。

4. 过程细分

过程细分是市场调查行业中较特殊的一个细分参数。随着市场调查服务的发展，西方国家的市场调查行业内部已经出现专业化分工，形成了自身的产业链，即某些企业将业务集中于市场调研流程中的某一环节，企业之间相互提供服务，形成多层次的专业化企业，如专门为其他调研公司确定抽样框和选样服务的抽样公司，专门从事第一线数据搜集的现场服务公司，应用计算机和模型进行数据处理的数据服务公司，专门为市场调查公司提供统计模型和数据分析服务的统计分析公司等。近年来，我国调查行业也开始出现这一趋势。就小型市场调查企业而言，如果其资源和实力有限，难以独立承担市场调查课题的整体运作，可以根据公司员工的素质及技术专长，以及硬件设备等因素，专门提供某一环节的专业化服务，从而保证在调研服务某一环节（过程）上建立独特的优势和专业能力。如贵州胜天统计事务有限公司就是专注于数据的统计分析、为其他调查公司或机构提供数据分析服务的企业。

5. 调查对象细分

调查对象细分也是市场调查业实践中常用的市场细分参数之一，即市场调查企业根据不同访问对象的差异来划分调查对象群体，选择自己擅长沟通和调查的群体，建立本公司对这一类被调查对象方面的研究权威。其原理与客户行业细分相似，调查企业通过界定自己的访问对象，针对性地运用专业工具和模型，获得高质量的目标对象信息。市场调查对象可分为企业和消费者两大类，每一类又可分为不同的子群体，如央视-索福瑞媒介研究公司，运用城市电视测量仪、InfoSys软件、日记卡等专门针对城市电视观众的收视情况进行调查，为中国传媒行业及企业提供相关数据。

6. 客户导向细分

客户导向细分是指，根据客户企业合作目标的不同来划分客户类型。不同的客户企业在为调研项目寻找调查公司时，往往抱有不同的合作期望和目标。有的客户乐意与调研公司建立长期、稳定的合作关系，希望经常得到调研企业的咨询和建议，甚至与调查企业建立战略联盟，共享市场信息和研究成果；有的客户只是在企业面临重大决策时"一次性"地委托调研公司完成某个专门的项目，更注重项目研究结论本身的信度和效度。拉克姆(RackHam)和文森特斯(Vincetics)曾提出过一种细分方法，把调研业务的客户划分为三种类型：①价格导向型，希望在保证质量的前提下以最低价格获得调研结论；②方案导向型，希望调查公司能根据结论提供咨询或解决的方案；③战略导向型，希望与调查公司建立长期、稳定的战略合作关系。调研企业可以根据客户不同的需要来设计自己的服务政策和差异化服务模式。

此外，还有调研公司按照项目的稳定性、客户忠诚度、调研方法等标准来细分客户市场，这里不再一一赘述。

4.3.2 市场细分步骤

用上述变量来细分调研市场，大致有以下三个步骤。

(1)调查。通过访问或调查，向整个客户群了解他们对调研服务的购买动机、态度、行为模式等，然后找出影响其购买决策最重要的几个变量，并进行排序。

(2)分析。运用因素分析法将整个顾客群的共同需求剔除，接着，根据各类客户存在不同需求特点的变量，划分出几个有差异的顾客群，即初步的细分市场；然后，找出他们的可识别性和独特性；最后，考虑各子市场有没有必要再作细分，或重新合并。

(3)评估。对各个细分市场的业务拓展潜量、利润率、竞争程度等进行评价，评价其对企业的吸引力，寻找可能的目标市场。

4.3.3 细分市场的评估

很明显，大多数调查企业很难也不可能对所有的细分市场提供服务。因此，有一些细分市场将不能成为企业的营销机会。只有符合或满足以下条件的细分市场，才有可能成为调研企业未来的服务对象，形成企业的业务增长点。

1. 可衡量性

可衡量区分性，即以某种标准进行细分产生的子市场是清晰可识别的，其数量规模、地域范围、需求程度和支付能力等特征是可以被度量的，其需求同其他子市场有明显差异。

2. 可进入性

可进入性，一是指调研企业可以通过营销手段去接近该类客户群，获得调研业务合同；二是指该类客户市场中不存在实力很强的竞争对手，从而使企业进入这一市场相对比较容易；三是指调研企业所拥有的资源和能力可以为该类客户提供所期望的服务，即调研企业具备满足该类客户对调研需求的能力。

3. 可盈利性

可盈利性，即指以某种标准进行细分后的各个子市场拥有足够的潜在需求，能使企业有利可图，实现其利润目标。也就是说，子市场应该是值得企业为之设计专门的有效规划方案的尽可能大的同质客户群体。

4.4 目标市场的选择

选择和确定目标市场，明确企业的具体服务对象，关系到企业任务、企业目标的落实，是企业制定营销战略的首要内容和基本出发点。所谓目标市场，是企业决定要进入的细分市场部分，也就是企业在市场细分的基础上，根据自身特长决定为之提供服务的特定的顾客群体。市场细分化的目的在于，正确地选择目标市场。如果说市场细分显示了企业所面临的市场机会，目标市场选择则是企业通过评价各种市场机会、决定为多少个细分市场服务。

对市场调研行业来说，企业选择目标市场不仅要考虑细分市场的规模、增长潜力和吸引力，更重要的是考虑调研企业本身的规模、资源和研究能力。不同的市场调研企业也有不同的市场战略和客户选择标准。目前，国内市场调研行业中，各类调研企业的目标市场的选择大致可分为三种情况。

1. 外资调查公司和国内大型调查公司

大型市场调查公司如盖洛普、SRG 等，由于公司开办时的前期投入较大，其资本实力和研究能力都优于其他调查公司。外资调查公司进入中国市场的主要原因，一是其原来服务的大型跨国公司进入中国市场后产生的调查需求，二是中国内地庞大的调研服务市场和未来增长的潜力。其选择的目标市场主要是大型跨国企业、地方政府机构、国内经济发达地区的大中型企业或企业集团。这和外资调查公司的以下特点是紧密相关的：一是其项目质量的控制和全球性调研的能力较强。其研究部门基本实现了全球化部门分工，数据处理技术先进，分析研究水平较高；二是这些客户的调研需求往往要依赖大规模的数据作为研究的支撑，数据分析和咨询需要具有国际化的视野，而这一点恰恰是多数国内调查企业所不具备的；三是研究人员素质较高，调查流程操作规范，公司在调研方面的培训能力很强。但大型市场调查公司也存在一定的缺陷：一是调查项目的报价很高，往往超出国内客户的心理承受能力，如盖洛普所言："在调查质量上是客户选择我们，在调查报价上是我们选择客户"；二是难以留住高级管理人员。由于调查行业的市场进入门槛低，国内对高素质调研人才的需求较大，个人对公司的市场业绩有很大影响，而高级人员的"出走"经常发生；三是外资调查公司均有比较成熟的一套调研运作模式，更适于保证规范性研究项目的质量，而对客户较为特殊、针对性强的地域性项目优势不明显。

2. 半市场化的国有调研机构

如国家及各省的统计局、政府信息中心、高等院校、科研机构。它们在履行自身职能的同时也利用其现有的资源，对外提供市场调查和调研咨询服务。它们一般没有明确的目标市场，主要客户是当地的社会组织（如本地的消费者协会、商会）、地方大中型企业、地方政府机构。其优势一是能发挥其拥有的设备、网络、技术和人才优势，且办公场所、人员工资等支出普遍较低，项目成本很低；二是拥有政府信息资源，能够容易获得很多行业背景数据；三是依靠其成本低和行业数据的优势，在市场调查之外的信息咨询业务上有较广泛的客户群。它们也存在相当的劣势：一是缺乏服务意识，管理体制比较僵化，市场运作能力不强；二是市场压力不明显，营销取向不明显，缺乏市场推广；三是作为地方政府管理的一级单位，缺乏独立性，在执行实地调研时工作质量得不到保证，数据误差较大。目前，它们中的佼佼者亦有与外资合二为一的趋势。如国家统计局下属的华通现代已与美国的 MarketFact 合资，中央电视台下的央视调查咨询中心已与法国最大的收视率调研公司索福瑞合资。它们如果能将外资的管理、技术与政府部门的行业优势、数据资源结合起来，在细分市场上，如收视率调查方面，很容易形成行业垄断。

3. 地方中小型市场调查公司

与大型的市场调查公司相比，中小型市场调查企业在调查人员数量、组织协调能力、调查技术和设备方面存在不小的差距，在跨区域、多项目、宏观性的调查课题上的竞争力显然很难与外资企业、大型调查公司抗衡。但中小调查公司运作灵活、熟悉当地的环境、信息网络畅通、成本和报价低、对客户需求反应迅速、服务意识较强，因此可以在市场细分的基础上，通过选择适当的目标市场，运用差异性营销策略来确立自己的竞争优势。在作者所调查的 120 家调查公司中，就有不少成功地应用这一策略拓展业务者。如成都达智咨询有限公司，以成都市周边地区的二级城市作为目标主市场（地理细分），专门向日化行业、家用电器行业（客户行业细分）提供消费者需求入户访问数据（过程细分），成为四川地区具有较高知名度的专业化调查公司，其几年来营业收入的增长率一直保持在 35%以上。另一成功的例子是河南天基咨询有限公司，郑州历来是中原商家必争之地，百货零售行业的商战素来激烈。该公司抓住这一特点，以郑州地区百货零售行业为目标（地理和行业细分），专门对各类零售商的媒体广告、公关宣传、促销活动进行跟踪调查与分析研究，向零售企业提供商业竞争信息，其业务大受客户欢迎。可见，小型调查公司只要善于利用细分，选择适合自身资源的目标市场，同样可以取得良好的业绩。

一般而言，中小型市场调查企业选择目标市场主要考虑两方面的因素：一是市场的规模或增长潜力；二是公司资源和服务能力。从目标市场构成看，中小型市场调查企业主要选择本土的中小型企业及地方政府作为自己的目标客户；从调查地理范围上看，中小型市场调查企业主要选择企业文化和社会文化比较接近、商业价值观念相似的地区作为自己的调研服务范围，调查活动界定在本省、本市或同类地区几个主要城市；从调查内容来看，中小型市场调查企业承接的课题主要是日用消费品、普通服务以及标准化、低技术的工业产品，这类课题的操作难度相对较小，对企业资源要求不高。就作者的从业经验，中小型市场调查企业在确定目标客户、开拓市场时,可以考虑选择以下几类行业作为目标市场。

(1)朝阳产业。目前市场规模不大,但成长较快、发展潜力较大的行业(如西部地区诸省的 IT 行业、绿色消费品行业)。

(2)"时尚性"行业。产品或服务的需求变化较快、消费不稳定的行业(如服装业、娱乐业)。

(3)特色产业。以本地区特有自然资源为基础的行业(如旅游业、手工艺品业、土特产品业)。

(4)地区主导产业。在本地区经济中比重较大或企业数量较多的行业(如云南的烟草业、福建的制鞋业)。

上述行业的共同特征是对当地经济发展的影响力较强、地方特色显著或市场需求变化较快,因而要求调查公司的信息反馈速度快、熟悉当地的市场环境和商业文化,而这正是大型市场调查公司和外资调查公司的"软肋"。

4.5 调研企业的市场定位和营销战略

4.5.1 市场调查企业的定位

"定位"这个词是由艾尔里斯(Al Ries)和杰克屈劳特(Jack Trout)于 1972 年提出来的,他们说,"定位并非是对产品本身采取什么行动,而是针对潜在顾客的心理进行的创造性活动。也就是说,将产品在潜在顾客的心目中确定一个适当的位置。"对市场调查行业来说,我们可以把定位理解为:在确定目标市场后,调查企业依据目标客户群对市场调查公司的服务期望、评选标准和特定需求,通过系统、有效的规划和设计,整合市场营销要素,并通过整合营销传播在目标客户群的头脑中塑造独特的地位和形象,使公司成为其搜寻市场调查服务的优先选择对象。市场调查公司属于特殊的服务型行业,它向客户提供的是一种数据收集和信息分析服务。市场定位的目的是使公司在预期客户的头脑里占据一个有价值的位置,并区别于其他企业。这种形象和特色可以是"硬实力"方面的,如规模、设备、技术,也可以是"软实力"方面的,如名牌、专业、高效、服务等,或二者兼而有之,都可作为定位的基础。

为了实施定位战略,市场调查企业必须首先搞清楚目标客户对市场调查服务的需求模式:目标客户是如何看待和评价调查行业的,目标客户愿意选择什么样的市场调查公司,客户对市场调查服务有哪些特定的需要,等等。定位至少应该有助于让客户感受到以下利益点。

(1)差异:调查公司和公司提供的调查服务与众不同。

(2)标准:收费价格、操作流程标准化。

(3)专业:有严谨规范的运作流程和成熟友善的服务体系。

(4)权威:能提供真实、准确、及时的市场信息和数据。

(5)灵活:能提供定制化的服务,满足客户的"额外"需求。

就市场调查企业而言,树立一个"行业诊断专家"、"专业数据库"的形象尤为重要,因为这正是市场调查企业的核心竞争力所在。

4.5.2　市场调查行业的核心竞争要素

核心竞争要素是保障企业在市场中获取持久竞争优势和业务发展能力的因素，也被称为行业关键成功因素。核心竞争要素是市场定位的基础和出发点。对市场调查行业而言，至少包括下列五个方面。

(1)能力。包括企业资源、专业技术水平、可承担的项目规模、服务区域，以及提供咨询或策略建议的程度。

(2)质量。包括调查工作的质量和客户服务质量。

(3)时效。包括对客户需要的反馈速度和调查工作效率。

(4)成本。包括对运作成本的控制和报价水平。

(5)专业。包括对特定行业、特定群体的深度研究，与特定调查对象的沟通能力，提供定制化服务的能力。

一个市场调查公司要获得竞争优势，应至少拥有上述要素中的一种突出能力，并使这种能力得到目标客户群的认同。

4.5.3　市场定位的过程

市场调查行业的市场定位模式与普通产品制造业和服务业大体相同，但市场调查行业更强调调查公司对客户行业的了解，更强调按照客户需要提供定制服务的能力。在确定公司的目标市场后，其基本步骤包含以下三步。

1. 调查研究影响市场定位的因素

适当的市场定位必须建立在市场营销调研的基础上，必须先了解有关影响市场定位的各种因素。这主要包括：①竞争者的定位状况。竞争者提供的服务及其在顾客心目中的形象。企业一方面确认竞争者在目标市场上的定位，另一方面要正确衡量竞争者的潜力，判断其潜在的竞争优势，据此进行自己的市场定位。②目标市场对服务的评价标准。要了解客户对市场调研服务的偏好、习惯、愿望以及他们对产品优劣的评价标准，比较调研的时间要求、精度、价格等，并努力搞清楚客户最关心的问题，以此作为定位决策的依据。

2. 选择竞争优势和定位战略

调查公司要确认自己在目标市场中的潜在竞争优势。竞争优势有两种基本类型：一是在同样服务内容下比竞争者定价低；二是在同样价格下提供更多的服务以满足顾客的特定需要。在前一种情况下，应千方百计地寻求降低单位成本的途径；在后一种情况下，则应努力发展有特色的服务项目。调查公司通过与竞争者在产品、促销、成本、服务等方面的对比分析，了解自己的长处和短处，从而认定自己的竞争优势，进行恰当的市场定位。

3. 准确地传播企业定位

企业在做出市场定位决策后，还需要依据其营销战略实施整合营销，把企业的定位准确地传播给潜在和现实的目标客户，与目标市场之间形成良好的互动和沟通。整合营销是对公司的定价、分销、促销等要素变量进行配置和系统化管理，按照调研市场的变化规律组合起来，使之产生较强的综合效应。市场调查企业能够用于建立差异化形象和竞争优势的营销组合要素主要包括七项：人员管理和内部营销、客户沟通、成本定价、促销推广、服务流程、有形展示、质量控制。

4.5.4 市场定位策略

市场定位是一项复杂的工作,取决于对客户需求的准确把握和对市场发展趋势的准确预测。准确而清晰的市场定位将为自身的长远发展指明方向,以便提前做好人才、技术、环境方面的准备,进而形成具有竞争性的产品,同时也为客户在寻求调研公司帮助时提供指导。它显示了一家市场调研企业在同行业企业间的竞争关系。定位方式不同,竞争态势也不同。

市场调研行业为客户提供的是一种数据搜集和信息分析服务,是完全针对客户需求制定相应计划的服务,这种特殊的服务性质决定了企业的定位方式更多的是依据客户对服务的需求模式。市场调研企业常见的定位方式有以下几种。

1)行业定位

行业定位,即调研企业把自己塑造为某一行业的"调研专家",为该行业客户提供专业化的服务,成为该行业内客户寻求调研服务的首选。

行业定位常被一些中小调研企业采用。它们想在市场调研行业里分一杯羹,但自身的资金和技术力量不足,因此它们往往会选择避开强有力的竞争对手,选择一个或几个特定的行业进行研究,选择自身擅长并且能保证完成得很好的方面提供优质服务,以此在客户心中迅速建立起一种专业化的形象。这种定位方式市场竞争风险较小,成功率较高。深圳市唯美创意信息咨询有限公司就因其专门从事汽车行业的调查和研究而蜚声业界。

一些大型市场调研企业也会选择行业定位的策略,对一些特定的行业进行比较细致深入的研究,收集大量的数据,分析并建立数据库。例如,央视-索福瑞媒介研究有限公司(CSM),通过建立全国测量仪调查网,利用先进的技术设备和分析服务软件,对全国近800个主要电视频道的收视情况进行全天候不间断的监测,逐步发展成为中国规模最大、最具权威的媒介收视调查专业公司,成为中国收视研究市场上的领导者。迄今为止,已有近20家4A国际广告公司、100多家电视台、近400家国内广告公司和数家国内著名企业成为CSM的客户,定期享有CSM提供的丰富多样的收视率数据服务。

2)特色定位

特色定位,即调研企业在进入市场时选择一个较小的研究领域,通过持续不断地深入研究,积累调研经验和成果,开发独具特色的研究工具,形成特有的研究模式和技术,从而建立自己在某一研究领域的"调研权威"形象。当企业发展到一定规模,财力、人力和技术力量都积累到一定程度的时候,再向相关研究领域拓展。慧聪国际资讯就是从它的第一份定向针对行业专业市场提供采购指南的媒体《慧聪商情广告》开始,开了专门为企业提供商务资讯服务的先河,后又凭借国内最大的商务资讯数据库,将服务延伸到以市场研究、行业门户、搜索引擎为代表的信息服务软件、电视广告营销等领域,通过多种服务产品的叠加组合,为客户提供独具针对性的各项资讯服务和全面的市场解决方案;同时,不断通过规模效益将成熟的业务模式拓展市场至60多个行业,形成了一个有着资深行业知识及信誉保证的知名品牌。

3)功能定位

功能定位,即调研企业把自己塑造为市场调研服务产业链中某一环节或某一功能方面的“专家”。随着市场调研行业的发展，其内部也出现了研究服务过程专业化的趋势，出现了专门完成调研过程中某一过程或环节，为更高层次的市场调研公司提供辅助性服务或专项服务的“专业化”调查公司。如专门从事第一线数据搜集、调查对象访谈的现场服务公司，专门进行数据编辑和前期处理的统计分析公司，专门为调研公司确定抽样框和选取调查对象服务的抽样公司等。一部分市场调研企业也发展成为了顾问咨询公司，除了接受委托客户的调研任务外，还为客户提供决策可行性研究、策略执行管理、营销顾问咨询等服务，如麦肯锡咨询有限公司、CONSUMER SEARCH（消费市场研究中心）等，在接受客户委托的同时，也在建立自身的行业数据库；北京央视咨讯科技有限公司则利用其拥有的大量完备的CATI设备和数据库资源，成为国内在媒介网络研究方面首屈一指的调查公司。

4.5.5　目标市场的营销战略

调研企业对细分市场评估并确定目标市场之后，就要决定采取何种营销战略，决定如何为已确定的目标市场设计营销组合，即采取怎样的方式，使自己的营销力量到达并影响目标市场。归纳起来，目前我国的市场调研企业的目标市场营销战略大致可以分为四种。

1）无差异营销

顾名思义，即调研企业把存在某种需要的全部客户作为自己的目标市场，面对整个客户群提供一种“标准化”的调研服务，调研活动只考虑客户在需求方面的共同点，而不考虑客户需求之间是否存在差异。如央视索福瑞媒介研究有限公司，其面向各类客户公开出售收视率数据，但不接受客户的特定课题调查。

市场调研业兴起的初期，几乎所有的市场调研企业都采用这种战略，没有进行比较细致的市场细分，面对所有的客户推行同样的服务方式。随着调研市场的发展，调研企业发现面对不同行业性质的委托企业提供相同的服务很难取得较好的成绩，因此，开始逐渐转入差异性营销。即便是规模巨大且实力雄厚的大型或外资市场调研企业也不可能面面俱到。AC尼尔森公司是全球领先的市场研究、资讯和分析服务的提供者，其也有最为专注的研究领域，即采用先进的电子个人收视记录仪提供电视收视率数据，进行报纸杂志读者调查和广告费用监测，这已经成为媒体和广告行业的通用指标。尼尔森媒介研究目前在全国11个主要城市提供电视收视研究服务。2003年，尼尔森媒介研究宣布将收视率拓展到其他的70多个城市和18个省份，其研究覆盖相当于全国75%以上的广告市场。

无差异营销的最大优点是成本的经济性。其“标准化”的统一服务可以产生最大规模的经济效益，最大限度地降低服务成本，节省营销费用；不进行市场细分，也相应减少了制订多种市场营销组合方案所要耗费的人力、财力、物力。但这种策略需要企业建立长期稳定的调查网络，需要大量的人员、设备和技术投入，并建立庞大的数据库，因此对于大多数调查企业而言是不适合的。

2）差异性营销

差异营销是以市场细分为基础，把面对的整体市场划分为若干个细分市场，从中选择两个以上乃至全部细分市场作为自己的目标市场，并为每个选定的细分市场制订不同的市场营销组合方案，同时多方位或全方位地分别开展针对性的营销活动。区域性的市场调研企业资金和技术力量相对薄弱，更适用于差异性营销。其中，又以财力较为雄厚、技术力量较强、人员素质较高的中型市场调研企业更为适合。

贵阳田野市场调查咨询公司就分别设立了房地产、金融、通信咨询事业部，并长期致力于房地产、金融、通信行业的数据搜集、消费者调查、数据库挖掘工作，为这些行业的企业提供投资咨询、营销咨询、管理咨询和新业务研发服务。

这种针对性的营销方式能够分别满足不同客户群的需要，提高服务的竞争力，有利于企业打造研究特色和建立竞争优势。并且，如果一个企业在几个细分市场上都能够取得较好的营销效果，就能树立起良好的市场形象，大大提高客户对该企业的信赖程度。但这种策略的不足在于目标市场多、服务项目多、管理复杂、成本较大，还可能引起企业经营资源和注意力的分散，顾此失彼。

3)集中性营销

集中性营销指企业集中所有力量，为某一细分客户提供专业调研服务，力图在一个较小或很小的细分市场上取得较高的，甚至是具有支配地位的市场占有率，而不追求在整体市场或较大的细分市场上占有较小的份额。例如，一些企业专门从事本地的房地产行业的市场调研，一些企业专门从事 IT 行业的营销调研，或者一些企业只提供数据分析服务。这类企业无力在整体市场或多个细分市场上与大型市场调研企业抗衡，而是在大型市场调研企业未予注意或不愿意顾及，而自己又力所能及的某个细分市场上全力以赴，更容易取得经营上的成功。企业运用此策略的思路是，遵循“集中优势力量，突破市场一点”的原则。集中市场营销因为服务对象比较专一，企业对其特定的目标市场有较深刻的了解，可以深入地发掘客户的潜在需要；企业将其资源集中于较小的范围，进行“精耕细作”，有利于形成积聚力量，建立竞争优势，可获得较高的投资收益率。但这种策略风险较大，一旦企业选择的目标市场发生突然变化，如整个行业不景气、行业结构发生重大改变时，调研企业将缺少回旋余地，即面临“所有鸡蛋放在一个篮子里”的风险。集中性营销因其对企业资源和实力的要求较低，比较适合区域性的中小调查公司采用。

4)定制化营销

定制营销又称“个别化营销”或“一对一营销”，是 20 世纪 90 年代后期发展起来的一种新型的营销策略。定制营销就是在市场细分的基础之上，进一步针对个别消费者的特定需要提供个性化的服务，即完全按照客户的特殊要求和个体需要来设计调研项目、制订调研计划、完成调研服务。定制营销比集中营销更有针对性，从而对顾客需求的满足程度也更高，开展定制营销的企业能更牢固地控制其目标群体，稳定其目标市场。

目前，我国大部分的本土中小型市场调研企业因为在调研人员数量、组织协调能力、调研技术和设备方面都与大型市场调研企业及外资调研企业存在一定程度的差距，因此从事的业务大多数都是一对一的个性化定制服务，即专项研究服务。这类业务的运作方式是，只要定的企业产生了市场研究的需求，就会委托给特定的市场调研企业，但是所研究成果的版权只归委托企业所有，市场调研企业必须为研究成果保密，同样的研究成果不能提供给第二个企业。这类服务之所以集中的原因在于，市场调研企业容易进入，没有过高的门槛，只要能够解决企业的问题，就能赢得客户；如果在某些领域形成自己的特色，就可以获得固定的客户的支持。市场调研企业中，90%的市场研究企业都集中在这个领域。从中小调查企业的现实出发，其最佳竞争策略应该是定制化战略，即将企业全部资源集中使用于最能代表自身优势的某一地区、某一个客户或某一调查对象上，在维持成本优势的同时，努力培育和持续增强在时效、价格、专业三个方面的竞争能力，并通过市场定位和整合营销，塑造和强化专业服务的形象，以此在激烈的市场竞争中占据有利地位。

知识链接

定制营销

定制营销(customized marketing)又称“个别化营销”(individual marketing)或“一对一营销”(one-to-one marketing)，是二十世纪 90 年代后期发展起来的一种新型的营销策略。定制营销就是在市场细分的基础之上，进一步针对个别消费者的特定需要提供个性化的满足。定制营销是比目标营销更有针对性，从而对顾客的满足程度也更高的营销方式，因此开展定制营销的企业就能更牢固地控制其目标群体，稳定其目标市场。

既然定制营销能增强企业的市场竞争能力，为什么至 90 年代后期才发展起来呢？关键在于定制营销与规模化生产之间的矛盾。因为只有大规模的标准化生产才可能使产品的生产成本降到最低，这几乎已成为一种经济学的常识，而定制营销就会对大规模的标准化生产提出挑战。所以，在没有解决定制化生产导致成本上升的问题之前，定制营销是很难开展的。有人说“目标营销相对定制营销而言，是屈从于规模经济效应的一种无奈”，此话是颇有道理的。

20 世纪 90 年代后，数码控制系统在生产领域的广泛应用使个性定制和规模生产的矛盾得到了解决，这就是“柔性生产技术”的问世。柔性生产通过数码控制技术可以在同一条流水线上生产出上百种不同规格和款式的产品，这样就使定制营销成为可能；满足“定制营销”需要的另一种方法就是“组合技术”，即由于许多产品和服务实际上是由各种部件或要素所组成的，消费者的个性需要往往只表现为对其中少数部件和要素的不同需要，有的甚至只是组合方式上的差异。所以在部件和要素的生产上仍然可以是批量化和规模化的，只需在最后的组合上按照顾客的特定需要来组合，就能解决定制营销中的规模效应问题。

4.6　调研企业的营销组合

4.6.1　营销组合要素

服务利润链理论认为，企业成长和获利能力的强弱主要是由客户的忠诚度决定的；客户的忠诚是由客户的满意创造的；而客户的满意程度取决于客户所获得服务的价值大小，即取决于市场调查公司是否提供了高质量的信息服务。市场调查公司为客户创造价值的过程可以用价值链的概念来描述，它包括了调研服务全部流程及相关的支持要素(图 4-1)。

公司价值链中的每一要素都为客户满意度的创造带来了一定的价值，也都需要公司投入一定的资源或支付相应的成本。调研企业的市场定位和营销战略就是通过对价值链中关键的营销要素的规划、组合和传播来实现的。调研服务营销组合就是调研服务企业依据其

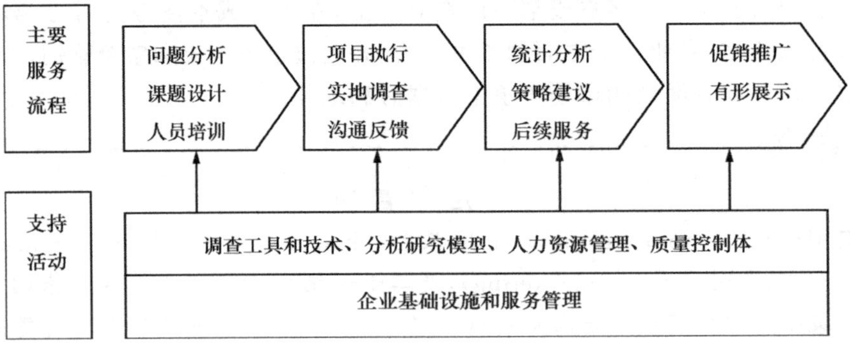

图 4-1 市场调查公司的价值链

资料来源:参见亚瑟·A. 汤姆森,A.J. 斯迪克兰迪. 2000. 战略管理:概念与案例. 北京:北京大学出版社:126

营销战略对营销过程中所有的可控制条件(要素)进行优化配置和系统组合的管理活动。调研服务的营销组合与其他行业市场的营销组合大致相似,但由于市场调查行业及其服务的特殊性,客户通常会寻找各种线索和途径来理解和体验市场调研企业及其服务。因此,市场调研企业的营销组合中所涉及的要素比一般的产品制造业和商业服务业要广泛一些。从国内外调研行业的营销实践上看,市场调研企业能够用于建立差异化形象和竞争优势的营销组合要素主要包括七项:服务项目、定价、协作渠道、促销推广、人员、有形展示、服务流程(表4-2)。调研服务的营销组合就是对这些要素进行管理并使之系统化的过程。

表 4-2 调研服务企业的营销组合

要素	内 容
服务项目	领域、区域、时间长度、内容、质量、售后服务
定价	整体水平、折扣、付款条件、付款周期、质量定价、顾客认知价值
协作渠道	中介机构、合作企业、分销组织、协作条件、管理措施、激励政策、冲突协调
促销推广	广告、人员推销、公共关系、营业推广、合作推广
人员	人力资源规划、招聘与选拔、岗位配置、培训与开发、绩效管理、薪酬福利管理、员工激励、劳动关系管理
有形展示	外在环境、内部环境、信息文档、服务设施、专业设备、服务人员、CI 系统、软件系统
服务流程	服务标准、评估体系、服务政策、流程规划、作业控制、客户参与、质量控制

调研服务各要素所形成的独特的营销组合,会随着环境条件(如市场需求、企业服务能力、产业政策等)的变化进行不断调整和重组,而营销组合各要素之间是相互关联的。因此,企业在制定营销组合策略时,改变营销组合的其中任何一项要素,都会对其他组合要素产生影响。

1)服务项目

调研企业需要根据自己的目标市场和定位确定研究服务的范围、服务程度和服务水准,以及以后应该向客户提供的质量承诺及售后服务等。不同的调研企业的服务范围的差异相当大。中小型的调研企业通常聚焦于某一较狭窄的市场区域,或者某一类型的固定客户,或者调研服务的某一技术环节;大型调研企业则比较专注于某一研究领域,某一个或几个产业门类，某一社会经济文化发展程度相似的地区，如许多国外调查咨询公司常常设立大中华区、亚太区分公司（分部），在这些分支机构的营销政策和服务模式都与其他区域不同。有些大型的调查公司也会面对所有客户提供"通用"的数据服务。

2）定价

调研行业的客户对服务定价与质量间的相互关系比较敏感。因此，调研企业的定价往往是客户区别和认知调研企业服务质量和服务水平的一种方式，尽管两者不一定存在必然联系。在成本基础上的定价同时也决定了调研服务的利润空间，是调研企业确定是否承接委托项目的最重要的考虑因素。调研企业在定价方面涉及的因素包括定价目标、定价基本方法、价格整体水平、客户折扣、付款方式和信用等。

3）协作渠道

调研企业的营销渠道是将调研服务传递给最终客户或使用者的各类中介机构或社会组织。营销渠道和调研企业在营销渠道链中的地位，决定了调研企业的服务延展能力和市场拓展能力，特别是企业的调研服务所能涵盖的地理范围，会直接影响客户对于调研企业的认识和评价。调研企业在营销渠道方面的决策主要涉及协作机构或中介组织的选择、管理、激励和控制等内容。协作渠道也是调研企业市场营销组合中唯一不完全可控的变量。

4）促销推广

市场调研企业的促销是调研企业规划、实施和推动与特定对象之间的沟通活动，以此传递市场调研服务的内涵、利益和价值，求得沟通对象认同和接受的活动过程，其促销推广方法也包括了广告、人员推销、营业推广、公共关系这些基本的手段。市场调研企业以信息服务和咨询服务为主要内容，口碑传播的效应和影响力远远超过其他行业，因此，人员访问、机构推荐、直接参与行业活动这三种方式是许多调研企业常用的业务推广手段。

5）人员

对于以提供市场信息和数据研究服务为主的调研企业来说，与客户接触和互动交流是调研过程中必不可少的环节。为客户提供服务的企业员工尤其是一线的员工在客户眼中其实就是服务的一部分，员工的服务意识和专业化程度很大程度上决定了调研服务的质量。因此，市场调查企业必须重视员工服务能力和专业能力的提升，提高员工对企业的满意度与忠诚度，从而提高员工的服务效率和服务质量。通过培养员工树立"我靠顾客生存"的观念，努力营造以人为本的服务氛围，鼓励员工与客户建立长期持久的关系。

6）有形展示

有形展示也是市场调研企业的营销要素之一。由于调研服务具有不可感知性、差异性、不可逆性、低参与度等特征，客户会依赖办公环境、专业设备、服务设施、文档资料、其他顾客等有形的线索来识别、判断和区分不同调研企业的服务水平。因此，对于调研服务企业来说，服务展示管理是异常重要的，它直接影响了客户对一家调研服务企业的评价，甚至决定了客户是否选择其为项目受托人。有形展示包括的要素大致有硬环境（如企业外在形象、内部环境、信息文档、服务设施、专业设备等）和软环境（服务人员、CI系统、软件系统等）两大类，调研企业必须要对这些在提供调研服务时客户所要接触到的内容进行系统规划和全面管理。

7）服务流程

市场调研的服务流程就是从了解客户需要、调研项目设计开始，直到完成数据分析、提交调研报告的一系列环节。服务流程同样是调研服务营销组合中一个主要因素。市场调查是一种高接触度的服务，客户往往会把服务流程看做服务本身的一个组成部分。客户对调查服务的整体质量的判断不仅来自市场调查结论和数据本身，也来自对调研企业服务流程的设计合理化程度和对客户接触的管理水平的感受和认同。服务流程的管理策略包括制定服务标准、建立服务评估体系和服务补救制度、建立客户服务数据库、服务透明化等内容。

4.6.2 调研服务营销组合的制定

调研企业在规划和确定服务营销组合时较之一般服务企业更为复杂和难以把握，这不仅是因为其所包含的要素更多，而且因为很多要素在业务经营过程中是密不可分、相互交错的，如人员和服务流程、促销推广和有形展示，调研企业在制定营销组合时必须重视服务表现和递送的过程顺序，注重客户的心理感受。因此，制定服务营销组合是人的直觉和理性研究的结果，是一种艺术也是一种科学。调研企业建立服务营销组合包括六个步骤，见表4-3。

表 4-3 调研服务营销组合的制定程序

序号	步骤	内 容
1	营销分析	分析企业可为目标客户服务投入的资源水平
2	选择市场	在营销分析的基础上评估和选定可能的客户
3	设计要素	通过对目标客户的判断，设计各个营销要素
4	设计组合	运用整合营销理念平衡和协调各个要素，建立符合企业实际的独特的营销组合
5	测试验证	选择试点市场或试点单位，对预构的营销组合进行实证检验
6	形成整合	形成可靠有效的营销组合方案

4.6.3 营销组合的影响因素

由于调研服务的特殊性，企业在制定服务营销组合策略需要考虑三个因素。

1)购买动机

营销组合制定的一个重要步骤是了解顾客需求以及顾客的购买动机，确认目标客户对调研服务的决策和基本选择模式。调研服务的本质是客户“购买”企业的“专业才能”。因此，当客户在做委托决定时，很可能会去评估调研企业的高层主管或决策人的行为和个性。特别会注重考虑以下因素：

(1)调研企业的声誉和行业内的影响力；

(2)项目所需的总时间；

(3)对服务进程的控制；

(4)自己所需要做的工作和参与程度；

(5)必须为调研公司提供的条件；

(6)项目失败或出现意外的风险大小。

2)竞争反应

任何调研企业都会面对市场上存在的大量的竞争者，而企业推出的每一项营销措施或推行的营销组合都会对竞争者产生压力和影响，并促使对手研究和制定“反制措施”。因此，调研企业必须先考虑如何让客户认知和接受调研服务，然后才是如何建立并维持其市场地位。由于调研服务的非实体化和服务内容的相似性，企业无法从服务流程和服务内容方面建立明确的竞争优势。可行的方式是，建立“服务水准的差异化”，即通过树立企业在某些领域或行业的“研究权威”的形象，在目标客户心目中塑造公司及其服务的鲜明形象，形成一种具有特色的差异的现象。

3)运作效率

对于许多资本密集型的制造企业来说，机械化、自动化、标准化是提高作业效率的有效方法。然而，对于知识密集型的调研服务企业，以资金投入来替代劳动力却是不可行的。虽然在某些服务环节可以通过投入现代化设备来提高效率，如用电脑和软件进行数据处理、用代码扫描系统进行问卷录入，但仍然不能改变调研服务“以人的要素为基础”的主体特征。而且，调研企业在力图为提高项目作业效率而用设备取代人力时，反而可能降低营销效率，特别是客户的满意度。例如，使用电话自动访问系统进行调查，很多被调查受众可能会认为这种方式不尊重自己、态度冷漠而予以拒绝；使用统计分析软件系统自动输出数据，客户会将其视为企业的研究人员不愿意“动脑子”，缺乏针对性研究的调研质量。调研企业常常会遇到效率和客户满意之间产生冲突的问题，这需要调研企业做出综合考量来平衡和选择。

☞ 思考与讨论 》》

1. 选择一家市场调查公司，搜集相关资料，分析该公司的市场定位和目标市场策略。
2. 调研企业的服务营销组合有何独特性？

第5章

市场调研企业的定价策略

5.1 调研企业的服务定价

5.1.1 定价的概念及其内涵

“定价是极其重要的——整个市场营销的聚焦点就在于定价决策。”这是雷曼德．考利(Raymond Corey)在20世纪60年代早期于哈弗商学院写下的话。价格是产品价值的货币体现，是营销组合中最活跃的因素，决定着企业的收益水平，也影响着产品在市场上的竞争力。所谓定价策略，是指企业根据市场中不同变化因素对商品价格的影响程度采用不同的定价方法，制定出适合市场变化的商品价格，进而实现定价目标的企业营销战术。对于定价策略的研究，起源于20世纪60年代早期的欧美国家。80年代后，市场环境的发展使企业决策者对定价更加关注并深入研究。在我国，由于市场整体尚不成熟、行业变化速度快、企业生存状态不稳定、管理水平相对较低，定价对企业发展生存的影响更加明显。

5.1.2 定价对市场调研企业的意义

企业根据不同的产品和市场情况，运用正确的定价策略和灵活的定价技巧，可以保证在竞争中处于有利地位。定价是市场营销中的一项基本内容，是企业最重要的决策之一。在某种程度上，企业的各种竞争策略最终都将在定价决策上得到体现。

定价策略在实现调研企业整体目标的过程中具有战略性地位，调研服务的定价策略必须和企业的战略目标统一。定价在调研企业中的战略性地位表现在以下四个方面：

(1)定价策略体现了调研企业的整体营销理念和策略；

(2)定价策略决定了调研企业的目标客户的层次和规模；

(3)定价策略反映了调研企业的行业地位和竞争力；

(4)定价策略影响了调研企业的盈利能力及其服务的生命周期。

定价策略是调研企业实现其发展战略的重要手段。调研企业在不同的发展阶段有不同的营销目标，而这些营销目标决定着价格的目标和定价方法的选择。在调研企业的初创期，为了达到吸引客户和扩大市场份额的目的，许多调研公司基于企业的生存的考虑，往往会以项目成本为基础制定相对较低的项目服务价格。在企业发展达到一定规模，具有相当的品牌影响力和较强的市场研究能力以后，调研企业会通过调整价格来达到细分顾客群以及稳定目标顾客群的目的。

5.2 影响调研企业定价的因素

按照经典的营销理论，影响产品定价的因素主要有六个方面，分别是来源于企业内部的定价目标、产品/服务定位、成本，以及来源于企业外部的行业环境、市场需求和市场竞争。其中，成本是企业定价的基础和“下限”；市场需求反映了顾客对产品价值的认同和购买能力，形成了企业产品定价的“上限”；市场竞争状况则调节着价格在上限和下限之间不断上下波动，并决定了产品最终的市场价格。对于调研企业来说，影响定价的因素要复杂得多，除了一般企业需要考虑的上述因素外，调研行业的整体环境、市场调研服务的特殊性和企业的调研质量水平也对企业制定服务价格的策略具有决定性的作用。

企业对市场调查服务进行定价时，除涉及调查规模、客户需求强度、行业惯例、市场竞争之外，还必须综合考虑企业战略、课题深度、调查难度、质量要求、公司信誉与地位等因素。下面我们将对决定调研企业服务定价的关键因素进行分析。

5.2.1 成本因素

市场调研企业的“产品”就是调研公司通过搜集、处理、分析后获得的，为委托客户提供的市场资讯及其研究成果。调研成本就是调研企业对委托项目进行规划、组织、实施并按客户要求进行信息分析、提交调研成果全过程中所支出的全部费用。

与其他的实体产品和服务产品一样，市场调研服务的总成本同样也可划分为变动成本和固定成本两个部分。变动成本是调研企业完成一个委托项目所直接支出的各项费用的总和，如调查问卷的设计费、调查数据的统计分析费用等，但由于各个调研项目在样本规模、研究内容、调研范围、客户要求等方面千差万别，具有不可比性，基本上不存在“平均成本”的概念。固定成本是与调研项目无直接关联的其他固定支出，如调研公司办公场所的租用费、日常行政管理费用、一般管理人员的工资等。

影响调研企业成本的主要因素有规模效益、技术整合、管理水平和区位环境。

(1)规模效益。市场调研企业同样具有规模效应。特别是当企业将调研服务集中于某一领域研究或具有较强的专业化分工时，知识的共享会带来更加明显的规模效益，并形成企业的核心竞争优势，如央视索福瑞在媒体研究方面、AC 尼尔森在零售数据分析方面，企业资源的集中和高度专业化使它们成为相应研究领域调研服务的翘楚。

(2)技术整合。在市场调研企业中，技术整合是指调研企业通过标准化和流程化，对企业的部门结构和职能分工进行整合。许多调研公司将调研程序中的每个环节细分，并成立相应专业的团队，同时将调研服务过程流程化和标准化。流程化和标准化程度越高，项目研究的成本越低。

(3)管理水平。调研企业的管理涉及了企业组织结构、员工招聘与培训、信息系统构建、薪资制度、业务的协调与控制、企业文化建设等多个方面。如果企业通过强化内部管理使业务的运作和协调趋于最优化,将可以有效地节约成本,提高企业的盈利水平。

(4)区位环境。区位环境是指企业所处区域的社会经济发展水平对调研企业经营成本的影响。主要来源于两个方面,一是经济发展水平,二是地域社会文化。前者包括了工资水平、税收、产业政策等;后者影响企业的经营观念和企业文化。

由于市场调查服务具有无形性、差异性和不可逆性等特征,无论从客户对价格的理解还是从市场调查公司的定价过程来说,影响市场调查服务价格的成本因素比一般产品和服务要复杂。实践中,对市场调查服务的成本的确认和核算往往存在一定的困难。

(1)成本不可比。对于同一调查课题,不同的市场调查企业所提供的调查服务在数据质量、技术能力、服务水平等方面会存在明显的差异,即使是同一个调查公司,也会因其更熟悉某些行业或更擅长某些技术而使得不同课题的调查质量存在差异。因此,不同的市场调查公司的成本具有不可比性。

(2)成本核算复杂。市场调查行业既是高技术型也是劳动密集型行业,在市场调查公司的经营成本(包括固定成本和变动成本)中,人力费用通常占到总成本的90%以上。市场调查工作要由调查人员来完成,但同一次入户访谈,一个训练有素、经验丰富的调查专家与一个入行不久的新手的完成质量差别很大,两者的报酬、工作效率也不同,因而调查课题的成本无法直接用劳动时间、样本完成数量来衡量。此外,市场调查工作是高度智力劳动,某些非定量化的市场调查工作,其成本难以简单地衡量和核算。例如,我们很难确定设计一份高质量的市场调查问卷的成本究竟是多少,撰写一份市场调研报告的费用又是多少。

(3)成本难以分摊。在市场调查企业的固定成本中,相当大一部分是员工日常培训及技术设备折旧费用,但这些却难以合理准确地分摊到每一课题上。因为调查课题的难度和深度有明显的差别,相同样本量、相同调查范围的课题所耗费的时间也许一样,但工作的技术含量有很大差别。因此,准确地计算每一课题的总成本比较困难。

(4)隐性成本问题。市场调查的委托客户是人,实施调查的主体是人,调查活动的对象也是人,因此调查服务的质量与调查人员的能力技巧、工作责任心高度相关,市场调查公司要培养一个高素质的市场调查员,需要在人员培训、选拔、指导等方面投入大量的精力、时间,而这些成本有相当一部分是无形的,无法直接体现在经营费用或调查课题成本中。

由于存在上述难点和特殊性,市场调查服务在实际定价不可能采用成本定价方式,某些企业报价时所称的“成本”,只是按市场通行价格计算的人员工资、差旅费、印刷费、访问费等可直接衡量的客观成本,并不能反映市场调研工作的真实成本。因此,调查公司对调研服务进行成本核算和定价时,除涉及调查规模、客户需求强度、行业惯例、市场竞争之外,还必须综合考虑企业战略、课题深度、调查难度、质量要求、公司信誉与地位等因素。

5.2.2 行业特征因素

行业因素主要指市场调研的无形性、非均衡性和差异性等特殊性对成本的影响。

1)无形性

由于调研企业所提供的服务具有无形性的特点,客户接受调研服务前,很难客观地评价调研服务的质量水平和市场价值。初次接触调研企业、购买调研服务的客户，对调研企业的服务能力缺少深入理解和可靠的参照标准，有些企业甚至认为市场调研是"花大钱买了一堆纸和看不懂的数据"。因此，许多企业在选择调研企业时，往往会更加关注价格并不断迫使调研企业做出让步，委托企业的讨价还价反过来导致调研企业对定价的高敏感度，加大了调研企业定价的难度。解决这个难题的一个可行的办法是，调研企业在向客户报价之前，应花费一定的时间对客户企业的情况及其委托项目的需求进行摸底调查，并通过充分的沟通让客户了解调研企业的服务内容和服务价值，再做出相应的定价方案。

2)非均衡性

调研服务的不可储存性导致调研服务的市场供求具有不均衡的特点。顾客常常在新产品开发期和产品投放初期对调研服务的需求强度较高，在产品的成长期及其成熟期对调研服务的需求强度相对较低。然而，对于顾客不同时期的需求制定不同的价格，既不利于构建长期的客户关系，也难以说服客户理解和认可。使用差别定价在现实中是很难操作的，因此，对于许多更注重客户稳定性的调研企业来说，对相同或相似的委托项目，往往采用按照客户接受企业服务的次数制定"阶梯"价格，对定期性、重复性的委托项目，则采用价格"打包"的方式。

3)差异性

调研服务的质量很大程度上依赖于调研人员的专业水平、敬业态度和技术能力。因此，调研服务水平往往受到地域文化、人才聚集程度的限制，同时迫使调研企业注重发展固定客户群，并采用相对稳定的定价策略。调研服务的这种差异性，还促使调研企业对客户市场进行细分，进而实行价格细分，通过打造专业研究团队和培养自身的核心竞争力，在目标市场上赢得行业声誉。

5.2.3 需求因素

调研企业制定服务价格，必须考虑需求因素的影响，即客户的需求强度和需求弹性。

21世纪以来，随着全球经济一体化和中国加入世贸组织，尽管我国目前的经济结构仍以内需驱动为主，但外向型的趋势越来越明显。一方面，随着中国的投资环境不断改善，外资大规模进入中国市场，世界最大的500家跨国公司中，已有450家在华投资，而且越来越多的跨国公司开始把中国作为全球投资的重点领域。另一方面，国内企业的对外投资也在大幅增加，根据波士顿咨询公司提供的数据，至2012年年初，我国企业对外投资已遍布全球178个国家，涵盖农业、工业、服务业和高新技术产业等多个领域，投资存量接近4000亿美元，跃居全球对外直接投资国家的第5位。外商投资的快速进入和国内企业对外投资的增长，必然以大规模市场拓展为基础，以充分的市场调查为先导。这一方面直接扩大了外资企业对国内市场调查的需求，另一方面也扩大了国内企业对国际市场调查的需求。两种因素共同作用的叠加，将有效刺激和加速推进中国调研市场的发展。1990～2000年，全国市场调研从1000万元增长到15亿元，行业年均增长率高达65%，中国市场调查网的相关数据显示，2008年达到63亿元，营业额总量在全球排名第7位，发展速度十分惊人。据预测，我国2020年调研和咨询市场总规模将达2500亿元，将成为全球十大调查和咨询市场之一。

从需求结构上看，国内调研市场潜力巨大，企业对调研的认识和需求层次也在逐步提高，政府的委托调研课题也越来越多，但实际表现出来的需求却不尽如人意。调研行业的营业收入主要来源于外资合资企业、国内大型企业和企业集团，国内中小型企业还是一片远未有效开发的市场。其原因是，大多数国内中小企业特别是欠发达地区的企业调研意识差，许多企业还没有体验到调研咨询为企业的投资或生产带来的价值，对调研行业及其机构也缺乏基本的了解和信任，他们大多运用政府、传媒公开的信息并且凭经验来做决策。

调研公司在制定价格策略时，还需要考虑需求弹性的问题。需求的价格弹性是指因价格变动而相应引起的需求变动比率，它反映了需求变动对价格变动的敏感程度。价格需求弹性通常用弹性系数(Ed)来表示，该系数是服务需求量(Q)变化的百分比同其价格(P)变化百分比之比值。用公式表示为

$$\text{需求弹性系数}=\frac{\text{需求量变动的百分率}}{\text{价格变动的百分率}},\text{即 Ed}=\frac{\Delta Q/Q}{\Delta P/P}$$

如果价格上升而需求量下降，则价格弹性为负值。如果价格上升需求量也上升，则价格弹性为正值。亦即，当 Ed$<$1 时，表示缺乏弹性，Ed$>$1 时，表示富有弹性。价格弹性对企业收益有着重要影响。通常企业销售量的增加会产生边际收益，而边际收益的高低又取决于价格弹性的大小。在现实生活中，不同服务产品的需求是不尽相同的，如果对服务的需求是有弹性的，那么其定价水平就特别重要。例如，在某些市场上，需求受到价格变动的影响很大(如市区公共交通服务、旅游娱乐等)，而有些市场则影响较小(医疗、中小学教育等)。

现代市场营销学的寻找理论(search theory)进一步解释了服务需求的价格弹性。该理论认为，顾客对价格的敏感度取决于购买时选择余地的大小。顾客可选择余地越小则需求越缺乏弹性；反之，顾客可选择余地越大则需求弹性也越大。选择余地的大小来自于顾客对服务产品有关信息和知识的获得程度以及他们对产品特征的认知，这些特征包括可寻找特征、经验特征和可信任特征。如果顾客能够根据可寻找特征评价产品，顾客选择的余地就比较大，产品需求就有较高的弹性。当然，对于大多数服务产品而言，它们更多的是拥有经验特征和信任特征，不过，价格本身就是一种可寻找特征，所以在缺乏服务产品信息的情况下，顾客往往把价格高低作为衡量产品质量的一个指标，从而他们对价格的敏感性也就比较高。

5.2.4 行业环境

目前，中国经济社会的高速发展催生和促进了国内对市场调查的需求，也为国内调研行业带来更加激烈的竞争。国内的市场调研行业已经进入了一个行业的快速成长期，但国内多数市场调查企业的整体水平仍处在较低层面。主要表现在三个方面：第一，专业人才匮乏。市场调研业在中国是一个发展较快的新兴产业，调研机构里具有一定高深专业知识的人员严重不足，导致一些抽样调查没有随机性，只有便利性，同时数据处理不规范，大多数分析报告水平不高，深度不够。第二，缺乏明确的市场定位。经营业务求广求全，超越自身业务能力随意开展和承接咨询调查业务。第三，急功近利。个别调研公司有“捞一把就走”的想法，存在短期行为，不注重建立自己的品牌形象。项目操作不按科学的方法进行，运作中偷工减料，研究方法原始低级，对行业发展动态了解少，甚至为争取客户而恶意中伤竞争对手。这些现象的出现不仅导致了整体项目质量的下降，而且很可能导致行业的恶性循环，长此以往，将导致整个行业信誉的降低，也造成很多企业对市场调研望而却步。目前，调研市

场在某种程度上形成了国内客户倾向于和国内市场咨询公司打交道，而合资企业则倾向于和国际市场咨询公司合作的局面。

5.2.5　服务质量因素

对于调研企业来说，其销售的商品就是调研企业所提供的调查服务。由于相似的调研项目的调查服务具有一定的同质性，造成了调研企业之间的激烈竞争，从而使调查企业的定价空间受到很大限制。作为比较“高端”的信息服务产品，客户对调查服务的认可度和接受度很大程度上取决于客户的满意度，而客户的满意度取决于调研企业的服务质量。服务质量既是服务本身的特性与特征的总和，也是顾客感知的反映。因此，如何提高服务质量成为了企业的关键。提高服务质量对于调研企业的客户拓展尤其重要。一是高质量的服务对于客户来说可能是一个强烈的保险信号，能够缓和、减轻客户对调研服务风险的感知。二是企业可以充分利用高质量的服务，以差异化的途径进入市场与竞争对手抗衡，在一定程度上能够摆脱调查服务同质性对定价的影响。

调研企业要提升自身的服务质量，特别要注意以下几点：

(1)树立正确的服务理念，必须树立以服务为中心的企业文化，使优质服务这个概念深入企业员工心中，增强员工的服务意识；

(2)切实加强服务质量的管理，做好员工的培训和职业发展工作，使员工的专业水平随着市场的扩展而提升；

(3)应用个性化服务策略，尽力满足客户多方面的需求；

(4)善于倾听客户的反面意见，重视和解决客户对服务的投诉。

成立于 2004 年的江苏新泰启点市场研究有限公司，公司成立伊始即站在高起点，严格按欧洲市场研究协会(ESOMAR)及访问质量管理系统(IOCS)的质量标准进行管理。最大限度地保证所提供的数据资料的客观性、真实性、准确性，并建立了一套完善的客户意见反馈制度，及时根据客户的意见改进调研服务流程。短短的几年时间，新泰启点就发展成为江苏地区规模最大的专业性市场研究公司。2006 年，该公司被零点研究咨询集团评选为“最佳代理”，成为了苏州调研市场上的领航企业。

5.2.6　竞争因素

近年来，调研企业数量的快速增长，加大了这个行业领域的内部竞争，由于缺乏自律与他律机制，已经出现了恶性竞争的势头。尤其是京、沪、广等市场调研企业集中的发达地区，一些调研企业发展到一定程度后，为了争夺客户和提升市场占有率，就开始在项目竞标中祭出价格的杀手锏，而客户通常对价格不是很在行，且都希望低价解决问题，于是，低价就有了很强的吸引力，这在很大程度上导致了调研服务质量的下降。一些区域性的调查公司，经常用一个实地执行环节的钱，做着整个研究系统的工作；一些调查公司采取不正当手段压价与同行竞争，不遵循行业行为准则和操作规范，甚至在媒体上随意发布“排行榜”制造虚假信息，误导公众。凡此种种，不仅导致了整体项目质量的下降，而且还大大降低了客户对市调公司的信任度，造成行业诚信危机。据统计，1990～2005 年，中国市场调查业境内客户平均报价有普遍下降的趋势，下降幅度约 38.9%；国内市场调查业对境内客户的报价水平相当于世界平均报价的40%～55%，同比远远低于欧美等国家。这种价格竞争很可能导致行业的恶性循环。这不但会降低调查质量，损害客户的利益，最终还将对市场调研行业的发展产生极大的负面影响。

5.3 调研企业的服务定价策略

5.3.1 国内调研行业的定价问题

目前，弄虚作假、滥价竞争成了制约国内市场调研行业发展的一个毒瘤。其背后的原因，一方面是一些中小型调查公司为了短期利益和生存，肆意践踏行业规范和职业道德；另一方面与调查行业存在的信息不对称现象有关，即只有市场调查服务的卖方——市场调查企业对调查过程、自身能力和数据质量水平了如指掌，而市场调查服务的买方——企业客户则很难了解内在的详细情况，特别是在客户企业中缺少市场调查方面的专业人才时这一情况就更加突出。因此，客户企业在比较各调查公司的调研方案时，价格就往往演变成唯一重要的评估标准。客户常常会用几个调查方案中最低的价格来对其他公司进行更低的压价。各调查公司特别是中小调查企业，所取得的调查合同价格偏低，为了争取保本或盈利，被迫采用压缩实际访问数量、虚构统计数据、省略质量监控环节等方式来降低调查成本，最终客户实际得到的信息质量和服务大打折扣，对市场调查服务的期望和报价进一步降低，如此恶性循环，对整个市场调查行业的发展造成了危害。

解决这一问题的关键在于市场调查企业要设法消除信息不对称问题。对于信任特性为主、客户风险较大的市场调查行业，如果委托客户总在价格上与调查公司纠缠，实际上说明调查企业与客户的沟通存在问题调查企业，未能向客户证明市场调查的价值和公司的能力，其信用远未达到能被企业接受的程度。市场调查企业首先必须认识到价格本身是传递企业信誉和服务质量的信号。价格本身就具有搜寻特性，在缺乏服务信息的情况下，顾客往往把价格作为衡量服务质量的一个指标。因此，市场调查企业首先要改变传统的定价思维。其次，市场调查企业需要对自己的定价政策及定价过程向客户做出明确、合理的解释，让客户理解调查成本与调查服务尤其是调查数据质量的关系，并向客户做出相应的质量保证承诺。最后，市场调查企业也可以通过制定质量管理体系，努力推动行业规范标准的宣传和实施，强化客户沟通，使客户企业对市场调查行业有所了解，形成相对客观的价格衡量标准。

5.3.2 调研企业的定价思路

在激烈的市场竞争中，调研企业要实现企业利润最大化的经营目标，必须在充分考虑影响定价的内部及外部因素的前提下树立一种"以客户为中心，积极主动应对竞争"的战略定价理念。调研企业的价格策略不但要充分考虑竞争对手的可能反应和客户的购买能力，还要充分考虑客户的需求与企业自身能力的"结合点"，在市场份额和企业利润之间找到最佳平衡点，既要科学合理又要体现前瞻性。

市场营销观念认为，从顾客的角度看，顾客对产品或服务的选择并不仅仅只考虑价格因素，而是基于产品或服务让渡价值的最大化。市场调查服务的让渡价值就是市场调查综合价值(包括调查结果、数据质量、公司信誉、调查人员的服务等)与顾客综合成本之差。让渡价值的大小直接影响了顾客是否接受该项服务。从市场调查服务来看,构成顾客综合成本的因素至少包含了以下几项。

(1)时间成本,客户等待调研课题完成的时间,即调查流程所需的时间。

(2)搜寻成本,客户了解和比较不同调查公司的服务所花费的时间和精力。

(3)价格成本,客户为调查公司提供的信息服务必须付出的货币代价。

(4)风险成本,调查企业因服务不佳或调查失误可能给客户带来的损失。

(5)沟通成本,客户与调查公司进行交流和沟通所付出的精力、时间。

由此可见,价格仅是构成客户综合成本的一个因素,作者认为,从客户的角度出发,市场调查公司的定价目标是:在客户的市场调查综合价值一定的条件下,实现顾客综合成本的最小化。因此,市场调查课题的定价实质上是对客户成本的管理。市场调查企业的定价思路应该是:在确保达到质量承诺的基础上,通过对企业服务组合的设计,尽可能地降低客户的各种成本,实现顾客综合成本最低。

5.4　调研服务定价的基本程序

在企业经营管理过程中,管理者常被动地进行价格变动来解决短期问题,如此一来,看似解决了眼前的问题,却给企业的长期发展带来了隐患。因此,要使定价积极有效并实现企业的营销目标,企业必须确立适当的定价策略,遵循科学的定价程序。在市场调研公司中,定价的程序同样包括收集定价资料和战略分析两个方面。

1)收集定价资料

对于调研企业定价资料的收集,先要着手于市场环境。分析出自身在调研行业市场中所处的地位,确定定价目标。了解市场所需的调研企业类型,对顾客进行细分,找出符合公司情况的定价模式。同时,了解自己公司目前或潜在的关键竞争对手的定价目标及其大致的定价策略,并仔细分析整理出自身企业所要花费的成本,从而形成完整的定价资料。

2)战略分析

在充分收集定价资料以后,对资料进行系统的分析,理清企业本身的财务状况、目标顾客群以及企业在定价上的优劣势,找出适合自己的定价方法与定价技巧。市场调研作为一种服务性行业,调研企业可以选择和采用的定价方法和定价策略是比较灵活多样的。可以采用服务营销既定的一些定价方法和定价模式,如成本导向定价法、需求导向定价法和竞争导向定价法,也可以将上述几种方式结合起来,确定适合企业自身和市场状况的定价方法。

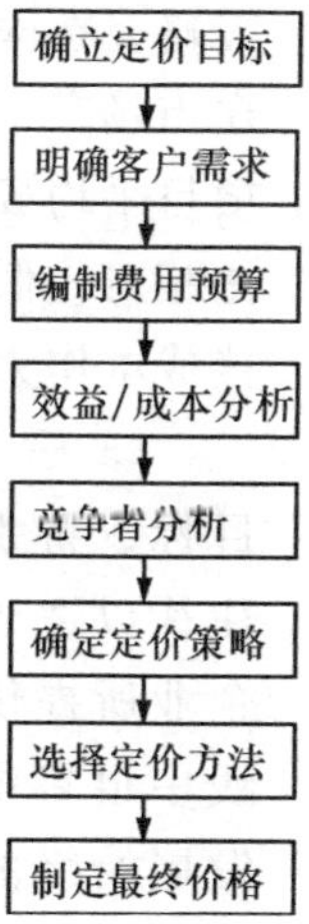

图 5-1　调研服务定价程序

调研企业对调研服务项目进行定价的基本过程概况见图 5-1。

5.4.1　确立定价目标

制定调研服务的价格策略,首先要明确定价目标,即企业通过特定水平的价格设置与调整所要达到的预期目的。定价目标的确定必须服从于企业营销总目标,也要与其他营销目标(如促销目标)相协调。另外,定价目标不是一成不变的,在不同的营运周期和不同的竞争环境下,调研企业的定价目标也不同。总体而言,调研企业主要考虑的定价目标有五种。

(1)最大利润目标,是指调研企业以获得单个服务项目的最大利润为定价目标。但我国调研市场存在多变性和不稳定性,调研企业如果一味地追求单位利润往往会使定价相对偏高,导致企业的市场竞争力下降。因此,在实践中,企业常把追求盈利总水平最大化作为一个长期定价目标。

(2)预期回报目标,是指调研企业将预定的项目回报率作为定价的目标。这里项目回报率指企业承担项目所得的净利润与企业投入该项目的总费用之比。在我国只有少数几家大型的外资或合资企业采用这种定价目标,而大部分中小调研企业因为业务的不稳定及本身资源规模较小,基本不考虑此种定价目标导向。

(3)份额最大化目标,也称销售最大化目标,指调研企业以获取调研市场最大份额为导向的定价策略。很多调研企业在其发展初期,急于将自身的调研服务为大众所了解,并迅速扩大自身的知名度和影响力,往往采用偏低定价,不惜微利甚至亏损,以争取获得调研合同、扩大市场份额。但由于这种定价方法容易导致企业过于关注成本的控制而降低调研服务质量,并会导致行业内部价格的恶性竞争,使企业难以保持健康、稳定的发展。

(4)盈亏平衡目标,也称保本目标,指调研企业以项目平均成本为基础制定价格的定价策略。在国内,由于多数中小调研企业调研服务能力接近,所提供的服务水平相似性较大,在市场竞争比较激烈时,一些企业为尽可能获得调研合同,同时保全自己、减少风险,采用以项目平均成本为基准的定价方式。但实践中,由于调研企业的固定费用在整个成本中的占比相对较低,单个的调研项目的综合平均成本核算比较复杂,有的调研企业就采用将项目直接成本作为项目平均成本来制定价格。

(5)适当利润目标,即企业以获得不低于或相当于信息服务行业的平均利润为定价目标。特别是一些竞争力较弱的调研企业,为保全自己、减少风险,或由于力量不足,往往以适当利润作为目标。现今我国调研市场发展不成熟、变化较大,且大多数调研企业所提供的调研服务相似性大、差异较小,从而造成定价的市场统一性高。因此,实践中很多中小调研企业都以适应竞争、争取顾客及获得适当的利润作为一个贯穿企业发展始终的定价目标导向。

5.4.2 明确客户需求

对客户的需求分析是调研企业制定价格很重要的一步,只有充分了解客户的需求,调研企业才能根据客户要求制定调研方案,确定调研成本,提出双方均可接受的报价。如果客户对企业提出的方案及报价满意,则双方便达成合作合同。客户的需求分析主要包括以下几个方面:

(1)客户的实力和支付能力;

(2)客户委托调研的目标;

(3)客户需求的紧迫程度;

(4)客户对调研的对象层次、空间范围、信息时段的要求；

(5)客户对调研行业的整体看法和熟悉程度；

(6)客户对调研方案的看法；

(7)调研内容的广度和复杂度。

5.4.3　调研费用预算的编制

市场调查是一种纯粹的商业交易，调查费用是调查合同的最敏感部分，往往也是调查合同能否订立的关键所在。对于调研公司而言，调查费用是调研活动的约束条件，是确定调研项目合同定价的基础，调查项目的全部支出不能超过调查费用的预算，否则就意味着调查项目利润的降低甚至亏损。对于委托公司而言，调查所支付的费用应当以调查能够获得的效益为上限。市场调查公司在编制费用预算时，经常涉及以下两个方面的问题。

1. 客户预算

在实践中，委托客户大多数都确定了调研项目的费用预算上限，这种预算约束是在与调查公司接触之前就事先确定了的，超出预算约束的调查方案很难获得委托客户的批准。因此，在核定调查费用时，调研公司需要事先探测和明确客户能够承受的范围，尽可能在不超出这一约束的范围内制订调查方案。

在少数情况下，当调查机构与客户之间建立了较好的合作关系时，客户可能会透露所能够承受的预算范围，这种情况当然是最为理想的。但在大多数情况下，客户的预算是未知的，需要由调查公司做出判断。一种判断的方式是，通过与委托客户的多次接触和试探，从客户的具体要求中判断可能的预算约束范围；另一种方式则是向客户提供各种不同费用的调查方案组合，请客户进行选择。

从调查委托方的角度来看，事先向调查机构透露调查预算是有益的，因为调查机构只有在明确预算的情况下才能进行下一步的设计，如果双方在费用问题上互相猜测，往往会影响后面的设计和实施。这里存在的一个难题是，市场调查服务具有延迟性特征，即调查委托方不可能在等待调查结束后再根据自己的需要选择购买哪些信息或者对服务进行讨价还价。调查方案本身是需要根据费用约束进行专门设计的，即使调研的内容相同，但调查抽取的样本数量不同，调查所涉及的对象层面、地域范围、信息的时段不同，调查结论和数据的精度也存在较大的差异。如果委托客户明确了不可更改的预算约束，应该及时地将这一约束告诉调查公司。

2. 费用内涵

虽然多数客户对于调查的成本构成及其合理性是难以判断的，但在调查业务接洽中，客户仍然会对调查费用的构成进行严格的审核。调查公司需要提出清晰的费用清单，并向客户解释各项费用的来源及其是否合理。这里存在的主要难点是，委托客户由于对商业调查市场和调查公司的运作不了解，往往会以企业自身完成相似工作的成本作为判断的基础。但实际上两者的差异是很大的，如进行问卷调查时，实施调查的人员需要具备良好的沟通能力和丰富的专业知识、应用精心设计的专门问卷、遵循严谨的调查流程，这与普通人的随意性谈话或填写履历表格有很大差别，是未经过严格训练的非专业人员难以做到的。因此，不可能用一般生产型或服务型企业的管理人员的计件工资成本来进行核算。这就需要调查公司事先向委托客户进行充分的说明，以帮助客户理解调查成本的构成，帮助客户建立比较客观合理的判断标准。由于目前国内的调查市场基本上是买方市场，在达成既定调查目标的前提下，客户有权利选择出价最低的调查公司。

如果由调研公司负责项目的全部运作，调研费用或者调研成本的预算一般包括以下部分：

(1)初步调查或摸底调查费用；

(2)调研总体方案(计划)的策划费或设计费；

(3)抽样方案设计(或实验方案设计)费；

(4)调查工具设计费(包括测试费)；

(5)调查工具(问卷、访问表、观察表等)印刷费；

(6)调研人员选拔培训费；

(7)资料/数据购买费；

(8)调研人员劳务费(包括调查人员、管理人员、督导人员、统计人员的劳务费)；

(9)实地调查执行费用(包括赠送客户的礼品、被调查单位的酬谢费、复查费等)；

(10)数据录入费(包括审核、编码、录入、查错费用等)；

(11)统计分析费(包括统计中的计算机使用、数据建模、制表作图费用等)；

(12)调研报告撰写费；

(13)资料费、复印费、通信联络等办公费用；

(14)专家咨询费；

(15)营业税及其他应缴税金；

(16)保险费；

(17)鉴定费、新闻发布会及出版印刷费用等；

(18)其他不可预支费用。

在进行预算时，要将可能需要的费用尽可能考虑全面，以免将来出现一些不必要的麻烦而影响调查的进度。例如，赠送给被调查对象的礼品费用、调查结束后聘请有关专家对成果做出鉴定的费用，这些都是容易在做预算时被忽略的。当然，没有必要的费用也不可随意多报乱报，不合实际的预算将不利于调研方案的审批或竞争。因此，既要全面细致，又要实事求是。

调研项目的预算费用的具体名称可能在不同的公司或由于不同的调研项目而有所差异，但主要的细目基本一致。表 5-1 是某公司的一份市场调查费用预算表。

表 5-1 市场调查费用预算表

序号	项目	数量	单位费用与预算说明	合计/元
1	项目策划		全部调研成本的 40%	32 782
2	组织与监控		3500 元	3 500
3	市调人员培训		500 元/次×3 次	1 500
4	问卷设计费	2 份	1 000 元/×2	2 000

续表

序号	项目	数量	单位费用与预算说明	合计/元
5	问卷印制费	1 930 份	1 930 份×0.5 元/份	965
6	问卷测试费	25 份	10 元/份×25 份	250
7	消费者调查费	1 797 人	10 元/人×1797 人	17 970
8	零售户访问费	133 户	10 元/户×133	1 330
9	食宿补贴费	35 人	100 元/人·天×6 天×35 人	21 000
10	交通差旅费	35 人	300 元/人×35 人	10 500
11	统计分析	1 930 份	8 元/份×1930 份	15 440
12	综合分析	5 人	500 元/人×5	2 500
13	调研报告	2 人	1 000 元/人×2	2 000
14	公关及其他杂费		3 000	3 000
15	应缴税费	营业税	114 737 元×5%	5 736.85
		所得税	32 782 元×25%	8 195.5
总计				128 669.35

表 5-1 中，第 2 项至第 14 项是该调查项目的实际运作成本，第 1 项实际上是该调查项目的“毛利润”。上述 18 项调研费用已经全部包含在各个项目的预算里了。在现实操作中，对某些现场调研工作进行预算是比较困难的，因为调研工作效率会受到各种动态因素的影响。调研成本还可能涉及诸如估计调查的有效率，达到调研目标需要花费的时间、背景资料准备、补充调查工作以及其他预想不到的事项。因此，在核算调研成本的过程中产生一些误差是难免的。

当调研公司将一部分调研工作，如数据统计分析、现场访问等委托给其他的专业公司完成时，就需要综合考虑内外两部分费用。但向客户提供的费用预算表则比较简单，因为对其他专业公司承包的那部分调研费用，我们只采用投标者提供的价格，而不考虑细目中包括的诸多内容。

委托转包的调研项目，成本核算内容主要包括两个部分：①实际支付部分，即支付给承包单位的报酬。鉴于预先核算的调研转包费可能不足，调研公司通常在承包费用的基础上，增加一定百分比来弥补。②调研公司人员的报酬，即对承包单位的工作成果进行审核和鉴定的费用，以及少量用于业务协调的费用。

例如，表 5-2 就是某调研企业委托其他公司进行调研时所使用的调研成本预算表格。此表反映了委托者将调研工作的一部分任务委托给外单位实施情况下的成本核算过程。

表 5-2 委托外包调研项目成本预算表

<table>
<tr><td>日期</td><td colspan="2">________年______月________日</td><td>调研项目编号</td><td></td></tr>
<tr><td colspan="5">预计完成日期：</td></tr>
<tr><td>调研项目标题</td><td colspan="4"></td></tr>
<tr><td colspan="5">委托转包部分</td></tr>
<tr><td>投标总金额</td><td colspan="4"></td></tr>
<tr><td>承包商</td><td colspan="2">委托科目</td><td colspan="2">实际投标金额(元)</td></tr>
<tr><td>调研公司 1</td><td colspan="2"></td><td colspan="2"></td></tr>
<tr><td>调研公司 2</td><td colspan="2"></td><td colspan="2"></td></tr>
<tr><td>调研公司 3</td><td colspan="2"></td><td colspan="2"></td></tr>
<tr><td>……</td><td colspan="2"></td><td colspan="2"></td></tr>
<tr><td>业务协调费用</td><td colspan="2"></td><td colspan="2"></td></tr>
<tr><td>差旅及其他费用</td><td colspan="2"></td><td colspan="2"></td></tr>
<tr><td>审核和鉴定的费用</td><td colspan="2"></td><td colspan="2"></td></tr>
<tr><td colspan="5">内部承担部分</td></tr>
<tr><td>总金额</td><td colspan="4"></td></tr>
<tr><td colspan="2">科目</td><td colspan="3">金额(元)</td></tr>
<tr><td colspan="2">项目策划费用</td><td colspan="3"></td></tr>
<tr><td colspan="2">组织与监控费用</td><td colspan="3"></td></tr>
<tr><td colspan="2">专家咨询费</td><td colspan="3"></td></tr>
<tr><td colspan="2">综合统计、分析费用</td><td colspan="3"></td></tr>
<tr><td colspan="2">其他办公费用</td><td colspan="3"></td></tr>
<tr><td colspan="2">调研报告撰写费</td><td colspan="3"></td></tr>
<tr><td colspan="2">营业税及其他应缴税金</td><td colspan="3"></td></tr>
<tr><td colspan="2">内部调研人员酬金</td><td colspan="3"></td></tr>
<tr><td colspan="2">总计</td><td colspan="3"></td></tr>
</table>

5.4.4 费用-效益分析

调研方案设计和初步预算完成后，应当做一个较为详细的费用-效益分析，看看项目是否在既定的财力、人力和时间限制要求下完全按所设计的方案进行，或许还要重新考虑该项目是否应当进行。另外，在考虑费用的同时还必须考虑时间。一个调研项目有时需要 6 个月或者更长的时间才能完成，有可能由于决策的延迟要冒失去最有利时机的风险。例如，一项调查新产品的市场接受度的调研过程如果设计得太长，其他竞争者就有可能用它的产品抢占了市场。

因此，费用-效益分析的结果或是得出设计方案在经费预算上是合算的，或是认为不合算而应中止调研项目。通常情况下，一般并不中止调研，而是修改设计方案以减少费用，或者改用较小的样本，或者用问卷调查代替面访调查，等等。

5.4.5 竞争者分析

竞争对手分析的核心是评估竞争对手的成本，从而预测竞争对手可能的报价水平和竞争对手行动，以评价自身调研方案的战略竞争力。

竞争对手成本信息是需要用合法和道德的手段通过长期系统的跟踪、收集、分析和处理各种可能对其决策及运行产生影响的信息来取得。竞争对手成本信息的来源分为公开信息源和非公开信息源。公开信息源主要包括报刊和专业杂志、数据库、政府管理机构对外公开档案（如上市公司财务报告、专利等）、政府及行业出版物、对手产品样本、产品手册、招聘广告，等等。非公开信息源包括本企业业务职能部门、经销商、供货商、客户、主管部门、专业调查机构、技术人员的反馈，以及从竞争对手的离职的管理人员或其他人员那里零星收集的信息等。目前，现代企业间的竞争日趋激烈，调研企业的信息大部分很难从公开信息源取得，公开信息源往往针对性不强，准确度不高，时效性不强。大部分的非公开信息主要从以下四个渠道获得。

(1)客户或调查业务研究等部门。调查部门员工对整个行业内的工作流程比较熟悉，对竞争对手的调研项目统计方法和工具都会有所了解，可以从他们那里收集到相关的竞争对手营销信息，如其营销渠道、服务策略、促销策略、调查人员培训方法等。

(2)公司宣传资料。信息资源范围包括一切有关的公开文献，如专利说明书、年介绍、市场行情报道的资料以及行业统计资料等。也可以通过现场考察、专业会议、经验交流会等形式及时搜集散发的资料，获取企业的零星信息。

(3)实地搜集。以订购、合作、外包等方式直接与竞争者接触而获取信息。

(4)发放调查表向用户征询意见。对使用调研服务的客户发放有关服务质量、价格等方面意见的调查表，掌握用户的构成及其对调研服务的满意程度等有关信息，通过用户反馈意见了解本企业与竞争对手的优劣程度，做到知己知彼。

5.5 确立定价策略

5.5.1 定价策略

定价策略又称作“价格策略”，即企业研究和确定商品或服务的价格制定和变更的总体思路和行动方针，以求得营销效果和收益的最佳。定价策略是企业营销运作中最重要的组成部分之一。在调研服务的市场上，各种有形和无形产品的定价方法均适用于市场调研服务行业的定价，但是，由于市场调研服务的特殊性，企业与顾客之间的关系通常比较复杂，调研服务的定价实际上是对单个或系列调研服务项目的定价，具有一定的特殊性。调研行业的服务项目定价也不仅仅是给产品一个价格标签，而是需要以顾客为中心，使公司和客户都能从服务项目的交易中获取更多收益。调研行业的服务项目定价经常采用的策略有以下三种。

1. 以满意为基础的定价策略

以满意为基础的定价策略目标在于缓和、减轻顾客的购买调研服务风险。公司可以通过以下几种方式来实施这种策略。

1）服务保证

服务保证，即“保证必有某种结果产生后再付款”。如房产交易中介的服务，必须等到交易双方完成房产交割的全部手续后，再收取相应的费用。对一项调查服务进行直接保证对于顾客来说可能是一个非常有力的保险。当服务保证执行成功时，它会代表调研公司对顾客满意的承诺以及对自己服务质量的自信。即使顾客体验完调查服务后表示不满意，也可以通过降低价格或者是补充调研给予客户一定补偿。尤其在高质量的调研服务面对滥价竞争的环境而缺乏竞争力时，服务保证定价是非常适合的。

2）价值驱动

一般来说，定价必须在价格和顾客需要的主要满足方面之间建立一个清晰的联系。调研公司提供调查服务往往是以客户需要调查方面的详细内容作为计价标准，但客户真正重视的是调研获得的信息的应用效果。在这种情况下，调研服务的价值与定价不一定协调一致。价值驱动，即直接按照调研项目能给顾客带来的可能收益进行定价。其定价基础是调研服务怎样使用以及创造多少价值。如果调研委托客户所寻求的是明确的保证结果，价值驱动为导向的定价会使顾客感觉更满意，因为相对于价格与获得的价值不相关的情况相比，客户感觉到风险减少了。如欧洲信息服务公司 ESA—IRS 的定价方案，是以客户获取和应用信息的价值作为计费标准的，因此，客户使用信息的时间变长，客户也感觉更加满意。

3）不变价格

对于客户来说，购买调查服务的一个主要风险来源于因其战略的变化或营运决策的变化，对前期调研需要考虑不足或按计划或合同所获得的信息量不足，需要在调研广度、深度上进行延伸或补充，并扩大样本量时所承担的费用。不变价格是调研公司通过事先在价格方面达成一致来减轻顾客的购买风险，即由调研公司承担了成本超支的风险。对于成本弹性较大且难以管理的调研行业而言，采用不变价格策略要具备三个条件：第一，不变的价格必须是具有竞争力的；第二，调研公司在计价和成本预算时必须为将来不可预测成本的超支提供一些缓冲；第三，关系营销的潜力必须很大，即使不可预测的成本使一个服务项目的利润大大降低，附加服务顾客机会也会产生附加的利润来弥补。

2. 以客户关系为基础的定价策略

关系定价是以建立、保持并加强同顾客的关系，尤其是形成持久合作关系，刺激客户更多购买本公司调查服务而抵制竞争者来获利的策略。调研服务公司如果较长期地为一个客户提供更多的服务，肯定将从中获利。同样，顾客如果同一家胜任的、可靠的调研服务公司建立合作关系，那么也会非常有效地降低风险，获得高质量的调研服务。因此，以客户关系为基础的定价由于对公司的获利潜力和对顾客的吸引力很大，越来越被认为是一种理想的营销策略。一般来说，关系定价策略可以采用长期合同和多购优惠两种方式。

1）长期合同

调研公司可以运用长期合同向顾客提供价格和非价格刺激，使双方发展成为相对稳定的长期关系，或建立战略合作联盟。这种合同将一系列相当独立的调查服务交易转变为一系列稳定的、可持续的交易。通常每个交易会具有相对稳定的项目内容或信息结构，为客户持续提供其所需要的某方面的信息。由此，调研公司可获得知识与效率方面的利益。同样，客户也随着关系发展深入而得到更高质量的调研服务。来自于长期合同的可观稳定收入使调查公司可以集中更多资源来拉开同竞争对手的差距。

2)多购优惠

这个策略的目的在于促进和维持顾客关系。它包括同时提供两个或两个以上相关调查服务。价格优惠确保几种相关调查服务同时购买比单独购买要便宜。服务提供者将从多购优惠策略中获取三个方面的利益。首先,多购能降低成本。大多数调研服务公司的提供一种附加服务的成本往往比单独提供第二种服务要少。其次,吸引顾客从一个调研公司购买相关的多种调研服务。他们可以节省时间和金钱。最后,多购优惠能够有效增加一个调研公司同它的服务对象之间联系点的数目。这种联系越多,公司获取顾客信息的途径就越广,以及了解顾客的需要与偏好的潜力也会越大,将会有助于公司同顾客发展长期的关系。

3. 以效率为基础的定价策略

以客户的理解成本及项目管理成本的降低为目标是效率定价策略的基石。一个调研公司可以通过估算出自接受订单到交付调研成果服务链中每项调查的成本,确认成本构成的要素,进而努力消除一些不能为顾客带来价值的活动,使调研项目总是保持较低的成本结构。另外,还可以将成本节约的部分让渡给客户,从而形成竞争壁垒,使竞争对手在短期内难以模仿。而且,要保证成本节约让渡给顾客必须真正能增加他们所获取的价值。通过这一策略提升调研活动效率并降低成本。推行效率定价策略的企业通常是调研行业的标新立异者,它们一直避开遵循传统经营实践而通过创新寻找可持久的成本优势,如美国 AC 尼尔森公司是一个很好的例子。它不走传统的靠项目咨询收费的路线,却集中力量发展高度自动化、低成本、能有效快速收集和处理成千上万个家庭消费信息的系统。随着时间的推移,这种高科技、低成本的结构使该公司能以价格低刺激销售一系列市场信息服务。再加上强大的营销推广、创新变革、独创性定价,至 2006 年年末,该公司全球服务范围覆盖超过 100 个国家,在世界品牌实验室(World Brand Lab)编制的 2006 年年度《世界品牌 500 强》排行榜中名列第 275 位。

5.5.2　定价策略是否可行的判断原则

调研企业所制定的价格策略是否科学合理、切实可行,可以通过以下几个原则进行评估。

(1)是否基于实地市场环境和竞争环境的分析,以及对客户需求的深度细分和把握。

(2)能否满足不同类别的客户的差异化需求,以及是否便于客户理解和接受。

(3)是否体现了客户所看重的真正价值,以及能否使客户获得最大的让渡价值。

(4)是否鼓励客户多使用本企业的调研服务并忠诚于本企业,以及能否吸引未使用市场调研的客户使用本公司的调研服务。

(5)能否减轻客户使用本企业服务的疑虑,增强客户对本企业的信任度和忠诚度。

调研企业可以根据本企业所制定的价格策略是否符合上述原则来评估自己制定的价格策略是否科学合理,如果与上述原则不符,那么企业价格制定者和决策者就应重新评估和修正所采用的定价方案。

5.6 选择定价方法

5.6.1 定价方法的概念

定价方法,即指企业在决定服务价格的时候所依据的导向方式。定价方法在整个定价策略中具有关键作用,是定价策略的具体化,也是选择定价技巧的前提之一。在整个定价过程中,定价方法是其研究重点之一。企业在确定了定价方法后选择适当的定价技巧,并根据企业的发展变化适时地改变其定价技巧。

5.6.2 适用于调研企业的几类定价方法

1. 成本导向定价法

成本导向定价法是指调研企业依据所提供调研服务的成本决定服务的价格。这种方法的优点之一是简单明了;二是在考虑生产者合理利润前提下,如当顾客需求量大时,能使服务企业维持在一个适当的盈利水平,如当需求旺盛时,顾客购买费用可以合理地降低。实践中,采用以成本为基础的定价主要有以下三种形式。

1)基数定价法

基数定价法,即首先制定一个市场调查服务的基础价格(实际上相当于调查课题的平均固定成本),但不包括各种随调查规模和内容变动而变动的费用(如访问费、差旅费、问卷印刷费)以及附加服务(如提供策略建议)的费用,变动部分的费用按照调研项目的内容和难度给出单价,根据调查样本量单独计算。此种定价方式操作灵活、价格结构清晰,客户易于接受。

2)项目定价法

项目定价法,即市场调查企业在承诺达到规定的数据质量的前提下,对客户要求完成的项目(一个调查课题可能包括若干项目)或指标逐项报价,取得客户认可后先实施调查,之后客户按照调查公司完成的调查项目或指标的数量逐项付款。此种定价方式的特征与基数定价相似,但调查公司承担的风险较大。

3)标准定价法

调研公司对同一类型的调查项目制定一个固定价格,保持该基本服务价格保持不变。具体价格则根据每次客户要求的区域范围、样本数量上调或下调一定的幅度,类似于饮食行业的“套餐”价格。这种定价方式一般只适用于特定行业或定期提供服务的客户。

2. 竞争导向定价法

竞争导向定价法是指调研企业根据调研市场上同类竞争对手的定价决定服务的价格。竞争导向定价主要以与竞争者各方面间的实力对比和竞争者的价格作为定价的主要依据,以企业在竞争环境中的求得生存和发展为目标。不同的调研服务产品之间往往具有不可比性,即使同一个调研项目,不同的调研企业所提供的调研服务的质量也存在较大差异,不同区域的调研服务成本差异也很大,因此,在现实中,主动采用竞争导向定价的调研企业很少。现实中采用以竞争者价格为基础的定价主要有以下两种情况。

1)随行就市定价法

在一些调研企业较集中(如我国的北京、上海、广州地区)的区域,调研行业具有垄断竞争或完全竞争的市场结构。在调研服务成本中的主要结构——人力成本差异较小的条件下,由于任何一家企业都无法凭借自己的实力而在市场上取得绝对的优势,为了避免竞争特别是价格竞争带来的损失,大多数调研企业都采用随行就市定价法,即将本企业调研服务的价格保持在当地市场平均价格水平上,利用这样的价格来获得平均报酬。这样,企业就不必担心客户对不同价差的反应,也不会引起整体市场的价格恶性竞争。

2)密封投标定价法

目前,国内外许多大型企业对定期的调研需求采用了类似大宗商品或建筑工程项目的外包采购的市场运作方式,由企业明确调研项目的内容、时限、范围、精度等主要参数和要求后,以向调研企业公开招标或邀请投标的方式来选择调研服务商,调研企业通过投标确定项目承揽的最终价格。一般来说,招标客户只有一个,处于相对垄断地位,而投标调研服务商有多个,处于相互竞争地位。调研项目的价格由参与投标的各个企业在相互独立的条件下来确定。但由于调研服务自身的复杂性,报价最低的投标者往往不一定中标。

3. 需求导向定价法

需求导向定价法是指调研企业根据客户对服务项目的需求程度和感受价值来确定调研项目的服务价格。利用需求导向定价法,需要先进行市场细分,然后根据细分市场需求的不同制定不同的价格。以客户需求为基础的定价主要有以下两种。

1)客户差异定价

客户差异定价,即根据客户对调查服务的认知程度和需求强度来报价,服务的质量和成本则配合价格而进行相应的调整。这是目前中小型市场调查企业主要的定价方法。

2)支付能力定价

支付能力定价,即根据客户的支付能力报价。在这种情况下,价格是客户可以承受范围内的最高值。当然,采用这种定价的前提是市场调查公司具有良好的市场声誉和令客户满意的服务能力,并能了解客户方的决策者有权决定的价格底限是多少。这种定价方法主要针对已经长期合作过的企业,尤其是忠诚度较高的客户,否则容易误导新客户以致造成新客户的流失。

5.7　市场调研服务的定价技巧

5.7.1　定价技巧的概念及重要性

定价技巧顾名思义就是指企业在制定定价策略中所使用的方法技巧,用以达到定价目标。在定价战略中,定价技巧是完成定价目标的具体实现方式,在整个定价策划中处于战术性地位,是定价策略实施的具体化方案。对定价技巧的研究也是定价策略的研究中比较重要的研究领域。定价技巧的运用决定了企业定价策略的成功与否。

5.7.2 定价技巧与定价方法及定价目标的关系

定价技巧与定价方法之间存在着相辅相成的关系，企业必须根据不同的定价方法灵活地使用定价技巧进行定价。企业在使用已经制定好的定价技巧时，必须结合不同时期的定价方法灵活地修改变换定价技巧，只有这样，才能制定出更有效的定价策略。同时，企业在制定定价技巧时必须以企业的定价目标为导向，让定价技巧与定价方法共同成为实现定价目标的具体方式。

5.7.3 调查服务中几种常用的定价技巧

1. 差别定价或弹性定价

差别定价是一种"依顾客支付意愿"而制定不同价格的定价方法。其形式包括价格/时间要求差异、顾客支付能力差异、调研质量差异、地理位置差异，采用条件在于企业根据市场需求进行价格细分的能力。例如，黛特调研公司采用独特的差异化分析视角，根据顾客的具体要求、时间差异等因素，将市场分为常用型、特殊要求型及增值型等类型，从而针对不同类型进行分类差别定价。

2. 折扣定价

折扣定价法指企业在一定范围内对所提供的服务定价采取打折的方式以达到定价目标。折扣定价是对客户给予长期合同的回报，同时也是一种促销手段，可鼓励提早付款、大量购买。例如，上海科瑞市场调研有限公司是一家专业从事企业风险管理咨询的公司，主要为客户提供企业信用调查、竞争对手调查、行业调查、可行性研究及市场研究等方面的管理咨询服务。科瑞公司在公司成立初期、推广期等时期使用了折扣定价法，成功吸引了许多中小企业顾客，有效地提升了自身的知名度。

3. 保证定价

"保证必有某种结果产生后再付款"就是典型的保证定价法。保证定价法的使用前提是，保证中所做的允诺必须能够达到。当高质量调研服务遭遇恶性竞价的环境、行业的社会信任度普遍较低时，顾客需要寻求"明确保障的结果"时，这种定价方法具有一定的竞争力。例如，同样是上海科瑞市场调研有限公司，促使其在成立初期、推广期除了使用折扣定价法之外同样使用了保证定价法，承诺顾客能详细地了解竞争对手的内情，在顾客满意后付款。科瑞公司运用此种方法不仅吸引的大量顾客，更培养了一批忠诚客户。

4. 高价位维持定价法

高价位维持定价法是顾客"把价格视为质量的体现"时使用的一种定位技巧。这种定价方法较适合于一些已经具有一定知名度的企业或已经培养出一种特殊的细分市场的企业，造成"高质量、高价位"的姿态，从而吸引顾客。例如，北京华通现代市场信息咨询有限公司。最初作为北京华通人市场信息公司的顾客研究部成立于1992年，1997年与美国 Market Facts(MFI)合资成为提供全方位专项市场研究服务的专业性公司。2001年，华通现代的英文名称由 All China Market Facts (ACMF)正式变更为 All China Strategic Research (ACSR)，强调不仅能够为客户提供市场研究数据，还能够为客户提供市场分析甚至营销建议的努力。在此基础上，华通公司采用了高价位维持定价，突显其服务质量，成功营造了企业"高质量、高价位”的姿态。华通公司成立 15 年后的今天，它已成为中国十大市场调研公司之一，证明了自身的服务质量。

5. 牺牲定价法

此种定价方法是指第一份合同要价很低，希望借此获得更多的生意，而后来价格则有一定提高。当顾客不满意目前的服务供应者，或者买主不精通所提供的服务时，较适合运用此方法。这种定价方式的最大不利之处是，起初的低价位可能成为上限价位。一旦此上限价位成立，顾客便会拒绝再加价。因此，使用这种方法一定要谨慎，或可同时使用保证定价法使客户相信公司的服务水平，从而接受后来提升的价格。例如，上海科瑞市场调研有限公司在成立初期、推广期使用折扣定价法对顾客提供的调研服务收取较低的价格，而后通过保证定价法使顾客信任企业并通过优秀的服务质量培养出顾客忠诚度，在公司拥有一定忠诚客户后进入企业成熟期时，将价格提高，增加公司利润。这个过程即是典型的牺牲定价法。

5.7.4 制定最终价格

调研企业最后拟定价格时，还必须考虑以下因素：

(1)调研企业的发展战略；

(2)政府有关部门的政策和法律的规定；

(3)客户的心理；

(4)调研企业内部有关人员(如调查人员、研究人员等)对报价的意见；

(5)竞争对手对预定价格可能的反应。

5.8 调研企业价格调整和定价中应注意的问题

5.8.1 调查服务的市场周期性因素

市场调研服务与其他产品和服务类似，同样存在着市场生命周期，在市场周期的不同阶段，调研企业也需要根据市场竞争状况和自身的营运特点制定不同的定价策略。

(1)市场开发期。这一阶段客户对调研服务的认知尚不清晰，对调研服务的需求比较模糊，市场竞争者也较少。调研企业的主要任务是客户“教育”和交流，即设法通过各种途径宣传调研服务和企业形象，使客户理解和认同调研服务，努力在客户心目中形成“先入为主”的印象。这一阶段调研企业的主要目标是培养潜在顾客，并力求把客户的潜在需求转换为现实的需求。因此，企业通常采用较低的定价达到吸引顾客的目的，让顾客有机会了解企业的服务特色。

(2)市场成长期。这一阶段客户数量和调研企业的数量都有较快速的增长，调研行业内部已开始出现竞争，已经有相当多的客户对调研服务的作用和内涵有所了解，少数客户甚至对调研服务的质量建立了自己的评价标准，客户对调研服务价格敏感度提高。调研企业经营工作的重心将从外部市场拓展逐渐转向内部整合和质量提升。这个阶段调研企业的主要目标是致力于在顾客心目中确立自己的地位，提升研究服务水平，建立良好的企业形象。成熟规范、实力较强的调研企业将倾向于将价格作为质量的指示灯，在致力于降低营运成本的同时，将定价保持在市场平均价格之上，以此避免行业内部的恶性价格竞争。

(3)市场成熟期。这一阶段调研行业的发展日益成熟和规范，客户数量和调研企业的数量均比较大且相对稳定，客户对调研服务价格敏感度较高，行业内部竞争比较激烈。调研企业的市场运作方式和费用成本有日渐“透明化”趋势。这个阶段调研企业的主要目标是凸显自身的服务特色，建立差异化的竞争优势。此时，大中型的调研企业将形成比较成熟规范的定价机制，针对不同的细分顾客群实施不同的定价，并且尽力保持定价的稳定性。

5.8.2 结合定价目标综合地使用定价技巧

调研企业制定价格策略，必须在充分考虑一切影响定价的因素的情况下进行。根据定价目标找到合适的定价方法，并根据需要使用多种定价技巧以达到企业的定价目标。例如，上海科瑞市场调研有限公司在20世纪90年代成立初期，企业规模小、知名度不高。在这种情况下，科瑞公司以适应竞争、争取顾客为长期目标，采用以竞争为导向的定价模式，对上海地区同规模竞争对手的服务定价进行了充分调查，以平均价格为基础使用了折扣定价技巧和牺牲定价技巧，顺利打开了市场大门。在公司拥有一定忠诚客户进入企业成长期后，又采用保证定价策略和提升服务质量着力培养客户忠诚度。可见，调研企业的定价策略并非是一成不变的，需要考虑企业具体情况，根据企业的发展周期，制定企业长期定价目标的同时制定出短期的辅助目标，然后结合多种定价方法和定价技巧，制定完善的定价体系。并且，随着企业本身的发展以及调研市场的变化，对企业的定价策略做出修改。

☞ 思考与讨论 »»

1. 对于一个跨区域的委托调查项目，如“京沪广居民休闲消费状况对比调查”，应如何确定项目的报价？
2. 以效率为基础、以客户关系为基础和以满意为基础这三种定价策略有什么不同？
3. 面对滥价竞争的同行，调研企业应该采用何种价格策略应对竞争者？

第6章

市场调研企业的渠道策略

6.1 调研企业营销渠道的概念及重要性

营销渠道通常也称贸易渠道(trade channels)或分销渠道(distribution channels)。关于渠道的定义,有多种描述。菲利普·科特勒的最新著作提出,营销渠道(marketing channels)是促使产品或服务顺利地被使用或消费的一整套相互依存的组织。肯迪夫和斯蒂尔给分销渠道所下的定义则是,当产品从生产者向最后消费者或产业用户移动时,直接或间接转移所有权所经过的途径。一般产品的营销渠道的成员可以分成两种类型,即基本渠道成员和辅助渠道成员。前者主要指取得转移或帮助转移企业产品所有权的各种类型的经销商和中间商,此外,它还包括作为分销渠道的起点和终点的生产者和消费者。后者指为整个分销过程提供重要服务但不承担货物所有者风险的企业,包括运输业、仓储业、装配业、金融业、信息业、广告业、保险业和提供促销支持的企业。

调研企业的营销渠道是促使调研服务顺利地被使用或消费的各类相互依存的社会组织,即市场调研企业将从调研活动得到的市场信息资料或是数据结论,提供给最终需要调研信息的客户所经过的组织,也就是调研服务转移所经过的路径。调研渠道管理的根本任务,就是把调研企业与需要信息的客户联系起来,使调研营运商提供的服务能够在合适的时间、合适的地点、以合适的形式提供给有需要的客户。因此,调研企业的营销渠道是一系列相互独立的机构形成的组织网络,不是信息产品转移的"通道"或媒介。调研企业营销渠道的功能主要是传递调研需求信息、协助调研沟通、促成项目谈判、获取调研项目订单、提供客户需要的信息、项目资金结算、承担风险等。

6.2 调研企业营销渠道的作用与特殊性

第一,营销渠道是调研企业向客户提供调研服务和取得竞争优势的途径。营销渠道成员的市场行为,在某种程度上代表着调研企业的形象,直接影响着客户对于调研企业的认识和评价。第二,在现代市场竞争中,企业单纯地运用营销组合中的服务、价格、促销这些战略来获得竞争优势已越来越困难，而渠道战略是一个基于关系和人的组织结构，在调研行业里，营销渠道及其协作关系往往是长期的，在短期内难以撬动或模仿，因此非常有利于企业获得持久的竞争优势。第三，与其他营销组合变量相比，渠道对于调研企业的发展具有更大的潜力。营销组合中的其他三个变量——产品、价格和促销，在目前的市场竞争中，越来越缺乏后劲和张力。目前，由于调研技术比较容易迅速地从一个公司移到另一个公司，使得竞争者更容易提高调研和服务质量水平，从而使各调研企业在服务上表现为同质性越来越高，在价格上表现为越来越接近。然而，在渠道建设方面，由于其隐蔽性很强，较难被竞争对手察觉，当企业建成一个完整的渠道系统时，即便被竞争对手觉察，也难以轻易被模仿或复制。第四，由渠道系统构成的资源对调研企业的发展具有促进作用。营销经典的 4PS(产品 product，价格 price，渠道 place，促销 promotion)中唯一的外部营销变量就是渠道，调研服务中介机构日益增强的力量、减少分销成本的需要、企业增长的压力，将使这些独立的企业组合在一起形成强大的协同效应，为调研企业开拓市场提供了强大的支撑与后劲。第五，营销渠道能够有效地利用现代科学技术手段。随着计算机技术的飞速发展及互联网的普遍应用，调研企业可以通过网络调查获取各类信息，并能够通过网络及更多的途径直接了解和掌握客户的调研服务需求，而不只是依赖传统的中介机构。所有这些发展趋势都需要调研企业构建起一种有效的营销渠道策略来予以应对。

市场调研公司是利用智力资源服务于客户的智力密集型企业。市场调研企业业务运作相对有形产品制造业和其他服务企业而言，有其自身的特殊性。这就使得市场调研企业的营销渠道与其他行业的营销渠道的具有很大差异。第一，市场调研服务的销售方式多以“直销”为主。为了能够更好地、更及时地、更有效地为客户提供服务，市场调研企业一般都采取“直销”的形式，尽量缩短与客户之间的中间环节，加强与客户之间的联系。这就意味着市场调研企业不能像制造业企业那样将商品或是服务从一级经销商到二级经销商……这样分销下去，更多是采取从公司直接到达客户，但这并不意味着它们之间不存在中间商或是辅助商，市场调研企业同样需要这些企业支持，只是渠道结构更加扁平化。第二，市场调研企业之间存在着业务关系交叉的渠道。一般的服务行业之间不存在业务渠道交叉，如一个酒店不会为另外的酒店购买食品，一个汽车 4S 店不会为别的品牌的汽车提供全面服务，但是市场调研企业之间却存在着信息情报共享、细分市场业务互补的关系。因为市场调研企业之间的信息共享和业务互补有助于提高资源利用效率，降低信息搜集成本，共同提高服务效益。因此，市场调研企业之间有存在这种相互交叉的渠道关系，即市场调研企业之间可能会相互成为对方企业营销渠道的供应商、中间商或辅助商。

6.3 调研企业营销渠道的构成

6.3.1 调研企业营销渠道的类型

1. 直接渠道与间接渠道

1)直接渠道

直接渠道是指调研服务不经过任何中间环节，由调研企业将产品直接销售给使用调研结论的客户，基本模式为：企业—最终用户。其主要形式有直接邮件营销、公共媒体营销、电话营销和网络营销等。

直接渠道的优点主要有:①洞悉市场。调研企业通过与客户直接接触,能及时、具体、全面地了解客户的需求和市场的变化情况,从而能及时地调整企业经营决策。②减少费用。中间环节少,调查服务可以很快地到达客户手中,从而缩短了服务流通的时间,减少流通费用,提高了经济效益。③加强推销。调研服务是知识技术含量高、专业性较强的服务,调研企业可以通过与客户面对面地沟通,详尽地展示企业实力和服务内容,增加客户对企业服务过程的了解,有效地挖掘客户的需求潜力。此外,较之中间商,客户往往更信赖调研企业面对面的直接沟通。④控制价格。一般情况下,营销渠道越长,调研企业对服务价格的控制能力越差;分销渠道越短,对价格的控制能力越强。⑤提高质量。调研企业直接面对客户,能够更迅速地对客户要求做出反馈,提供更良好的售后服务,增强企业竞争力。

直接渠道的主要缺点是:①客户覆盖面过窄,特别当调研仅作为管理咨询服务的其中一部分时,调研企业将失去与客户直接合作的机会。②直销渠道意味着信息传播只能局限于某个地区性市场,会失去更多的业务拓展机会。③调研企业直接向潜在客户推介服务,因此调研企业必须承担直销所需的人财物力等全部资源和所有的费用。

2)间接渠道

间接渠道是指调研服务从调研企业转移到客户手里要经过一个以上层次的中间环节,即意味着调研企业采用服务中介或转移的模式。比较典型的是广告公司将客户委托的广告策划项目中的调研部分转包给调研公司,调研公司按合同取得调研服务收入,这一过程中,调研服务可能发生所有权的二次转移。当然,广告公司或管理咨询公司也可将调研公司直接介绍给客户以承接咨询项目中涉及的相关调研内容,广告公司或管理咨询公司收取相应的介绍费用。调研成果由调研公司提供给广告公司、管理咨询公司和客户共享,这一过程中,中介人只是参与营销各种调研活动或提供专门调研技术服务等,不发生所有权的二次转移,中介人的目的只是协助或促成客户与调研公司之间形成服务合同关系。

间接渠道的优点是:①中间商具有自身广阔的人际网络或营销网络,利用这样的网络能使调研企业的服务具有最大的市场覆盖面。②减少了调研公司用于业务上拓展的人财物力。③充分发挥了企业专业化和分工协作优势,有利于调研公司与中介企业之间建立较紧密的战略联盟关系。

间接渠道的缺点是:①信息传递较慢,协调工作量大,利润降低。②调研企业获得客户需求信息不及时,易产生信息不对称问题。③调研企业对客户提供的售前售后服务,往往由于中间环节而衰减,导致顾客不满意。

2. 长渠道和短渠道

对于间接渠道来讲,根据其介入的中间商层次的多少可分为长渠道和短渠道。长渠道是指调研企业经过两个以上的中间环节,把调研服务销售给客户;而短渠道则指调研企业只经过一个中间环节,把调研服务销售给客户。一般而言,在调研服务从企业转移到客户的过程中,分销渠道越长,调研服务交易经过的层次或环节越多,调研信息发生“衰减”或“丢失”的可能性越大,在中间环节交易中出现干扰“噪声”或混入不真实信息的概率越高,信息的时效性和服务质量越差,价格越高。同时,调研企业对市场的控制能力和服务能力也越弱。因此,绝大多数调研企业都力争采用短渠道模式,一些大型的调研企业为了确保自己的服务质量和影响力，甚至拒绝通过中间商与客户建立业务关系。

3. 宽渠道和窄渠道

营销渠道宽度就调研行业而言，特指调研企业服务成果传递的下一层次企业(可以是中介商也可以是客户企业)的数量。就调研信息的可复制性而言，其宽度是可无限拓展的。对于大多数的定制性调研公司而言，由于客户的委托项目大多数根据特定的要求设定，所需要的信息和数据往往具有特殊性，因此，调研企业的服务分销基本上是一对一的。但对于大型基础调研公司而言，它们长期地、持续地搜集"通用"性的市场信息，经常在处理和研究后，将研究结论公开向各类组织或个人出售，客户只需按价付费购买相关内容，因此渠道宽度可以说是无限的。

4. 单渠道和多渠道

根据调研企业所采用的渠道类型的多少，分销渠道可以分为单渠道和多渠道。有些调研企业采用的渠道比较单一，而有的调研企业则根据不同层次或地区客户的不同的情况而采用不同的分销渠道。如果调研企业由自己完成所有的调研项目工作，则称为单渠道分销。如果企业在同一层次中利用不同类型的调研组织，则称为多渠道分销。

6.3.2 调研企业营销渠道的结构

1. 长度结构(层级结构)

调研企业营销渠道的长度结构，又称为层级结构，营销渠道长度是指调研服务成果达到客户手中所经过的中间环节(包括对数据进行二次处理的转包商)的数量。通常情况下，根据包含渠道层级的多少，可以将一条营销渠道分为零级渠道、一级渠道、二级渠道、三级及以上渠道等。

(1)零级渠道，又称为直接渠道(direct channel)，是指没有渠道中间商参与的一种渠道结构，也可以理解为是一种分销渠道结构的特殊情况。在零级渠道中，调研企业直接将调研服务向最终客户提供而不经过任何中间商辅助或转移，即调研公司直接向客户推荐自己或直接承担最终客户的市场调查项目。在消费品营销中，零级渠道通常是大型或贵重产品以及技术复杂、需要提供专门服务的产品销售采取的主要渠道。如 DELL 的直销模式，即是一种典型的零级渠道。在调研服务市场上，目前多数调研企业向客户提供的服务是一种"定制化"服务，因此，零级渠道在调研行业中的应用最为广泛。

(2)一级渠道，即在调研企业和客户之间存在一个渠道中间商。在消费品或工业品市场上，这个渠道中间商则通常是总代理商或特约直销商。在调研服务市场上，这个渠道中间商通常是直接面对客户的广告媒体、咨询公司、管理顾问公司或各类策划服务机构，也有一部分是进行项目转包的大型调研公司。

(3)二级渠道，即在调研企业和客户之间包含了两个中间商。在消费品或工业品市场上，这一渠道通常表现为经销商或批发商—零售商。而在调研服务市场上，由于这种渠道使调研企业与最终客户之间的沟通路径过长，信息服务成本较高，很少有调研企业采用。比较多见的形式是体现在调研行业内部的合作分工，如现场调研公司—数据处理分析公司—管理咨询或广告公司—客户。

(4)三级及以上渠道在调研服务市场上几乎不存在。

2. 宽度结构

渠道的宽度结构，是指处于同一层级中的中间商的数量。企业的不同层级的中间商数量不同，宽度也不同，其实质反映了企业的产品或服务的市场覆盖面。在消费品营销中，一般以最后一个层级，即终端零售商数量来衡量。渠道的宽度越宽，则产品或服务的分销面越广，平均成本降低，但生产商对渠道商的控制能力也相对越弱，市场风险较大。渠道的宽度结构受产品的性质、市场特征、中间商能力、环境以及企业自身战略等因素的影响。渠道的宽度结构分成以下三种类型。

(1)密集型分销渠道(intensive distribution channel)，也称为广泛型分销渠道，即生产者在同一渠道层级上选用尽可能多的渠道中间商来拓展自己的产品。对于调研服务行业而言，大部分中小型调研企业从事“定制化服务”，即直接承担最终客户的市场调查项目，基本上不采用密集型分销渠道。但对于从事基础市场数据研究的大型调研企业，由于信息产品具有可共享性和扩散性，采用密集型分销可能最大限度地获得信息服务“销售”的最大效益。当然，过于密集的分销渠道也可能由于信息的扩散而存在潜在需求流失的风险。

(2)选择性分销渠道(selective distribution channel)，是指企业依据一定的标准，在某一渠道层级上选择少量的中间商来进行商品或服务的分销，而不是允许所有有合作意向的中间商都参与经销。在消费品市场中，这种渠道方式主要针对一些品牌档次较高，需要提供较多服务的产品。这种战略的重心是维护企业、产品的形象和声誉，建立和巩固市场地位。采用选择性分销渠道的调研服务企业也比较多，选择这一渠道模式的最大好处是既能向尽可能多的客户“销售”自己的研究结论，实现信息服务的规模效益，又能与信息服务的中间商建立比较牢固的、长期的合作关系。擅长媒体研究、产业研究方面的调研企业多采用这一模式，如央视-索福瑞媒介研究公司、AC尼尔森公司等。

(3)独家分销渠道(exclusive distribution channel)，是指企业在一定时间、一定地区，在某一渠道层级上只选择唯一的一家渠道中间商。这一渠道的分销面最窄，但能很好地控制合作者并把信息扩散的风险降到最低。采用这一模式的双方通常订有协议，中间商不得经营其竞争者的产品，企业也不得向其他中间商供应其产品。这一策略的目的是控制市场，彼此得到对方更积极的配合，强化产品形象并获得较高的毛利。在市场调研行业中，这种渠道结构的主要形式有两种，一种是大型的市场调研企业(集团)在各地区设立的办事处，或者签约建立的调研服务总代理或总分销；一种是市场调研企业与地区性传媒机构建立战略联盟关系，委托后者全权代理和推广自己的调研服务。采用这一渠道模式的调研企业并不多见。

3. 广度结构

渠道的广度结构，即企业采用了多少种类型的渠道组合，实际上是对渠道多元化程度的衡量。也就是说，公司是否采用混合渠道模式，采用了多少种渠道的组合来进行销售。例如，北京中怡康时代市场研究公司除了向各类家电企业提供市场研究和咨询服务外，还与中国五金制品协会签署战略合作协议，成为其市场调查数据战略合作伙伴，并在公司内部成立专门的部门，直接对其提供定期的市场信息跟踪和研究服务。广度结构实际上与调研企业的服务能力和规模有关。

6.3.3 调研企业的营销渠道成员

调研企业和对分销起重要作用的中间商合作而形成的渠道可以看做是一个关系系统。在这个系统中，调研企业的服务特性要求较少的中间层级。根据各个企业在整个分销过程中的作用，可以把渠道成员分为两组——基本渠道成员（basic channel members）和特殊渠道成员（special channel members）。

1. 基本渠道成员

基本渠道成员指拥有调研服务的所有权的企业以及作为分销终点的客户。包括调研企业、最终客户及中间商。

1）调研经营机构

调研经营机构是调研服务的提供者，即市场调研企业，它根据特定目的，采用科学的调查手段，运用现代技术工具和研究方法，从事市场信息调查、收集、整理和分析业务，为企业决策提供准确、完善的辅助信息并收取相应报酬。市场调查企业的服务范围包括了市场环境调查 、消费心理分析、需求潜力调研、价格敏感度测试、竞争对手调查、产品开发论证、项目投资可行性评估等多个方面。它提供的主要是市场调研信息及其相关的咨询服务。

2）客户

客户是调研服务的使用者，也即调研服务的对象。现代调研服务的对象越来越广泛，不仅包括为数众多的企业等盈利性组织，也包括了如行业协会、政府部门等非盈利性的各类社会组织。盈利性组织使用调研信息来识别新的市场机会，为新的目标市场制定营销组合，对现有实施中的营销策略进行评价，决定各种目标群体对新的营销方案的可能反应，评价外部环境的变化和对产品和服务策略的影响。非盈利性组织使用调研服务来了解社会或行业发展状况、政策实施效果、组织形象等，作为未来制定和调整组织战略或管理决策的依据。

3）中介机构

中介机构是指依法通过专业知识和技术服务，向委托人提供公证、代理、结算、信息等中介服务的机构。调研中介指介于调研经营者之间或调研经营者与客户之间，专门从事调研业务咨询与招揽、市场信息收集与整理、广告服务等中介服务活动的单位或个人，分为盈利性和非盈利性的中介机构，盈利性的中介机构是从中依法获取佣金或手续费的单位或个人。常见的中介机构有以下三种。

（1）广告公司。作为大型的广告公司，要为客户提供更为有效的服务，必须对客户的营销环境和市场状况进行全面的研究，所以，广告公司内部设立专门的市场调研机构，主要执行与广告相关的调研工作。但是，并不是所有的广告公司都有市场调研机构，鉴于市场调研的重要性，这些没有市场调研机构的广告公司充当中介机构的角色，把调研项目部分承包给调研企业，最终顺利完成广告项目。

（2）管理咨询或营销咨询公司。这类公司一般由资深的专家、学者和有丰富经验的人员组成，为企业提供指导性建议，即充当顾问的角色。咨询公司与市场调研企业相比有很多的差异性，咨询公司层次相对较高，人员的组成主要以咨询顾问人员为主，不像调研企业以调研人员为主，它主要为企业提供决策支持，因此咨询公司也常常把调研项目交给调研企业，由调研企业完成并从中抽取佣金和费用。

(3)行业协会。由经济、科技、社会等领域从事信息工作的企事业单位和个人自愿组成，具有社团法人资格的全国性社会团体。它组织有关行业技术研究、行业自律规范、行业交流培训、行业宣传推广、促进客户与行业沟通等方面的协作，推动各类市场研究机构和会员单位之间的横向联合与合作，其主要作用是提供行业交流的平台，是非营利性的中介服务组织。如 2004 年 4 月成立的中国市场信息调查业协会(CAMIR)，2003 年成立的中国信息协会市场研究分会(CAMR)，它们通过组织客户企业与调研公司的交流互动，间接向客户企业推介相关的调研服务或调研公司。

2. 特殊渠道成员

特殊渠道成员，也称专业渠道成员，是指为整个调研服务分销过程提供重要服务但不承担服务风险的企业。它可以分成以下两种类型。

1)功能型的特殊渠道成员

功能型的特殊渠道成员，包括提供调研技术硬件或软件支持的企业。如为调研企业提供问卷印刷的印刷企业，为调研企业问卷调查提供赠品的企业，生产和安装市场调研录音录像设备的企业，等等。

2)支持型的特殊渠道成员

支持型的特殊渠道成员主要指帮助调研企业拓展业务或合作承接业务、协同完成调研项目的各类机构。如协助调研企业完成数据统计分析的研究所，媒体经营商，以及帮助其宣传的广告商、政府相关机构等。

(1)媒体经营商。为调研企业提供传递企业信息、产品发布、促销和宣传活动支持等目标而展开的一系列广告工作，同时也可以是伴随着广告活动进行的协助调研公司收集调研信息的一切调查活动。

(2)经济信息中心或统计局。由各省市政府建立的经济信息机构，是国家经济信息系统的重要组成部分。其职能是对国家或地区的国民经济、社会发展、科技进步和资源环境等情况进行统计调查和信息分析，对经济运行进行监测、预测和预警，对经济运行中的重大问题和热点问题进行调研与分析，也能为各类企事业单位提供信息咨询、计算机与网络、信息技术及信息技术培训。许多调研企业往往和当地的经济信息中心或统计局保持着密切的合作关系。

(3)研究机构。各类政府或民营举办的经济研究所、研究院、研究中心，它们主要对宏微观经济理论、区域发展战略、产业政策、企业投资与经营管理等前沿性社会经济问题进行研究，为国家或地方政府的经济改革、制定制度提供政策建议和决策咨询，为各类企事业单位的管理创新提供咨询和解决方案。另外，还开展国际合作与学术交流、编辑出版专业期刊。经济研究机构往往聚集了大量的专业研究人员，拥有丰富的行业数据资源和信息分析技术，甚至拥有专业的分析工具和统计经验，也成为许多市场调研企业的合作对象。

(4)互联网服务商。Forrester 公司预测，互联网咨询市场的规模，将从 1999 年的 106 亿美元增加到 2015 年的 3000 亿美元。在国外，互联网咨询业的回报率非常高，平均利润率在 60%以上，2002 年仅美国此行业的产值就达 100 多亿美元；而我国每年对这一产业的市场空间预测也在 4000 万～6000 万元。因此，许多互联网服务商也被调研公司选为未来比较密切的合作伙伴。例如，重庆立信市场研究有限公司的合作企业就有 3see 网络、腾讯、大渝网、中小企业家网、鼎维网络科技、七一网、重庆晚报讯网传媒等。凯摩一百信息技术公司的副总裁汤劲武分析,在中国,网民已经突破了4亿用户的规模,人们的娱乐、通信、社交等都在互联网上进行。美国一家机构的数据曾显示,一个人每月花在互联网上的时间平均为20小时,网络上日益扩大的群体,无疑为在线样本库的调研起到了很好的推动作用。传统的市场调研行业的传统调研手段和服务分销模式必将被网络改变。

(5)政府管理部门。各级政府下属的与市场经济活动密切联系的职能管理部门,如工商行政管理局、物价局、商务局、食品药品质量监督局,以及各类专业管理厅局。这些部门以定期报表和不定期调研的形式收集相应领域的信息数据,通过项目协作的形式为调研企业特别是从事基础数据分析的调研公司带来权威、全面的信息资源,也是调研企业可选择的合作渠道之一。

这些组织机构在营销渠道中的地位、作用各不相同,因为共同利益而合作,也会因为利益不平衡和其他原因产生矛盾和冲突。目前,有许多广告公司、咨询公司和公关公司也向客户提供部分市场调研服务,政府下属的研究机构和统计机构现在也面对市场开放调研服务,它们实际上与市场调研服务企业形成了竞争与合作的双重关系。

6.4 调研企业营销渠道的建设

6.4.1 影响调研企业渠道选择的因素

调研企业在选择营销渠道时,要综合考虑渠道目标和各种限制因素或影响因素,对营销渠道具有制约作用的主要有以下四个因素。

1. 环境因素

影响调研企业的渠道结构和行为的环境因素主要有社会文化环境、经济环境、竞争环境等。

(1)社会文化环境。德国著名学者霍夫斯蒂德认为,所谓文化就是一个群体共同拥有的、不同于另一个群体的思维方式。社会文化包括了一个国家或地区在长期历史发展中沉淀下来的思想意识形态、道德规范、社会风气、社会习俗、生活方式、消费习惯、民族特性等,它渗透到社会生活的方方面面,成为企业营销必须面对的最重要的外部环境。一般而言,同一文化中的个体或群体倾向于相同的价值观、相同的思维方式和相同的行为方式,而不同文化中的个体或群体在价值观、思维方式和行为方式等方面则有较大的区别;同一文化中的人们容易沟通,不同文化中的人们则较难沟通。渠道分析学者JaneenOlsen和KentL. Granzin认为,社会文化环境是影响渠道结构的主要因素。在欧美等发达地区,企业利用代理公司或中介机构寻找调研服务商,调研项目普遍采用招标承包的方式,调研公司利用商业中介或广告公司向客户推荐调研服务项目或承接调研业务也比较常见。但在我国,客户往往更信任面对面交流和人际关系建立起来的业务关系,因此,大多数企业在寻找调研服务企业时,更多地采用直接接触、一对一面谈沟通的方式,极少通过中介机构去选择调研公司。

(2)经济环境。经济环境是指一个国家或地区的经济制度和经济活动水平,它包括经济制度的效率和生产率。与之相联系的概念涉及人口分布、资源分布、产业政策、财政税收、经济周期、通货膨胀水平等。经济的发展促进了市场专业化分工和企业管理水平的提高，推动了市场调研服务的需求，同时也促进了调研行业内部的分工协作。经济发展程度越高的地区或国家，经济研究机构、媒体经营商、广告商、互联网服务商的数量越多，调研企业可以选择的分销渠道越丰富。

(3)竞争环境。调研企业的竞争者既有其他的调研公司，也有从事或兼营调研服务的机构，如研究所、统计局等。任何一个调研企业在面临竞争时有两种基本选择：一是跟竞争对手进行一样的业务活动，但必须比竞争对手做得更好；二是通过挖掘潜在的需求，从中寻找新的市场机会，并做出与竞争对手不同的业务行为。随着调研行业的发展和内部的竞争压力的日趋增大，调研企业更加需要与中介机构、政府、客户和其他相关组织结成合作伙伴或战略联盟，通过间接渠道来进一步扩大知名度和影响力、拓展市场机会。

2. 企业因素

(1)企业实力。对于调研公司，企业的实力更多体现在技术水平及人力资源方面。如果调研企业拥有强大的业内资源调动与人才储备，便可以建立自己的分支网络，跨区域甚至跨国提供调研服务，并对客户实行直接销售，反之，则应积极寻找合作者和中介机构，即选择较长的分销渠道。

(2)企业的管理能力。如果企业管理水平较高，又有丰富的合作经验和成熟的合作模式，便可以选择与相关机构和同类调研公司协作，通过多层次、多类型的渠道成员帮助自己拓展服务市场；反之，则应选择直接营销渠道。

(3)企业控制渠道的能力。企业为了有效地控制分销渠道，多半采用短渠道，短渠道意味着信息传递迅速、服务成本低。渠道控制力在很大程度上取决于企业对渠道中间商的运行有多大的话语权和自由支配的能力。渠道控制力包括渠道忠诚度的控制能力和渠道的整体控制能力两个方面，渠道的忠诚度主要来自渠道中各个组织通过合作获得的利益的多少和对未来合作前景的期望，渠道的整体控制能力则取决于企业的影响力和利益分配机制。而在现代市场条件下，渠道利益的分配及保障体系始终存在着巨大的不确定性，因此，渠道的层次越多，调研企业和层次渠道之间发生业务和利益上的冲突越多，控制力越为低下，客户的忠诚度也越低。

3. 合作者的因素

渠道成员的实力、特长不同，调研公司与渠道成员之间的合作程度和稳定性差别也很大。一般而言，调研公司与渠道成员的互补性越强，协作的稳定性和紧密度越高，这样有利于双方发挥自身的特长和优势，更好地控制市场。例如，如果调研公司拥有丰富的客户关系网络，业务拓展能力较强，就会选择擅长市场研究和数据分析的研究机构作为自己的战略伙伴；如果调研公司有较高的市场影响力，项目规划和设计水平较高，则会选择一些熟悉本土文化、现场执行能力强的地区性市场调查公司作为自己的合作伙伴。

4. 政府有关立法及政策规定

目前，通信服务、建筑服务、保险服务、金融服务、计算机和信息服务、专业服务等现代服务的贸易已占到国内第三产业将近一半的份额。在加入 WTO 之后，随着中国咨询服务业的对外开放和国内企业与外资联合的进一步扩大，国务院和各地方政府在加快发展服务外包、中介服务，大力发展专业化和市场化信息，促进信息和咨询服务企业成长，优化投资环境，完善行业管理等方面出台了大量的扶持政策。这些政策也进一步推动了市场调查和研究产业内部的分工协作。

6.4.2 营销渠道设计的步骤

1)分析客户需求

许多调研企业往往会过分注重从竞争角度和历史角度思考渠道问题而忽视最终客户真正想从渠道服务中得到什么。现代市场经济条件下，良好地满足客户的需要是渠道设计的唯一标准，也是渠道设计的根本意义。因此，调研企业必须首先了解目前市场需要的调研服务是什么，未来的目标客户群在哪里，不同客户对于调研服务的要求是什么。其中的关键，一是要剖析和明晰公司主要客户群最重视的服务项目是什么。对于调研企业提供的信息服务来说，可能的服务项目包括市场调查、流程分析、信息集成、数据研究、营销建议等。客户可能要求所有的服务项目，但不一定真正“需要”这些项目，调研公司也不一定必须提供这些项目。这就需要公司在所有的服务项目中做出权衡，了解公司提供不同服务项目的能力水平、成本费用和项目价格(收益)。二是要剖析和明晰客户是如何评价和衡量这些服务项目的，即撇开服务的细节和具体项目，只考虑客户的评判标准。对客户而言，可能的权衡的因素包括项目的时间、交易是否便利、提交项目结果的及时性、调研信息的准确性、服务态度等。值得注意的是，客户对现有渠道在总体上的满足往往会掩盖某些关键服务项目上的缺陷。

2)分析渠道现状

如果调研企业已经有了自己的渠道体系，这个阶段主要是调研企业对现有的渠道管理现状和渠道结构进行分析，以便及时发现在产业协作链中存在的问题，或者说分析哪些协作方式已出现或可能出现不适合时代发展的端倪，同时挖掘现有渠道的优势。这个步骤不在于评价营销渠道中哪些成员更重要和更适合，而是着重于研究调研企业的渠道设计的方向或者渠道合作的模式，同时将可能影响设计的各种要素分类罗列出来。

3)分析渠道需求

先通过对合作渠道各类成员的专项调查，了解目前各个渠道成员对渠道状况和合作模式的看法、对未来理想的合作模式的期望、对本调研公司的评价和要求，从而了解企业的哪些渠道需要淘汰、哪些渠道需要巩固。然后，评价营销渠道中成员的重要度和合作度，对合作伙伴进行优先级排列。

4)分析竞争环境

这一步骤的核心是比较本企业与目标竞争对手在企业项目资金周转、市场覆盖度和成本变动趋势等方面的差别。调研企业不仅需要了解自身渠道中的各种联系，掌握有关项目价格、服务条款、项目收益、项目资金周转等业绩指标的细节，更重要的是了解主要竞争对手使用的渠道种类以及每条渠道的市场份额，并将这些数据与自身的情况对比，可以了解每条营销渠道的相对获利能力、渠道种类增长速度以及市场覆盖率。结合行业的服务水平、发展前景，以及宏观政策等，对竞争对手进行实力排列，为确定营销渠道的建设目标奠定基础。

5)明确营销渠道设计的目标

调研企业营销渠道设计的主要目标在于建立快速、有效的服务客户途径,充分挖掘和利用调研成果,并保持低成本的项目投入,但这几个目标之间往往又存在一定的冲突。实践中,对调研企业而言,在不同发展阶段、不同的市场环境、不同的资源条件下,营销渠道设计侧重的目标是不同的。经常需要实现的基本目标有:市场拓展与影响力提升;强化或深化战略合作关系;改善客户服务水平和提高顾客满意度;降低成本和提高单位项目利润;提升联盟的整体效益;等等。

6)分析渠道成员和资源要素

分析渠道资源的重点是分析渠道各类成员的实力,如中介机构、客户、调研技术提供商、协作伙伴等。在这一过程中,分析和把握对渠道整体产生控制力的主要因素,明确决定整个渠道合作模式和利益分配的关键要素是什么,是调研技术、服务能力,还是客户网络,将这些因素所产生的作用大小进行排序。同时,对每一类因素产生的风险进行分析研究,寻找规避风险的方法。

7)提出渠道的设计框架

在上述分析的基础上,调研企业可以结合自己的渠道目标,确定整个调研渠道的类型和成员结构,确定渠道主要的合作模式和管理流程,描绘出渠道上的信息流、资金流、价值流的基本流向,提出组成营销渠道的基本框架。在这个框架中,渠道选择的标准,以及对渠道中各类成员的选择和定位是这个步骤必须解决的关键问题。

8)评价渠道方案的可行性

渠道设计框架建立之后,需要对渠道模式进行三个方面的分析和评价,即目标实现性、可调适性、运作可行性。目标实现性是指渠道模式达到设计目标的程度。可调适性是衡量渠道成员之间的合作关系是否能适应市场环境的变化,以及承受市场环境变化的程度。运作可行性是指渠道模式是否能被各个渠道成员接受,渠道成员之间的协作是否能真正落实、操作、管理和控制。这是渠道策略设计的基础和前提。同时,在渠道设计的各种可行性分析的基础上,还需要结合调研企业的实际情况以及对服务和发展战略的要求,为渠道的运作开发相应的方法和工具。

6.4.3　渠道驱动因素

调研企业制定渠道政策的核心是寻找利益分配的平衡点。只有让渠道链条中各个环节的成员均能分享与其贡献相当的合理的利益,才能保证渠道成员之间的合作趋于稳定,使整个渠道"链"的利益最大化。这对于比较依赖渠道的调研企业来说是十分关键的。其中处于支配地位的企业要在整个调研分级渠道的框架内合理分配资源,使各层次的渠道成员都有利可图。

经营的本质是"唯利是图",所以,调研企业对渠道成员的吸引与控制条件,是决定渠道长期稳定和整体效益的重要因素与关键因素,我们且称之为渠道驱动因素。常见的渠道驱动因素有以下五个。

(1)调研服务核心竞争力,包括调研服务的专业化程度、信息处理的能力、对客户需求的精确分析等;

(2)市场管理能力,调研企业对市场秩序的维护能力、渠道的管理能力、价格体系的维护及技术支持水平等；

(3)价格政策，调研服务的利润空间、企业的资金周转等；

(4)渠道返利政策，客户维护补贴、样本量补贴政策等；

(5)市场推广政策，终端建设政策、广告政策、业务推广专项费用等。

6.4.4 渠道方案评估与淘汰

调研企业在构建与渠道商的协作过程中，不可能与每个合作企业都成为忠诚的或者合格的伙伴。企业淘汰渠道商是最常见不过的事情，如渠道商扰乱市场秩序、低价恶性竞争、破产、核心业务转移、故意散播对企业的不利言论等，都会使企业淘汰渠道商。关键在于企业要有灵敏的预警机制和良好的应对机制。对于业务能力较弱的渠道商逐步淘汰，对于业务能力较强的渠道商加大扶持力度，通过资源差异配置和利润分配激励等方式引导渠道商的行为。

分销服务渠道方案确定后，调研公司就要根据各种备选方案进行评价，找出最优的渠道方案。通常渠道评估的标准有四个，即经济性、可控性、匹配性和灵活性，其中最重要的是经济性标准。

1. 经济性评估标准

经济性评估主要是比较每个渠道方案的获利能力，即采用该渠道可能达到的业务量、费用水平和资金需求情况，判断由本企业对客户直接营销与使用业务代理商哪种方式收益水平更高，判断由本企业设立分销网点直接营销所花费用与使用业务代理商所花费用哪种方式支出的费用大。企业对上述情况进行权衡，从中选择最佳渠道方式。如果目标客户多数要求在短时间内完成调研结果，就必须增加调查人员和采用直接渠道方案。调研公司在确定了某种渠道方案后，还应详细估算以下三个方面。

1)收入

比较两条不同渠道的营销能力，要考虑两种因素。一是覆盖密度，即与客户群和客户组织决策者的接触程度。许多渠道留下空白点是由于忽视了某些地理区域或不能到达某类客户。二是在接触客户后交易的效果，这取决于业务人员的销售技巧和实际销售行为与调研企业营业目标的一致性。

从效率的角度考虑，直接渠道可能更有利。调查公司的业务代表仅专注本公司的服务，不会被其他服务干扰。他们在推荐本公司服务方面受到良好培训，有更强烈的进取心。通过为客户提供增值服务、提供信息、反馈意见、解决客户不满，他们能与重要客户建立紧密联系。

2)交易成本

只要存在多种渠道合作形式和渠道参与者，间接渠道就会显示出成本优势。当调研企业能够在多个竞争的合作商之间选择时，调研企业将能更有效地降低项目“成本”；但如果可供选择的合作商极少，则合作商会利用其垄断地位使调研公司承受巨大的“交易成本”，如被迫接受较高的协作结算价格、比较苛刻的合作条款、额外的服务等。

3)技术成本

当委托项目需要调研企业提供特殊服务过程或专门技术来支撑和完成项目运作时，将产生额外的费用，而这些成本往往是企业容易忽略的“隐性”成本。如对合作者进行专门的服务培训，查询和准备专业信息和行业知识，使用特殊的调研设备设施等。调研公司需要详细预估和测算这些特殊服务或专门技术的“隐性”成本。

2. 可控性评估标准

调研企业与相关机构合作，渠道可控性小一些，面对客户直接营销的可控性较大；渠道长则可控性弱，渠道短则可控性强。企业必须进行全面比较、权衡，以选择最优方案。一般来说，调研企业对渠道合作的可控性评估主要包括以下三点。

(1)影响渠道合作稳定性的因素，即渠道中存在的可能引发不稳定的因素和影响稳定的其他隐患或倾向。

(2)渠道合作的稳定性程度，即在何种状况下会出现渠道合作的崩溃，或者当渠道成员之间的利益分配发生变化到何种程度时会打破渠道合作者之间的均衡。

(3)渠道合作的可维持程度，即是否能制定相应的预防预警措施和预案来防止渠道成员之间的矛盾激化，是否有化解矛盾的对策措施。

3. 匹配性评估标准

调研公司必须确定提出的渠道方案能否支持企业的总体战略，进而使企业达到预期的业绩目标。例如，有的调研公司为了满足市场渗透和市场增长目标，采用复合的、竞争的渠道，但这些渠道商有可能因为竞争和利益的关系向调研企业提供劣质的调研服务，从而影响到调研企业的服务质量和声誉，并与调研企业希望在优质调研服务基础上获取长期利润的目标相抵触。

4. 灵活性评估标准

有的调研企业在市场开拓初期或企业实力较弱时，倾向于与所选择的渠道成员签订长时间的合约。但随着业务的发展，可能会产生其他更有效的营销方法如网上委托、公开招标等交易方式，此时调研企业却不能随便与渠道合作者解除合同，这样调研企业的营销渠道反而缺乏效率。因此，无论调研企业选择何种渠道方式，都必须认识到任何渠道运作时间长了都势必会降低其市场的适应性。因此，在渠道建设方案开始实施之前，必须做出检查，在确保设计的渠道能够满足客户对调研服务的期望的前提下，保持渠道协作的灵活性和适应性。通常可行的做法是，逐项分析和认真审视调研服务的各个环节和要素，对于调研服务的整体质量水平影响较大的关键环节(要素)应尽可能地保留在企业内；对于整体质量水平影响不大的因素，或者本企业无法提供、相对较弱的环节(要素)，可物色和选择在这一方面实力较强的企业，建立长期的合作关系。

6.4.5 渠道建设遵循的原则

1. 成本效益原则

成本效益原则是调研企业在选择渠道合作者时需要遵循的第一项原则。调研公司关注的重点不仅仅是项目的成本收益核算，还应从整个渠道营运的长期效益的角度，全面分析和衡量各个渠道合作者的成本与收益情况，选择应该重点支持的渠道合作商。

2. 有效性原则

调研企业要明确各种渠道的优势和劣势，保证渠道与服务、客户需要之间的良好匹配。

在规划市场渠道结构时，除了要考虑客户需求、市场竞争、服务特征等一般性影响因素外，还应考虑渠道层次关系，尽可能减少无法实现增值的环节。

3. 弹性原则

在选择和建构营销渠道时，要充分考虑今后调研企业的发展问题，不能局限于一种或几种的渠道模式。要准备几套合作方案，尽量保证企业在与渠道合作商打交道时不丧失主动权，并逐渐建立起自己能有效控制的渠道合作网络。

4. 强化互动原则

现代的客户服务理念越来越强调互动和客户参与在服务过程质量提升中的重要性。调研公司在渠道合作机制的设计中，也需要设计出与合作企业之间实现有效沟通和双向互动的机制与流程，可以很好地改善最终客户体验，增加最终客户的黏性。

5. 渠道适配原则

调研企业的渠道设计也要考虑与目标客户的适配性。不同客户对调研服务的要求，如数据分析的适时程度、内容、精度是不同的。如果不同客户之间的差异程度很大，则很难用一条渠道满足所有客户的要求。这就需要根据不同客户群体对特定服务项目的认识进行客户细分，并为每个细分群体确定能为其提供最优服务的渠道类型。如果现成的渠道无法满足某一群体的服务需要，就应该针对不同特征、不同产业(行业)、不同区域的客户，设计不同的渠道合作和业务推广模式，才能产生良好的效果。

6. 渠道互补原则

调研公司在服务渠道建设工作中，需要遵循"整合营销传播"的指导思想，各种渠道成员之间优势互补、高效协同、有机协调组合，向客户传递连贯的、持续的、一致的服务信息，进而提升客户的满意度，提高调研服务品牌的价值。

6.5 调研企业渠道管理决策

6.5.1 渠道成员的冲突与激励

调研企业通过渠道成员推介服务时，往往采取项目协作的方式，常见的方式主要有项目分割和服务联盟两类。项目分割是项目控制者即调研项目的整体承接商或中标签约企业，将一个委托项目的全部工作划分成若干个环节或若干部分，然后分解给不同的渠道成员，各成员分别承担不同环节或部分的工作。服务联盟是由渠道成员组成一个联合体，共同承揽项目，然后在内部进行合同分割。无论何种方式，调研企业都需要不断激励渠道成员，不断地督导与鼓励其拓展市场、推广调研服务。

由于调研企业和其渠道成员是完全独立的市场主体，调研企业与其渠道商之间的合作存在许多冲突的因素。这些与渠道成员之间的冲突是多种多样的，也是经常发生的。这些冲突主要包括以下三种。

(1)利益目标冲突。渠道成员并非隶属于调研企业，而是一个独立的市场主体，它有自己的利润目标、发展战略和营运模式，习惯于长期形成的某种经营方式，只根据自己的利益来决定和调研企业的合作方式。

(2)服务目标冲突。渠道成员往往也担任客户服务购买的代理人,首先会考虑它们和客户的关系,向客户推荐渠道商自己擅长的或客户感兴趣的东西,其次才考虑到代理调研公司的服务,不会只专注于调研公司的项目。

(3)服务模式冲突。渠道成员特别是一些管理咨询企业往往试图把所有服务项目打包成一个组合,如把咨询和调研业务合在一起,把调查和策划服务合在一起,努力向客户推荐这种服务(产品)组合,而不是只考虑调研业务的订单。

大多数调研企业把管理和激励渠道成员看成是一种简单的"刺激—反应"模式,往往采用折扣让利、合同回扣、广告津贴、价格减免等直接的利润诱导渠道成员合作,或者以降低利润分成、减少服务、终止合作关系等方式进行惩罚,却很少认真研究渠道成员的需要和困难。

要有效地激励渠道成员,使其有良好表现,必须从了解个别渠道成员的需要及其心理入手。因此,我们必须学会换位思考来看待合作方式,从渠道成员的观点来设计其激励模式。成熟的调研企业往往把与渠道成员建立长期的合伙关系作为渠道管理的首要目标,只有一个稳定、成熟、牢固的服务链才能带来长期的利益并实现企业的竞争优势最大化。因此,调研企业需要详细了解它能从渠道成员那里得到什么,以及渠道成员可从调研企业那里获得些什么。同时,在综合考量市场覆盖程度、服务的送达性、市场开发能力、寻找客户服务水平、技术与方法的互补性后,制定适当的激励政策和报酬制度,并得到各层次渠道成员对这些政策的认可。例如,SSI 国际市场调查咨询公司对项目合作成员通常不直接付给 40%的项目分成,而采用了"分步协作"付费标准,按下列标准支付项目合作者佣金:

(1)合作者介绍和引进项目——5%;

(2)合作者完成前期咨询和信息搜集——10%;

(3)合作者积极推动客户对公司的理解——5%;

(4)合作者积极与客户沟通,并协助公司有效地回应客户——10%;

(5)合作者协助公司完成成果反馈和项目后续服务——10%。

有些实力较强的大型调研企业,甚至专门成立了负责与渠道成员进行协调和管理的部门,建立一套有计划的、专业化的渠道管理和营销系统,把调研企业及渠道成员的需要结合起来。其主要工作包括:确认客户需求、制订渠道成员合作方案、与渠道成员进行谈判、实行项目统一管控、协助渠道成员完成人员训练、制定整体广告及促销计划等。

6.5.2　渠道成员激励措施

调研企业对渠道成员的激励措施有以下五点。

(1)开展促销活动。调研企业利用广告宣传推广调研服务,广告宣传费用可由调研企业负担,亦可要求渠道成员合理分担。

(2)资金支持。渠道成员一般期望调研企业给予它们资金支持,这可促使它们放手洽谈项目、积极推销调研服务。调研企业可采用预付启动资金或部分定金,待调研项目完成后再全部付清的方式,以解决渠道成员资金不足的困难。

(3)技术和管理支持。有的调研企业还向主要的渠道成员派驻专业人员,协助渠道成员安排调研项目方案的设计、训练市场研究人员,协助渠道成员搞好经营管理及提高营销效果。

(4)提供情报。客户情报是开展营销活动的重要依据。调研企业将所获得的客户信息及时传递给渠道成员,使其心中有数。如定期或不定期地邀请渠道成员座谈,共同研究市场动向,制定扩大业绩的措施;企业还可将自己的经营战略告诉渠道成员,为渠道成员决策提供依据。

(5)业务补贴。调研企业根据渠道成员的合作程度和项目业绩给予相应的额外奖励。如客户服务津贴、项目交易回扣、促销活动补贴等,激励渠道成员,密切彼此关系。

6.5.3 发展渠道成员的服务能力

在日益激烈的市场经济环境中服务理念的树立对企业营运的影响越发明显,无论是一般服务行业还是调研咨询行业都特别重视服务能力的提升,把服务作为最重要的竞争因素。对于调研企业来说,在发展营销渠道的过程中,这个问题尤为突出。作为渠道成员,它们更关心业务所带来的直接利润,品牌塑造是次要的目标,这一点是与调研企业本身的认识存有差距的。

在发展渠道成员、建立代理体系的过程中,发展渠道成员的服务意识和服务能力与维护客户群体关系具有同等重要的地位。提升渠道成员的服务能力的思路是,从最终客户的满意度和忠诚度的角度出发,通过对影响客户满意度的要素和服务环节的调研和分析,对渠道的内部运行结构和协同要素进行整合和设计,进一步制定出整个渠道"链"的客户服务原则、客户服务流程、服务标准和应急处理方案等,进而有针对性地对渠道实行服务能力的指导。

调研企业必须与自己的渠道成员保持密切的、经常的沟通,给予渠道成员充分的理解,提供有效的专业指导,建立默契的合作关系,常见的支持方式有:

(1)定期的私人接触;

(2)安排项目工作联席会议;

(3)举办业务专题培训;

(4)组织行业公益广告;

(5)组织行业研讨会;

(6)提供和定期分享市场动态信息;

(7)融资支持。

6.6 渠道的拓展和创新

信息技术的发展为调研企业选择的营销渠道提供了更加丰富的选择和合作模式。结合渠道建设的成本效益性、互动性、适配性、互补性等原则,现代调研公司开发和拓展了许多新型电子化服务新渠道,有效地缩短了调研公司和广大客户之间的距离,使调研公司可以以更方便的手段采集客户信息,以更全面的视角观察并认识客户,进而以高度个性化的方式提供不同的服务内容。目前,出现的电子化服务新渠道有以下几种。

1. 交互式动态网页和博客

交互式动态网页和博客(Blog)提供了调研公司与客户之间进行交流互动的空间,使调研公司能及时获得客户的信息反馈,并可通过在线应答等实现与客户的即时信息沟通,解答客户疑问，与客户洽谈合同，甚至客户可以直接订购服务项目。同时，它也是一种很好的广告宣传媒体，大大拉近了调研公司和广大客户之间的距离。

2. 互联网视频会议系统

视频会议系统可以帮助调研公司举行跨地域的服务和客户互动活动，如进行调研培训、企业推介等。新型的视频会议系统可以借助视频、音频、白板、即时文字交流工具，帮助分布在不同地区、城市的客户一起参与具体的活动。调研公司传统的客户见面会、调研培训通常要局限于一城一地，互联网视频会议系统的应用可以大大拓展这些客户互动活动的范围。

3. 移动增值服务渠道

2009 年，中国的移动增值服务市场规模已经达到近 1800 亿元，其中 SMS、MMS(彩信)平稳增长，移动 IVR、WAP 市场也已经颇具规模，移动定位、无线搜索市场虽然规模较小，但表现出良好的成长性。有些移动技术服务商已经推出了应用服务提供商(application service provider，ASP)模式的彩信、WAP 服务。目前，短信在调研公司的客户服务工作中已经得到了很好的应用，但是应用模式还比较单一，短信互动营销方面的挖掘潜力还很大。彩信、移动 IVR、WAP 等技术在调研企业公司的营销和服务工作中也有很好的应用前景。调研企业公司可以以较低的成本和便捷的方式尝试这些新的服务内容，拓展自己的服务渠道。

4. 即时通讯工具

即时通讯是依靠互联网络，以沟通为目的，通过跨平台、多终端的通信技术，来实现一种集声音、图像、文字于一体的低成本、高效率的综合型的通信平台，典型的应用有 QQ、MSN、Yahoo Messenger、Skype 等。随着即时通讯的普及，全球即时通信用户规模也在不断扩大，其良好的互动性和实时性已经吸引了越来越多的用户。在其他行业，很多公司已经开始利用即时通信工具开展营销和服务活动。也有部分调研企业已经开始做这方面的尝试。

案例

益普索集团在中国的渠道战略

益普索集团成立于 1975 年，总部设在巴黎，是目前市场研究顾问行业中唯一一家独立的由专业研究顾问人员管理的全球性的上市公司，是一个具有国际领先服务水平的研究集团，目前为全球第三大个案研究公司。益普索集团在五大洲 38 个国家拥有下属公司，业务所涉及的国家达到 100 个，广泛涉及营销研究、广告和品牌研究、客户忠诚度研究等各主要研究活动领域。

2000 年，益普索集团正式进入中国市场。在此以前，益普索集团都是与国内的市场调研公司进行合作，以它们作为中国市场信息的供应商，运用它们收集的资料进行整理和分析。此后，为了更及时、准确地收集市场资料，加强与客户的联系，益普索集团先后收购了国内本土的丰凯兴信息咨询有限公司和华联信市场研究有限公司，减少了原始数据供应商的数量，缩短了供应商渠道的长度，加强了与客户的联系，扩大了自身的业务，并迅速成为中国前三大个案研究公司之一。2005 年 3 月，益普索集团又成功并购了广东大通市场研究有限公司。这次并购使得益普索在数据采集方面的能力得到进一步加强，在原始信息来源的渠道上打下了坚实的基础。

在控制了信息来源渠道后，益普索集团继续采用短渠道战略，开始向中间商、辅助商方面的渠道发展，扩大自身在数据整理和分析业务上的机构设置，缩短中间渠道，加强与客户的联系。目前，益普索(中国)公司已成为中国规模最大的个案市场研究公司之一，在北京、广州、上海和成都设有分公司。由研究和咨询、数据分析、数据采集和质量控制四大业务部，以及负责财务、人事、市场沟通、行政(含 IT)、采购、法律等事务的总部组成，拥有专业人员 400 余名。专注于营销研究、广告研究和客户满意度研究三大领域的市场研究服务。

益普索集团在扩大自身机构设置、缩短中间环节的同时，又在积极寻求与更多的中间商的合作，积极扩大、拓宽业务领域。目前，益普索(中国)公司共有 13 个研究部门，分别专注于快速变动消费品、信息技术、通信、医药、汽车、金融保险、零售、地产等领域的消费者和 BTB 的研究。如金融保险方面的研究，益普索集团一直与国内的基金公司和证券投资公司合作紧密，一直为基金公司和证券投资公司提供证券市场信息。随着益普索集团加强了与中国移动和其他网络运营商等中间商的合作，其收集、整理、分析的证券市场信息得以在更为宽广的平台上发表，如手机短信平台和计算机网络平台，这使得市场调研信息得以传播到更多的客户手中，扩大了益普索集团在金融保险市场调研方面的业务范围，同时也缩短了与最终客户间的中间环节，加强了与客户的联系。

☞ 思考与讨论

1. 与其他行业的企业相比，市场调研公司的营销渠道具有什么特殊性？
2. 为什么与其他营销组合变量相比，营销渠道对于调研企业的业务拓展具有更大的影响力？

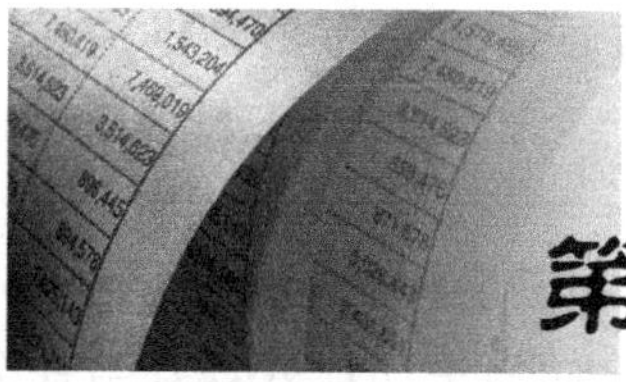

第7章

市场调研企业的沟通策略

7.1 客户沟通的意义与作用

7.1.1 沟通的概念

沟通是指企业将其产品及相关的有说服力的信息告知目标顾客,以达到影响目标顾客购买决策行为,促进企业产品销售的市场营销活动。

市场调查服务的沟通主要是指贯穿于整个市场调查服务过程中,调查公司内部、公司与客户之间的信息传递与意见交流。其目标是达到相互认同和协调一致地行动。沟通本身就是调查公司为获得客户信任、提升客户满意度并保障调查项目顺利完成所必需的服务。

7.1.2 客户沟通的意义和作用

无论是中国移动的"沟通从心开始",还是摩托罗拉的"沟通无限",从许多企业的商业运作中,我们可以看到,越来越多的企业意识到沟通对于一个企业的重要意义。沟通是无时无刻的,沟通也是一种全方位的价值创造过程。

在市场经济条件下,市场调研企业与各类客户群体之间的良好沟通能创造如下价值。

1)提高客户忠诚度

一个以客户需求为导向、与公众有良好沟通的调研企业,必然能获得公众的高度信任,并间接转化为客户对调研企业及其提供的服务的信任,而企业和服务的信任则是维系客户关系、提升客户忠诚度的前提和可靠保障。

2)提升企业美誉度

企业的无形资产不是企业"有什么",而是企业在舆论或公众心目中"是什么"。在目前市场调研行业整体诚信程度和成熟度不高的情况下,调研企业美誉度的提升无疑能够有效地强化客户的信心。例如,在家用电器行业,海尔集团以其"真诚到永远"的口号和完善的服务一直稳居国内家电产业的龙头。事实上,海尔式的服务并非其他家电企业无法做到,而是其他家电企业的良好服务，无法做到像海尔一样通过其出色的沟通技巧，使其家喻户晓、深入人心。

3)创造良好发展环境

处于转型时期的中国市场存在许多不确定性，企业的发展面临着诸多有形无形的障碍，调研企业要获得稳步发展，除了企业自身的努力之外，还必须考虑如何主动地处理好与社会公众的关系。这些社会性公众包括了关心并可能影响企业获得资金能力的金融组织(如银行、信托投资公司、证券交易所、保险公司等)、大众传播媒介、有关的政府部门、其他社会性团体(如消费者协会、环境保护组织等)，还包括了企业的内部公众(企业员工)，公众可能热心地支持企业的某些活动，也可能激烈地反对企业的某些做法，既可以增强也可能削弱企业实现目标的能力。沟通就是要和上述组织建立良好的关系，塑造良好的企业形象，使企业得到政府的支持、社会的肯定、客户的认可，创造有利于企业发展的良好环境。许多国际市场调研企业如益普索集团在进入中国后，十分重视公共关系的运用，通过一系列的有效沟通，与许多地方政府和专业媒体建立了战略合作伙伴关系，成为在业界较有影响力的、颇受公众欢迎的调研企业。

4)强化企业的内聚力

从广义上讲，企业全体员工也是企业的“客户”。一个企业的内聚力强弱，关键在于企业文化。企业员工对企业信任与否以及是否有积极性，不仅直接决定了劳动生产率的高低，而且他们对企业的态度也会潜移默化地影响企业以外的公众，进而影响企业形象。企业管理层通过出版内部刊物、设立公司网站、总裁信箱等沟通方式，可以有效地提升员工对企业的认知与认同，形成良好的企业文化，最终令企业形成强大的内聚力。

7.2 沟通的基本模式及其影响因素

7.2.1 沟通模式

Berlo 在 1960 年提出了一种关于沟通模式的经典描述(图 7-1)，即一个沟通程序或过程包括以下六个要素：沟通来源/信息发送者、编码、信息内容、传输媒介、解码、沟通接受者/信息接收者，台湾管理科学学会理事长许士军 1994 年针对管理和组织的沟通情况，在 Berlo 的沟通模式基础加上了“反馈”。这七个要素对于信息的有效传递起着非常重要的作用。

信息发送者是指发出信息的一方，即承揽委托项目的调研企业。编码是指调研者将所需传递的信息变成接收者所能接受的符号形式的过程。信息是指调研企业向委托客户所传达的符号的实质内容。媒介是指信息从发送者移向接收者所通过的渠道或采用的载体(如合同、报价单、广告册、语言交谈等)。解码是指接收者即委托客户对传来的信息进行接收，并解释为一定意义的过程。解释的结果是否和沟通来源的原意相符，是沟通的一大问题。接收者除了阅读和聆听的技巧外，态度、知识及其社会文化背景也会影响其接受正确信息的能力。接收者是指(主动或被动地)接收由发送者送来的信息的一方，即调研委托客户。反馈原来泛指发出的事物返回发出的起始点并产生影响的过程，这里指委托客户对发送者信息进行处理后将结果或意见回传给发送者(调研企业)的过程。干扰是指存在于沟通过程

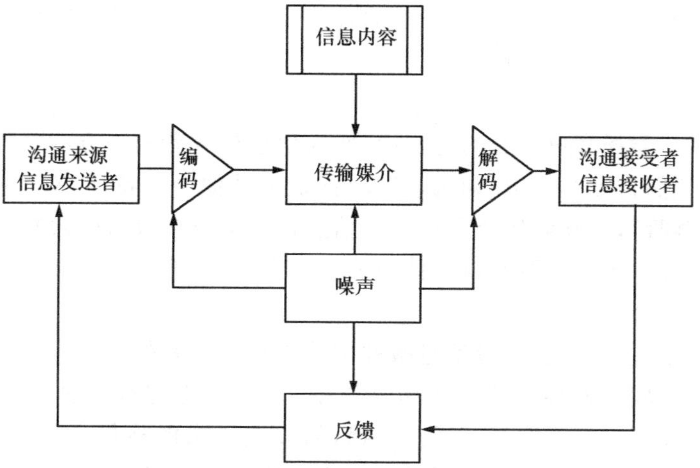

图 7-1　沟通模式

中,造成接收者收到的信息有别于沟通者所传送出的信息的各种障碍或意外因素。这个模式指出了调研企业和客户保持有效沟通的要义,即调研企业面对客户沟通时,必须明确信息的传递内容和目的是什么,信息传播渠道或者传播点是哪些;如何编码以及考虑客户将如何解码;同时还必须建立有效反馈通道,不断了解接收者对传出信息的反应,必须了解有哪些因素可能会妨碍信息的适当接收甚至会改变或否定沟通者所要传达的信息,并通过努力将干扰降到最低程度。

7.2.2　影响沟通的因素

在市场调研活动中,调研企业与委托客户沟通的过程经常受一些因素的干扰或影响,使沟通不能顺利进行甚至失败,影响沟通的因素主要有以下五方面。

1. 人际间的差异因素

调研公司的专业人员与委托客户通常来自不同的背景,因此两者的沟通模式和语言表述习惯会有较大的差别,形成了沟通障碍。此外,调研人员由于共同的训练与经验,发展出自己的专业术语或称之为“行话”,阻碍了委托客户作为非专业人员对于沟通信息的理解。如调研人员在与客户讨论问题时往往不自觉地使用专业术语,却未以日常用语的方式向客户解释,也会造成客户的困惑不解。

2. 信息传送者的因素

信息传送者即公司中负责信息传递和沟通的人员的职责定位不明确,没有搞清自己的职权关系、职能关系和协作关系,对传递什么信息、给谁传递、什么时间传递、采用什么方式传递等缺乏明确的规范和流程,导致应该传递的信息出现了遗漏,或者传递的信息含混不清,或者该在第一时间传递出去的信息被延误了,严重影响工作效率。

3. 沟通媒介的因素

沟通媒介的选择会直接影响对方对沟通信息的重视程度和信息内容的理解,并产生不同的沟通效果。媒介选择不当,会造成沟通的无效性或错误。例如,调研企业在项目操作过程中出现意外因素而需要改变计划时,如果只是采用了私人晤谈或口头沟通的方式,计划的变更没有得到对方正式确认，就会给以后的合作带来麻烦。因此，项目执行中涉及重要的变化时，应以正式行文方式传递给客户。

4. 信息接收者的因素

调研企业在与委托客户沟通的过程中，作为信息接收者的一方的客户，并非消极的接收者，他们会基于他们自己的需求、动机、经验、背景及其他个人特质，对沟通者传递的信息进行有选择性地“倾听”，因此调研企业传递的信息往往会被接收者（客户）所曲解，有经验的调研人员必须反复确认客户是否对自己传递的信息有全面、准确的认知。

5. 外界噪声影响

噪声指在沟通过程中，会造成信息被曲解或干扰的所有外界因素，它可能发生于沟通程序中的任何一个阶段。外界干扰因素包括以下的状况：①与客户进行沟通时，突然被其他人、事、物打断。②所采用的沟通渠道发生错误，以至于未能将信息传达给客户。③因受到时间的压力，在仓促情况下，未能畅所欲言或充分表达沟通的内容。④身份、地位的悬殊或双方的心理状态，使得沟通者或接收者不能完整地传达信息，或平心静气以了解对方所传达的信息内容。

在沟通过程中，噪声的干扰是不可避免的。但沟通者应通过努力将干扰降到最低程度。

7.3 建立客户沟通体系

市场调研企业同客户沟通的目的是加强客户同调研企业的联系，进而提升客户对调研服务和调研企业的理解和认同。其重点就是加深和客户的感情，设身处地为客户着想，用真心真情来换取客户的信任。

7.3.1 建立客户沟通体系遵循的原则

1）真诚

市场调研企业在与委托客户交流的过程中，一定要坦诚，要让客户感受到调研企业是真心实意为他们着想、全心全意为他们服务的。

2）守信

调研企业答应委托客户的事情一定要办到，否则会影响调研企业的诚信度，降低委托客户对公司的信任感。当然对委托客户提出的要求，调研企业相关负责人一定要考虑自己的职责和权限，对于一时难以答应的要求要如实向公司反映，并给予客户明确的答复时间。

3）巧妙

在与委托客户沟通时要善于营造良好的交流氛围，根据委托客户相关负责人的性格、家庭背景等情况，因时、因地、因人而异采取不同风格的交谈技巧和沟通方法。一个善用语言技巧的客户经理往往能在较短的时间内赢得客户的信任，让客户心悦诚服地接受你，这在合同签署阶段及以后合同执行中极为重要。

4）倾听

一定要学会倾听，通过与客户交流认真倾听客户的想法，既可以找准沟通的要点，又能了解到市场的变化趋势，从而更有针对性地向客户提供他们需要的服务。

7.3.2　建立良好的客户沟通机制

在市场调研服务过程中，调研企业与委托客户、调研企业各职能部门之间的沟通无处不在，但沟通方式单一、沟通效率过低、沟通渠道不畅通是大多数调研企业存在的通病，企业的机构越是复杂，管理层次越多，沟通越是困难，项目执行的信息往往不能及时传递给客户，客户的许多建设性意见也常常不能及时反馈给项目管理者，各职能环节之间的信息传递有时也存在着沟通障碍，直接影响和降低了调研服务的质量和客户满意度。因此，建立一个高效率的沟通机制，积极拓展沟通渠道，是现代调研企业业务管理的重要环节。市场调研企业建立有效的沟通机制，加强客户沟通能力，必须注意以下几个方面。

1. 沟通方式的多样化

大多数企业最常见的沟通方式是书面报告和口头表达。书面报告形式严谨、表达规范、信息翔实，但容易陷入文字堆或拘泥于固定格式，失去了沟通的效率，口头表达比较直接、清晰，便于交流沟通，但容易受发送者个人主观意识左右，形式比较随意。因此，调研企业与客户的沟通方式要多样化。在商讨确定调研方向、确定调研对象等问题上，调研人员最好能与委托客户进行面对面的直接沟通，了解委托客户的调研用途和目标；在调研项目实施过程中，调研人员也尽可能通过定期或不定期地与委托客户进行沟通交流，听取委托客户对公司调研实施过程的意见和建议，听取委托客户的意愿。在要求客户确认调研结论、决定调研服务价格等问题上，采用规范格式的预算计划、意向征询书、调研报告等书面报告的形式，会比较容易引起客户的重视，明确界定项目委托方与调研企业的责任和义务。

2. 沟通形态的规范化

调研企业必须建立客户沟通的基本规范，也就是说调研企业要研究和明确两个问题，一是在哪些业务环节上与委托客户进行接触和沟通，二是以什么样的方式、什么样的格式、什么样的语言来进行沟通。这样就不会产生因沟通方式的不同产生信息不对称而导致沟通障碍。调研企业应尽可能建立一种制度化、规范化的企业沟通渠道，让委托客户能够充分了解并参与调研的全过程，与调研企业保持有效的信息交流，使双方的各种意见能够以客观、公正、肯定的形式表达出来，这样既能消除因沟通障碍造成失误的可能性，又利于提升委托客户对调研公司的信任度、增进双方的友谊。

3. 沟通媒介的信息化

随着信息技术的发展，信息化在企业中的应用日益普及，目前大多数企业都组建了内部局域网，实现办公自动化，资源共享，通过邮件、即时通信等多种手段与供应商和客户之间保持着便捷的沟通，企业内部的沟通开始向信息化迈进。这一技术在市场调研企业中的应用效益会更加显著，调研企业可以利用网络随时与委托客户之间进行交流沟通，提高了工作效率，委托客户可以通过网站上客户留言或邮箱向调研企业提供意见和建议。调研企业还可以通过网络虚拟平台，让委托客户实时跟踪项目进程、参与市场调研活动，同时信息技术带来的无纸化、自动化办公系统，进一步节约了办公成本，极大地提高了调研企业与客户沟通的效率。

4. 沟通活动的双向化

调研企业与客户的沟通必须是双向的，才能保证双方沟通的准确性和正效应。但很多调研企业往往只注重于向委托客户传达信息，忽视了客户的信息反馈，这样就会使企业不能及时地根据客户的需要调整项目实施计划，纠正调研工作过程的偏差，甚至可能造成调研成果不符合客户要求。因此，调研企业必须重视客户对调研企业和调研活动的意见，在设置沟通渠道时必须同时设置相应的有效的反馈通道，使客户能及时了解调研活动进程，并将其意见和建议及时传递给项目管理者和操作者。

7.3.3 建立良好的客户反馈机制

从沟通整个进程而言，反馈是沟通的一个重要环节，没有反馈的沟通不是一个完整的沟通，反馈也是下一次沟通的基础。调研企业在建立沟通机制的同时也应该注重建立相应的反馈机制，完整的沟通必然具备完善的反馈机制。否则，沟通的效果会大大降低。但是很多调研企业却忽视了沟通反馈的作用，建立良好的反馈机制要考虑以下几个方面。

1. 设立主动反馈机制

市场调研企业与委托客户沟通时，作为信息发送者，在向委托客户传递信息前就应该设立反馈渠道，确定反馈方式，鼓励委托客户积极反馈信息，而不是被动地等待信息的自动反馈。

2. 主动获取间接反馈信息

因为某些反馈可能是偶然的或无意的，委托客户作为信息接收者，在沟通反馈中实际上处于主体地位，但他们往往会因为某些原因，而不能客观准确地做出信息反馈。这就需要调研企业主动收集客户动态，跟踪委托客户的反应或行动，以识别反馈信息的真实性和有效性。

3. 提供开放的反馈空间

市场调研企业在与委托客户进行沟通时，多提一些诸如“你对这个调研计划有何看法”或者“我们计划还有什么需要补充的吗”之类的问题，给对方足够的空间自由发表观点。通过探究和咨询可以了解到委托客户是否了解和赞同调研计划，如果不赞同，他们的看法如何。通过开放坦诚的探询，使双方共同向需要解决的问题挑战。

4. 把握适宜的反馈时机

一般情况下，在委托客户刚表达出某个观点时应及时给予反馈。及时反馈并不意味着回复越快越好，而是对客户的反馈做好预案，还需要灵活地把握最佳的时机，善于识别对方沟通中表露信息的真伪，只对真实的信息做出反馈。及时反馈往往有利于问题的及时解决，避免矛盾的积累。

5. 注意传达反馈的方式

市场调研企业向委托客户反馈信息的过程中，信息反馈的方式有时候比信息本身的内容更为重要。调研企业和委托客户之间的误解很多时候是由反馈方式的选择不适当而导致的。一家调研企业为了故意表现其结论的权威性，在每次向客户沟通项目进程时，采用向对方发公函的形式，让客户感到态度生硬而产生不愉快。实际上他们完全可以采用直接面谈的双向沟通方式，更利于双方加深友谊、融洽关系。

7.4　解决调研服务中的客户沟通问题

7.4.1　调研服务中常见的客户沟通问题

由于市场调研服务具有无形性和信任特性，往往会给客户沟通带来一些困难。以下是市场调查公司提供服务过程中常见的沟通障碍。

1. 承诺不当

服务提供者向顾客传递的信息会影响顾客对服务的预期，当这种预期得不到满足时顾客就会失望，从而导致公司的形象受损。一些调查公司与客户接触洽谈时，为了争取调查合同，不惜夸大其词、滥许承诺而不考虑公司的实际能力和操作可行性，对客户提出的要求一律点头称是，结果无形之中提高了客户对市场调查服务的期望水平，其后果是不论调查服务的实际质量如何，都会增大客户期望与实际服务感受之间的差距，导致客户的满意度降低。

2. 对客户需要缺乏了解

在市场调查前期，特别是调查项目设计中容易出现的另一个沟通问题是调查人员未能真正理解客户的期望和要求，导致调查项目选择失误，内容偏离。客户向调查公司描述自己的要求时，可能因某种原因(如语言表述不当、问题描述不清、不愿暴露真实意图等)对问题和需要的表达比较含糊，如某些企业调查的真实目标是了解各个竞争对手对其促销行动的反应，但又顾忌对手从调查公司处了解其意图，与调查公司交流时遮遮掩掩、含糊其辞，从而对调查公司的项目设计造成误导。

3. 专业沟通障碍

所谓“专业障碍”是指客户对市场调查的操作方式和特定的技术方法缺乏了解，从而对调查服务或调查企业产生误解。主要体现在两个方面：一是提出可能影响调查质量的要求，如希望调查公司“尽可能多地了解所有的信息”、“为了保证时效，调查活动越快越好”等；二是与调查公司人员交流沟通时听不懂专业术语或者一知半解，造成双方的误解。

4. 内部沟通不畅

内部沟通不畅主要是调查公司内部各职能部门之间缺乏横向交流的机制，导致向客户提供服务时出现不一致的政策或部门之间的冲突，从而影响调查服务质量，阻碍服务承诺的实现。这一现象尤其容易发生在技术部门(负责项目设计)、调查部门(负责实地调查执行)、分析部门(负责数据统计分析)、质管部门(负责执行监控和质量管理)之间。

7.4.2　解决客户沟通问题的措施

1. 降低客户预期

(1)保持低调。沟通中保持适度的低“姿态”，切忌过分夸大公司实力，如果公司操作能力或技术水平确实难以满足客户要求，应委婉地向客户说明，同时提供替代方案或其他解决方式。

(2)客观解释。针对市场调查的功能、作用，包括可能产生的误差，向客户做出客观的说明和解释，借用公司已为其他客户完成的课题作为例子，对公司实力和课题完成能力做出直观、清晰的表述。

(3)提供额外增值服务。如同客户期望是客户对公司服务的主观预见一样，客户感受也是客户对公司服务的一种心理反应。在客户期望不变的条件下，我们同样可以通过增加客户感受来减小期望与感受的差距，提高客户的满意水平。如我们在调查课题执行过程中，可以注意观察有哪些信息对客户的未来经营有用而客户尚未察觉或未包含在本次调查服务合同中，在调查成本增加不大的前提下，调查人员在实地执行时，可以对这类信息也顺便一并收集。调研完成后作为额外服务赠送给对方。实践证明这种额外服务往往能较大地提高客户的满意度和忠诚度。

2. 准确把握客户需求

(1)增加沟通频率，反复了解和澄清客户的真正需要。

(2)保密承诺：在接受调查委托时向客户明确承诺严守客户方企业的商务秘密；合同期间内不与其他同类企业合作；不向第三方泄露或提供相关资料、调查结论或合作信息；并将承诺写入调查委托合同。

(3)多阶段反馈：在调查执行期间分阶段将调查结果汇总反馈给客户，主动征询其意见，尤其注意客户要求“补充调查”的内容，因为这往往是许多客户委托调查的真实意图所在。

3. 提高沟通技巧

(1)做好客户教育工作：市场调查公司与客户沟通的一个主要目标就是让客户尽可能多地了解调查公司能做什么、怎样做、需要什么时间和条件，从而取得客户对调查服务的认同。高水平的专业调查公司绝不故作神秘、刻意封锁信息，而是实事求是、耐心解释。如果客户的要求是以损失调查质量为代价，应予以婉拒并说明理由，反而常常能使客户感受到调查企业的责任心，对企业产生信赖感。

(2)服务流程透明化：通过展示服务流程蓝图、邀请客户代表参与调查全过程等方式让客户充分了解和信任自己，树立良好的企业形象。

(3)沟通技巧培训：调查公司需要对专业技术人员进行专门沟通技巧、服务意识方面的培训，让员工学会用非专业语言与客户进行交流，有个调查公司把市场调查过程比喻为“医生诊断”，把提供营销建议比喻为“开药方”，让客户形象地理解企业提供的服务。

4. 建立内部沟通机制

内部沟通不畅主要是调查公司内部各职能部门之间缺乏横向交流的机制，导致向客户提供服务时出现不一致的政策或部门之间的冲突，从而影响调查服务质量，阻碍服务承诺的实现。解决这一矛盾的关键是以项目承接部门(即直接面对客户沟通的部门)为核心，围绕调查课题构建有效的沟通渠道，可以考虑采用以下两种做法。

(1)建立项目经理责任制：由项目经理统一整合调查流程所涉及的各个职能的操作者，即由项目负责人牵头，由各职能部门抽调专业人员组成调查项目组，负责完成委托课题的全程工作，相当于在市场调查公司内部建立矩阵式组织结构。

(2)项目协调会例会：由公司负责人按客户要求和调查进程定期组织各职能部门参加项目协调会，解决部门之间的协作问题。

7.5　调研服务流程中沟通

所有市场调查项目的运作流程是基本相同的。市场调查活动按照其执行顺序可以分为合同洽谈、项目实施、调研报告三个阶段。以下是各阶段涉及的与客户沟通的内容。

1. 合同洽谈阶段

1)初次接触

调研公司首先会与表露委托意向或产生一定的调研需求的客户进行初步洽商。与委托客户初次接触的主要目的有三个:一是了解客户需求,寻找可能合作的项目。二是促进客户对市场调研行业特性与合作形式的了解和认同,使客户产生合作意向。三是传播公司形象与服务,使客户对公司建立信心,为双方未来的合作奠定基础。这一阶段与客户沟通的主要内容有:①了解客户需求和情况简介;②回答客户询问的有关调研事宜;③了解客户委托目的;④探测调研项目的可行性;⑤了解委托方的合作条件与要求;⑥介绍调研的作用、范畴、性质及本公司的性质与实力;⑦简述营销调研的一般性操作方式;⑧介绍调研收费办法及收费标准;⑨征询客户对委托方式与调研项目的选择。

总之,初次接触与客户沟通是寻求共同点的关键,对确保双方合作顺利和市场调研项目成功极为重要。

2)客户情况探测性调查

在委托方与调研公司就调研项目达成初步意向后,调研公司要对客户情况进行探测性调查。进行探测性调查的主要目的是核准确定客户委托调研课题、范围、调研类别、工作难度、调研工作量大小。这一阶段与客户沟通的主要内容有三方面:一是进一步了解委托客户相关负责人对问题的看法和市场调研的要求;二是客户填写委托调研意向书;三是确认明确问题,编写项目建议书。

3)制定调研项目建议书

完成探测性调查后,调研公司将向委托客户沟通探测性调查的概况,确认客户亟待解决的关键问题,与客户洽商界定市场调研的项目、范围、类型、目标、计划进度、费用及报酬、方式以及合同的其他条款。这一阶段与客户沟通的目的是与委托客户达成项目共识,使客户清晰了解调研服务的实质、内容、目标,以及客户通过调研所获得的信息及其价值,最终签署项目委托合同。

2. 项目实施阶段

1)调研方案设计

市场调研公司在调研方案的设计阶段应与委托客户进行充分的沟通,明确调查目的和内容,向客户提交调研工具样本,让客户多参与并提供宝贵的意见。这一阶段与客户沟通的目的是让客户亲自参与到调研的设计中,听取客户的意见和建议,综合参考并修正调研方案,确保调研方案能实现客户委托的目标,涵盖客户希望通过市场调查获得的信息。

2)实地调查阶段

在市场调研的实地执行阶段,调研公司要向客户发出《调研执行进度通报》,并邀请委托客户参加督导小组,根据委托客户的时间,安排其通过旁听访谈人员培训、实地执行陪访或参与复核工作的方式参与监督市场调研的实地执行工作。这一阶段与客户沟通的目的是让委托客户亲自参与监督，了解整个调研过程，保证调研质量并获得客户的认可。同时对于调研中出现的一些新的问题及时与客户进行沟通，有利于调研计划的顺利进行。

3)统计分析阶段

数据搜集完成后就要对所搜集的数据进行统计分析，委托客户通过前面的参与，根据自己对调研的了解和现实需要，知道自己更需要哪些方面的数据。调研公司要给委托客户提供《调研完成情况报告》，并让委托客户与调研公司的技术人员共同讨论分析方案。这一阶段与客户沟通的目的是使委托客户全面了解调研完成情况，使调研公司了解到哪些方面的数据需要进行深入分析，为统计分析工作奠定良好的基础。

3. 调研报告阶段

1)报告撰写阶段

数据分析完成后，进入报告撰写阶段，这是整个过程中的关键环节。调研公司通过向委托客户提交《调研报告大纲》，就调研报告的写作方式、内容、涵盖范围等问题与委托客户进行沟通。调研公司的报告撰写人员就一些委托客户特别关注的数据与客户进行沟通，了解客户的要求，明确哪些部分应详尽分析以及客户感兴趣的分析视角。这一阶段与客户沟通的目的是再次确认客户的需要，明晰客户对调研信息的“关注点”，在了解客户需求基础上完成报告。

2)成果展示

市场调查公司完成调研数据分析和报告撰写后，切忌以为只要把调研报告交给客户，项目合同执行完就万事大吉了。成果展示和事后沟通是调研企业客户工作非常重要的环节，也是维系客户关系和激励客户“重购”的基础。正确的做法是由调研企业主动邀请委托客户召开一次成果展示会或工作报告会，以尽可能地贴近委托客户的习惯的方式向委托客户的决策层和成果的主要应用部门展示本次调研的成果。这一阶段与客户沟通的目的是使委托客户进一步了解调研企业为项目所做的努力和项目的成果，并通过沟通寻找再次合作的机会。

3)后续服务

这一阶段与客户沟通的目的是树立企业形象、提升客户满意度，进而培养忠诚客户群。市场调研企业以调研报告形式把调研服务这种特殊的产品卖给客户后，作为“售后”服务的一项重要内容就是将整理完成的统计数据、分析报告等相关材料完整提交给委托方，必要时还需要向委托方提供原始材料和记录。这些将给予调研结论强有力的数据支持，使调研报告更具可信度和说服力。

市场调研的价值是为委托客户的经营管理营销决策提供有效的信息。因此调研完成后，调研公司应及时了解委托方从报告中得到些什么、如何应用这些信息、是否采纳了调研方提出的建议、为什么不予采纳。这些内容对于调研公司评估调研项目、发展未来的业务、总结调研经验是非常重要的。因此，调研企业应建立相应的客户跟踪机制，定期收集和了解客户对调研成果的应用情况。

7.6　设置调研服务的客户接触点

作为一种科学方法，市场调查服务的基本流程是大致相同的。其运作有其严格的逻辑、规范的程序、系统的技术和客观的质量标准。因此，调研服务流程的设计不是对市场调查固有流程的变更，而是对服务流程中客户接触点及其沟通标准的设计，这些客户接触点构成了公司与客户之间的信息传递和沟通渠道，良好的客户接触点及其沟通标准的设计，可以使客户与调研企业达成良好的沟通，充分理解调研企业的高质量的服务水准，降低客户对风险的感受，避免客户把价格作为衡量服务的唯一标准。

调研服务流程客户接触点的设计存在一定的难度，首先，接触点的控制较难，委托客户可能随时参与到服务过程的某一个环节中，表达自己的意见或提出种种要求，对服务过程造成一定的“扰乱”。其次，高接触度的市场调查服务比较难以标准化和合理化，许多环节（如消费者座谈、现场访问）难以用技术设备取代人力来完成。最后，整个公司的员工，都可能会在某一个环节接触到客户，其言行举止、衣着仪表、礼仪风度都会极大地影响客户对企业和服务的印象。因此市场调查公司在设计服务流程时，需要详细分析流程中的各种因素，对流程中每一个环节都需要考虑以下几个关键性问题：①是否是调查服务中必不可少的环节？能否取消或者与其他环节合并？②顾客是否会在这一环节介入服务？会提出哪些问题？③在这一环节公司员工与客户接触是否必要？传递什么信息？④员工与客户的接触方式应该是什么？会形成何种印象？⑤应在怎样的环境下与客户接触？⑥接触的频度多高？接触时间有多长？⑦这一环节是否可以用设备或其他方式来提高效率？

调研服务流程客户接触点设计的核心就是要从客户的角度出发，根据客户对服务的感受方式和评估标准，设计服务流程中的客户接触点以及这些接触点的规范模式。具体而言，应该做好以下四方面工作。

1. 按顾客感受定义服务标准

顾客评价调查服务质量的标准，往往与调查专业人员的评价标准有很大差异。例如，在实地调查的执行阶段，调查专业人员评价工作质量的主要依据是：对象信息的搜集是否完整、数据的真实程度如何、是否严格按配额计划抽样等，偏重于技术性。而客户的评价标准则是：调查公司是否有严格督导、调查信息是否及时反馈、所搜集的调查信息是否有用等，偏重于服务性。两者的差异往往导致客户和市场调查公司对质量概念的认知不同而产生矛盾。因此市场调查公司在严格执行技术标准的同时，必须了解客户是如何评价调查工作的，按照客户的感受建立相应的服务规范和反馈机制。

2. 建立服务评估体系和服务补救制度

对每一个客户接触点设立相应的操作流程和服务规范，让客户确认公司提供的服务已达到其要求；设置服务效果检查程序和服务补救制度，对于服务中可能出现的缺陷和问题，制定相应的检查办法和补救措施。

3. 建立客户数据库

通过搜集和记录委托客户的各种信息，如企业规模、行业地位、经营特色、发展历程乃至决策人的个人资料，有效地了解客户需要和沟通特征，指导调查企业选择最佳的服务方式。

4. 服务透明化

即通过制定服务蓝图、信息反馈制度让客户了解公司的服务过程和调研课题的实际进程，强化调查公司与客户之间的沟通，消除客户的顾虑。

客户接触点和服务流程的设计涉及许多具体细节，这里不再一一详述。下面，我们对市场调查服务流程各阶段中，市场调查企业的沟通目标、主要的客户接触点及沟通内容要点作一个简要总结，如表 7-1 所示。

表 7-1 市场调研服务流程各客户接触点的沟通要点

主要流程	沟通目标	客户接触点	沟通要点
客户接触	了解客户的需要 取得客户的信任 强化客户需求	接待人员 公司环境 报价单 宣传手册	了解客户特征、委托原因 "顾客教育" 介绍公司的服务 避免过分宣传
合同洽谈	塑造专业化形象 解除客户顾虑 避免价格冲突	谈判人员 公司环境 服务蓝图 委托协议书	了解用户对时间、精度的要求 解释定价理由 说明公司服务的差异化优势
课题规划	提供客户真正需要的服务 巩固客户关系	项目主任 技术人员 调研计划 服务蓝图	确定客户的真实需要 合理设置调查项目 项目确认
项目执行	保障调查质量 提升客户满意度 减少客户沟通成本	项目主任 调查人员 调查问卷 统计数据 反馈报告	留意客户的不满或忧虑 随时向客户反馈项目进程 按照客户标准服务 注意客户进一步的需求 充分表现对客户的关心 不随意扩展项目
调研报告	让客户感到"物有所值" 提高客户忠诚度	统计分析员 项目主任 调查人员 统计分析报告 调研报告	召开结题会，提交报告 说明数据来源 提供策略建议 感谢客户的惠顾 调研报告使用情况跟踪

☞ 思考与讨论 »

1. 调研企业应如何克服专业沟通障碍？

2. 选择一家市场调查公司，以客户沟通为主线画出服务蓝图，分析该公司在客户沟通中存在的问题，并提出改进建议。

第8章

市场调研企业的促销策略

8.1 市场调研企业的促销行为及其作用

8.1.1 促销的基本原理

现代调研服务不仅要求调研企业完成满足客户要求的调研项目、制定有吸引力的服务价格，而且要求调研企业塑造并控制其在公众中的形象，设计并传播调研服务及其给委托客户带来的利益，即进行促销活动。

促销在营销理论中的定义是企业通过人员推销或非人员推销的方式，向目标顾客传递商品或劳务的存在及其性能、特征等信息，帮助消费者认识商品或劳务所带给购买者的利益，从而引起消费者的兴趣，激发消费者的购买欲望及购买行为的活动。促销本质上是一种通知、说服和沟通活动。对于市场调研服务企业而言，促销是调研企业规划、实施和推动与特定对象之间的沟通活动，以此传递市场调研服务的内涵、利益和价值，求得沟通对象认同和接受的活动过程。而与消费品和其他服务产品相似的是，调研企业和其他企业的沟通与促销活动都是目标导向向外的活动。与消费品不同的是，普通消费品和其他服务产品的促销对象是最终消费者或中间商，而市场调研企业的促销除了目标客户、渠道协作者之外，还包括了接受调查的对象(调查受众)。在此我们主要讨论针对目标客户的促销活动。

调研企业的促销研究的重点，从某种意思上说，就是研究调研企业针对目标客户，应通过什么渠道(媒介)，采用什么形式，传播什么内容及如何安排这些信息、达到什么目的，以及如何对特定沟通对象的行为与态度进行有效的影响。

8.1.2 促销在市场调研行业的作用

调研企业的促销活动的最终目的，是向其目标客户传播有说服力的服务内涵信息，说服客户接受企业的调研服务或者将外包的调研业务给予企业。具体而言，促销对市场调研企业的作用有以下四个方面。

1. 传递信息,激发需求

市场调研服务的无形性、差异性、不可逆性、时效性等特征决定了使客户认知、信任调研企业及其服务并产生购买行为需要一个相对较长的过程。因此,调研企业需要通过有效的方式向客户、中间商乃至被调查受众传播和说明调研服务的有关信息,尽可能详细地说明公司服务能力和服务项目以引起客户的注意,简化客户的认知过程,消除客户的顾虑,并激发他们的需求和购买欲望。及时有效的促销活动,可以缩短客户的了解和评估时间,促成客户的购买行为。

2. 突出特色,塑造形象

在激烈的市场竞争中,企业的形象和声誉是影响产品销售稳定性的重要因素。对市场调研这样一个特殊的服务行业而言,客户更加看重企业的职业道德、研究能力、专业底蕴和服务水平。应用多种不同的渠道和手段开展的促销活动,使调研企业声誉能够得到不断发布和传播,让调研企业塑造良好的市场形象,提高在客户中的知名度和专业声誉,使消费者对本企业产生好感,形成偏好,稳定客户群体。

3. 争夺客户,强化竞争

随着调研行业内部的竞争日益激烈,客户对于不同调研企业针对同一调研需求所提供的服务方案(如针对某一特定调研项目投标时),在服务的实质和形式上是难以觉察和区分的。在这种情况下,要使客户在众多竞争者中选择自己,就要通过促销活动,宣传和突出本企业的研究特色和专业优势,以及能给客户带来的延伸服务,增强客户对本企业的信心和好感。通过凸显企业及服务内容与同业竞争者的差异,还可能令客户"转换品牌",挖走竞争对手的客户。

4. 提升客户忠诚度

与企业达成初次交易的客户,并不一定能成为企业未来的高忠诚度客户。调研企业通过举办行业研讨会、专题讲座等促销活动,可以及时了解客户对调研服务的意见,迅速解决客户在与调研企业接触和谈判过程中遇到的问题,激励客户继续购买相关服务,避免老客户被其他企业挖走。并可利用客户的口碑影响力,吸引新的客户前来。

8.1.3 市场调研企业促销行为的特征

与普通的制造业和服务业的企业相比,市场调研企业的促销在许多方面存在着明显的差异。

1. 促销活动对象

一方面,市场调查服务的对象即客户一般是企业或机构,不是普通的消费者个体或家庭,因此对于市场调查服务的市场而言,客户选择和购买行为中理性成分较浓;影响购买的因素较多;购买和消费的过程中供需双方的关系比较密切;客户可选择和比较的调研企业的数量有限,需求也相对缺乏弹性。另一方面,对消费品和普遍服务来说,消费者和购买决策者大多数情况是同一个人,做出购买决定的速度也很快。但在市场调研行业中情况就截然不同。市场调研行业中,确定购买调研服务的通常是企业决策层,而消费者却往往是企业营销部门、市场研究部门、广告部门等。决策需要较长的时间,程序也相当的复杂。因此市场调研企业需要在多轮接洽和谈判中说服客户组织的决策层和多个相关部门。从这个意义上说，市场调研服务的购买决策与生产(产业)用品的购买决策比较相似。

2. 促销传播的形式

促销传播活动是用来配合企业的销售活动的，促销方式的选择与企业营销的产品或服务的特性是密切相关的，产品或服务的特质决定了企业采用何种促销方式和促销组合。对于普通消费品，广告通常是最有效、生动和富有诱惑力的促销方式，但在市场调研行业中，人员推销和口碑传播往往是最重要的促销方式。这是因为市场调研企业在促销中所要传递的信息，以信息服务和咨询服务为主要内容，比较理性，重视专业风范和实事求是，但形式和内容可能显得缺乏趣味性。而且市场调查是一种服务行为、一个活动过程而不是一个具体的产品，无法直接感知且质量难以衡量，因此客户在"购买"决策过程中易受他人意见影响，特别是同行企业的评价的影响，因此市场调研企业促销中参与群体的作用比较重要，口碑效应十分明显。

3. 促销效果评估

对于普通消费品或一般生活服务市场，促销效果的评价通常以促销前后销售数量或市场份额的变化对比为依据。对于市场调研行业，调研服务有类似于消费品中非需品的性质，如同财产保险、药品或保健品一样，一般情况下顾客不了解也不会产生主动需求，不会主动接洽市场调研企业，因此需要市场调研企业通过营销努力去引导和激发这种需求，而客户认知、理解和信任调研服务并产生购买行为是一个相对较长的过程。因此促销效果的评估不仅要考虑项目或调研业务量的增长，更多的是客户认知度和态度的转变。这些信息可通过推销人员接触客户带来的反馈意见、公众关注程度(如相关媒体的报道等)以及客户的稳定性，来推断促销是否真正产生了效果。

4. 广告媒体选择

市场调研是一种专业性很强的智力服务。反过来说，愿意并接受这种服务的客户也有一定的专业性，即客户决策人通常有一定的市场调研意识和相关知识，了解市场调查对企业经营的重要性。因此客户对调查企业的促销活动的反应速度、促销信息的接受程度与普通产品相比有很大的差距。市场调研行业的广告选择的媒体与消费品广告所使用的媒体存在明显的不同。比较而言，在市场调研行业媒体倾向于更加专业化，如经济类报纸、商业类杂志、管理类专题讲座、市场营销方面的专业刊物，以及专业主题等；而消费品市场则恰恰相反，普通新闻媒体、定向直邮(direct mail，DM)等这类大众传播渠道采用得较多。

由于上述特点的存在，调查服务的促销虽然也是调查企业营销组合的重要因素之一，但促销方式会受到市场环境、服务特性、信息可接受度等方面的限制，实践运用的局限性较大，可选择的有效促销手段有限。此外，市场调查服务的促销对象群体(客户)比较特殊也比较狭窄，促销对调研服务推广的直接作用相对较小，因此促销推广在市场调查服务行业和普通产品(或服务)行业的营销组合中扮演不同的角色。

8.2 调研企业的促销模式

8.2.1 市场调研企业的促销策略

根据促销活动的出发点与基本思路的不同，可分为"推进"和"拉引"两种基本策略。通常也称之为推式策略和拉式策略。市场调研企业的促销策略按其作用方向也基本可归纳为这两种情况。

1. 自后而前策略(推式策略)

即从企业开始逐级向前地推动客户购买服务。调研企业(调研服务的生产者)采取积极措施把调研服务推广给行业协会、管理咨询公司、广告公司等专业组织,再由这些组织间接地把服务介绍和推介给最终客户。推式策略的运作通常体现为调研企业与上述各类咨询组织之间建立战略联盟或协作关系,其操作模式以人员推销为主,机构之间常采用合同分包、利润分成的形式,辅之以业务合同折扣。其目标是通过说服中介机构与渠道商购买企业服务。

2. 自前而后策略(拉式策略)

即从最终客户开始逐级向后地推动调研服务的销售。拉式策略以最终客户为主要促销对象,一种方式是企业通过刺激最终客户对战略规划、管理整合、流程再造、品牌设计、市场拓展、营销策划等服务的兴趣和需求,使得他们向专业咨询机构要求购买这些服务,这些咨询机构反过来寻找专业调研企业的支持和服务,即向调研企业购买该项服务。当然,调研企业最频繁、最常见的促销是调研企业直接刺激客户产生相关调研服务需求。拉式策略最常用的方式是人员推销和公共关系。通常应用的手段有:主动拜访客户、企业形象广告、调研服务推介会、行业主题研讨会等。

8.2.2 影响市场调研企业促销的因素

1. 促销目标

市场调研企业促销的目标与促销对象相关。对于最终客户,调研企业促销活动经常设定的目标主要有以下五种:①建立企业对市场调研服务及市场调研企业的认知和兴趣;②描述和传播市场调研服务给客户带来的种种利益;③使客户感知市场调研企业及其提供的服务的质量、特色、与竞争者的差异;④建立并维持市场调研企业的整体形象和信誉;⑤说服客户购买或使用市场调研企业所提供的服务。

对于中介机构或渠道合作者,调研企业促销活动经常设定的目标有:①说服合作者努力向客户推介或传递调研企业提供的服务;②巩固与中介机构或渠道商的合作关系,建立牢固的服务联盟;③防止中介机构或渠道商越过调研机构与客户接洽谈判。

是以激发需求为主还是以夺取竞争对手的客户为主,是以树立企业形象为主还是以提高业务合同额为主,促销目标不同,企业选择的促销方式和促销组合也不同。

2. 服务特征

市场调研是一种特殊的信息服务。其无形性、差异性、不可重复的特点,决定了调研服务与普通产品市场和其他服务市场相比有很大不同。调研服务的各种促销工具效果相比其他企业也存在较大差异。从现代调研企业的运作实践来看,调研企业在各种促销方式上的投入与后两者的相对差异也是比较明显的。具体情况如表 8-1 所示。

表 8-1　市场调研服务与其他产品在促销方式上的比较

促销效果和投入	消费品	产业用品	一般服务	调研服务
下降	广告	人员推销	广告	人员推销
	营业推广	营业推广	人员推销	公共关系
	人员推销	广告	公共关系	广告
	公共关系	公共关系	营业推广	营业推广

3. 服务周期

产品(服务)的经济生命周期原指市场上商品(服务)的产生、发展和衰亡的过程,即一种商品(服务)从上市推广开始直到该产品(服务)被新商品(服务)所替代而淘汰退出市场的时间间隔。在商品(服务)生命周期中不同的阶段,消费者认知、市场竞争状况、企业经营成本都有不同的特点。调研服务业中,客户的态度是影响购买决策的关键。因为调研服务具有"后验性",客户在决定项目委托即购买调研服务时,往往是凭着对调研服务与服务提供者的基本了解和主观印象,客户对调研企业本身和调研行业整体态度实际上决定了调研市场处于它的生命周期的何种阶段。也就是说调研服务的生命周期实际上是按潜在客户对调研企业和调研服务的态度和接受度来划分的。服务周期不同阶段的特点,决定了企业的促销目标和促销重点,进而决定了不同促销方式和效果(图 8-1)。各阶段及促销策略如表 8-2、表 8-3 所示。

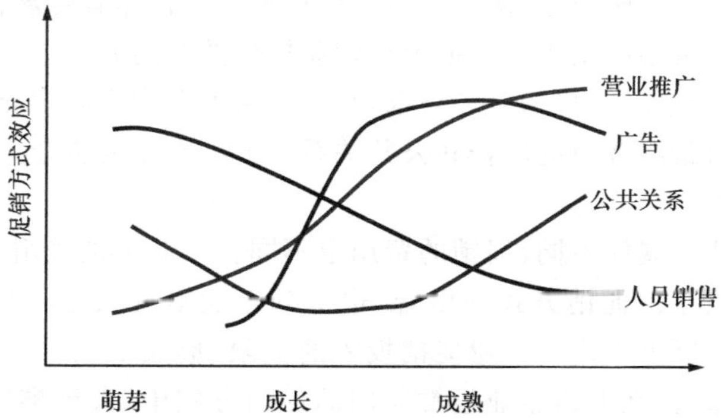

图 8-1　市场调研服务各生命周期阶段的促销方式效应

表 8-2　调研企业的服务周期

服务周期阶段	社会和客户认知状况	调研服务需求	调研服务接受率	竞争者数量
萌芽期	对调研服务完全不了解	很少	较低	较少
成长期	对调研服务有初步了解	逐步增大	部分委托外包	增多
成熟期	熟悉调研服务,了解调研企业	很大	大部分或全部招标委托	较多

注:目前,全球调研行业蓬勃发展,我们尚看不出该行业有衰退的迹象,因此不考虑淘汰阶段的策略问题

表 8-3 调研企业服务周期的促销策略

服务周期阶段	运作成本	调研行业整体利润	主要促销目标	主要促销方式
萌芽期	较高	较低	使客户认知和了解调研服务内涵	人员推销、公共关系
成长期	下降	逐步增长	塑造差异化企业形象和服务特色形象	人员推销、广告
成熟期	较低	较高	提升客户满意度、强化客户忠诚度	营业推广、公共关系

(1)萌芽期,为了使调研服务和调研企业能够尽快让客户认识、了解和熟悉,促销的投入是比较高的。举行或参与公共关系活动可以使企业知名度迅速提高;同时,较多地应用人员推销,开展规模较大的调研企业推介会,可以与客户产生直接的有效的沟通,给企业创造良好的市场拓展机会。

(2)成长期,这一阶段的重点是在客户心目中树立企业服务的优质形象和专业化权威,获取市场竞争优势。因此,总的促销投入仍应保持在一个较高的水准。其中,企业形象广告担负着提升企业品牌知名度的任务,人员推广仍是一个较为重要的工具。

(3)成熟期,客户对调研企业的服务能力和服务水平已经有了一定的认知,广告拓展的投入可以适当降低,但公共关系和营业推广活动的比例增大,以帮助企业不断提升客户满意度和美誉度,维持稳固的市场地位。

4. 促销策略

推式策略通常需要更多的服务人员与渠道合作商和中介商进行沟通协调,通过向各类可能的合作者积极推销调研服务,使最终客户在接触和向合作者寻求咨询时,将自己的服务推介出去。因此推式策略中用于人员推销和营业推广的费用要多于广告支出。拉式策略刚好相反,需要通过刺激最终客户的服务需求,来推动渠道合作商和中介商的需求。因此拉式策略通常要求在针对最终客户的广告和公共关系上分配更多的资金。

5. 费用预算

促销组合的方式与规模不同,促销的费用也不同。企业不论采用哪种促销策略和方式,都必须考虑费用的大小。促销方式的组合,也受到企业本身人力、财力、物力状况的制约。因此促销费用预算实际上决定了企业促销投入的上限,形成了调研企业可以选择的促销组合的"篮子"。一般来说,在调研企业经常应用的促销方式中,人员推广费用最高,广告费用次之,营业推广和公共关系相对较低。调研企业需要量力而行,根据市场需要和自身实力选择最有效率的促销组合。

8.3 调研企业的促销流程

市场调研企业组织促销活动,一般包括以下三个阶段。

8.3.1 制定促销目标

调研企业首先要确定组织促销活动希望达到的目标,即制定促销的基本战略。调研企业可以通过广泛、迅速地客户需求调查,了解大量的、多样的目标客户可能寻找的认知反应、情感反应或行为反应。虽然,促销的最终反应行为是购买,但购买行为是客户进行购买决策的长期过程的结果。在决定购买调研服务之前，客户大多数会依次经过认识、了解、评估、比较、选择、行动和重购等步骤，客户在每一阶段达到一个相应的认知层次。因此，确定营销沟通目标就是明确把客户从他们目前所处的认知层次推向更高的阶段层次。

8.3.2 设计促销方案

促销目标确定后，就是构思和拟定促销活动的方案，一个完整的促销策划方案大致包括以下要素。

(1)促销目标：对市场现状、调研企业面临的问题及促销活动目的进行阐述，说明展开促销活动的必要性。

(2)促销对象：明确促销活动所针对的群体，说明该群体与调研企业的关系，是社会公众、客户还是渠道协作者？是潜在客户还是现实客户？是一般客户还是重点客户？分析活动对象的行为特征和数量，明确活动控制在多大范围内，促销对象的选择是否清晰会直接影响到促销组合的决策。

(3)促销主题：这部分主要确定和解决两个问题。一是促销活动的内在主题，即调研企业希望借此活动所传播推广，并在促销对象心目中建构的形象或核心理念，是调研的服务利益还是企业的良好形象？是企业的服务规模、研究能力还是专业化水平？促销主题是否明确将直接决定促销活动实施的最终效果。二是促销活动的外在主题，即促销活动的外显形象，有时为了使促销活动主题表面上更具权威性和影响力，或者使促销活动主题更接近于消费者，具有亲和力或艺术感染力，淡化促销的商业目的，要让促销活动有一个向公众或客户展示的名义。如有些调研企业将项目服务推介会包装成客户感恩恳谈会。这一部分是促销活动方案的核心部分，应该力求创新，使活动具有震撼力和排他性。

(4)活动形式：这一部分主要阐述促销活动开展的具体方式。促销活动方式的重点就是调研企业如何将主题用有说服力的工具表达出来的过程。有效的促销工具设计必须能够吸引客户的关注，提起客户的参与兴趣，唤起客户的需求并导致其行动。促销活动方式的设计要解决三个问题：促销活动工具是什么？促销方式如何让接受者感到合乎逻辑？促销活动的组织原则和过程中的关键点是什么？要注意的是促销工具的选择要和促销主题相搭配，并要考虑到活动的目标、竞争条件和环境及促销的费用预算。

(5)活动力度：重点考虑和确定两个问题。一是促销合作伙伴。尤其对于以信息服务为主的调研行业，由企业单独组织的促销行动效果不大。如果能够联合相关专业机构、社会组织或者新闻媒体的力量，借势宣传，造势运作，既可整合资源，又能降低费用及风险。如零点研究咨询集团与新浪商业房地产、商会网联合主办的 2011 商业房地产峰会，与北汽福田集团联合举办福田首届国际概念车设计大赛，与中国青年政治学院联建零点访问员基地等。二是确定活动的刺激力度。要使促销取得成功，必须使活动具有刺激力，能刺激目标对象参与。刺激程度越高，促进销售的反应越大。但这种刺激也存在边际效应。因此必须根据促销实践进行分析和总结，并结合客观市场环境确定适当的刺激程度和相应的费用投入。

(6)活动时间和地点：促销活动的时间和地点的选择是保障活动成功的重要技巧。其原则是最大程度方便促销对象参与。同时在涉及政府相关管理部门、第三方服务商时必须事先沟通协调好。此外,另一个需要考虑的是促销活动的持续时间。要对持续时间与促销效果的关系进行深入分析。持续时间过短会降低活动影响力;持续时间过长,又会引起费用过高而且对促销对象产生疲软效应。

(7)媒体协作:一个成功的促销活动,需要全方位的广告和公关宣传的配合。而且媒体方面运作通常需要提前展开,至少集中在促销活动的前期和中期。因此需要充分考虑和确定几个问题:选择何种媒体?提前期多少?如何设计广告创意及表现手法?媒体传播的频度如何?这些决定了促销活动信息的受众抵达率和费用投入。

(8)费用预算:即根据上述所确定的促销活动目标、方式和具体任务,把所需开支的费用详细列明出来。促销支出是一种费用,也是一种投资,促销费用过低,会影响促销效果;促销费用过高又会影响企业的利润。促销费用预算既是控制促销活动按计划进行的一种机制,也是评价促销活动绩效的一个标准。企业制定促销费用预算的方法有历史费用参照法、销售额百分比法、费用积聚计算法、竞争对比分析法、目标任务预算法、量入而出法等。市场调研企业的促销费用大致由五个部分组成:人员成本(包括临时促销人员的报酬、活动补贴等)、物料成本(包括展台、门头宣传材料、促销赠品、礼品等)、媒体成本(包括广告、新闻发布等)、财务成本(包括价格折扣、分期付款、赠送服务等)以及其他费用(如服务推介会的场租、参与行业会议会务费用等)。调研企业在预算促销费用时,必须将促销的各项开支列出明细,严格做好促销成本的预算工作,使得促销活动的所有成本纳入到企业的有效控制范围之内。表 8-4 是一个调研企业参与行业宣传推介的费用预算表。

表 8-4 促销活动费用预算表(示例)

序号	物料名称	数量	金额/元	说明	到位时间	负责人
1	企业宣传手册	200 册	10 000	展台摆放	活动前三天	××
2	来访客户赠品	100 个	7 000	小电子相册(内置企业资料)	活动前一天	××
3	气拱门帐篷	1 个	400	外场使用	活动前两天	××
4	海报	10 张	400	形象宣传	活动前两天	××
5	背景喷绘	1 张	2 000	提前一天	活动前一天	××
6	背景桁架	1 组	200	预付租金,外包	活动前一天	××
7	条幅	2 条	600	店外悬挂	活动前两天	××
8	投影仪	1 台	0	公司自备,投放广告片	活动前一天	××
9	投影布	1 块	0	公司自备,投放广告片	活动前一天	××
10	摄影机	1 台	0	公司自备,活动摄像	活动前一周	××
11	礼仪小姐	2 人	2 000	展台接待,2 天	活动当天	××
12	业务人员	4 人	0	洽谈室接待,2 天	活动当天	××
合计			22 600			

8.3.3 组织促销活动

促销活动的组织和实施是一个系统工程,它包括了促销活动的前期准备工作、现场操作和控制以及活动绩效评估等。其核心是按照既定的促销方案，组织实施促销活动，对促销过程和促销开支进行严格的管控，确保在预算范围内实现促销活动的预定目标。

(1)前期工作：促销活动需要在展开前做好大量的准备工作。需要对这些前期准备工作制定周密详尽的计划和工作方案，才能确保促销活动的顺利实施。这部分工作通常包括三个部分。

组织分工：促销活动的组织机构、调研企业各部门的职责、人员分工和安排。在人员安排方面要“人人有事做，事事有人管”，无空白点，也无交叉点。谁负责与政府、媒体的沟通，谁负责文案写作，谁负责现场管理，各个环节都要安排到位，责任到人，否则就会临阵出麻烦，顾此失彼。

物资准备：明确开列出活动所需各类物品的清单，并确定这些物品的到位时间。同时需要明确何人负责采购，何时完成采购，何人负责准备，何人负责安置和回收。物品的清单必须事无巨细，数量明晰，大到接送车辆，小到文件夹，都要确保到位，否则必然导致现场混乱。

预备工作：相当部分的工作需要提前完成，必须把这些工作事项一一列明，有些工作还可能没有类似的经验，没有可供借鉴的方案，有必要时还需要组织者进行一下模拟试验，如模拟测算活动参与者在某个特定的区域的步行距离、模拟客户等候和填写表单的时间，降低活动方案实施的风险。

(2)人员培训：在组织促销活动前，需要对参与本次促销活动的所有人员，包括企业自己的员工、临时聘用人员以及其他部门的协作人员都要进行一次全方位的培训。让每个参与者都清楚促销主题内容、促销流程、促销技巧、工作职责、工作纪律、意外的防范、突发事件处理方法等。这样可以有效地提高促销活动的执行力。

(3)现场管控：现场管控方案主要包括活动纪律和现场控制要点两个内容。纪律是群体战斗力和行动效率的保证，是方案得到完美执行的先决条件，要在方案中对参与活动的各类人员的工作纪律做出细致的规定。现场控制要点主要明确活动各个环节特别是关键环节的控制要领和检查点，做到忙而有序，有条不紊。

同时，在实施方案过程中，应及时对促销范围、强度、额度和重点进行调整，保持对促销方案的控制。

(4)意外防范：任何促销活动都有可能出现一些意外情况。例如，来访客户过多导致场地拥挤、新闻负面报道、政府部门的干预，甚至天气突变无法举办户外活动等。因此，企业必须要对各种可能出现的意外事件进行研究，制定出突发事件应急处理预案，并为此做好必要的人力、物力、财力方面的准备。

(5)后续工作：促销活动的后期延续性的工作主要包括三个方面。一是媒体的后续宣传，通过组织媒体对本次促销活动进行宣传，既能够弥补促销活动传播效果上的某些不足，还能够对客户趁热打铁强化促销效果。二是促销活动结算，调研促销活动的各项费用，必须由严格的开支制度来控制和规范。已经完成的所有促销活动，均需提供详细、完善的促销费用清单和开支票据，并据此进行结算，结算需存档以备今后稽查，企业应将促销费用成本与具体负责人的业绩、薪水相挂钩。三是促销剩余物料的处理，促销剩余的各类物品，应及时入库，开列清单并建档待查。

(6)效果评估：促销效果评估是促销过程中非常重要的一项工作，调研企业需要在每次促销推广活动后，通过调研，了解信息传递给目标客户和促销对象的影响程度，包括他们对调研服务的态度和行为的变化等，对本次活动的预期目标与实际情况进行比较，从各方面总结促销推广活动的成功点和失败点。并根据反馈信息，决定是否调整整体营销战略或某个方面的营销策略。

当然，以上各部分只是促销活动流程的一个大体框架，在操作时还需根据实际情况加以充实和完善。

8.4 促销工具的选择

调研企业最常见的促销工具包括人员推销和非人员推销两类。非人员推销又包括广告、公共关系和营业推广三种具体形式。两种促销工具各有特点：非人员推销传播面广、速度快，但它属于信息的单向沟通，客户信息不能直接反馈到调研企业；人员推销属于信息的双向流通，针对性强，有利于调研企业和客户的直接交流，但它传播面窄、成本较高。

由于每种促销工具各有一定的优势和局限，因而企业营销人员应该根据不同的需要和情况来选择、搭配促销方式，制定相应的促销组合。

8.4.1 广告宣传

这里，我们可以把调研服务广告定义为：调研企业按照一定的促销目标和计划，支付一定的费用，通过预定的媒体，把服务信息公开而广泛地传递给潜在目标客户的一种促销方式。

在社会信息化程度越来越发达的今天，广告宣传已经成为更多市场调研企业促销活动中最为常用的手段之一。广告宣传能够迅速而广泛地向企业的目标客户群体提供他们所需要的服务信息。内容丰富、表现力强的广告能够帮助市场调研企业传达其企业品牌和服务形象，加深客户群体对调研企业及其服务的认知和理解。

但广告宣传对于调研服务的推广也存在较大的局限性。首先，广告的作用时间短、受众（客户）的选择性相对较差；其次，与其他促销形式相比，广告的费用也比较高；最后，最为重要的是，与实体产品和其他服务相比，市场调研服务的内涵和质量评价都比较抽象，且具有高度技术化和专业化的特征，因而普通新闻媒体广告很难有效地传播有关经验特性和信任特性的信息。潜在客户很难在有限时间、有限信息条件下全面、清晰地了解市场调查企业及其服务。因此在市场调研服务的推广中采用广告宣传的沟通方式的最大难题在于，如何用简明、通俗的文图或者视听方式，准确地传达所提供调研服务的领域、深度、质量和水准。

广告促销有多种形式，如果按传播媒介来分，包括了视听广告、印刷广告、户外广告、交通广告、网页广告、附赠广告、口头广告等传统媒介，随着现代网络技术和信息传播技术的进步，还出现了手机短信和彩信服务广告、电子邮箱广告、微博广告、自动电话呼叫广告、电梯广告等。从实践效果来看，比较适合市场调研企业（服务）使用的广告促销工具包括以下几种。

(1)营销及管理类专业报纸杂志。如《管理科学学报》《市场研究》《管理世界》《销售与市场》等，其特点是目标客户覆盖率较高，可登载的信息量大，信息保存期相对较长，但感染力和时效性较差。这是目前国内调研企业使用最多的广告媒体。

(2)电视专题(专栏)。包括企业高层访谈、市场研究专题电视讲座等形式的电视广告，其特点是受众覆盖面广，形式生动，信息量也比较丰富，能比较准确清晰地传达调研服务；缺点是信息保存期较短，目标导向性较弱，且费用昂贵。

(3)直邮广告。包括通过邮递或投递直接向潜在客户发送的企业宣传手册、调研服务宣传单等。其发挥效果的关键在于广告客户名单的选择是否准确。直邮广告的优点是对事先选定的客户对象直接实施，客户受众容易产生其他传统媒体无法比拟的优越感，提高信息的关注度，减少信息传递的"流失"，同时，其负载的信息量很大，反馈效果及时、直接、可测，有利于调研企业和客户的双向沟通。缺点是覆盖面较小，短期内不易很快引起客户注意和快速的反应，滥寄滥投容易造成对方反感。

(4)网络广告。调研行业的网络广告包括采用市场调研企业的自建网站、在其他网站上的广告横幅、文本链接、浮动窗口、电子邮件等形式在因特网刊登或发布的各类广告。信息时代的来临使网络成为继报纸、杂志、广播、电视之后的第五大媒体。其具有的独特优势是:信息量大，覆盖面广，传播迅速，作用时间长，传播形式生动，亲和力强，可双向互动，而且费用低廉，可以准确地统计受众数量。随着企业网络用户的增多和电子商务的迅猛发展，网络广告也成为目前调研企业和调研服务推广最为热门的广告宣传形式。当然，网络广告也存在一定的局限性，其受众选择性较弱，效果评估困难，且由于网站的层出不穷，网络广告的信任度相对较低，对目标受众的吸引力不足。据中国互联网络信息中心统计报告显示，截至 2012 年 6 月底，仅我国网站数量为 250 万个，网民数量达到 5.38 亿，平均每 500 人就有 1 个网站。

(5)户外广告。户外广告通常指在交通设施、建筑外墙、露天公共场合等非室内固定地点设置的广告媒体。通过广告实体同时向消费者表达诉求，推销商品或服务。户外广告是一个很大的概念，不同的户外媒体，有不同的表现风格和特点。户外广告可分为平面和立体两大部类:平面的有路牌广告、招贴广告、壁墙广告、海报、条幅等;立体广告分为霓虹灯、广告柱以及广告塔灯箱广告等。在户外广告中，路牌、招贴是最为重要的两种形式，影响甚大，有些设计制作精美的户外广告甚至成为一个地区的标志性建筑。

相对其他广告媒体，户外广告的优势主要表现在目标区域选择明确，可以实现对在特定区域内活动的消费者反复传播的作用，具有一定的强迫诉求性质，其表现形式丰富多彩，能引起较高的注意率，并能在一定程度上避免其他竞争广告的干扰，广告费用较低。其局限性在于，由于户外广告位置固定不动，覆盖面小，不能承载更多的信息，广告的接受率和效果也难以测评。在市场调研行业中，一些大型的市场研究集团或调研企业在客户较集中的区域使用这一形式来宣传企业品牌。

8.4.2　营业推广

营业推广是指企业运用各种短期的利益诱导，刺激、鼓励购买或销售企业产品或服务的一种促销方式，是一种适于短期运作的促销方法，其包括的范围较广，操作方式灵活多样，其内涵的界定不如广告、人员推销和公共关系清楚，一些学者也将其定义为除广告、公共关系和人员推销之外的所有企业营销活动的总称。

营业推广是一种行之有效的辅助性促销措施。根据企业营业推广的对象不同，大致可分为三类:一是以目标顾客为对象的,如免费样品、折价赠券、抽奖、现场演示、参与活动等;二是针对中间商的,如销售折扣、合作广告、推广津贴,经销排名奖励等;三是针对企业员工的,如奖金、免费培训、推销竞赛等。

营销推广具有实效性强的优势。一是营业推广往往与激励对象的利益直接挂钩,刺激效果迅速而强烈,较易吸引顾客的注意力;二是营业推广的很多手段,如销售奖励、赠券等通常都附带价格上的让步,既可以吸引新顾客购买,也可以及时奖励老顾客,使老顾客更乐于购买和使用本企业产品,有效地提高顾客的忠诚度;三是营业推广实质上是对顾客的一种让利行为,能有效地增强广告宣传的效果,吸引顾客从其他企业和品牌转换过来,从而强化了企业的市场竞争力。但营业推广也存在明显的局限性。一是影响面较小,相对广告、公共关系而言,其信息传播面较窄;二是时效性差,各种促销手段只能在短期内激发顾客的快速响应,时间略长就会产生"麻痹"效应;三是可信度低,过分造势或频繁使用,容易使顾客对产品或服务产生疑虑,反而对企业促销的真实性产生怀疑。因此营业推广一般很少单独使用,常常作为广告或人员推销的一种辅助手段。

对于市场调研行业来说,由于调研服务的无形性,难以储存,专业性强,以及某些营业推广手段的使用可能涉及职业道德的限制,实践中比较难以找到适合调研服务行业的有效运用方式,营业推广手段的运用与其他几种促销形式相比局限性较大。在市场调研行业经常使用的方式主要有:①重购或长期合同折扣,主要面向调研企业的长期客户或重要客户;②会议促销,主要面向潜在客户,以举办专题研讨会议、行业交流会、主题讲座等方式向潜在客户推介调研服务;③合作补贴,主要面向渠道协作商,以业务介绍折扣、广告补贴等形式激励协作机构或中介机构向客户推荐自己;④免费培训,主要面向渠道中介商、协作机构和调研企业内部员工。

8.4.3 人员推销

人员推销指调研企业直接派专业人员向目标客户或中介商进行调研服务的宣传、介绍、说服、推广,与推销对象通过面对面形式进行洽谈,来促成客户交易的促销方式。它是一种双向沟通的直接推销手段,是一种最有效也是最古老的促销方式。

同非人员推销相比,人员推销具有以下显著特点。

1. 针对性强

人员推销是通过调研企业的专业人员对潜在客户事先进行调查,研究客户需求,选择潜在客户,而后直接针对预先确定的潜在客户采取不同的沟通和洽谈方法,直至说服客户达成交易。此外,专业人员同客户直接见面,便于交流感情,增强沟通,消除客户顾虑,培养与客户间的友好关系。

2. 说服力强

在人员推销过程中,调研企业业务人员与客户直接联系或交流,双方可以面对面地议价、交谈等,这样有利于业务人员及时根据客户对调研服务不同的期望和要求,灵活机动地解答客户的各种问题,及时交换意见,尽可能促成交易。对于顾客的疑虑,业务人员能当场出示以往成功的案例资料,还可以引导客户到自己的公司参观访问,介绍调研工具的使用等,比较容易取得客户的认同。

3. 服务力强

现代商业的发展使客户对调研企业的要求已经不仅仅局限于信息的收集和分析,要求调研企业能提供更深入、更广泛的数据挖掘和辅助决策服务。调研企业必须加强和完善自身的售后服务。采用人员推销,既可以让调研企业的专业人员根据市场环境及客户要求设计调研项目方案、调整调研服务内容,提高客户满意度。还可以让业务人员在完成调研项目的同时与客户保持持续的沟通,做好一系列后续服务工作,从而创造出更多的业务机会。

4. 反馈及时

人员推销是一种双向沟通方式,使得调研企业在与客户共同确定调研方案、签订合同以及后续调研过程中,及时得到客户的信息反馈,使调研企业及时掌握客户动态,修正调研服务模式,开发新的调研服务项目。

人员推销的这些特点决定了它在调研业务流程的全过程——客户接洽、合同签订、实地调研、数据分析、后续服务各阶段均能为客户提供良好的服务,在促进客户对调研企业和服务建立长期信心方面发挥非常有效的作用,甚至可以使调研专业人员与客户的关系从原来单纯交易关系转向人际友谊与感情方面发展,建立一种亲密的长期合作关系,这是其他促销方式所不能及的。因此,人员推销非常适合于市场调研这类特殊的信息服务行业,在市场调研行业的实践中应用也最为广泛。

但人员推销也存在一定的局限,主要是人员推销接触的客户面比较窄,双向沟通对调研企业的业务人员的素质要求较高,因此人员推销的成本比其他促销方式的成本要高得多。在发达国家采用人员推销的成本一般是广告费的 1～3 倍。

人员推销在市场调研行业一般使用的方式有:①上门推销,即调研企业的营销人员或业务人员直接上门拜访客户。②会议推销,即调研企业组织举办或主动参与各种会议,如行业信息发布会、行业市场研讨会等。随着社会经济的发展,这种推销形式也越来越被大多数调研企业所采用。

8.4.4　公共关系

公共关系是指企业以非直接付费的方式,利用报刊、电视、电台、会议、信函等各种传播手段,同包括顾客、中间商、社团、民众、政府机构以及新闻媒介等各方面的社会公众和组织宣传企业理念,沟通思想情感,建立或改善企业形象和营销环境的活动。

公共关系活动的重点不在于推销企业的某个具体的产品或服务,而是通过建立社会公众对企业的信任和好感,树立企业良好形象,从而获得社会公众对企业的营销活动的支持,改善企业的经营环境,利用“从众效应”间接地提升客户的忠诚度,促进业务和客户的拓展。相比其他的促销方式,公共关系活动具备以下四个方面的优势。

(1)可信度高。从受众角度来看,企业报道或公关文章是由第三方新闻媒体独立撰写的,较少带有功利性,因此,企业新闻报道容易受到更多人的认可,可信度相对于广告明显更高。

(2)作用时间长。公共关系的传播方式具有可积淀性。商品广告侧重于介绍商品的性能、质量、特色、价格等,其作用力随着产品的更新换代而消亡,但公关活动则侧重于宣传企业的经营宗旨、技术力量、服务水平、社会贡献。公关活动于促进销售的效应不像其他促销手段那样容易立见成效，但是一旦产生效应，其作用将是持久和深远的。企业一旦在公众中建立了良好的形象，就能在相当长一段时间内发挥其企业品牌的影响力，左右客户的选择。

(3)性价比较高。一般而言，在相同的信息到达率水平上，组织企业公关活动比直接广告的资金投入要少。且一次公关活动在新闻报道上往往会产生各个媒体互相转载"连锁效应"，性价比较高。

(4)形式灵活多样。公共关系也被称为软性广告或隐性广告，其主要的活动方式包括了利用新闻报道，赞助、组织或参加各类公益活动，企业形象或公共关系广告，印制编发企业宣传手册，提供公众免费服务，以及企业内部员工公关活动等。其应用灵活、形式丰富。

公共关系活动在企业或产品(服务)信息的传播方面也存在一定的劣势，主要是良好的企业形象不可能仅靠短期一两个公关活动就能够迅速建立起来，必须通过不断地投入和长期运作，有一个逐步积累的过程；而且公共关系的宣传重点不集中于具体的产品或服务，因此不能直接促进销售；此外公关活动的可控性比其他几种促销方式要差。

由于公共关系活动侧重于长期的企业形象，具有双向沟通的特点，对于具有后验性特征、高度专业化的市场调研服务来说，能更好地提升和改善客户对企业的认知与信任，因此越来越成为现代调研企业促销的重要手段。

公共关系活动在现代调研企业促销中经常采用的形式有：①企业新闻发布会；②参加或赞助行业会议或地区公益文化活动，如质量万里行、3·15 活动等；③与新闻媒体协作，定期发布调查报告和数据；④与政府相关机构(如统计局、信息中心)联合举办信息发布会；⑤积极参与地方政府组织的各种商务活动，如贸易洽谈会、招商引资会；⑥自办或合办专业杂志，或在相关专业刊物上刊登文章；⑦在特定场合如行业研讨会上发放公司业务手册和相关出版物；⑧赞助和开展以专题调研(如民营企业发展状况调查)为主的社会公益活动。

8.5 调研企业的促销组合

8.5.1 促销组合及其应用选择

促销组合是调研企业为了达到某一特定的预期促销目标，运用的各种促销方式和促销工具组合形成一个系统，使企业的全部促销活动互相配合、协调一致，最大限度地发挥整体效果，从而顺利实现企业目标。同 4PS 一样，促销组合体现了调研企业的整体服务理念和目标市场策略。

无论是有形产品促销还是服务促销，最为基本的促销工具都是广告、人员推销、营业推广和公关关系，然而在实际运用中，他们的重要性却有所不同。市场调查服务促销组合与普通产品或服务基本相同，从表面上看，市场调查企业可选择的促销方式较广，常见的有各类媒体广告、人员上门访问、社会公益活动、调研信息公开发布、相关机构(如消费者协会、曾服务过的企业等)推荐、直接参与客户行业的内部活动等。调研广告着眼于信息的大面积和快速传播，是促销组合中用来传播调研服务信息、树立企业形象、激发客户需求的重要工具。他既适用于长期目标也适用于短期目标。但由于市场调查服务本身的无形性，以及高度技术化和专业化的特征，因而媒体广告无法有效地传播有关经验特性和信任特性的信息。委托客户很难在有限时间、有限信息条件下全面、清晰地了解市场调查企业及其服务。公共关系着眼于树立形象、沟通关系，是面向公众传播的有效工具，既为营销目标服务又为企业整体目标服务。但调查企业特别是中小调研企业知名度、信任度都比较低，简单的公益活动或一般性的调研信息发布所传递的信息量极为有限，因此公共关系促销方式在短期内很难得到客户的接受和认同。营业推广着眼于刺激消费需求，增加购买，是短期促销的有效工具，但对于对调研行业和企业不甚了解的潜在客户却缺乏吸引力。目前，以人际交往为主的促销方式着眼于信息的双向沟通和面对面的情感交流，是信息单向沟通所不能取代的，在促销组合中处于重要地位。人员访问、机构推荐、直接参与行业活动三种方式都是通过人际交往渠道进行口碑传播，传递的信息量较大、可沟通性强；并能很好地展现企业的专业能力，可信度高。因此这三类渠道传播的有效性更强，成为许多调研企业比较理想的业务推广方式。2010 年广东现代国际市场研究公司对京、津、沪三市企业的调研服务认知调查也证实了这一点，从三市近 200 家企业获取调研服务信息和接受调研服务的现状来看，这些促销手段对市场调研服务的推广效力从高到低的顺序分别是口碑传播、机构推荐、公关活动、人员推销、广告。作者曾对西南地区 120 家企业和社会机构进行过访问，其中，50%以上的企业通过他人的介绍推荐来了解调查公司，其次是行业内部交流活动(44.4%)、与调查公司直接接触(33.3%)、通过因特网(33.3%)。可见，口碑传播和机构推荐是较适合市场调研企业的促销手段。其中，口碑传播的促销效力最高但属于企业不能完全控制的营销因素，要求企业与客户之间形成良性互动的关系；公关活动则在树立企业的公信度、提高企业的知名度方面有很大的作用，但需要保持长期性、经常性。

对于调研服务行业而言，由于更多地强调互动性，业务人员与客户接触频繁。服务越是复杂，就需要提供准确的信息，回答客户的各种问题，讨论其他可行方案，因此，无论现在还是将来，对于市场调研行业来说，人员推销是刺激服务购买的最佳手段，随着服务个性化的发展，这种趋势还在不断加强。同时，广告的促销作用也越来越重要，特别是随着网络广告的兴起，网络媒体对吸引客户注意力和刺激客户购买兴趣的作用不容忽视。在服务行业中，营业推广起着次要的促销作用。在某一个具体的促销活动中，各种促销手段一般是同时存在、相互补充的。

8.5.2　市场调研企业促销工具的应用技巧

从广义上讲，市场调研行业是服务行业的一个分支。服务是一种行为过程而不是实体产品。因此，促销不仅要鼓励客户购买服务，还要把企业员工作为促销的受众，激励他们提供高质量的服务。作为一种特殊的以提供信息服务为主的行业，市场调研企业的促销工具可以借鉴服务行业常用的促销方式。但是在使用时由于行业特征的影响具有自身的特殊性。此外现代市场竞争中还发展出适用于市场调研企业的新的促销手段。

1. 广告媒体

市场调研行业利用广告的趋势在逐渐扩大，基于调研服务行业的特征，服务业在利用广告时要更加注意以下几个方面。

1)信息明确直观

调研服务广告的最大难题在于如何用简单的图像、文字和视频，传达所提供调研服务的领域、深度、质量和水准。调研服务的特殊性要求调研广告必须运用简明精练的言辞、生动直观的图像来传播调研服务内涵的丰富性和多样性。如在广告中展示现场访问的场景、公司的重要客户名录、调研所使用的专业设备等，尽量减少枯燥的文字类信息，才能发挥良好的广告效果。

2)强调服务利益

服务广告所强调的利益必须与顾客寻求的利益一致。因此，调研服务广告应该强调服务给客户带来的利益，而不是强调调研的过程；强调调研企业的服务能力和规模，而不是强调技术细节。此外，在设计广告中的利益诉求点时，必须事先充分了解顾客对调研服务的需要和关注点，确保广告能说“客户之所想”。

3)服务承诺要明确清晰

广告中所宣传的服务承诺必须是务实的。即企业提供客户的承诺是企业能够真正做到或客户能从服务过程中实际感知到的。夸夸其谈或含糊的服务承诺只能让客户产生过度期望而降低对调研服务的满意度。由于调研服务具有较高的劳动密集度，调研服务往往会因调研人员的能力和素质差异使服务水准产生不稳定性。因此企业的服务承诺最好使用确保员工表现的最低一致性标准，即只承诺实现较低起点的服务标准，如果实际完成效果能达到或超过这一标准，反而可能提高客户的满意度。

4)激励员工

对于人员密集度相对较高的市场调研业，调研服务企业员工的行为对服务质量和客户满意度起着决定性的作用，员工必须与客户充分互动才能满足客户的要求。因此，调研服务广告也要把员工视为潜在的传播对象，在传播调研服务内涵的同时，增强员工的工作自豪感和荣誉感，激励企业员工去努力提升服务的品质。

5)提供有形展示

调研服务广告应该尽可能向客户提供直观可视的内容，作为展示自身服务能力与水准的有形线索，为客户选择和评价调研企业的服务提供“显在”的依据，能够有效地增强促销的效果。这些展示通常包括企业资质证明、良好的办公场所、数据处理设备、专业化设施、在行业具有权威和影响力的代言人等。这些内容的呈现都可以转换为企业的化身或隐喻，为调研服务的客户提供认知和判断的线索。

6)注重 VI 系统传播

调研服务企业建立公司 VI 系统，并在广告中持续地、有计划地传播是非常有效的促销手段之一。通过在广告中持续连贯地使用企业标志、标准色、标准字、象征图案、吉祥物形象、标语口号，以及相关的应用系统，将企业文化与经营理念传达给客户和企业员工，使其对企业产生一致的认同感，形成良好的企业印象，最终促成调研服务的销售。

7)消除客户疑虑

调研服务的客户经常会对调研服务的真实性、准确性、有效性产生事后的疑虑。由于调研服务无法像实体产品一样通过对实物使用过程和售后服务的评价来解除客户疑虑，因此，服务广告的设计也要在客户体验和合理性感受方面下工夫，应该适当展示调研服务流程的严谨认真、体贴细致，并鼓励客户将获得调研服务和使用后的利益转告他人。

2. 人员推销

调研服务与其他服务相比有很大的区别，其销售对象是某一特定的客户，客户购买的风险高，参与程度高，缺乏一致的质量标准。客户在决定购买调研服务的时候，对该服务企业的了解程度是一个非常重要的影响因素。因此，调研必须雇用专门技术人员而不是普通的营销人员来沟通和推销其服务。调研企业的项目管理者、客户服务人员和技术人员需要花很多的时间来说服顾客，解决客户的疑虑。因此，调研企业在培育客户、设计服务流程时要注重以下几个方面。

1)努力发展员工与客户的个人关系

市场调研企业员工和客户(客户代表)之间良好的个人接触和建立友谊关系，可以使双方加深信任，实现对客户关怀的个性化，甚至提供了一种非正式的沟通渠道，调研企业可以根据客户的反馈调整和优化服务，提高客户的满意度。但要注意的是企业必须建立对应的组织、配置充足的资源才能做到，且可能导致不稳定和丧失标准化的代价。

2)塑造专家形象

在市场调研行业中，调研人员的个人品质、专业技术、礼仪、效率、关心度和销售技巧，是客户判断调研企业员工能否胜任相应的工作、调研服务是否可靠、是否有提供预期服务结果的标准。因此，调研企业的人员在客户眼中的行为举止必须表现出“权威”，必须是一个客户所在行业的地道的“专家”。所以，调研企业的专业人员必须在接触客户和提供服务前完成客户行业知识的学习和储备，且其外表穿着、态度、语言、举止行为都必须符合客户心目中一名专业人员应有的标准。

3)利用间接渠道

调研服务的高度非实体性意味着服务的名声和主观印象是营销所依赖的重点。其他使用者或非使用者对于调研服务推销和企业形象形成往往产生重要的影响。例如，调研市场上的潜在客户常常会咨询曾经接受过调研服务的其他企业、相关类似机构来了解调研服务，听取第三方的推荐和建议。因此调研企业必须重视非企业营销的影响力来源(如口传)。调研企业应该充分寻找和利用与调研服务有关的参考群体、舆论意见主导者及其他有影响力的人，积极参加如公益演讲、社区事务、专业协会(学会)活动、行业会议、研讨会、专题培训等活动。通过提高自我的展露率，获得更多的业务机会，以增进间接销售，创造引申需求。

4)设置“服务”套餐

在推销调研服务时，延伸服务能力强的市场调研企业可围绕市场调研设计一系列的辅助性服务，也可与相关企业进行合作，将市场调研和相关联的服务(如数据库建设市场诊断、营销咨询)进行打包，统一定价，合并成为只需要客户一次购买的服务。调研企业通过向客户提供“服务”套餐并从中获得更多的收益。套餐服务的方式使客户在寻求和购买信息服务时交易环节更为简易、便利并节省了交易成本，同时也有利于强化企业核心服务的竞争力，提升客户对企业的忠诚度。当然，这一促销策略实施的前提是套餐中各项服务都是符合客户需要的，且“服务”套餐的价格应该略低于单项服务的价格之和。

8.5.3 市场调研行业新的促销工具

(1)利用因特网进行促销。现如今随着网络的发展,通过精心规划和设计企业网站,使客户能够方便地通过企业网站了解调研服务内涵,特别是深入了解调研企业的专业实力、服务项目、经营能力、优势特长。同时,随着网络的广告和市场调研的应用越来越广泛,许多调研企业在网上设置咨询窗口,使调研企业的专业人员与客户进行实时对话和沟通,向客户推荐自己的服务并解答客户问题,很好地起到宣传企业的作用。

(2)口碑传播。所谓口碑传播是指一个具有感知信息的非商业传者和接收者关于一个产品、品牌、组织和服务的非正式的人际传播。在市场调研行业中,口碑传播是最廉价和高可信度的信息传播方式,具有强大的市场控制力。虽然满意的客户未必都会发生口碑传播,但由于调研服务的特殊性,当调研企业的市场信誉、专业能力和服务水平等方面的信息,从曾经接受调研服务客户或相关机构以口耳相传的方式传达到潜在客户时,会对潜在客户选择调研服务和服务企业产生较大影响。市场调研企业可以有意识地把口碑传播作为促销方法,充分利用口碑传播开展业务,鼓励客户把调研服务介绍给其他机构和企业。

(3)开展公益性的调研活动。世界许多的知名调研公司常常发布一些免费的调研信息,开展公益性的调研活动。既体现企业的实力和社会责任,同时也是向目标顾客群体传递信息的有效途径。

(4)直接营销。企业可以通过直接邮寄或E-mail等方式将企业所提供的服务项目主动提供给目标客户群体,同时还可以利用电话与客户进一步沟通。

8.5.4 促销管理

随着市场调研行业竞争的加剧,调研企业促销活动的开展正在迅速增加。为了使促销更好地为企业的整体营销服务,避免人力、财力、物力的浪费,调研企业经营者必须考虑优化与合理分配促销资源,做到有效的促销管理。

(1)规划促销策略。营销人员必须对促销活动进行精心与详细的规划,确保促销活动的统一协调和多样性。必须明确每一次促销的内涵和目标是什么,针对何种客户或需要沟通的对象,在什么时间、什么地点以及使用何种促销技巧,而不是仅仅作为对竞争者营销行为的"条件反射",或者是常规的"惯性"工作,更不能成为地方政府某次活动"陪衬"的应景之作。

(2)限制促销目标。调研企业应该理性看待促销活动的效果。对一次促销活动可能达成的目标或效果不能抱过高的期望。任何一次既定的促销活动都应该有选择性地集中于一两个目标,才能有的放矢,使促销活动产生最佳效果。

(3)推动联合促销。调研企业可以通过搭配几种促销技巧同时使用,或者通过对自身的服务项目进行组合,或者其他相关机构和调研企业共同运作,建立协作机制,激励服务协作商(调研企业、促销公司、中介机构)来同时创造"推"和"拉"的效应。这样可以达到事半功倍的效果,充分有效地利用自己的促销资源。

(4)评价促销效果。调研企业必须衡量每次促销活动产生的效果,特别是比较促销前后客户态度的变化、业务量差异、重购比率等指标,检验是否达到了促销的目标,并为将来的活动积累经验与基础。

案例 1

Yahoo 公司

Yahoo 是一家因特网媒体公司，专门提供一些全球共享的程序，并且收集、综合网上主要内容，为商业用户及一般消费者服务。作为第一家网上搜索引擎，Yahoo 是最大的一家涉足信息流量、广告、日常起居的大型公司，也是网上的著名品牌。

对于 Yahoo，因特网便意味着调查对象。作为一家电子媒体，公司有责任向在其上做广告的厂家提供准确的信息流量；但作为一家销售驱动的商业典范，公司的目标是要向光顾其网站的广告商提供更为精确的网上用户统计信息，以及为 Yahoo 的用户提供更为详细的信息。

一家英国营销调研企业大陆研究公司得到 Yahoo 的授权对德国和法国的 Yahoo 使用者进行分析调研。同时，设计了两个阶段的调研计划。第一阶段，收集德国、法国及美国的 Yahoo 商业用户及一般用户访问 Yahoo 的数据，了解其上网动机及主要上网行为。这就要求 Yahoo 做到所有的调研回答过程都必须使用被访问者的本国语言，同时，还要求被访问者提供其 E-mail 地址以备第二阶段调研的再次联系，在这一阶段中将进行深度调研。该阶段的主要问题就是吸引、督促被访问者参与、完成调研，以确保收集到最佳信息。在第一阶段中，仅两周时间便接到了 1 万份来自这三个国家的回答完整的结果，这意味调研已经接触到目标群体。

在此基础上，大陆研究公司充分开展了促销活动。首先，它在成功地协助了 Yahoo 的同时，也收集了大量的信息，与 Yahoo 的合作就相当于在 Yahoo 的网站上做了一次大量而持久的网络广告。其次，这家公司大力开展了公关活动，利用此次的合作，为了主动吸引大量相关报道，还开了专门的研讨会，大量的媒体记者、相关人士、潜在客户积极参与，通过这些活动公司的知名度和形象得到了极大的提高。同时，公司还派出营销人员积极地与现有的和潜在的客户进行接触，公司迅速成为众多商家眼中最好的调研公司，业务得到了极大的发展。由于有了精确的信息提供，该公司 1997 年的第一季度便接待了 70 多名的广告商，在欧洲的其他主要广告商还包括：英国航空公司、欧宝公司、雀巢公司等。

案例 2

捷孚凯(GfK 中国)市场研究公司的促销展示

☞ 思考与讨论 »»

1. 某调研企业拟参加在某市召开的全国信息技术及市场研究展示会，试为该调研企业撰写一份促销方案。

2. 调研企业应该如何主动利用口碑传播工具进行宣传和促销？

第9章

市场调研企业的有形展示策略

9.1 有形展示及其作用

9.1.1 有形展示研究的历程

服务提供的是一系列的行为和活动，而服务最重要的特征是它的无形性。由于服务的无形性妨碍消费者直接有效地评价服务的质量，从而延缓或误导了消费者选择服务产品。20世纪80年代下半期，营销学者集中于研究传统的营销组合是否能够有效地用于推广服务，服务营销需要有哪些营销工具？萧斯塔克等为代表的营销学者阐述了“蓝图技术”对于分析和设计服务以及服务生产过程的作用，包文和钟斯利用交易费用理论研究了顾客在何种情况下愿意参与服务生产过程的问题。这一阶段在服务质量方面的研究所提出的感知质量、技术质量、功能质量等概念以及服务质量差距理论，都为后来的服务质量问题研究奠定了重要的基础。在服务接触方面，服务人员与顾客的心理及行为变化、服务接触对服务感知的影响、服务过程的“角色”、服务期望等课题，都纳入了研究者的视野。

从20世纪80年代后期开始，营销学者在服务营销组合上达成了较为一致的意见，即在传统的4PS基础上，又增加了“人员”(people)、“有形展示”(physical evidence)、“服务过程”(process)三个变量，从而形成了服务营销的7PS组合。随着7PS的提出和广泛认同，服务营销理论的研究开始扩展到内部市场营销、服务企业文化、员工满意、顾客满意和顾客忠诚、全面质量管理、服务企业核心能力等领域。这些领域的研究正代表了90年代以来服务市场营销理论发展的新趋势，同时也带动了有形展示的研究向深度发展。

9.1.2 有形展示的概念

在服务营销学上，有形展示是指在服务市场营销管理的范畴内，一切可传达服务特色及优点的有形组成部分。在产品营销中，有形展示基本上就是产品本身及其附着物(如包装、标签等)，而在服务营销中，有形展示的范围要广泛得多。不仅包括了办公设备、服务设施、专业工具等支持及反映服务产品质量的硬件实体，还包括服务人员、信息资料、项目价格等影响顾客对服务的期望和判断的软体环境。市场调研企业的有形展示，我们可以理解为：调研服务企业或调研服务者向目标客户传达的，具有吸引力并刺激客户产生良好印象或购买欲望的，可以通过视、听、闻、触等一系列感官反映的有价值的实物证明。

9.1.3 有形展示在调研服务中的作用

有形展示是服务市场营销组合策略的八大要素之一。在产品营销中，企业首先通过产品实体产生与顾客的联系，顾客可以通过产品特性、品质和档次来直接判断和区分不同的企业。而服务是无形的，企业必须思考如何通过多种有形的线索来强调和区分不同的服务。因此对于调研服务企业来说，服务展示管理是异常重要的。市场调研服务商通过服务工具、设备、员工、信息资料、顾客名录、价目表等各种途径为客户提供服务线索。加强有形展示的管理，可以增强客户对服务的理解和认识，促使客户做出调研服务委托的决定，帮助客户感受调研服务的利益并提高客户对调研服务的满意度，支持其营销策略的推行；反之，混乱无序的有形展示可能会传达错误的信息给顾客，影响顾客对产品的期望和判断，进而破坏服务产品及企业的形象。因此，规范和强化调研企业的有形展示的管理，对提升调研的服务水平和企业的市场竞争力具有重要战略意义。

从实践而言，有形展示在市场调研企业和调研服务的推广中具有以下作用。

1)使客户对调研服务产生良好的第一印象

有形展示往往是客户接触调研企业获得的首次“感官刺激”，对于老客户或熟悉调研服务的客户，他们受有形展示的影响较少。但对于大多数缺乏调研经验或从未接受过调研服务的客户来说，他们往往会根据各种有形展示，对本企业产生初步印象，并根据各种有形展示，判断本企业的服务质量。服务企业应充分利用各种有形展示，使客户形成良好的初步印象。

2)引导客户建立正确合理的服务期望

客户对调研服务是否满意，取决于通过委托调研所获得的信息数据和研究结论是否符合客户的期望，以及是否能为客户的市场决策带来良好的帮助。但是，调研服务的不可感知性使顾客在项目委托之前，很难对调研服务做出正确的理解或描述，对调研服务可能带来的利益和期望也是很模糊的。如果客户对调研服务期望过高，往往会导致客户错误地评价服务。而运用有形展示则可让顾客在项目委托前能够具体地把握调研服务的特征和利益，较容易地对服务产品产生合理的期望，以避免因顾客期望过高而难以满足所造成的负面影响。

3)强化客户对调研服务的信任感

调研服务的不可感知性和不可重复性使客户很难在做出项目委托决策之前全面了解调研企业的服务质量和水平。通过提供和强化各种有形展示，可以使客户更直观、更便捷地了解调研企业的服务状况和水平，增强客户对调研服务和企业的信任感。常用的方式有：面向客户设置调研服务流程指示图，建立企业和客户之间的标准化沟通程序，在服务过程和信息传递中使用规范化表单，向客户提供设备使用统计清单等，努力实现调研服务的过程透明化，使无形的服务有形化，能有效地提高客户对调研企业的信任感。这样可以促使客户做出项目委托决定。

4)提升客户对服务质量的感受

1982 年,瑞典著名服务市场营销学专家克·格鲁诺斯提出"顾客感知服务质量模型",认为顾客对服务质量的评价过程实际上就是将其在接受服务过程中的实际感觉与他接受服务之前的心理预期进行比较的结果,顾客对服务质量的评价包括可靠性、响应性、安全性、移情形和有形性五个基本方面。"有形性"就是客户判断服务质量的高低的一个重要特质。在调研服务过程中,客户不仅会根据调研企业人员的行为,而且会根据各种有形展示评估服务质量。与服务过程有关的每一个有形展示,如调研工具、办公设备、服务人员的仪态仪表,都会影响顾客感觉中的服务质量。良好的有形展示及管理能使顾客对服务质量产生"优质"的感觉。调研企业尤其应该重视调研服务过程中每一个可能与客户产生接触的细节和界面。通过提高有形的服务展示的质量,向顾客传递公司的服务能力以及对顾客的关心。

5)塑造调研企业及调研服务的形象

企业形象或服务形象是客户和社会公众对调研企业及其服务形成的一种完整、统一的总体的印象。也是服务的内在的品质形象与外在的视觉形象和社会形象形成统一性的结果。企业形象或服务形象的优劣直接影响着消费者对服务产品及公司的选择。由于调研服务具有无形性和后验性,因此,相比普通产品制造企业,市场调研企业的企业形象或服务形象对客户选择和客户重购的影响力更为明显。有形展示是调研企业的组成部分,也是最能有形地、具体地传达企业形象的工具。服务企业单纯依靠广告宣传或口碑传播,是无法使消费者充分相信调研企业及其服务的,必须向消费者提供看得见的有形展示,生动、具体地宣传企业的营运实力和服务水平,客观、准确地传达企业精神及服务理念。此外,在调研企业的促销活动中,巧妙地使用各种有形展示,也可以进一步强化企业的市场形象。

6)提升员工的服务能力

内部营销理论认为,只有拥有满意的员工才能拥有满意的顾客。企业的员工既是服务的提供者,也是调研企业的顾客。由于服务产品是无形无质的,只有具备高超专业能力和服务热情的员工,才可能为客户提供优质的服务。而有形展示是内部营销最有效的工具之一。管理并充分利用好有形展示,一是在突出服务产品的特征及优点的同时,也可以作为培训服务员工的手段,使员工掌握服务知识和技能,指导员工的服务行为,深化员工对调研企业及其服务的理解,提高员工的服务能力;二是在为顾客创造良好的消费环境的同时,也为员工创造良好的工作环境,使员工感到管理人员关心他们的工作条件,进而激励他们为顾客提供优质服务。

综上所述,有形展示在调研企业开展市场营销活动的过程中具有重要意义。调研企业要善于利用组成服务的有形元素,突出服务的特色,使无形无质的服务变为相对地有形和具体化,让客户在接受调研服务前,能较清晰地判断调研服务的特征及享受服务后所获得的利益,努力借助这些有形的元素来改善服务质量,树立独特的服务企业形象。

9.2　有形展示的分类

有形展示是服务市场营销 7PS 组合策略之一。它借助一系列的有形证据向顾客传递相关信息,让无形无质的服务变为相对地有形和具体化,使顾客据此对服务的效用和质量做出评价和判断。对于为客户提供特定市场信息和数据处理服务的调研企业来说,有形展示的内涵及其可以应用的有形元素或者说展示线索是非常丰富的。

9.2.1 有形展示的基本类型

有形展示的内涵十分广泛而丰富。首先,不同产业类型的企业,构成其有形展示的要素是不同的。如产品包装是生产制造企业的一项重要的有形展示要素,但对服务企业而言没有这一要素。其次,即使对于同一产业类型的企业,如美容美发店与管理咨询业,他们的有形展示要素仍然存在着一定的差别。最后,对某一具体的企业来说,不同类型的有形展示对顾客的心理及其判断服务产品质量的过程的影响程度不同,甚至同一个有形展示的要素,在行业或企业发展的不同阶段对顾客的消费心理和行为的影响力也是不同的。

我们可以从不同的角度对有形展示进行不同的分类。根据不同的划分标准,有形展示通常可分为以下几种类型。

1. 根据有形展示能否被顾客拥有可将其分为边缘展示和核心展示两类

核心展示是指在调研服务的过程中不能为客户所拥有,但对客户判断服务优劣产生重大影响的展示要素,如调研公司的办公环境、硬件设备、企业等级等。虽然客户不拥有这些要素,但这些往往是客户选择时首先考虑的主要因素。因为当一位客户判断调研企业及其提供的服务的可靠性时,其主要的依据就是从涉及服务的一些实际性线索、实物实体所表现出的东西。

边缘展示与核心展示不同,是指顾客在购买过程中能够实际拥有的展示,边缘展示多数是一些服务过程的信息文档,如双方签订的合同、调研服务手册、调研报告印刷本等。边缘展示在向客户证明调研服务的品质时虽然不如核心展示那样重要,但也有相当的影响力和价值。客户也会从这些文档设计的规范性、精细化程度等方面感知企业的服务水准。

无论是核心展示还是边缘展示,都会影响顾客对服务的看法与观点,都是企业核心服务强有力的补充。因此它们的设计都必须以顾客心中的需要为出发点。

2. 根据有形展示的构成要素特征可将其分为实体环境、信息沟通和价格三类

1) 实体环境

调研服务企业的实体环境又包括背景因素、设计因素和社交因素三种。

(1)背景因素:指客户与企业的接触过程中不容易立即感知的环境因素,如客户接待室的气温、湿度、气味、声音、整洁等因素。按赫茨伯格的双因素理论解释,它相当于一种保健因素。虽然良好的办公环境并不能促使客户签约,但条件恶劣、环境脏乱差的工作环境必定使客户在与公司的交流中感觉到不舒服,会给客户留下服务不可信或不可靠的印象。

(2)设计因素:指客户与企业的接触过程中直接刺激客户视觉的环境因素,如公司背景墙、空间布局、装修风格、办公功能区结构等。与背景因素相比,设计因素对消费者感觉的影响就比较明显。布局合理、设计舒适的服务环境更能使客户产生愉悦感,为企业服务人员和客户的交流创造良好的条件。

(3)社交因素:指调研企业中直接与顾客接触的各类人员,包括客户谈判代表、项目经理、项目设计人员、数据分析人员等。在客户眼中,调研企业各类专业人员的语言、仪态和行为从另一个角度代表了企业的素质与服务能力,会直接影响客户是否把项目委托给该调研企业。服务人员衣着整洁、训练有素、彬彬有礼、耐心和善,才能使客户相信企业能够并愿意

为客户提供优质的服务。

2)信息沟通

信息沟通是调研企业的另一种服务展示形式。即利用企业与客户之间、企业与公众之间的传播渠道,设置各种有形的沟通工具或信息工具,如印有企业标志(LOGO)的调研资料光盘、企业宣传品、馈赠品,户外广告牌、公司标志牌等。对市场调研企业来说,它大致包括理念有形化、成果有形化、人员有形化、过程有形化。

(1)理念有形化:通过在各种场所设置标志牌等广告工具,传播企业形象、服务精神、经营理念、服务口号等,吸引公众和潜在客户的关注,促进社会和客户对调研服务的认知与理解。常用的方式有户外广告牌、公司形象背景墙、公司宣传栏、服务流程指示图、企业宣传品、办公场所内部标志牌等。

(2)成果有形化:调研企业将调研获得的中间成果和最终成果,通过某种可视的实体展示出来,使无形调研服务及企业形象具体化和便于客户感知。成果展示的有形要素通常有调研数据集成光盘、调查数据统计手册、研究报告印刷文本。

(3)人员有形化:通过对调研企业的员工进行服务标准化的培训和“包装”,使直接与客户接触的各类企业员工,掌握进行服务的流程、技术和技巧,使其按照企业根据服务理念和要求所制定的规范向客户提供相应的标准化服务,并具有统一、专业的外在形象,以保证员工所提供的服务与企业的服务期望目标相一致。实现人员有形化要素通常有:服务手册、员工制服、胸牌、公司徽章等。

(4)过程有形化:调研服务过程中即项目执行的过程中,在调研企业与客户的信息交流和服务接触点上,有意识地设置各种接触物或展示物,提供服务执行过程和服务质量的“证据”,使企业的服务理念和质量更容易被客户感受。过程有形化的要素包括向客户提交的各种意见征求书、调查问卷、访谈纪录表,以及项目执行看板等。

通过上述面向社会公众或客户设置的各种宣示和强调服务的有形物,可以有效地吸引客户和公众的注意力,传递调研企业及其服务的线索,使服务和信息更具有有形性。有效的信息沟通工具有助于强化企业的服务理念和营销战略。

3)价格

在调研行业中,调研项目服务价格是客户关注的重点,也是体现企业研究能力和调研质量特别重要的信息线索。调研项目的价格增强或降低客户对产品和服务质量的信任感、提高或降低客户对产品和服务质量的期望。调研服务的不可感知性使委托客户往往根据调研服务企业之间的报价的比较,判断调研企业的服务能力和研究质量。因此,对调研企业来说,制定合理的价格尤其重要。价格过低,会使客户怀疑企业的专业水准和服务能力,进而怀疑调研成果的可靠性和准确性;价格过高,又会使客户怀疑调研公司的诚信度和调研服务的价值,认为企业有意虚报或高报价格。

3. 根据有形展示对服务质量的影响可将其分为象征性展示、表征性展示和证明性展示三类

(1)象征性展示:在企业品牌形象、VI 系统、广告等载体上展示的标志、符号、图形,通常具有一定的含义,向客户暗示或象征企业的服务质量。例如,广东现代国际市场研究有限公司(MIMR)的标志(图 9-1),其形象是一股以中国广州地区为源头的风浪席卷全球的动感十足的形象,象征着企业奋力向上、打破传统、不断开拓、勇于超越的时代精神。以抽象的表现

手法展现出企业对外拓展的能动性和积极性。

图 9-1 广东现代国际市场研究有限公司的标志

(2)表征性展示:表征性展示是能够向顾客表明服务能力但不能证明服务质量的好坏的环境或工具,如单面镜访问室、录音采访包等在调研服务中所使用的各种专业设备或调研设施。它虽然不能直接说明调研企业的服务质量,却可为顾客推测服务质量提供证据。

(3)证明性展示:直接向顾客证明企业服务水平和服务质量的有形展示。例如,调研企业曾经服务过的著名客户、调研企业的资质和等级、在行业里获得的荣誉和评价等。如果能向客户清晰地展示这类荣誉或研究成果,最能直接证明企业的服务质量,对客户选择也有很大的影响力。

有形展示的其他一些分类还有:根据有形展示的性质可将其分为与调研服务有关的展示和与调研人员有关的展示。前者如调研企业的环境装修、调查问卷、专用设施、数据处理设备等,它们都能在一定程度上向客户表明服务企业的服务质量和专业技能,影响顾客感觉中的服务质量;后者包括服务人员的着装、仪表、态度、行为方式等,作为专业的调查服务人员,着装规范、行为稳重、语调沉稳的中年研究人员往往能使客户产生安全感。满足客户心理上对调研服务人员形象的特殊的"期望"。还有调研企业营销人员和研究人员经常携带的宣传手册、客户意向征询表等销售资料,也都是影响顾客感知服务质量的有形因素。此外,根据有形展示向客户显示的频率可将其分为高接触度展示和低接触度展示两类,根据有形展示影响对象还可将其分为面向员工展示、潜在的顾客展示、公众展示三类。

有形展示的作用也与客户接触和了解调研企业的程度有关,一般说来,客户对市场调研的了解、与调研企业的合作经验越丰富,调研企业的有形展示对他们的选择和委托决定的影响就越小。但对初次接触和购买调研服务的客户来说,他们往往会根据各种有形展示形成初步印象,推测服务质量,有形展示对他们的选择和委托决定就会产生较大的影响。

9.2.2 市场调研企业有形展示的类型

对于以提供市场信息和数据研究为主体的服务型企业,市场调研企业服务过程的不可感知性、差异性、不可逆性、低参与度的特征更加明显。因此,从客户的接触洽谈、初步调查、项目谈判、委托签约、方案策划、工具设计、实地调查、执行监控,到汇总统计、数据分析、调研报告一系列流程中,调研企业都需要通过有形展示的设计和管理,使无形无质的服务变为相对地有形和具体化,让顾客在决定委托调查之前,准确地把握调研服务的特征及享受调研服务所获得的利益。

客户与调研企业在上述调研服务流程中可能产生各种接触点,这些接触点是市场调研企业帮助客户理解调研服务内涵、判断服务的质量和特点、指导客户选择企业的重要依据。根据这些接触点所可能使用的沟通工具,市场调研企业的有形展示可以从以下几个角度进行分类。

1. 根据有形展示处于服务过程的不同阶段可分为服务前、服务中、服务后三类

服务前有形展示是指客户在签约前所接触到的展示物,其主要作用是向客户展示调研服务企业的服务能力、质量和水平,给客户形成良好的第一印象,增进客户对调研服务的理

解并影响客户对调研企业选择。主要包括企业的内外部环境、设备设施、广告、人员形象、企业标志等。

服务中有形展示主要是调研企业在项目操作过程中向客户出示的各种沟通工具，如合作意向书、调研计划征询书、数据清单等 VI 标准文档，以及用于数据处理的软件系统等，其主要作用是向客户证明委托项目得到调研企业的高度重视和扎实推进，通过规范化、标准化的文档向客户证明企业的服务质量，增强客户对企业的信任和认同。

服务后有形展示是指调研企业完成委托项目后向客户提供的有形材料。主要包括印刷精美的调研报告书、调研成果演示 PPT、调研数据集成光盘等。作为一种间接的语言沟通形式，服务后有形展示的核心作用是向客户沟通调研的成果，证明调研企业所完成的工作及其质量，提高客户对调研服务的满意度。

2. 根据有形展示的构成特征可分为外在环境、内部场景、信息文档等八大类

如表 9-1 所示。

表 9-1　调研企业有形展示要素表

类型	要　素
外在环境	地理位置、建筑风格、户外广告、企业徽标
内部场景	空间布局、功能分区、通道设计、办公装修、背景色彩、温度、湿度、照明、通风性、背景音、绿化、装饰物、陈列品、各类标志牌等
信息文档	合同和计划书、调查工具表单、调研报告、往来函件、案例材料等
服务设施	接待室、面访室、观察室、会议室、工作区、各类办公设备等
专用设备	录音设备、录像设备、监测仪、自动电话应答系统、CAPI(conputer，assisted personcl interviewing)电脑化访问系统、单面镜座谈会议室、街访大巴等
服务人员	衣着、仪表、态度、语言、行为
CI 系统	理念识别(mind identity，MI)，行为识别(behavior identity，BI)，视觉识别(visual indentity，VI)
软件系统	企业网站、OA 系统、数据统计分析软件、数据库管理系统、研究模型库等

3. 根据有形展示要素发生作用的环节可分为企业形象、服务环境、接触沟通三类

1)企业形象

所谓企业形象，是指人们通过企业的产品、服务、媒介、组织、标志、人员、公司文化、环境及行为的认知而建立起来的对企业的总体印象，是与企业有关的个人或群体对企业的认识所形成的整体观念。调研企业在长期的经营中，会在客户、社会公众包括内部员工中形成整体印象和总体评价，良好的企业形象能够增加客户的信任，使用户愿意购买该企业的产品或接受其提供的服务，缩短交易成本，也是传递服务质量的信号。

一般情况下，客户确定采用委托方式完成市场调研工作后，它会向每个可能选择的调研公司发出征询，或者通过媒体发布项目招标。先略述调研项目的内容和要求，并请求每个调研公司提供调研企业的相关信息以帮助自己筛选合作者，这些信息的第一项通常就是调研公司的声誉，包括企业的服务理念、在客户行业方面的研究经验、以往成功案例、在同行中的资质、企业荣誉等，以确定该市场调研公司是否具备提供调研服务和完成项目的能力与水准。并在此基础上形成初步的入围名单，这足以说明良好的企业形象对于市场调研企业的

重要性。

企业形象展示主要包括企业识别系统、品牌和口碑营销三个方面。

2)服务环境

服务环境可以分为硬件环境和软件环境两大类。

硬件环境是指企业内外的装饰、空间布局和设备等有形物的总和。在调研公司中主要体现为公司地理位置的选择、公司的内部设计风格和布局、办公设施和调研专业设备展示等。它在一定程度上影响着服务的快捷性、舒适度和可信度。公司位置的选择虽然不是客户判断服务的首要线索,但公司如果设在一个城市的中央商务区(central business district,CBD),租用高档次的商用楼盘或者同类企业聚集的商用楼盘,也是对企业信誉和服务能力的有效暗示。企业内部良好的设计和合理的布局会让顾客觉得可靠、安全、舒适。例如,在公司办公区域设置吸烟专用区,既可以改善空气质量,还可以照顾到不吸烟者的舒适问题。调研公司区域布局合理,部门位置设定适当,就能有效地提高员工的便捷性和部门间交流的便捷性;从装饰风格上讲,简洁大气、色彩明快的装饰风格符合调研公司的性质和特征,会带给顾客良好的第一印象。如果一家调研企业的办公装修风格过于华丽,那么传递给顾客的感觉可能是这家调研公司华而不实,从而会使顾客对它的服务质量产生怀疑。在客户能够接触的区域放置调研的专用设施和先进设备,就会给目标顾客一种专业的感觉,从而提升客户的信任度。

软件环境是相对硬环境而言的一个概念,它是指客户可感知但不直接接触的有形物质以外的各种因素的总和。在调研公司中主要体现为办公环境的温度、湿度、通风状况、灯光以及员工的衣着仪表等。对软环境的合理设计同样能有效地增强客户的信任度。例如,员工身着统一的员工制服,可以让客户感受调研企业的专业化和精神风貌。柔和的灯光,适宜的温度、湿度,良好的通风状况会影响员工的工作情绪以及效率。

3)服务接触

服务接触展示是指消费者与服务产品提供者直接接触和互动的过程。在调研企业来说就是客户与市场调研企业的接触过程以及在调研服务过程中的协作。调研服务的特征之一是客户会主动参与调研过程。在市场调研的整个过程中,企业和调研公司之间都要保持紧密的联系。首先,企业要向调研公司提供资料,以便调研公司充分了解和掌握企业的实际情况和需要解决的问题、确定调研的主题、调研对象的选择、调研方式和技巧,特别是涉及客户行业的一些专业性问题;其次,调研企业要向客户做出服务承诺,并将承诺以书面形式向客户公开展示;再次,在调研过程中市场调研企业也要把调研中所获得的信息和调研过程中发现的问题及时与企业联系;最后,调研企业要把调研结论向客户展示,就调研成果进行沟通。服务接触展示主要包含以下三个方面的内容。

(1)服务承诺:承诺是调研企业提供的看得见的利益保证。承诺对于建立客户预期和降低客户风险感受具有重大的作用。一方面,客户会将企业承诺与自身的需求相比较来做出选择,如果承诺低于需求则放弃,反之则考虑。在得到服务之后,客户会将承诺与自己的感知体验相比较,如果承诺高于感知体验,则客户的评价和满意度较高。另一方面,承诺使客户在没有得到约定的项目服务或调研服务未达到预定质量后有向调研企业索赔的权利,从而给客户一定的心理保证,降低了客户对服务风险的顾虑。

（2）服务行为：指的是在调研服务接触过程中调研人员提供服务所发生的行为。它是客户判断调研企业服务质量的一个最真实的评价线索，对调研企业来说，这也是提供有形展示很好的机会。构成服务行为的因素主要包括服务规范和服务细节两个方面。服务规范的标准化是服务质量的一种信号，暗示了服务是专业的、职业的和正规的。服务细节包括服务语言、服务动作姿态等。礼貌、简洁和精炼的服务语言，规范、干脆利落的服务动作都会给客户一种职业、熟练的印象和信任感。

（3）服务体验：指的用户通过参与和互动对服务的感受与评价。大部分调研服务过程是客户不可体验的，但客户可以通过各种客户接触点和主动参与调研活动的部分工作来体验调研服务，调研企业也可以通过提供调研过程的实证材料或者邀请客户参与调研的部分活动来使客户体验调研服务。例如，客户派人和调研人员共同对被调查对象进行现场面谈访问，或者调研企业把调研访谈的过程进行录像后提供给客户。服务体验可以使客户通过短暂的参与过程最大限度地体验调查服务的质量和效用。如图 9-2 所示。

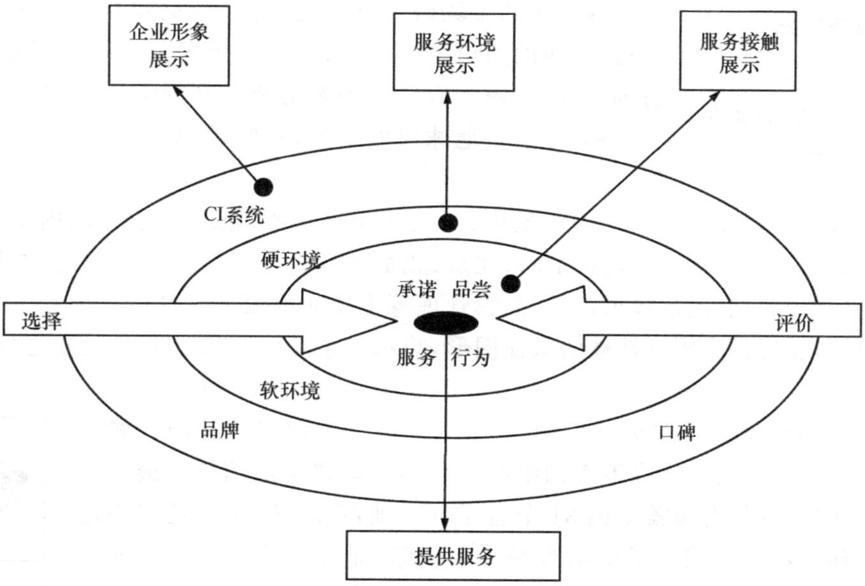

图 9-2　有形展示要素图解

9.3　调研企业的有形展示要素

根据有形展示的构成特征，调研企业的有形展示大致可分为外在环境、内部场景、信息文档等八个部分，下面我们简要介绍其中应用频率较高的几类实体环境要素。

9.3.1　企业标志

企业标志是通过造型简单、意义明确的统一标准的视觉符号，将经营理念、企业文化、经营内容、企业规模、产品特性等要素，传递给社会公众，使之识别和认同企业的图案和文字。企业标志承载着企业的无形资产，是企业综合信息传递的媒介。调研企业的企业标志体现了企业形象的基本特征，也是社会大众和客户认同企业品牌的主要视觉形象。企业标志作为调研企业CIS战略的最主要部分，也是在企业形象传递过程中应用最广泛、出现频率最高的有形展示元素。

对于以市场调查和营销咨询服务为主体的调研企业，其“产品”就是一种“定制化”的信息服务，企业品牌和产品（服务）品牌是统一的，因此企业标志在整个视觉识别系统设计中具有重要的意义。企业标志大致可分为图形标志、文字标志和复合标志三种。其中图形标志是以富于想象或相联系的事物来象征企业的经营理念、经营内容，借用比喻或暗示的方法创造出富于联想、包含寓意的艺术形象。字形标志是用企业名称、名称缩写或者具有象征意义的文字（字母）造型作为基础，对其变形或抽象地改造，使之图案化。调研企业通常将两者结合起来，综合运用文字和图案因素设计企业标志。下面是几家著名市场调研企业的标志。

图 9-3 上海AC尼尔森市场研究公司的标志

AC尼尔森是荷兰VNU集团下属公司，1984年进入中国。它是全球最大的市场研究公司之一。AC尼尔森在市场研究领域已经有80年的历史，在全球超过100个国家提供市场动态、消费者行为、传统和新兴媒体监测及分析。其标志的右方为图形化的公司名称，左边是地球仪的变形，意味着AC尼尔森是全球性的（图9-3）。

MIMR创立于1995年，是中国最早成立的市场研究公司之一，也是国内知名的专业化市场研究顾问公司。目前公司在上海、北京、成都等地设立了全资分公司，主要提供市场调查、产品（广告）测试、上市效果评估、品牌管理等多项研究服务。其标志的右方为公司名称及英文缩写，左边是中国及地球的象征图形，暗示着企业的服务走向全国和全球化合作（图9-1）。

赛诺市场研究公司1992年于北京成立。前身为国家统计局下属研究机构——中国社会经济决策咨询中心。它是中国移动通信行业最大的市场研究机构，并拥有覆盖全国31个省190个地市和526个县的零售监测网络。研究涉及领域包括中国市场进入战略、企业价值链定位与业务模式咨询、品牌策略与用户定位研究、产品规划与运营管理咨询、渠道规划与咨询、客户服务流程咨询等。其标志的上方为中国地图，喻义服务中国市场，下方为公司名称SINO-MR即市场调研的英文缩写，标志简洁而形象（图9-4）。

图 9-4 赛诺市场研究公司的标志

9.3.2 内部环境

对于调研企业来说，办公空间及其内部环境的设计比其他类型的企业需要考虑的因素要复杂得多。调研企业的办公区域具有多功能化的特征。它既是企业员工从事脑力劳动的区域，也是调研企业与客户接触沟通的空间，还是部分调查活动开展的场所。第一，由于大量调研项目的规划、管理和实施控制都要在这里完成，办公空间成为调研企业个人和团队发挥创造性和合作协调的环境。办公空间的布局及其环境设计会对员工的生理及心理产生一定的影响，甚至直接影响到管理的效果及工作效率。因此，办公空间的室内设计的主要目标就是要为各类调研专业人员创造一个舒适、便利、高效的工作环境，能给员工以心理上的满足，最大限度地活跃员工的思维，提高整体工作效率。第二，调研企业与客户之间的许多沟通和交流活动，如项目洽谈、合同签订、执行协调等，也常常在调研企业的办公空间内开展，办公空间的布局及其环境设置也会对客户对调研企业的认知和判断产生显著的影响。因此，办公空间的室内设计要特别重视外来客户的心理感受，从客户的视角把空间结构、质感、材料、光影、色彩等要素汇集在一起，创造性地表达调研服务的品质和精神，并解决客户的功能需求。办公空间同时也是企业形象的体现，一个完整、统一而美观的办公室形象能增加客户的信任感。第三，一部分需要特殊设备和技术支持来开展的调查工作，如小组面访、广告测试、电话访问等要在调研企业的办公区域内完成，因此，办公室空间的设置应相对独立，营造一个让被调查对象感到轻松、安全、愉悦的交流环境，也是调研企业设计办公空间及其环境的重要目标。

9.3.3　调研工具

市场调研是一个具有较高技术含量的工作，作为提供市场信息的专业化服务企业，调研工具是企业开展调研工作的技术手段和硬件环境。是否拥有专业的设施设备，调查手段是否专业化和现代化，在某种程度上体现了调研企业的服务能力，是决定员工工作效率高低的一项标准，同时也是客户判断调研企业技术含量和服务质量的重要线索。企业所拥有的专用设备和调研工具是有形展示要素之一。市场调研企业使用的专业调研工具主要包括专用调查设施和专业调查设备两类。

专用调查设施一般固定设置在调研企业或者其分支机构内部。以下是市场调研企业常用的专业调查设施。

(1)小组访谈(focus group interview，FGI)会议室：用于进行小组面谈或焦点小组访谈调查(图 9-5)。

(2)单面镜监控室：用于监测调查对象言行(图 9-6)。

(3)独立广告测试室：用于测试消费者对广告的认知、记忆和反应，分析受众行为(图 9-7)。

(4)CAIT(computer aided interview telephone)电话调查中心(图 9-8)。

(5)专业面访室(图 9-9)。

(6)CAPI 计算机辅助访问系统(图 9-10)。

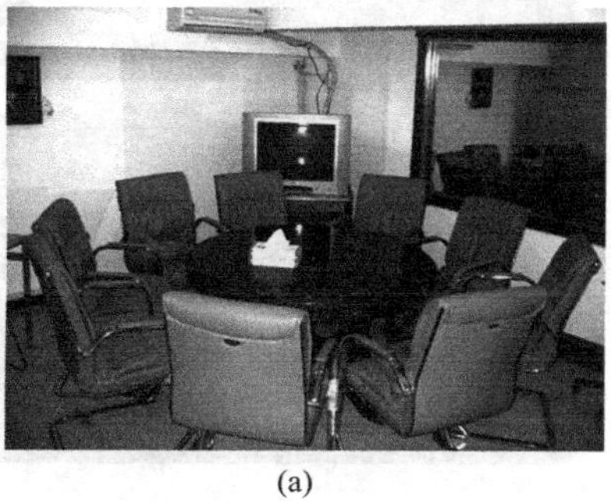

(a)

(b)

图 9-5　小组访谈会议室

(a) (b)

图 9-6 单面镜监控室

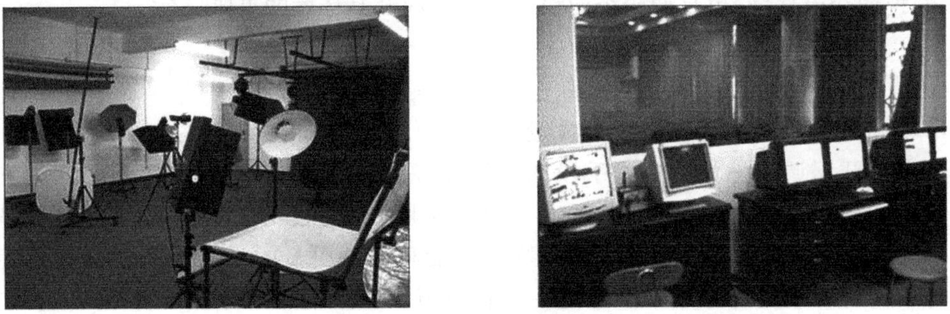

(a) (b)

图 9-7 独立广告测试室

(a) (b)

图 9-8 CAIT 电话调查中心

(a) (b)

图 9-9 专业面访室

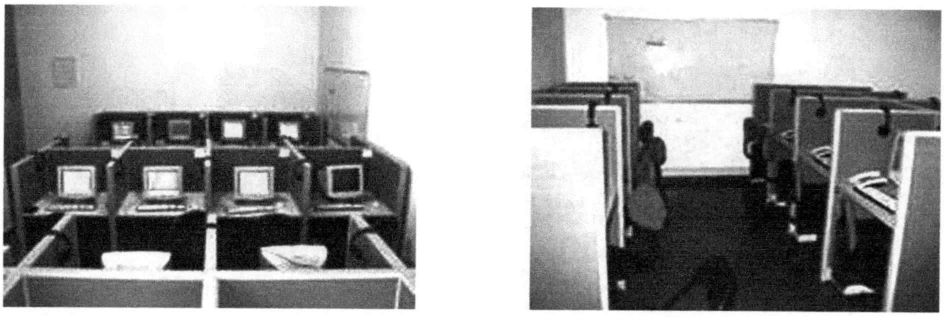

(a)　(b)

图 9-10　CAPI 计算机辅助访问系统

(7)街访大巴:用于街头拦截访问或进行流动调查(图 9-11)。

图 9-11　街访大巴

(8)专业人员培训室:用于培训访问员和其他专业人员(图 9-12)。

(a)　(b)

图 9-12　专业人员培训室

专用调查设备指由调查人员随身携带,用于在公司之外实施调查活动、记录被调查对象言行或访问结果的专用工具,一般是专业的微型摄像、录音、计数设备。以下是市场调研企业经常使用的专业调查设备。

(1)摄像机采访包(图 9-13)。

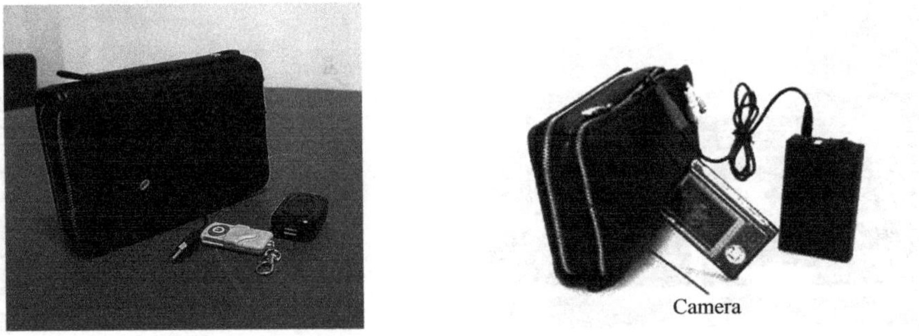

(a) (b)

图 9-13 摄像机采访包

(2)针孔式(纽扣式)摄像录音机(图 9-14)。

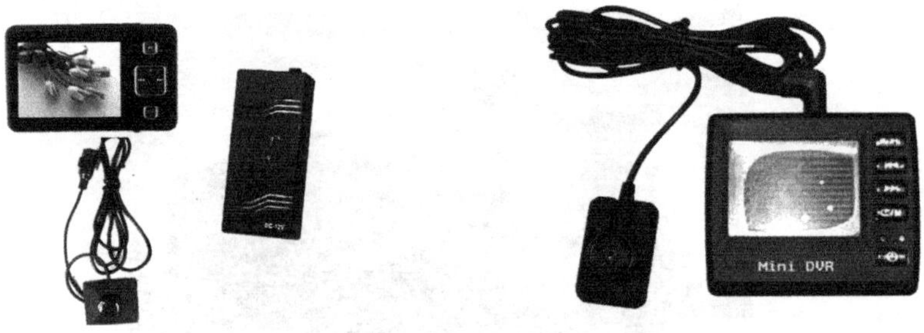

(a) (b)

图 9-14 针孔式(纽扣式)摄像录音机

(3)数码微型录音笔(图 9-15)。

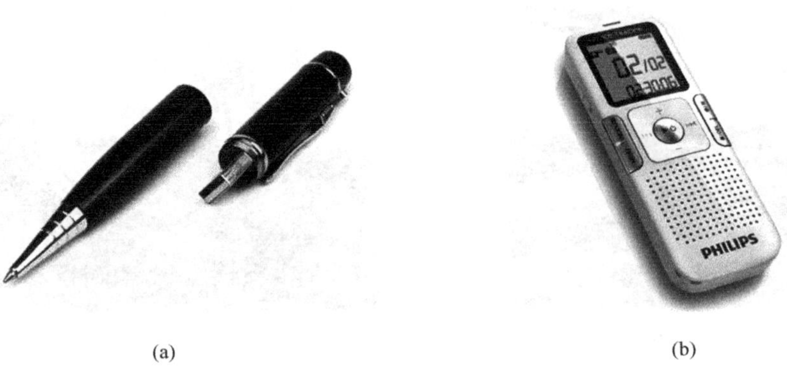

(a) (b)

图 9-15 数码微型录音笔

(4)计数器(图 9-16)。

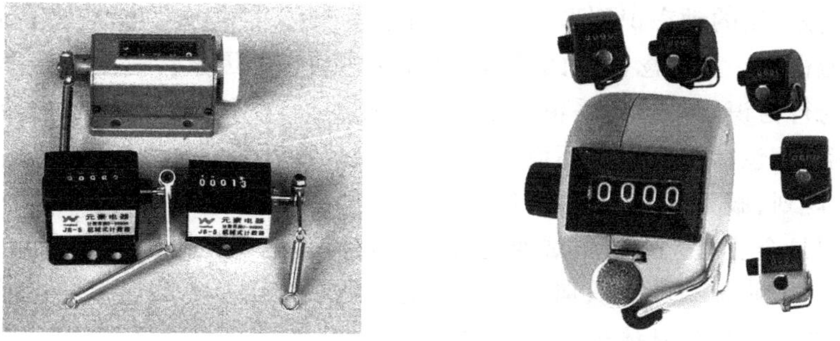

(a)　　　　(b)

图 9-16　计数器

9.3.4　企业网站

在当今信息和网络时代背景下,网站(网页)是调研企业传播信息和对外展示非常重要的途径之一。网站(网页)既是调研企业有形展示的一部分,也是企业形象和其他形式有形展示的传播渠道与媒介。网站(网页)的构建对调研企业的主要作用有:①对于一个调研企业来说,拥有设计良好、功能完善的独立网站本身就是企业实力和管理能力的标志。②网站具有强大的信息传播功能,调研企业几乎可以把任何想让客户及公众知道的内容放入网站,网站能够全面、详细地介绍调研企业及其服务内容。③网站能够实现电子商务功能,通过设置实时报价、动态发布、在线调查、在线招聘等完成部分调研服务的交易功能。④可以与客户建立和保持业务联系。由于网络的低费用、高效率,许多大型企业都是利用网络来发布招标信息,使用搜索引擎来寻找项目合作者或承接人。因此调研企业通过定期在网上发布有关公司的消息,或将公司的网址登记在搜索引擎(如 Yahoo,Baidu 等)上,能增加与客户接触和获得业务的机会。⑤及时获得客户反馈。调研公司在设计网站时,通过设计客户留言板、在线服务咨询、邮件系统、BBS 论坛等方式,向客户提供主动的、便利的信息反馈渠道,及时获得大量的客户意见和建议。

此外,相对来说,建立企业网站的费用也比其他广告方式要低得多。因此,现在已经有越来越多的调研企业建立自己的独立网站,并逐渐习惯于用网络进行沟通。据统计,我国目前 8000 余家市场调研公司中近 70%都拥有自己的独立网站或专属网页。

9.3.5　CI 系统

企业识别系统,是塑造企业形象的基础工作,它将企业的经营理念和精神通过系统的传达设计,渗透到经营活动中去,对内形成凝聚力,对外形成吸引力,以建立独特的易于识别的企业形象,得到公众的认可。CIS 由理念识别、行为识别、视觉识别三大部分组成。

企业理念是由企业家积极倡导、全体员工自觉实践而形成的代表责任的企业信念,能激发企业活力,推动企业生产经营的团体精神和行为规范。企业理念系统包含两个层次的内容:一是企业制度和组织结构层,包括各种管理制度,规章制度,生产经营过程中的交往方式、生产方式、生活方式和行为准则;二是企业精神文化层,包括企业及员工的理念、心理和意识形态等。

行为识别是CI的动态识别形式,即CI理念的具体化和行为化,它将企业内部组织机构与员工的行为视为一种理念传播的符号,通过这些动态的因素传达企业的理念、塑造企业的形象。企业的行为识别系统几乎覆盖了整个企业的经营管理活动,主要由两大部分构成:一是企业内部系统,包括企业内部环境的营造、员工教育及员工行为规范等;二是企业外部系统,包括产品规划、服务活动、广告及促销活动等。

视觉识别是企业理念与价值观通过静态的具体化的视觉传播形式,有组织、有计划地传达给社会,树立企业统一性的识别形象。视觉识别系统由基本设计要素与应用设计要素两部分构成,是企业形象最具体也最直观的表现。

自20世纪50年代CI风靡欧美企业以来,日本、东南亚和中国港台地区企业也纷纷引入和发展了CI体系。中国内地80年代由太阳神集团公司首开先河成功导入CIS战略,随后在我国掀起了一阵CIS推广热潮。进入21世纪后,国内企业CIS开始向纵深发展。由以视觉为主导的表象性CIS设计阶段走向以品牌为导向和核心,注重整体形象的提升与重塑,经营理念和行为全面规范导入。在市场调研行业,从单纯的VI设计走向CI体系的全面应用的趋势日益明显,国内外大量的调研企业也将CIS视为有形展示的重要组成部分,开发、整合和应用CI系统已经成为许多调研企业提升企业形象、塑造企业文化的利器。

9.3.6 员工

客户往往是通过服务认识和了解企业中的某一个人或某一群人,如调研企业中负责业务洽谈和沟通协调的客户经理、委托项目实施小组中的咨询顾问或项目经理等,通过关注其表现获得对企业和服务的认知。因此,调研企业的专业人员,特别是直接与顾客打交道的人员本身也是有形展示的一个重要组成部分。他们的工作情绪、着装仪表、言谈举止、工作态度影响着顾客对服务质量的认知和评价,他们与客户之间的关系也将直接决定客户同整个企业关系的融洽程度。员工作为有形展示的组成部分,主要有两方面的作用:一是有效地吸引顾客,将有形展示和运营效率相结合。例如,有的调研公司会把资深研究人员、行业专家的资料公布出来,利用员工的优势去吸引顾客。这样可以增加在顾客心中的信任感,减少顾客的风险。二是通过人员有形化让客户感到员工所提供的服务与期望目标相一致。这样可以在一定程度上消除因人员失误造成的影响。

9.4 有形展示的设计与管理

市场调查服务是调研企业接受客户委托,以科学的方法,有目的地、系统地收集、整理、分析和研究所需要的特定的信息,为其有针对性地制定组织策略提供依据的过程。显然,市场调研的服务对象是某种社会组织,如企业、政府机构、社会公共事业单位、学会或协会等,而不是单个的消费者或者家庭。因此,市场调研企业的一切有形展示都应以组织为中心而展开设计。

9.4.1　有形展示设计的原则

市场调研企业在设计有形展示时，应遵循下列原则。

(1)传达服务信息。有形展示应便于顾客识别服务理念，提高顾客对服务质量的感知度，烘托出企业的优质服务。如在客户接待室放置服务流程图、与知名客户的合作留影等。

(2)有助于沟通交流。有形展示应能发挥良好的交际功能和包装功能，既有助于企业员工与客户、调查对象的交流，也便于调研企业部门之间、员工之间的交流。

(3)重视客户的感受。有形展示应重视客户的心理感受，从客户的视角最大限度地给顾客提供帮助。特别是服务环境的设计要以人为本，体现人文关怀。正如科特勒所说：除了满足顾客以外，你还必须取悦他们。

(4)凸显企业个性。由于市场调查服务本身的同质性比较强，因此有形展示的设计必须要和同行的其他企业有所区别，才能体现出企业的独特的个性，要塑造特色形象，区别竞争对手。

(5)符合行业特点。市场调研企业的有形展示要充分体现调研服务的严谨、认真、细致、专业的要求，符合大众对这一类企业的普遍认知。例如，客户洽谈室的装修应尽量使用较少的色块，保持线条的清晰明快。

(6)符合企业文化。有形展示本身就是企业文化的一部分，因此有形展示设计要能充分体现出企业自身的文化。一个强调为客户节约成本、重视执行力的调研企业，其公司装修风格和服务环境的装饰不能给客户过于豪华或华而不实的印象。

(7)强调关系营销。从服务行业特别是咨询行业的特征来说，维持客户关系、提升客户忠诚度比拓展客户群体往往更为重要。调研公司出售的是信息、数据、报告或者方案，其有效性需要在未来相当长的时间才能证明和验证。因此，调研企业有形展示体系必须保持统一、协调和长期稳定，才能向客户有效地暗示或间接地证明服务的一致性，使客户对调研服务和企业的认知固化到一定的有形展示体系上，促进调研服务的品牌化。

9.4.2　有形展示管理

有形展示管理成功的关键是管理与调研服务相关的有形因素，通过有形展示向顾客传送适当的线索，帮助顾客更好地理解“调研服务能给组织带来什么”、“调研服务是怎样的”、“我们为什么要委托”。因此，加强对有形展示的管理，努力利用组成服务的有形元素，突出服务的特色，使无形无质的服务变为相对地有形和具体化，让顾客清晰地了解和判断服务的特征及享受服务后所获得的利益，对于调研服务企业提升服务质量信誉、树立独特的企业形象、拓展客户市场具有重要意义。

如同全面质量管理一样，有形展示的管理涉及调研公司的每个部门、每位员工。有形展示的广泛性，决定了在调研企业中，每一位员工都是有形展示的执行者，因此服务展示管理不是营销部门的一项附加或者独立的任务，应该从调研企业的整体营运和发展的高度来看待有形展示的管理工作。首先，调研企业必须制定清晰的有形展示设计的总体策略，即有形展示要传达的企业形象和服务理念，以及在这种形象和理念下的内外部环境、企业文化和个性特征；其次，制定明确的建设规划和实施方案；再次，确定有形展示的组织者和执行者，即由何人、什么部门来执行有形展示的建设和管理，确立每个有形展示要素和环节的责任人，并赋予其相应的权利和资源;最后,明确有形展示的监督、检查和反馈的组织与程序。

下面是一份调研企业有形展示管理问题的检查清单,调研企业应定期检查和确认这些问题是否得以落实:①是否将可能影响客户感受的每个细节和每个接触点都纳入有形展示管理?②有形展示管理的方法和流程是否清晰而高效?③是否对有形展示的效果进行调查和定期分析?④如何使用和强化有形展示来传递公司的企业形象和服务理念?⑤有形展示管理能否良好地支持企业的市场拓展计划、符合企业的发展目标和发展战略?⑥是否制定了清晰的有形展示效果的评价标准?⑦有形展示的设计是否按照客户认知和评价标准来设计?是否充分吸纳了员工的意见?⑧有形展示能否最大化地传递服务的线索?是否充分运用环境、设备和其他展示形式?⑨是否对整个公司的员工进行了有形展示管理的培训,让员工明白有形展示的特点和重要性、明确个人在展示管理中的责任?⑩是否将员工本身也纳入到有形展示管理过程中?⑪我们公司的有形展示是否具有特色和独创性?是否合乎时代潮流?⑫客户对企业的第一印象是什么?各种有形展示对新顾客或目标顾客的吸引力有多大?

9.5 调研企业有形展示要素的设计

调研企业有形展示的要素具有广泛性和多样性。我们这里仅对运用频率较高的几类要素的设计原则和方法进行一个简要的介绍。

9.5.1 企业标志

调研企业在标志的设计中应遵循以下原则:①符合 CI 体系的总体战略;②清晰简洁,生动鲜明,易于识别和记忆;③造型独特,富有美感;④能良好地比喻或暗示企业的服务特征或经营理念;⑤具有良好的通用性和可延展性;⑥符合传播对象的社会心理和社会文化;⑦富有时代感。

此外,企业标志要得到客户和社会公众的认同,引起视觉的关注,必须长期宣传,广泛使用,并保持其稳定性和统一性,但随着时代的变迁和企业的变革与发展,标志所反映的内容或风格有可能落后于时代,因此调研企业也需要根据社会经济的发展进行检讨和改进,注重个性和国际化潮流的结合,富有时代精神。

图 9-17～图 9-20 是一些知名调研和咨询公司 LOGO 的设计。

太阳:从海平面冉冉升起,预示着达智公司强大的生命力,也表示出达智所属的市场研究咨询行业是欣欣向荣的朝阳产业,有美好的发展前景。

WISDOM 达智®

VII:由英文单词第一个字母W其形巧妙的变形组合而成两股强大的力量,既是代表胜利的手势,更是代表着达智与达智员工以及客户共赢之势!

图 9-17 成都达智咨询有限公司 LOGO 设计

图 9-18　捷孚凯市场咨询(中国)有限公司 LOGO 设计

GFK 为 growth from knowledge(成长源于真知)的缩写,代表该企业的服务理念。橘黄色为企业标准色,代表积极、活力

图 9-19　艾瑞咨询集团 LOGO 设计

英文部分为 i Research,即"我探索"。蓝色的"i"代表以人为本,绿色向右上方扩张的四边形色块喻义为科技、环保、奋进向上

图 9-20　赛立信研究集团的 LOGO 设计

SMR 为赛立信公司的英文名称的缩写,图案背景用反白,象征广阔的市场,蓝色代表专业的品质和市场研究的强有力的大量的数据,预示 SMR 以其专业的品质和强有力的调研数据服务市场。M 和 R 的公用部分,从视觉传达上有利于加强标识的整体感。其含义表示,市场研究是一个整体的、团队的、极需凝聚力及合作精神的工作,R 中间空间用醒目的红色圆点,形成整个标志的视觉中心。红色圆点象征着赛立信的市场研究人员对市场的犀利和敏锐,以及对市场研究事业的强烈的责任感和事业心

9.5.2　企业识别系统 CI 设计

CI(corporate indentity,企业识别系统)代表了调研企业的形象和理念,体现了调研企业的性质、战略和目标。CI 设计规划与实施导入是一种企业循序渐进的系统工程。

1. CI 实施的步骤

企业导入 CI 的工作流程大约可分为下列五个阶段。

1)企业调查

在 CI 导入前,首先对企业文化与形象的现状进行深入调查,调查对象包括企业各级主管、部门员工、合作伙伴、目标客户等。在充分了解企业精神的形成、企业的使命、经营理念、远景规划、事业领域、员工归属感、组织体制等内容后,根据企业存在的问题和竞争的优劣势,提出企业定位和形象整合的总体思路。

2)确立形象

以调查结果和总体思路为基础,结合对企业未来发展战略和经营方向的前瞻性判断,确定 CI 的整体策划方案,拟定公司的定位与形象的基本概念,作为 CI 设计规划的原则和依据。以此为基础,确立和界定 MI 系统的核心理念,如企业精神、企业价值观、企业信条、经营宗旨、经营方针、市场定位、产业构成、组织体制、社会责任和发展规划等。

3)演绎设计

根据 MI 的基本规范和 CI 的整体策划方案,一方面,对企业内部的组织制度、管理规

范、职员教育、行为规范和福利制度进行整合和规范；另一方面，将企业文化和形象概念具体化为可见的信息符号的集合，即 VI 系统。首先确立企业，在企业经营理念的基础上规范和制定 BI 系统。并完成对企业名称、标志、标准字、标准色等 VI 基础要素的设计。

4)应用导入

制定 CIS 战略实施方案，确定 CI 各要素的导入和实施顺序，编印 CIS 手册，对员工包括企业领导和各级主管进行系统培训，使全体员工对实施 CIS 战略有一个明确的认识，提高实施的自觉性逐步完成 CI 应用系统各要素的设计和实施。

5)控制管理

CIS 代表着企业形象、精神理念和文化，给员工指明了公司未来的发展和目标。因此，对 CIS 的管理才是 CI 战略真正的重点。企业应建立专门机构，专司 CI 实施监督和运作管理之职能，明确 CI 发布计划和日程，并建立相应的管理制度和保障措施，以确保 CI 战略实施的效果。

2. CI 设计的原则

市场调研企业在规划和设计 CIS 时，应遵循以下原则。

1)统一性

即 CIS 各要素的设计和对外传播必须保持一致性与一贯性，使社会大众对企业特定的 CIS 有一个统一完整的认识，不会因为企业形象的识别要素的不统一而产生识别上的障碍。为此，对 CI 的各种要素，从企业理念到视觉符号均需要标准化，采取统一的规范设计、统一的对外传播模式，并坚持长期一贯的运用，不轻易进行变动。

2)个性化

个性化是企业差异形成的基础。CI 要能使企业形象获得受众清晰地识别和认同，必须是个性鲜明、与众不同的。个性化首先体现在 CI 要具有明显的行业的形象特征，其次必须突出与同行业其他企业的差别。我们常常看到一些企业把“以人为本”作为企业精神口号，雷同重复且难以反映行业或企业之间的差异性。只有个性独特、与众不同的企业形象才能有利于公众识别认知，独具风采，脱颖而出。

3)文化性

企业形象的塑造与传播应该符合民族文化，美、日等许多企业的崛起和成功，民族文化是其根本的驱动力。美国企业文化研究专家秋尔和肯尼迪指出：一个强大的文化几乎是美国企业持续成功的驱动力。我国的调研企业要塑造能跻身于世界之林的企业形象，必须弘扬中华民族文化优势，在 CI 设计中充分应用民族文化元素，塑造具有中华文化特色的企业形象。

4)可操作

可操作性是指企业策划与设计的 CI 能得以有效地推行运用。CI 的设计必须一切从实际出发，战略定位和发展规划符合企业实际情况和市场地位，符合行业的发展方向，避免好高骛远、不切实际的心态。切忌根据企业领导的主观意志，提出过于盲目乐观的规划与想法。

5)传播力

即 CI 必须具有良好的对外传播能力，能适应不同的传播环境。例如，企业标志不会因缩小、放大产生视觉上的偏差，线条之间的比例必须适度，保证大到户外广告，小到名片均有良好的识别效果。VI 基础系统中的标志、标准字或象征图形可根据环境的变化和宣传的需要组合成不同的形式单元，并且符合传播对象的直观接受能力、习惯、社会心理、习俗与禁忌。表 9-2 是市场调研企业一整套完备的 VI 体系。

表 9-2　市场调研企业的 VI 系统

系统	分类	要素
基本要素系统	标志	LOGO 及其变形
	标准字	中、英文
	标准色	主色、辅助色
	标志和标准字的组合	
应用系统	办公用品	信封、信纸、便笺、名片、徽章、工作证、请柬、文件夹、介绍信、账票、备忘录、资料袋、公文表格等
	外部环境	建筑造型、公司旗帜、企业门面、企业招牌、公共标志牌、路标指示牌、广告塔、霓虹灯广告、庭院美化等
	内部环境	各部门标志牌、常用标志牌、楼层标志牌、企业形象牌、旗帜、广告牌、POP 广告、各类标牌等
	交通工具	轿车、面包车、大巴士、工具车等
	服装服饰	经理制服、管理人员制服、员工制服、礼仪制服、文化衫、领带、工作帽、纽扣、肩章、胸卡等
	媒体规范	电视广告、杂志广告、报纸广告、网络广告、路牌广告、招贴广告等
	产品包装	纸盒包装、纸袋包装、木箱包装、玻璃容器包装、塑料袋包装、金属包装、陶瓷包装、包装纸
	公务礼品	T 恤衫、领带、领带夹、打火机、钥匙牌、雨伞、纪念章、礼品袋等
	陈列展示	橱窗展示、展览展示、货架商品展示、陈列商品展示等
	印刷品	企业简介、商品说明书、产品简介、年历等

9.5.3　员工

调研企业涉及员工有形展示的主要有两个方面：员工的内在专业性和外在仪表言行。

员工内在专业性的展示通常是放在公司的网页、宣传手册上，企业在选择调研代理机构的时候，通常很关心专业人员的水平，会注意调研公司里面有哪些方面的专业调查人员？调查的经验如何？主要人员的任职期的长短以及公司管理人员的资历、实践水平和学识水平，员工的数量以及特约研究人员的配置情况。许多调研企业会在自己的网站上设立“专家团队”、“卓越团队”等栏目，把主要研究人员的简历如学历学位，在公司的任职情况，研究经历，在研究行业的荣誉、获奖等客户关心的内容简明扼要地体现在网页中，为客户判断调研企业的研究能力和服务质量提供线索。

员工外在仪态展示也是影响客户感受的重要因素。调研公司提供的是一种专业化的服务，员工的仪容仪表应该给予客户严谨、认真、踏实、专业的感觉，因此公司应对员工的仪表、妆容、穿着制定统一的规范，规定统一的员工制服。不购置统一公司制服的企业，也要在员工仪表、穿着的细节上设置一些适当的规定，如着装不得过于休闲与随意，女性员工应着淡妆，不得染发或留过肩长发等。此外，当客户来访或是通过电话、电邮的方式与调研企业进行沟通的时候，一线的工作人员的工作态度和言谈举止也构成了有形展示的一部分，他们在与顾客交流的过程中所体现的素质和专业素养给客户提供了重要的判断线索。因此，调研企业要在BI体系中制定服务语言规范，从口头语言、书面语言和体态语言三个层面推行文明服务用语。它包括两个方面的具体工作：一是找出服务忌语，规定员工无论如何不得使用；二是规定标准服务用语，要求员工在相应情景和岗位工作中正确运用，从而提升员工的服务语言水平。

9.5.4 环境布局设计

调研企业内部服务环境设计的主要内容包括：功能区域划分、流线和通道分布、空间形态组合设计、照明和色彩设计、空间界面和装饰设计、公共设施、家具陈设和绿化设计。调研企业内部的环境及布局设计的整体思路是在原有建筑地理位置的基础上，结合调研业务和部门职能的要求，从办公空间使用的秩序设计入手，分配出主从空间关系，并从各空间的功能和业务流程关系出发，设计出主从空间之间的流线和通道布局。公共设施的设计注重工作便利和办公效率，亮度、色彩、装饰、家具陈设和绿化设计要符合企业的行业特征和企业理念。图9-21～图9-25给出了一些调研企业的办公环境和局部设计示例。

图 9-21　捷孚凯(GfK 中国)市场调研公司的办公环境的设计

图 9-22　石家庄市金诺信市场调查有限公司的办公区

图 9-23　成都金口碑市场调查公司的小型会议室

图 9-24　重庆立信市场研究有限公司 LOGO 背景墙

图 9-25　艾弗迪市场调查有限公司 LOGO 背景墙

1. 区域划分和通道设置

整个调研公司的功能区域划分、流向通道分布是很重要的。调研的过程是一个调研公司和委托企业之间的协作过程，也是公司内部部门之间紧密合作的过程，布局的合理与否关系到工作的便捷性和效率。调研企业的空间布局要特别强调业务流程的顺序，避免空间之间不必要的交叉和走动。例如，员工为了取一杯水或上一次洗手间要走过很长的距离，去到紧密协作的另一个工作部门需要绕行其他功能区域或职能部门；功能区之间的通道过窄，仅仅够一个人通过，两个员工如果同时在通道里对向而行，会因碰撞或礼让产生了不必要的麻烦；没有设置专门留给调研设备移动的通道，以致人流与物流之间经常发生交错和拥挤。这些问题都会给调研工作和客户服务带来不便，还影响了员工的工作情绪。这些都是布局不合理的典型表现。

2. 办公空间设计

由于调研企业的特殊性，调研企业的空间设计要注意遵循以下原则。

1)预留充分的公共空间和过渡空间

调研企业常有客户和受访者光顾，因此需要预留较大的过渡空间，从入口到内部办公区要有一个空间转化和过渡，使来访者有一个心理上逐渐适应的过程。不能电梯门直接面对大堂，最好有一个作为过渡的过道走廊。公共空间和各部门办公区域之间也同样需要有一个分隔，即要有一个从公共空间过渡到相对私密的办公室的过程。比较理想的布局是大堂—会客厅—客户接待室—独立业务洽谈室—职能部门办公区—高层管理人员办公室，形成错落有致的节奏。此外，不仅要有正式的会议室等公共空间，还要有非正式的公共空间，如宽敞的茶水间、舒适的休闲区、室内健身平台等。这样可以让员工在休息时间不经意地碰面，自然加强了员工之间、部门之间的沟通和交流。

2)空间划分和隔断设计符合工作性质

办公室空间的划分因使用人员的岗位职责、工作性质、使用要求等不同而有所区别。

调研企业的主要领导和高层主管通常是一人一间单独的办公室，一般安排在办公区的最高层或平面结构最深处，使其有一个相对安静、安全、保密性强的环境，便于他们进行思考和决策。有条件的可以设置套间，外间安排成客户洽谈室或秘书办公室，有利于提高工作效率。

对于一般管理人员和行政人员，调研企业的办公空间的分隔通常有三种方式。一是采用大办公区集中办公的方式，同一部门的人员相对集中在一个区域，但各部门(区域)之间不分隔。其特点是增加沟通、节省空间、便于监督、提高效率；缺点是相互干扰较大。二是各部门(区域)之间完全隔断，但同一部门人员的办公空间之间采用低隔断，一般是利用组合办公家具形成高度为1.2～1.5米的隔断，既为每一名员工创造一个相对独立的工作空间，减少相互间的干扰，也便于同一部门员工之间互相走动和交流。三是各个员工均有自己完全分隔和封闭的办公室，这种方式主要用于财务工作、网络管理或数据处理等社交工作较少的部门，有较好的保密性，但不便于员工之间的交流，调研企业的业务部门特别是直接面对客户的部门不宜采用这一布置方式。

3)配套用房设计功能明确

配套用房主要指会议室、接待室、会客室、资料室、休息室、网络机房、文印间等。对于经常接触客户和被访对象的调研企业来说，这些都是必不可少的。办公配套用房的设置必须从功能出发保证空间划分的独立性和合理性，减少外部来访者或内部人员流动对工作造成的干扰，便于员工集中注意力和精力。

总之，布局合理能对员工的交流有促进作用，从而减少服务延迟的可能性。同时办公空间要赋予员工一定的自主权，允许其自由地装饰个人空间，使其可以进行独立的思考和减少外部的干扰。

9.5.5 设施和装饰设计

调研企业提供的是一种专业化的信息服务，客户期望从一些物理特征也就是有形展示来推断服务质量，而最直接的物理特征就是调研公司的设施和装饰设计。如果一家调研公司的门口没有招牌或是没有指示牌指示顾客如何找到该公司，办公室只设置了一个男女通用的卫生间，客户的资料随意堆放在桌子上，没有独立的会客室或会议室，那么潜在客户对调研企业的印象会大打折扣。所以，调研公司的设施和装饰设计应该给客户提供充分的线索，给其专业性服务形象提供充分的支持。

1. 会议室和办公室设施

办公室设计主要包括各种办公用房的装修、室内色彩及灯光音响的设计、办公用品及装饰品的配备和摆设等内容。

一般来说，调研企业的大型会议室采用教室或报告厅式布局，便于演讲和展示；中小会议室适宜采用圆桌或长条桌式布局，便于与会人员开展讨论。会议室布置应简单朴素，光线充足，空气流通。可以采用企业标准色装修墙面，悬挂企业旗帜，在讲台、会议桌上摆放企业标志物，墙面上悬挂公司理念、服务口号等方式来突出企业特色和个性。在会议室显著位置可以摆放或悬挂时钟，以提示时间信息和办公效率。

独立办公室或办公区域要反映企业形象，具有企业特色，如墙面色彩采用企业标准色、办公桌上摆放企业旗帜以及企业标志、墙角安置企业吉祥物等。另外，办公室设计布置要追求高雅而非豪华，切勿给人留下华而不实的印象。

接待室（会客室）是企业对外交往的窗口，设置的数量、规格要根据企业业务活动的频度而定。接待室的布置要干净美观大方，可摆放一些企业标志物和绿色植物及鲜花，以体现企业形象和烘托室内气氛。其通风装置要时刻保持良好运转，使空气洁净，让人头脑清醒，舒适的桌椅能让双方处于一种轻松的身体状态，更容易集中精神。

2. 指示标志的设置

调研公司是一个提供专业性服务的服务组织。办公区域的指示标志是否清晰，体现了公司的工作效率和管理规范。指示标志的设置主要起吸引和向导作用，它包括了室外和室内两部分。标志牌的规格、字体、色彩、大小应该根据企业的CI系统的规范和实际的情况来设计；指示牌的设计以及摆放的位置要让来访者容易识别，并能根据指示轻松找到各个功能区和办公室的具体位置，这样可以节约顾客的时间成本。

3. 办公设施和设备

办公设施和设备的设置方式比较灵活，但要侧重考虑两个方面：一是便于相关员工使用操作；二是便于向客户展示。通常情况下，通用办公设备放置靠近使用频率最高的部门，或者集中放置在公共办公区域，如复印机、传真机、投影仪等；专业技术设备放置在专业技术部门或者能让客户看到的区域，如监测仪、绘图仪、广告测试仪等，并同时配备微机、书架（柜）等数据处理工作必需的设备。

9.5.6　照明及色彩的设计

1. 照明和亮度

调研企业大多数工作在白天完成，因此办公空间内在灯光设计的使用上，尽量采用人工照明与天然采光相结合。营造舒适的照明环境，室内亮度分布变化不宜过大，在灯光的设计上，可以采用重点照明与局部照明结合。例如，在开放式办公区，办公位置可以是重点照明，其他区域可以弱些；在前厅接待区，LOGO形象墙和接待台区域可以重点照明，其他区域可以弱些；在会议室或访问室，会议桌上方区域可以是重点照明，其他区域可以局部辅助照明。

2. 色彩的运用

调研企业在办公区域的色彩设计上，整体性区域如墙面、顶面、地面适宜采用大面积色块，色调上应尽量采用冷色系，降低彩度；小空间区域如员工办公桌、墙面装饰物可采用暖色或明亮色，提高彩度。另外，色彩设计也与区域功能有关，一般来说，公共空间、开放式办公区应强调整体统一效果；视觉强调中心如LOGO背景墙、接待台可采用与周边环境反差较大的、亮度高的对比色，提高其识别度和注目度。此外，家具色系一般选用与周围墙面对比强烈的色彩，并注意与使用环境的功能要求、气氛、意境要求相适合。

9.5.7 网站

网站或专门网页是现代调研企业对外展示的重要窗口，随着信息时代的来临，作为提供专业性服务的调研公司的网站在塑造企业形象、促进客户交流、建立差异化竞争优势方面的作用越来越突出。

调研企业的网站要做到准确、有效传播服务信息，在设计上应该注意以下几点：①具有鲜明的特色，主页富有吸引力；②具有双向交流功能，能实时与客户和访问者互动；③通过超级链接按服务领域和服务内容提供细分信息；④及时更新，保持信息与时俱进，介绍本调研行业的最新发展趋势和企业的重大事件；⑤提供公司关键员工的传记性信息；⑥提供内部搜索引擎和可公开的权威研究数据，并让使用者可以下载和阅读；⑦充分展示公司服务理念、服务流程、技术设施、合作客户等信息；⑧能够快速地把信息从服务器转移，下载到自己的电脑里。

以下是一些知名市场调查和研究咨询公司的主页，可供读者参考。

(1)零点研究咨询集团：http://www.horizon-china.com/cn/。

(2)赛立信研究集团：http://www.smr.com.cn/。

(3)北京益普索市场咨询有限公司：http://www.ipsos.com.cn/。

(4)上海尼尔森市场研究公司：http://www.acnielsen.com.cn。

(5)央视市场研究股份有限公司：http://www.ctrchina.cn/。

(6)央视索福瑞媒介研究有限公司：http://www.csm.com.cn/。

(7)北京环亚市场研究社：http://www.pamri.com/。

(8)广东现代国际市场研究有限公司：http://www.mimr.com.cn/。

调研企业环境展示的设计除上述展示工具外，还包括了办公氛围、视觉、背景音、触觉、气味等，这里不再一一详述。除上述调研企业常用的有形展示要素之外，一些调查公司还开发了具有自身特色的传播工具，如各种标志纪念物、业务赠品、文具、日历、企业内部刊物等项目。

以下是一些市场调查和研究公司的有形展示要素的设计，可供读者参考。

(1)一线市场调查公司的办公环境：http://www.esuen.com.cn/。

(2)石家庄市金诺新市场调查公司的台历：http://sinothink.blog.163.com/。

(3)成都达智咨询有限公司的企业内刊：http://www.cdwisdom.com/neikan.php。

(4)北京英特维市场调查公司的访问设施：http://www.inv-china.com/。

上述所有这些构成要素合成了一家调研服务企业的"整体特色"，通过这些富有技术性和创造性的有形展示，一家调研企业或机构向客户和公众充分展示出与众不同的"个性"，而"个性"在高度竞争和日渐无差异化的调研服务市场中将成为企业制胜的关键法宝。

案例 1

安达信咨询公司易名记

1998 年，作为从安达信会计师事务所分离出来的一部分，安达信咨询公司设计了一个新的徽标“A^{c}”，喻示着公司身份的改变和推行新的品牌战略。安达信咨询公司的首字母“A”是字母表中第一个字母，代表领先。而上标“C”是指咨询，代表呈指数改变。除了新的徽标，安达信咨询公司还开发了一个语音信号，目的是用声音来展示公司的品牌，为了进一步实施它的新品牌战略，安达信公司还为自己设计了新的网站，增加了广告投入和赞助。

2001 年 1 月 1 日，安达信咨询公司再次对企业标志进行调整，新名称为 Accenture（艾森哲或安盛），它是由“accent”（重点）和“future”（未来）两个词拼接而成，公司希望新的名称包含强调未来的含义，并强调面对重点领域的客户服务。其首席执行官在一次新闻发布会上说：它表达了我们作为一家咨询公司组织的特色，也表达了我们公司的目标——冲破旧的咨询服务传统。

安达信咨询公司在脱离安达信会计事务所，创立自己的品牌过程中的标志的调整和变化，体现出安达信咨询公司对于自身品牌的建设独到的理解，同时也体现安达信公司对自身的要求和企业追求的目标。

案例 2

赛立信研究集团的 MI

	企业定位
1	中国本土大型的多元化的信息咨询服务集团
2	根植中国市场，服务中国市场，与中国市场共同成长的企业
	企业目标
1	提供最好的产品和服务，追求客户利益的最大化
2	为员工创造成功和实现个人价值的环境与机会
3	谋求最佳利润回报投资者
	企业使命
1	为所有赛立信人创造良好的发展事业及提高生活素质之条件
2	不断探索和发展市场研究方法、技术，为促进中国市场研究行业发展不懈努力
3	推进中国市场经济建设，为发展中国经济和国家富强做出应有的贡献
	企业战略
1	全国性、多元化的信息咨询服务集团 （1）服务领域包括市场研究、媒介研究、竞争情报研究、商业信用调查、管理/营销咨询及其他信息咨询服务，且在各个领域的竞争力居于国内同行前列 （2）以广州为龙头，发展上海、北京、武汉、重庆、西安、沈阳等重点城市的业务
2	国内最优秀的市场调研及信息咨询公司 （1）五年内经营规模及营业额进入国内前十位 （2）成为国内最受尊敬的市场研究及信息咨询服务公司之一 （3）成为客户首选的市场研究及信息咨询服务品牌之一

续表

	企业价值观
1	忠诚乃为人为事之根本 (1)对客户忠诚　客户利益至上。我们的价值在于解决了客户对市场的疑难，忠实于客户是提供最佳服务的基本要求 (2)对公司忠诚　维护公司的利益，爱护公司的品牌，保护公司的商誉；公司与员工个人与时俱进，共同成长 (3)对员工忠诚　尊重员工，爱护员工，构筑让员工施展才华的舞台，给予员工追求成功和实现个人价值的空间
2	严谨与求实的企业作风 (1)任何时候我们都要尊重科学，尊重知识，尊重客观事实 (2)我做的每一件事情不仅影响我的工作效果，更重要的是会影响到整个项目的质量 (3)不要忽视任何一个细微的环节，不要放过任何一个细小的错误 (4)小心谨慎地对待每一个数字，一丝不苟地操作每一个计算或推论的环节 (5)每一个调查结果都必须经过多方面多渠道的求证，每一个结论都必须有充分的依据予以支持
3	不断进取、不断进步的企业精神 (1)以个人的不断进取促进团队的不断进步，以团队的不断进步带动个人的不断进取 (2)逆水行舟，不进则退。只有始终保持强烈的进取心，才能保持赛立信的竞争优势 (3)陶醉于过去的成就立刻会有麻烦找你，永恒的目标永远是零的起点 (4)成功是短暂的，不可能持续到永远，若要努力保住它，必须不断寻找新机会
4	追求卓越和出众的企业理念 (1)只有出众的产品和最好的服务才能赢得客户的信赖。拒绝平庸，追求卓越始终是我们的信条 (2)每位员工牢记：任何事情都要做到最好，下一件事要做到更好 (3)一个高度竞争孕育了卓越的气氛，同事之间存在许多竞争压力，没有人安于职位，他们必须打破常规创造卓越 (4)不忽视幕后默默无闻的功臣，每个人、每个岗位的卓越才能铸就赛立信的卓越 (5)公司的决策，最终责任由你承担，赛立信的声誉掌握在你手中
	服务理念
	品质缘于专业 (1)我们始终以专业的精神，从事专业的工作，提供专业的服务 (2)我们始终追求以最好的产品和最佳的服务，回报信赖我们的客户和朋友 (3)因为专业，我们能够做到最好；因为专业，我们必须做得更好
	经营理念
	研制专业技术，提供专业服务，创建专业品牌
	服务范围
1	市场研究
2	媒介研究
3	商业信用管理
4	竞争情报研究

续表

企业荣誉	
1	中国市场学会信用工作委员会会员
2	中国广告协会会员
3	全国市场研究行业协会理事
4	全国市场研究行业协会团体会员
5	国家统计局核准之甲类涉外市场调查机构
6	中国广播电视学会广播受众研究会理事

☞ 思考与讨论

1. 调研企业是否应该制定一套《员工形象手册》? 如果是,它应该包括哪些内容?
2. 选择一家刚刚建立的调研企业,为其设计一个企业标志,并说明该标志的内涵和设计理念。

第三篇　市场调研企业的管理与运作

第10章

市场调研企业的组织管理

10.1 市场调研组织的建立

10.1.1 市场调研组织的概念

市场调研组织就是为了完成调研项目运作而建立的组织机构或工作团队。市场调研组织包括两个层面的内容。其一是指从事或承接市场调研业务的独立机构，如调研公司、咨询公司、市场研究公司、国家或地方政府的经济信息中心等。除专业的调研企业外，这些组织本身不参加具体的项目运作和技术工作，仅负责调研项目的组织、管理和协调的职能，项目运作以转包形式由他人或其他组织承担。其二是指专业调研企业内部为完成特定的委托调研项目而建立的调研项目团队。这一类调研项目组织属于临时性机构，随项目产生而组建，随项目完成而解散。其负责人除了项目进程管理之外，也要承担一些具体的调查专项工作，如统计设计、问卷编制或汇总研究工作。调研项目团队的具体职责、组织结构、人员构成和人数配备等因调研项目性质、复杂程度、规模大小和持续时间长短而异。

10.1.2 市场调研组织的特点

大多数调研项目的运作是一种定制性、一次性的活动，任何项目都同样存在从项目可行性分析到调研报告完成的生命周期，要使组织活动有效地进行，就需要建立合理的组织结构。因此调研项目组织要依据调研活动的特点来设计。

1)机动灵活

由于调研项目的工作具有临时性。一般来说，调研项目完成后，项目团队就解散了。也有些调研项目团队不解散，由原班人马或经过改组继续承接新调研项目，但从项目管理的角度来看，改变了任务的项目组织实际上是另一个新的组织或机构。因此组织的设计必须具有充分的弹性和灵活性，设计良好的人员进入和退出的机制。

2)强调专业化

一个调研项目的运作需要许多具有不同特长、不同知识结构的专业人才进行分工协作才能完成。如项目计划和调研方案需要熟悉项目综合管理的策划人员来设计，调研数据分析需要专业的统计人员来承担，项目团队实现专业化分工才能发挥成员的特长，提高工作效率，降低运作成本。如何有效地分工和协调是调研项目组织构建要解决的核心问题。

3)注重协调和授权

专业化分工产生了协调问题，项目组织是解决这个问题的有效工具。调研项目组织内人员必须是协调一致的，通过整合组织内个体行为，求得最大效率。因此，调研项目组织或团队必须围绕具有“威望”中心人物来构建。企业或机构要给予组织或团队的领导最大程度的自主决策权和统一指挥权，项目团队的领导也要具备高超的协调和统合能力。

10.1.3　调研组织建立的原则

在建立调研企业组织结构时，必须注意遵循以下原则：①必须为调研项目的目标和计划服务；②必须根据工作需要来设计组织结构；③必须保证决策指挥的统一；④必须有利于全过程及全局的控制。

一般情况下，在决定调研项目组织结构这个问题上，项目负责人的影响力是有限的，它主要是由企业或机构管理层决定的。但项目负责人的工作在很大程度上受项目组织结构的影响，所以项目负责人必须对项目组织的工作方式非常了解。经验丰富的项目负责人往往能够使项目组织按照他所认为的最佳方式运行。由不同项目经理领导的项目，其工作方式也会有较大的不同。这里关键的问题在于决策层与项目负责人之间的信息沟通。所以组织结构设计还必须考虑各种信息传递和反馈的方式、方法和制度。

10.1.4　调研组织建设

调研组织的建设就是研究确定调研项目运作组织的系统结构，即目标、协同、人员、角色、职责、从属关系、信息等要素的排列组合方式。简言之，就是把调研项目组织的目标任务分解为角色，再把角色综合为部门(小组)，由多部门(小组)组成垂直权力系统和水平分工协作系统的一个整体结构(其内容详见 10.3 节)。

调研企业组织建设的成果，应当形成描述组织结构及其内在关系的系统、规范的文档，作为实施调研项目人力资源管理(human resource management，HRM)的依据。组织建设形成的文档成果主要有组织结构图、项目成员表、岗位说明书和职位工作任务书。

10.2　市场调研组织的类型

由于历史原因，在我国从事市场调研活动、提供调研信息的组织机构呈现出多元化的特征。从组织性质看，从事或承接市场调研业务的机构主要有以下几类：专业市场调研公司、国家(地区)统计部门机构、企业策划及广告代理公司、新闻媒体调查部门、行业管理部门、企业营销管理部门。

其中，后三类机构多数既是市场调研信息的提供者，也是市场调研信息的使用者。

国外学者通常将所有市场调研者按专业程度划分为五个层次。

(1)第一层次:企业营销部门、调研部门和广告公司。这些部门同时也是调研信息的使用者。许多公司都设有自己的市场调查部门,但通常人员规模较小,基本上承担企业的专题性、临时性调研活动,调研样本量不大,但信息的搜集成本比较低廉。取得的信息多用于评估企业的营销策略、判断目标市场的消费变动和预测外部环境的变化。

(2)第二层次:现场服务公司、专项服务公司。他们是在市场调研业的发展中分化出来的专业化企业,主要为更高层次的市场调研公司提供辅助性服务或专项服务。欧美的发达国家中存在大量的此类机构,我国仅上海、深圳等经济发达城市有少数的此类专业化服务公司。

现场服务公司的主要职能是接受大型调研企业的转包合同,专门从事第一线数据的搜集,相当于大型调研公司的下游企业。其运作流程由接受转包委托合同、培训调查员、准备调查工具、访问调查对象、质量控制、数据汇总、提交报告等步骤组成。

专项服务公司也是通过承接转包合同的形式为大型调研企业提供辅助性服务和专项服务,不同的是,它以提供数据处理和支持性服务为主,相当于大型调研公司的后续部门,主要包括四种类型公司。①数据处理公司:应用计算机进行数据校对、编码、录入,以及前期的初步统计分析。②抽样公司:利用其拥有的大型客户数据库,提供企业、个人或家庭的样本信息,为调研公司确定抽样框和选取调查对象服务。③二手资料调研公司:通过各种间接信息渠道,如图书馆、资料中心、计算机网络等,替大型调研公司搜集二手资料或提供目录索引库,开辟查找数据情报的渠道。④统计分析公司:为市场调研公司或企业营销部门提供专用于调研数据分析的统计方法和数学模型,也常常直接提供数据的统计分析服务。

(3)第三层次:定制调研公司。定制调研公司在各种类型的调研企业中为数众多,所占比例最高。其基本业务是承接企业委托的调研项目,开展特定课题的调研工作,其运作的项目多数是非重复的、一次性的。我国的定制调研公司的规模大小不等,有些小规模的公司员工在10人以下,甚至还有个人独资企业,调研员临时招聘或由兼职人员充当;也有员工上百人、在许多地区设有分支的大型公司。

(4)第四层次:大型基础调研公司。大型基础调研公司营运规模比较庞大,信息搜集与处理采用自动化、电脑化的高科技设备,数据处理速度快、容量大、能力强,与定制调研公司相比,其数据搜集工作不是为解决特定的问题,而是长期地、持续地搜集大量企业共同需要的市场信息,公开向各类组织或个人提供付费咨询服务,大型基础调研公司一般以某项专业研究或某个媒体渠道的信息形成的数据库为依托。例如,全球最大的市场调研机构D&B中Cognizant Corp公司,利用电视收视监测仪专门搜集电视各频道的收视情况,为各电视台、企业和广告公司提供有关数据,ACNielsen公司则利用安装在5000家超市的扫描仪取得各类消费品销售额、市场占有率以及消费变动方面的信息,向各类厂商和零售商提供消费者购买行为分析、营销效果测评等方面的服务。市场调研行业中此类公司数量不多,但占整个行业营业收入的比重很大。

(5)第五层次:其他调研者。除上述几个方面的营运性调研企业之外,社会上还存在其他进行市场调研的一些机构,如我国的大专院校研究机构、国家行业管理部门、中央和地方统计局、隶属媒体的调研机构等,它们主要针对特定的课题或领域开展调研活动。近年来,还出现了以兼职方式为市场调研企业提供数据分析和顾问服务的一批学者。

10.3　市场调研企业的组织结构

10.3.1　产权结构

我国市场调研企业的所有制成分复杂，现有的 1000 余家调研机构，按产权性质划分，大致有以下几类形式：①属于政府职能部门的统计调查组织（如各省、市、地统计局）、各行业管理部门的调研机构；②新闻媒体、院校等事业单位自设的调研机构；③行业管理部门的调查研究所；④民营、私营调研公司；⑤合资股份制调查公司；⑥外资独资调查公司。

此外，部分广告公司、营销策划公司、管理咨询公司也从事市场调研业务。

10.3.2　调研企业的组织模式

市场调研企业的组织形式较特殊，管理模式比较灵活多样，多数企业的组织模式主要与其特定时期的营运规模有关，有一个逐渐发展和演进的过程，一般中、小型的调研机构多以直线制或直线职能制为基本组织结构，大型或跨国调研企业则采用矩阵制或事业部（分公司）制结构，各类组织结构的一般形式概述如下。

1. 直线制

此类机构多为小型调研组织采用，由市场调研组织人（调研总监）兼做项目接洽、调查策划、组织监督工作，仅将调研人员分为两个职能组，调查组承担实地调研、二手资料搜集等任务，策划组则负责调研方案设计、问卷设计、统计分析等工作，分别完成后由调研总监汇总完成调查报告。它的特点是组织简单，易于管理、指挥统一。但对各单位的人员的能力要求较高，专业化分工程度低。其组织结构的典型形式如图 10-1 所示。

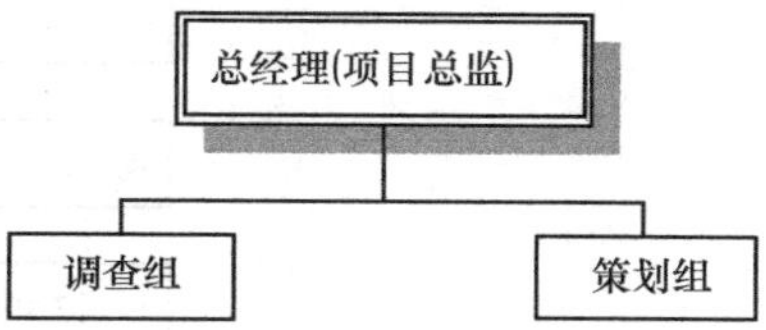

图 10-1　直线制调研组织

2. 职能制

职能制是大部分定制调研公司常见的组织结构形式。它主要依据专业化分工的原则将调研全过程细分为接洽、计划、组织、设计、培训、指挥、实施、控制、分析、报告等工作步骤，按操作要求和性质进行归集，划分和设计相应的职能部门。其特点是各职能部门在总经理统一指挥下，分工负责市场调研的各项工作，共同完成委托调研项目。具有结构清晰，职能分明，便于发挥专业人才的作用的优势；其缺陷是对部门之间配合协作的要求较高，协调工作量大，可能产生部门之间相互争夺资源和责权分散化的倾向。典型的职能制调研组织结构如图 10-2 所示。

3. 矩阵制

矩阵制是由纵横两套系统交叉形成的复合结构，纵向是常设的职能系统，横向是为完成特定的调研课题而组成的项目系统。项目系统属于非常设机构，其工作人员根据承接的调研项目和运作进度的要求从各个职能部门中抽调出来，组成调研项目组，在完成所承担的专

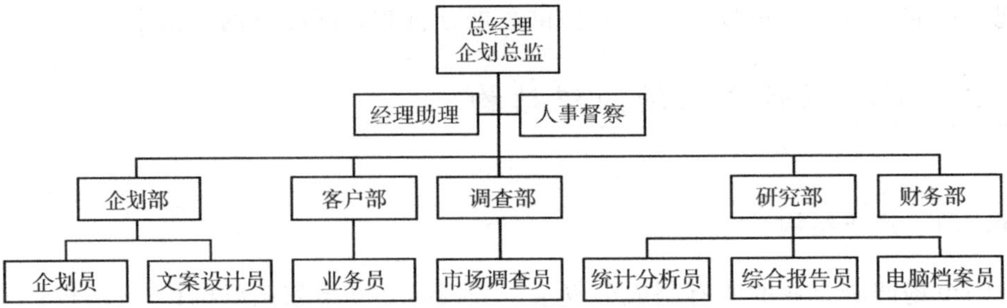

图 10-2 职能制的调研组织

业任务后，项目组人员仍回到自己原来隶属的部门。

矩阵组织是中、大型调研公司经常采用的项目运作模式，它将专业化原则与目标原则结合起来，其结构比较简单灵活，具有很大的弹性和适应性，管理成本低。由于项目小组的成员来自不同的职能部门，既便于发挥专业人才的作用，又能促进部门之间的沟通和协调。但项目组人员由于隶属的关系不变，可能会产生临时观念而影响工作责任心，且项目组和职能部门之间可能因工作指令的不一致产生双重领导的矛盾。其组织结构如图 10-3 所示。

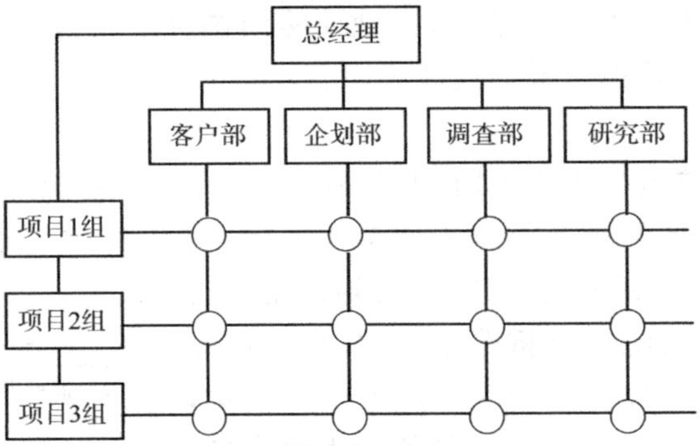

图 10-3 矩阵式调研组织结构

4. 事业部制

事业部制是比较典型的大型基础性调研公司的组织结构形式。实质上，它是一种区域化的部门组织结构，即根据公司业务上划分的地理区域设立分支机构，并将相应的调研业务和运作职能划入各个相对独立的分支机构。总公司的职能部门仅起指导、监督、培训、考核的作用。采用这一组织模式的原因是市场调研业务的拓展和社会文化环境的差异。

事业部制在经营上多由分支机构独立承接和运作调研项目，各个分支机构可根据所在地的特点来灵活地确定经营策略和调研方式，责权分明、易于考核，也有利于促进分公司之间的良性竞争；此外，对调研行业而言，事业部制最大的优点是总部与分支机构之间实现信息资源共享，可分工承担全球性的课题，从而大大节约了营运成本，提高了调研效率。但事业部制对分支机构主管的能力要求较高；地区机构之间容易相互争夺资源，形成“本位主义”倾向，增加总公司的协调和控制难度；此外，分支机构某些职能部门与总部重叠设置会增加管理成本。其结构如图 10-4 所示。

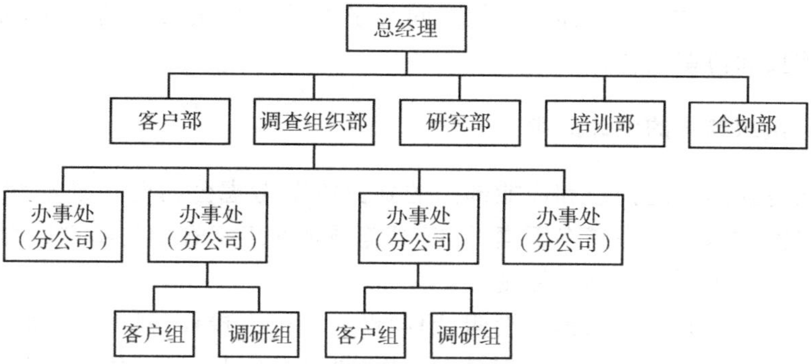

图 10-4 事业部制调研组织结构

10.3.3 国外著名公司的市场调查部结构

除上述几类专业化调研企业之外，国外许多大型公司或产业集团均设有专门的市场调研部门，其结构主要视产品/行业性质、企业规模、营运方式等因素而定，设置灵活，形式多样。这里给出两个著名企业的市场调研部组织结构形式供读者作参考(图 10-5、图 10-6)。

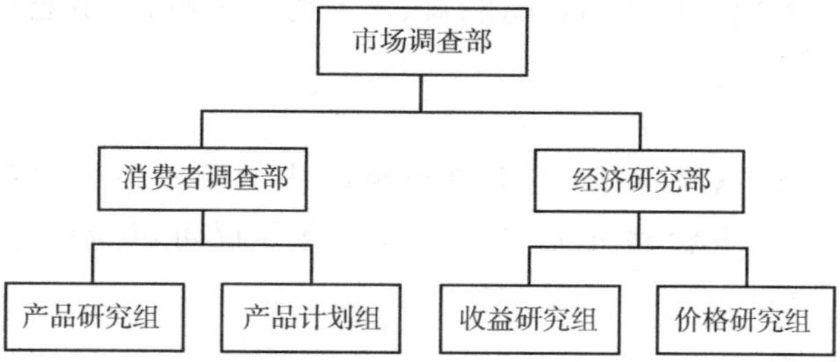

图 10-5 福特汽车公司市场调查部组织结构

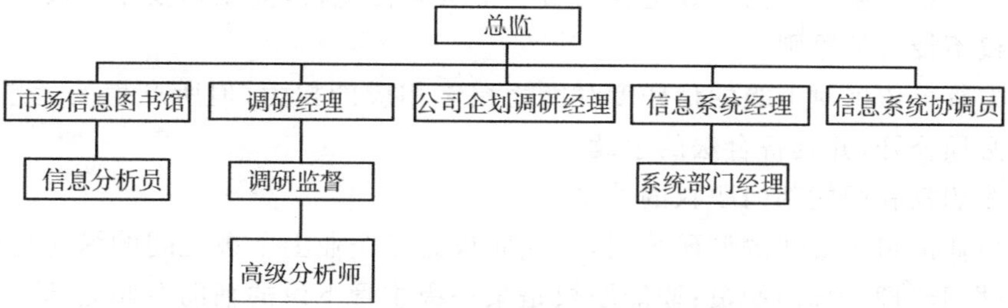

图 10-6 3M 公司的市场调查部组织结构

10.4 市场调研企业的组织结构设计

市场调研公司组织结构的设计目标是充分发挥专业化分工优势，协调和有效地运用组织资源，提高企业的营运效率和管理的效率。调研公司的结构设计基本上按照管理幅度与层次确定、任务划分、部门划分、职务结构设计四个步骤进行。市场调研企业内部组织活动的独特之处，是各个职能部门之间、岗位之间几乎不存在物质实体的流动，完全依赖信息的传递来相互连接和协调配合。

10.4.1 组织结构的设计原则

调研公司专业组织的构建和职能部门的划分需要考虑公司营运规模和发展阶段、业务范围、市场环境、技术手段等诸多因素，同时要遵循企业组织管理的基本原则。

1)因事设人与因人授权结合原则

根据组织目标，因事设岗、因岗设职、因职设人。因人授权：根据个人能力特长授予相应职位与权力。不得存在不负有任何责任的“虚岗”、“虚位”。尽可能不采用“双人共同负责制”。

2)职能界限原则

每一部门或岗位均有明确的职权；各部门或岗位的职责不得交叉和重叠，以防导致人人负责实际无人负责的局面；涉及多部门或岗位的事务必须有明确的裁决人；所有事务均有明确责任人，即遵循管理“无空白”的原则。

3)权责对等的原则

任何一个职位必须做到权力、责任、利益、义务对等平衡；绝不能存在有权无责和有责无权的部门或个人。

4)职权层次原则

任何一级主管不得越级指挥，也不得越级服从。任何一级主管不得越级汇报，也不得越级受理下属工作。主管和员工对上级指令有异议可以越级申诉，但首先必须服从和执行。

5)统一指挥的原则

每一下级只接受一个上级的指挥，只有唯一一个上级。部门内不设副职只设助理，避免双重领导和派系产生。任何一级主管对直属下级有任免权，但无越级任免权。

6)授权不授责的原则

上级主管可依据对下级的信任度和能力授予相应的权力，但所产生的后果由授权人负责。授权必须公开，并具备合法的手续。

7)直线职权和职能部门职权的关系

对于事业部组织形式的调研公司，直线职权是指企业上下级之间的纵向指挥的关系，如总经理—部门经理—部门职员；职能职权是某一级主管下设的辅助性职能部门，负责专业管理和项目督导，职能部门对下一级主管和对口职能部门无直接指令权，只有建议权、业务指导权及监督权。

8)三权分立原则

员工的举荐、招聘、督察由人事部门负责，员工的考核、日常管理与工作安排由相关部门主管执行，员工的晋升、奖惩由更上一级主管决定。

9)精干高效原则

负责市场开发和客户联络的部门按获得的业务量实行绩效考核，其他专业部门和管理部门实行成本考核。

10.4.2 主要业务部门的职能

市场调研企业的内部一般按照调研过程和业务环节进行分工,然后根据业务性质进行适当归并,形成各个职能机构或部门。下面我们以调研企业中较为普遍的直线职能制和矩阵制为例,试对其主要的专业部门和基本职能进行剖析。

1. 客户部

部门基本职能:调研客户的市场开发。

部门主要职能:潜在客户接触、客户教育;项目洽谈;客户数据库管理;项目初步调查;调研合同的签订;各类来访人员的接待;全公司的公共关系、形象推展工作。

其他职能:定期进行同行业调查;调研过程中的客户沟通与协调;向客户反馈调研信息和调研进度;应收款催付;竞争情报管理;代表公司出席社会公关活动;业务人员的考核。

直接上级:总经理(企划总监)。

下属岗位:业务员。

部门主要考核目标:调研合同营业额;调研项目回款率;客户净存量;营业收入增长率;客户沟通频度。

2. 企划部

部门基本职能:调研项目总体规划与设计。

部门主要职能:项目可行性分析;项目策划、立项、分项;制定市场调研项目计划;成本预算;调研合同的起草、审核;调研人员业务与工作制度培训;调查问卷设计;调查报告撰写。

其他职能:企业内部管理制度的起草拟定;企业形象设计与整合;内部业务交流资料汇编;调研过程督导;调研人员现场指导;企划人员的培训与考核;组织或参与行业内部研讨交流会。

直接上级:总经理(企划总监)。

下属岗位:初级企划员、高级企划员、文案设计员。

部门主要考核目标:调研合同利润额、营业收入利润率;调研项目完成率;调研问卷有效率;设计成本收入比;客户沟通频度。

3. 调查部

部门基本职能:调研项目的实施与调查人员管理。

部门主要职能:制定调研项目实施计划与日程;分配调查样本量;下达调查人员工作任务书;督导人员、调查人员现场操作培训;调查实施计划的执行;调查过程意外情况处理;调查人员考核;调研过程监控和现场指导。

其他职能:调查人员的奖惩建议;调查中断事件的处理;原始数据审核;调查工作量统计;调研人员报酬计核;调研费用成本控制。

直接上级:总经理(企划总监)。

下属岗位:初级调查员、中级调查员、高级调查员。

部门主要考核目标:调研实施计划完成情况;调研项目完成率;调研问卷回收率、有效率;样本量完成情况;费用计划完成情况。

4. 研究部

部门基本职能:数据处理与信息管理。

部门主要职能:统计人员培训;原始调查数据的审核、编号;调查数据预处理;统计模型的构建和指标汇算;统计数据分析;编写统计分析报告;信息资料归类、存档。

其他职能:公司资料文档管理;客户档案管理;调研项目档案管理;统计工作量计核;统计人员工作评估;统计分析费用成本控制;统计分析人员报酬计核;统计数据的社会发布。

直接上级:总经理(企划总监)。

下属岗位:统计分析员、综合报告员、电脑档案员。

部门主要考核目标:统计分析误差和误差率;统计项目完成率;统计计划完成情况;信息提供速度;费用计划完成情况;统计档案完整度。

其他如人事、财务、办公室、行政后勤等职能部门的功能、运作、管理方式与一般工商企业相似,因其与调研行业的专业技术特征无关,故在此不作赘述。

10.5 市场调研组织的专业职位

作为一个完整规范的组织系统,岗位是组成调研公司管理体系的最小单位。调研企业应根据自身的运作特点和经营规模,实行定岗、定编、定员。企业中任何一个岗位,必须明确界定其职责、权力、义务和利益;企业对每一岗位的责任人,必须明确其特定的职能、技术手段、工作内容和素质要求。这是企业规范管理体系、提高营运效率的基础工作。岗位信息通常由岗位说明书来描述,岗位工作的考核,也以说明书作为主要参考标准。

调研公司的岗位可分为固定岗位和临时性岗位。10.4 节中所述的各个职能部门的主管及其下属岗位为固定岗位。此外,调研公司很可能在同一时期内承接若干委托调研课题,为确保项目按时按计划实施,明确调研人员的责权利,通常需要成立相对独立的项目调研小组(见图 10-3),做到专项专人负责。其中,项目总监(组长)、项目特别顾问、项目指导和督导员均属临时性岗位。下面试对直线职能制结构和调研项目组中各个主要岗位与主要岗位职责进行详细定义与说明。

10.5.1 直线职能制岗位设置与职责

1. 总经理

职位名称:行业内职位名称为“企划总监”。必要时可设“常务副总经理”或“总经理助理”以协助工作。

主要职责:总经理在董事会和董事长决议下综理本公司所有经营管理及发展事务,为公司最高管理者和执行首长。主要分项工作如下:①拟定本公司业务的总体目标及基本工作策略、发展计划;②督促下属各部门拟定工作目标、工作计划和执行公司政策;③准备董事会议事程序,出席股东会和董事会,接受咨询并转达决议事项于所属各部人员,拟定该项决议的执行计划;④准备决策和协调委员会的议事程序和内容,组织召开决策和协调委员会会议;⑤拟定和修正本公司组织系统,决定人员配置数量和任用资格、薪资标准;⑥决定本公司内部授权程度及责任中心；⑦签聘公司部门经理以上人员；⑧决定人才开发计划、培训计划；⑨对部门主管以上级职员工作业绩进行考核，并决定其晋升、辞退、奖惩；⑩督导、指挥、支援各部门经理及其属员完成工作目标；⑪主持协调会议，组织和分配各部门工作任务；⑫仲裁两部门间的工作冲突；⑬亲临现场处理公司紧急事件；⑭其他由董事会指定的工作以及自行发展的新工作。

工作关系：①向上关系——总经理由董事会任命，直属董事会并对其负责；②向下关系——直接指挥副总经理、特别顾问以及各部门主管，同时担任公司决策和协调委员会主席。

2. 总经理助理

职位名称：行业内职位名称为“执行总监”。

主要职责：在总经理指挥下，协助总经理综理本公司经营范围内的客户接洽、项目签约、业务管理、企划组织实施等工作。主要分项任务如下：①审核客户开发计划，督促和支援各部门主管执行客户所委托之企划项目；②确定企划总体方案，分派和修正各部门的工作任务；③随同总经理出席董事会，回答企划工作方面的咨询；④拟制公司组织系统以及人员配置变动方案；⑤在总经理授权下，发展各类调研人才，以及决定本公司兼职企划人员的选聘；⑥客户企业内外部信息的汇集、分析、报告；⑦客户企业营销系统研究及内外部市场调查之组织；⑧综理企业与客户单位之间的工作项目协调；⑨主持企划项目会议，仲裁及防止各部门的工作冲突；⑩企划人员、市场调查人员及其他业务的培训与选聘；⑪指导和支援各部门经理及其下属完成指定的工作目标；⑫其他由总经理指定的以及自行发展的工作。

工作关系：①向上关系——由公司董事会任命，直属总经理，向总经理负责；为公司决策和协调委员会委员。②向下关系——指导各业务部门的工作并与之维持密切的合作关系；协调业务部门与其他部门的工作关系。

3. 客户部经理

职位名称：客户部经理，行业内名称为“客户总监”。

主要职责：在总经理指挥下，综理本公司各项经营项目的客户接待、项目受理、公共关系、市场拓展等工作，协助总经理处理好与委托单位的合作关系及项目协调事务。客户部经理的具体职责如下：①公司各项经营项目的客户拓展与信用调查；②拟定客户开发名单及客户开发计划，确定客户接触的工作方案和日程；③接待来访咨询的客户，公司业务的推广介绍；④项目的初步洽谈，了解客户需求，制定报价策略；⑤客户报价、访问、联络，签订意向性协议；⑥公司外部形象传播，公司业绩展示以及参与社会公益活动；⑦与政府机关、新闻媒介、行业协会、同行企业等建立良好的协作关系，处理外部公共关系事务，代表公司对外发布信息；⑧督促所属人员执行客户研究、服务、反馈工作，回答客户咨询；⑨随同总经理出席董事会和决策协调会议，回答客户调研进程方面的咨询；⑩拟定客户部工作计划和人员配置变动；⑪在总经理授权下，发展各类客户服务人员和兼职业务人员；⑫部门工作目标的修正与人员调派；⑬本部门员工的业绩评估、考核、奖惩、聘用、调迁、辞退；⑭其他由总经理指定以及自行发展的工作。

工作关系：①向上关系——由总经理直接任命，直属总经理，向总经理负责，为公司决策和协调委员会委员。②平行关系——与企划部维持密切的合作关系；与行政部、财务部维持的工作支援关系。③向下关系——领导客户部下属人员。

4. 企划部经理

职位名称：企划部经理。

主要职责：在总经理指挥下，综理本公司代理的市场调研项目的总体策划，主持调研数据的分析与报告业务。企划部主管的主要分项工作如下：①组织市场调研项目的分析与计划的制订；②调研项目的立项和确定；③企划人员的组织、分工并下达任务分配指令；④主持市场调研信息的分析工作；⑤组织市场调研报告的撰写与定稿；⑥本企业营销管理诊断；⑦调研工具的总体设计；⑧随同总经理出席董事会和决策协调委员会会议，回答企划、调研等方面工作的咨询；⑨本部门员工的业绩评估、考核、聘用、调迁、辞退、奖惩；⑩在总经理授权下，发展各类企划人员和兼职企划人员；⑪拟定和调整调研项目收费标准、调研工作制度和工作流程；⑫其他由总经理指定以及自行发展的工作。

工作关系：①向上关系——由总经理直接任命，直属总经理，向总经理负责，为决策和协调委员会委员。②平行关系——与客户部维持密切的合作关系，从行政部取得必要的支援，企划部为全公司的核心业务部门，其他相关单位应尽可能优先为其服务。③向下关系——领导企划部下属职员。

5. 调查部经理

职位名称：调查部经理。

主要职责：在总经理统一指挥下，负责组织下属员工，按调研计划对客户委托项目实施调查，监控和调整调研进程，管理调查过程中的相关事务工作。调查部经理的主要分项工作如下：①与企划部共同制定市场调研项目实施计划；②制定调查执行日程表；③调研项目工作量分解；④调查人员的组织、分工，向所属人员下达任务分配指令；⑤组织对原始数据的校验和审核；⑥主持初步调查和原始数据的统计汇总工作；⑦调查进程监控和调整；⑧调查工具和随赠品的发放和统计；⑨调查进程中意外事件的处理；⑩本部门员工日常业务培训；⑪随同总经理出席董事会和决策协调委员会会议，回答有关调查方面工作的咨询；⑫本部门员工的业绩评估、考核、聘用、调迁、辞退、奖惩；⑬在总经理授权下，发展各类调查人员和兼职调查人员；⑭参与拟定和调整调研项目收费标准、调研工作制度；⑮其他由总经理指定以及自行发展的工作。

工作关系：①向上关系——由总经理直接任命，直属总经理，向总经理负责，为决策和协调委员会委员。②平行关系——与企划部维持密切的合作关系，调查部为全公司的主要业务部门，其他相关单位应尽可能为其工作提供便利。③向下关系——领导调查部下属职员。

6. 研究部经理

职位名称：研究部经理。

主要职责：在总经理指挥下，负责处理本公司全部业务数据。组织下属人员对调查部移交的市场调研原始资料进行审核检验、统计汇总和综合分析。研究部经理的主要分工职责如下：①组织对市场调研信息的校对、编码、录入；②统计数据的检验与审核；③确定调研项目统计方法和工具；④统计指标体系的立项和确定；⑤统计分析人员的组织、分工，向所属人员下达任务分配指令；⑥组织对市场调研数据的综合分析；⑦组织撰写统计分析报告；⑧本部门员工的专业技术培训、等级考评；⑨随同总经理出席董事会和决策协调委员会会议，回答有关本部门工作方面的咨询；⑩本部门员工的业绩评估、考核、聘用、调迁、辞退、奖惩；⑪在总经理授权下，发展各类统计人员和兼职统计分析人员；⑫拟定和调整统计分析制度和工作流程；⑬其他由总经理指定以及自行发展的工作。

工作关系：①向上关系——由总经理直接任命，直属总经理，向总经理负责，为决策和协调委员会委员。②平行关系——与调查部维持密切的支持协调关系。③向下关系——领导研究部下属职员。

10.5.2　各职级管理权责的划分

直线职能制下各管理层级的职权一般划分如表 10-1 所示。

表 10-1　管理层级的职权

事项	责任人				
	职员	部门主管	副总经理	总经理	董事会
办公物资采购					
5 000 元以上		■	◆	◆	▲
5 000 元以下		■	▲		
部门工作计划		★	◆	▲	
部门工作报告		★	◆	▲	
人事手续					
确定职位级别		■	◆	▲	
工资级别调整	■		■	◆	▲
部门内部调配	■	▲	◆		
部门之间调配		■	▲	◆	
聘用或辞退					
一般职员		▲	◆		
外聘人员			◆	▲	
部门主管			■	▲	◆
副总经理				■	▲
办公用品领用	■	■	▲	◆	
管理制度制定			★	◆	▲
部门工作流程制定		★	◆	▲	
文档调用					
业务档案		■	▲		
财务档案			■	◆	▲
客户档案		■	▲		
其他	■	▲			
经费领用与报销					
500 元以上		■	◆	▲	

续表

事项	责任人				
	职员	部门主管	副总经理	总经理	董事会
500元以下	■	■	▲	◆	
业务及服务					
项目承接			★		
收费报价		★	▲	◆	
5%以下报价折扣		■	▲		
5%以上报价折扣			■	▲	◆
员工考核与奖惩			▲	◆	
公共关系活动				◆	▲

注：★拟制；■申请；◆审核；▲批准

10.5.3 矩阵制调研项目组的岗位设置与职责

1. 项目总监

职位名称：项目经理或项目总监。

主要职责：在总经理指派下，负责管理客户委托的特定调研项目，领导项目小组成员完成所承担的市场调研项目的全部工作，指挥和协调下属专业人员执行调研项目，组织客户沟通、总体策划、实地调查、统计分析、调研报告等工作的实施。其具体职责如下：①对市场调研项目组工作进行总体规划；②调研项目的立项和分项；③调研合同的洽谈和起草；④委托客户的沟通与教育；⑤调研项目组人员的组织、分工，向项目小组的专业人员下达任务分配指令；⑥实地调研的指挥和监控；⑦组织市场调研数据的统计分析工作；⑧组织市场调研报告的撰写与定稿；⑨费用预算计划与控制；⑩调研工具的总体设计；⑪对调研项目组员工培训；⑫调研项目组员工的业绩评估、考核、聘用、调迁、辞退、奖惩；⑬拟定和调整调研项目工作准则和工作流程；⑭其他由总经理指定以及自行发展的工作。

工作关系：①向上关系——由总经理直接任命，直属总经理，向总经理负责。②平行关系——应与各专业职能部门相互支持、协调合作，调研项目组是全公司业务的实际承担者，其他相关单位必须积极配合，优先为其服务。③向下关系——领导调研组下属职员。

2. 项目特别顾问

职位名称：调研项目组特别顾问。

主要职责：项目特别顾问属临时性职位，由项目总监提请总经理同意后任命。聘请有丰富企划经验和调研管理知识的企业外学者或专家兼任，可设一名或多名。项目特别顾问的主要任务如下：①协助项目总监处理调研项目所涉及的企业外部公共关系工作；②协助项目总监评估调研计划和调研项目的可行性；③协助项目总监处理费用控制方面工作；④承办其他由项目总监指示的工作；⑤监督调研项目进程；⑥调研人员的指导与培训。

工作关系：①向上关系——作为智囊参谋直属项目总监，向项目总监负责。②向下关系——特别顾问对下不领导任何执行单位，但与项目所涉及的其他职能组如企划组、客户组、调查组等维持密切的工作协调关系。

3. 企划员

职位名称：调研企划员。

基本职责：调研规划与设计。

主要工作：①调研课题研究；②调研课题分项和归集；③样本量、抽样方式、调查方式设计；④拟制调查计划草案；⑤调查费用预算；⑥撰写调研报告初稿；⑦承办其他由项目总监指示的工作。

直接上级：项目总监或企划部经理。

4. 文案设计员

职位名称：调研文案设计员。

基本职责：调研工具的设计。

主要工作：①调研课题执行方案的研究；②调查问题提纲设计；③调查问卷设计；④调查问卷测试与制作；⑤调查报告版式设计；⑥用户调查赠品设计；⑦其他由项目总监要求的工作。

直接上级：项目总监或企划部经理。

5. 项目指导

职位名称：调研项目指导员。

基本职责：专题调研的现场指导。

主要工作：①调研课题的深层研究；②调查问题难点与重点分析；③针对调查人员的调研项目专题培训；④协助项目总监控制调研进程；⑤调研技术问题的处理；⑥实地调研操作问题的处理；⑦实地调研现场指导；⑧其他由项目总监指示的工作。

直接上级：项目总监。

6. 调查组长

职位名称：调查组长。

基本职责：调查人员的管理。

主要工作：①调研项目实施计划研究；②调查工作量分配，调查人员的分工安排；③制定调查任务书，决定调查日程表；④实地调查进程控制；⑤主持调查业务会议，检讨调查误差和执行失误；⑥实地调研操作问题的处理；⑦调查人员工作量与工作业绩的考评、计酬、奖惩；⑧其他由项目总监指示的工作。

直接上级：项目总监。

直接下级：督导员、各级调查员。

7. 督导员

职位名称：调查项目督导。

基本职责：调查人员及项目监控。

主要工作：①调研项目实施现场控制；②调查人员的操作监督；③调查操作结果的复核；④调查人员工作完成数量和质量考核；⑤现场指导；⑥实地调研操作问题的处理；⑦其他由项目总监指示的工作。

直接上级：调查组长。

8. 调查员

职位名称:高(中、初)级调查员。

基本职责:现场调查操作。

主要工作:①被访对象接触与访谈;②按预定计划完成调研项目的现场实施工作;③调查表单填写;④原始调查数据的记录与整理;⑤实地调研操作问题的处理;⑥其他由项目总监指示的工作

直接上级:调查组长。

9. 统计员

职位名称:调研统计员。

基本职责:数据统计分析。

主要工作:①原始调查数据的审核、校对、编号;②资料归类存档;③统计汇总;④调查数据的初步处理;⑤基本统计指标的计算;⑥其他由研究部经理或项目总监指示的工作。

直接上级:研究部经理、调研分析组长。

10. 分析员

职位名称:统计分析员(高级分析师)。

基本职责:市场信息分析。

主要工作:①各类统计信息的综合分析;②专项调研课题的分析;③同业竞争分析;④撰写统计分析报告;⑤统计问题的处理;⑥其他由研究部经理或项目总监指示的工作。

直接上级:研究部经理。

11. 电脑管理员

职位名称:电脑档案管理员。

基本职责:数据的录入和存档。

主要工作:①各类调查信息的录入;②各类统计信息的录入;③印制统计分析报告;④印制市场调研报告;⑤客户数据、档案录入;⑥公司文件和其他文档的录入;⑦其他由研究部经理或项目总监指示的工作。

直接上级:研究部经理。

12. 档案管理员

职位名称:档案管理员。

基本职责:数据档案管理。

主要工作:①原始调查资料的整理归档;②各类统计信息表单的归档;③客户数据档案管理;④公司业务文件和其他文件的归档(人事档案除外);⑤其他由研究部经理或项目总监指示的工作。

直接上级:研究部经理。

10.6 专业职位的素质要求

随着市场调研业的迅速发展,众多国外和国内的市场调研企业虽然向社会提供了大量就业机会。但其行业性质决定了应聘者必须具有较高的个人素质。市场调研行业的从业人员既需要具备一定程度的知识面及专业技术能力，也需要具备较强的人际沟通能力，并有相关的工作经验。小卡尔·迈克尔丹尼斯所著的《当代市场调研》(第 3 版)中曾列举了美国市场调研业的职位及素质要求，结合我国调研业的现状和实际运作的要求，市场调研企业对各个专业职位聘用条件的要求如表 10-2 所示。

表 10-2　专业职位聘用条件表

职位	工作经验/年	教育程度	知识能力
市场调研总监	≥5	硕士	管理协调
经理助理	≥5	硕士	管理协调
专业部门经理	≥3	本科	专业技术
项目总监	≥3	本科	综合技能
高级企划员/项目指导	≥3	本科	综合技能
企划员	≥2	本科	策划、预算
文案设计员	≥2	本科	专业技术
业务员	≥0.5	大专	专业技术、沟通
高级市场调查员	≥0.5	大专	专业技术、沟通
中初级市场调查员		高中	专业技术、沟通
项目督导	≥1	高中	专业技术
高级统计分析师	≥2	本科	市场分析
统计分析员	≥0.5	大专	统计分析
电脑管理员		高中	
档案管理员		高中	

思考与讨论

1. 下图为上海简博市场研究有限公司的组织结构，它属于何种类型的调研公司组织模式？有何特点？

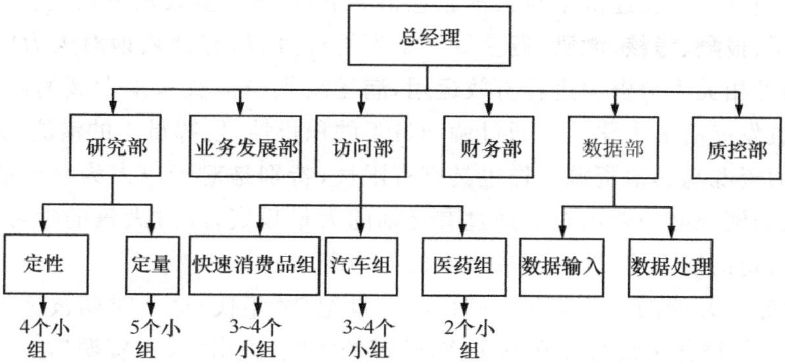

2. 第二、三、四层次的市场调研企业在运作上有什么不同的特点？

第11章

市场调研企业人力资源管理

11.1 人力资源管理概要

11.1.1 人力资源管理的概念和内涵

经济学把为了创造物质财富而投入于生产活动中的一切要素通称为资源,人力资源通常是指在一定范围内的人口总体所具有的劳动能力的总和,或者说是指能够推动整个经济和社会发展的具有智力劳动和体力劳动能力的人们的总和。对企业而言,是指一定时期内能够被企业所拥有并能够被利用的,对价值创造起贡献作用的教育、能力、技能、经验、体力等的总称。对于以提供市场信息和咨询服务的市场调研企业来说,企业的所有活动都建立在人的行为的基础上。与制造业、普通服务业相比,员工的积极性、专业技能和创造性在调研服务过程中起着决定性的作用,人力资源是企业营运和发展的核心要素,也是决定企业经营和管理效益最重要的因素。

人力资源管理,是在经济学与人本思想指导下,根据企业发展战略的要求,通过招聘、甄选、培训、使用、报酬、考核、激励、调整等一系列管理过程,有计划地对人力资源进行合理配置,对组织内外相关人力资源进行有效运用,满足组织当前及未来发展的需要,保证组织目标实现与成员发展的最大化。并通过调动员工的积极性,发挥员工的潜能,为企业创造价值和效益。人力资源与其他资源一样也具有有限性,特别是对于以人为基础的知识密集型的调研企业,人力资源必须要由企业通过有计划的大量投资,经过大量的学习培训、工作积累才能获得的特定的能力或技能,形成有效的人力资本。

从18世纪末开始的工业革命,一直到20世纪70年代,这一时期被称为传统的人事管理阶段。1954年彼德·德鲁克在其著作《管理的实践》提出“人力资源”这一概念,人事管理开始让位于人力资源管理。20世纪80年代以来,人力资源管理理论不断成熟,并在实践中得到进一步发展,为企业所广泛接受。进入20世纪90年代,人力资源管理理论不断发展,也不断成熟。企业更多地关注人力资源管理如何为企业的战略服务,人力资源管理开始向企业的战略伙伴、管理专家、员工激励者、变革推动者的角色转变。

11.1.2　人力资源管理的目标

人力资源管理目标是指企业人力资源管理需要完成的职责和需要达到的绩效。人力资源管理既要考虑企业目标的实现,又要考虑员工个人的发展,强调在实现企业目标的同时实现个人的全面发展。

阿姆斯特朗在《战略化人力资源基础》一书中对人力资源管理体系的目标做出了如下规定:①企业的目标最终将通过其最有价值的资源——它的员工来实现。②为提高员工个人和企业整体的业绩,人们应把促进企业的成功当成自己的义务。③制定与企业业绩紧密相连、具有连贯性的人力资源方针和制度,是企业最有效利用资源和实现商业目标的必要前提。④应努力寻求人力资源管理政策与商业目标之间的匹配和统一。⑤当企业文化合理时,人力资源管理政策应起支持作用;当企业文化不合理时,人力资源管理政策应促使其改进。⑥创造理想的企业环境,鼓励员工创造,培养积极向上的作风;人力资源政策应为合作、创新和全面质量管理的完善提供合适的环境。⑦创造反应灵敏、适应性强的组织体系,从而帮助企业实现竞争环境下的具体目标。⑧增强员工上班时间和工作内容的灵活性。⑨提供相对完善的工作和组织条件,为员工充分发挥其潜力提供所需要的各种支持。⑩维护和完善员工队伍以及产品和服务。

不同的行业和组织,组织内部的不同部门对人力资源管理目标的理解存在着一定的差异。但无论是对于专门的人力资源管理部门还是其他组织,人力资源管理的目标都包括以下三个方面:①保证组织对人力资源的需求得到最大限度地满足;②最大限度地开发与管理组织内外的人力资源,促进组织的持续发展;③维护与激励组织内部人力资源,使其潜能得到最大限度的发挥,使其人力资本得到应有的提升与扩充。概括来说,就是“把人力变为资本,让企业愿景得以实现”。

人力资源的管理是调研企业管理中的核心环节,特别是以人力和知识为主的咨询与调查行业(按我国行业划分,市场调查隶属商务服务业,行业代码为 7432),人力资源的创新能力是企业利润的源泉。任何一个调研项目的运作,首先要求调研企业根据项目的需要获取及组织相应的人力资源,然后通过学习、培训和实践指导,使其具有完成调研任务的知识和技能。在调研工作过程中要不断激励员工,激发和保持他们的工作热情和潜能,创造性地完成项目工作。因此,调研企业人力资源管理的目标是通过对调研企业人力资源的获取、开发、保持和利用,实现企业的战略目标,在提高企业绩效的同时使员工得到全面的发展。

11.1.3　市场调研企业人力资源管理的特殊性

调研企业是通过信息的收集、处理和研究,为客户提供咨询服务来实现其价值和获取利润。调研服务的本质是“知识输出”。它决定了调研企业必然以具备特定知识和技能的员工为基础,以智力服务为主体。因此与其他类型的企业相比,现代调研企业在人力资源的管理上具有以下特点。

1. 知识型员工的管理是基础

在知识经济时代,知识与知识型员工成为企业价值创造的主导要素。对于以信息集成和知识创新为主的市场调研企业，对具有良好的综合素质和专业技术的知识型员工的需求比其他任何服务类企业都更为强烈，导致这一行业的专业人才存在巨大的需求缺口，特别是能从事调研项目策划和管理的复合型人才、市场研究的资深专家尤其短缺。这类人才的去留往往对企业的核心业务和服务质量造成较大的影响，他们是追求自主性、个性化、多样化和创新精神的群体，更多追求来自工作本身的满足，因而也具有较高的流动意愿，有更多的选择企业的权力。所以企业对这类员工也必须采取以行为激励为主的策略。有针对性地采用积极主动的激励方式与方法。重视员工的成就和个人成长，更多采用团队激励和组织激励有机结合，给予充分的工作的自主决定权，赋予其参与决策和更多的责任，才能赢得知识型员工的满意与忠诚。

2. 团队的激励与管理是重点

工作团队是由知识和技能互补的、承诺协作完成某一共同目标的员工组织的特殊团体。工作团队是现代调研企业基本的作业形式，任何一个调研项目都不可能由一个人完成，而必须建立项目团队，在项目团队成员的分工和协作下共同完成。团队的合作程度和绩效决定了项目完成质量和调研服务水平。因此，如何制定项目团队规划、建立高效的团队和进行团队建设是调研企业人力资源管理的重要任务。调研企业需要通过给予团队充分的授权、把团队的前途和个人的发展结合起来，并应用荣誉激励、精神激励、任务激励等多种方式，创建具有自我管理的工作团队。

3. 员工潜能的开发是关键

有专家研究表明，员工平时实际表现出来的能力占不到潜能的5%，如果员工的潜能不能充分发挥出来，调研企业的人力资源将是一种巨大的浪费，调研服务的效益和质量也不能得到持续不断的改进。只有充分地开发员工潜能，才能使员工的创造性和工作能力得以提升，才能提高调研企业服务的整体水平。挖掘员工潜能是一个双赢问题，员工创造更高价值的同时也会得到相对高的回报，调研企业的人力资源的投入-产出比也会得到提高。

4. 员工工作满足感的提升是核心

工作满足感是“对一个人的工作或工作经验的评价所产生的一种愉快的或有益的情绪状态”。对于调研企业来说，员工的工作满足感会直接影响到员工的工作行为、劳动效率及工作绩效，与员工的流失和员工的工作积极性之间存在着明显的联系，甚至影响到企业的凝聚力和发展。提高员工对工作的满足感是调研企业员工管理的重要内容。调研企业必须要为员工提供一个良好的工作环境及工作机会，使员工能充分运用自己所拥有的专业知识、技能和智慧，让员工在工作中获得更大的满足，与企业共同成长、共同发展。

11.1.4 人力资源管理的功能

现代市场调研企业的人力资源管理，应具有以下五种基本功能。

(1)获取。根据企业发展和营运目标确定所需员工的数量、条件，通过规划、招聘、考试、测评、选拔、获取企业所需的人力资源。

(2)转换。通过入职学习、管理机制、企业文化使员工个体的目标、行为、态度趋向企业的要求和理念。通过专业培训、工作指导、团队协作提升员工的知识储备和专业技能，通过沟通交流、项目协作和工作历练，发展员工的综合素质和职业能力。把人力资源逐步转化为实现企业效益的人力资本。

(3)评价。对员工工作绩效、服务能力、技术水平以及其他方面做出全面考核、鉴定和评价,为做出相应的奖惩、升迁、去留等管理决策提供依据。

(4)保持。通过薪酬、考核,升迁、奖惩等一系列激励,优胜劣汰,培养骨干团队,激发和保持员工的积极性、主动性、创造性,增进员工满意感,提升员工忠诚度。

(5)发展。通过学习培训、目标管理、工作授权、工作弹性化、职业生涯规划等手段,促进员工知识、技能和其他方面素质的提高,全面开发员工潜能,最大限度地提升其劳动生产率,实现员工的个人价值,达到员工个人和企业共同发展的目的。

11.1.5 人力资源管理的内容

从操作层面上讲,人力资源管理是企业确保战略目标实现所制定的一系列人力资源政策以及相应的管理活动。即运用现代管理方法,对人力资源的获取、开发、保持和利用等方面所进行的计划、组织、指挥、控制和协调等一系列活动,包括预测组织人力资源需求并做出人力需求计划、招聘选择人员并进行有效组织、考核绩效支付报酬并进行有效激励、结合组织与个人需要进行有效开发以便实现最优组织绩效的全过程。

市场调研企业的人力资源管理的工作大致可分为三个层面:①战略层次,包括制定人力资源规划、结构分析和岗位设计、职位配置;②核心层次,包括招聘、培训、绩效考核、薪酬管理、员工激励等主要业务;③基础层次,包括人事统计、员工健康与安全管理、人事考勤、人事档案管理、员工合同管理等基础性、事务性的工作。

以上三个层面的工作又可以具体分为以下十个内容。

(1)人力资源规划。根据企业发展战略和业务目标,对人力资源市场状况、企业的人员现状和未来人员需求进行分析,制定企业人力资源需求规划,并把规划转化为中长期目标、工作计划和政策措施,确保企业未来时能获得所需要的人力资源。

(2)结构分析与岗位设计。对企业的组织发展和分工结构进行分析,确定企业职能分工、部门设置,对企业所有工作岗位的特征和任职要求进行界定和说明,明晰各个工作职位的性质、结构、责任、流程,进而确定胜任该职位工作人员的素质、知识、技能,预测和平衡各岗位人员需求数量,在此基础上编写出职务说明书和岗位规范等人事管理文件。

(3)员工招聘与选拔。根据人力资源规划和岗位职务的要求,通过各种途径招聘、选拔所需要员工,提供学习、培训和锻炼的机会,并将达到条件和要求的员工录用安排到预定的岗位上。

(4)培训与开发。通过教育、培训、训练,提高员工个人和团队的专业素质、服务能力、工作态度,开发员工的潜在能力,以提升员工的工作绩效,增强企业人力资源的贡献力。

(5)绩效考评。参照职位(岗位)标准和目标任务,定期对员工的工作成效、工作态度、贡献等进行考核和综合评价,及时向员工反馈,以便提高和改善员工的工作绩效,并为员工升迁、薪酬、去留等人事决策提供依据。

(6)薪酬福利管理。根据绩效目标,对基本薪酬、绩效薪酬、奖金、津贴以及福利等薪酬结构进行设计,结合员工考绩核发与管理薪资,奖勤罚懒,鼓励员工努力为企业工作。

(7)员工激励。采用包括正激励和负激励的各种方法,对员工的各种需要予以不同程度的满足或限制，给予员工期望，刺激员工的心理和行为发生变化，引导员工向企业所期望的目标而努力。

(8)职业生涯规划。通过设计和提供员工成长路径，帮助员工制定个人发展规划，鼓励和关心员工的个人发展，以进一步激发员工的积极性、创造性。

(9)员工关系管理。进行企业文化建设，营造和谐的劳动关系和良好的工作氛围，协调和改善企业与员工之间的劳动关系，保障企业经营活动的正常开展。

(10)人事关系管理。建立员工档案数据库，对员工信息包括员工工作业绩、学历职称、考试考核、健康状况、劳动合同、社会保险、考勤统计等内容进行动态记录和跟踪管理。为企业选拔人才提供决策依据，并保障员工的合法流动和个人权益。

其中，人力资源战略层次方面的管理在第 10 章中进行了详细分析。下面我们主要对人力资源管理的核心层次的部分工作(上述第 3 项至第 7 项内容)进行逐一分析。

11.2 招聘与选拔

11.2.1 含义和作用

员工招聘，是指调研根据人力资源管理规划和工作分析的要求，就是通过各种途径和方式，寻找、吸引并鼓励符合要求的人应聘本企业的工作职位，并从中选拔、录用与企业空缺岗位相匹配的具有相应知识背景、技术能力、个性特点以及其他胜任特征的候选人的过程。员工招聘实际上也是企业与应聘者个人之间进行双向选择和匹配的过程。招聘是企业整个人力资源管理活动的首要环节，也是培训、考评、工资福利、劳动关系等其他人力资源管理活动的基础。

招聘的直接目的就是获取与企业空缺岗位相匹配的人才，实现员工个人与待聘岗位的有效匹配。成功的、有效的招聘，不仅可以获得企业需要的人才，还具有帮助企业树立形象、减少用人风险、降低员工流失率等多种作用。员工招聘要严格遵守国家法律和政策的规定，遵循因事设岗、因岗配人的原则，努力营造公平竞争的氛围，用人所长，量才使用，并尽量实现招募效率最大化。

11.2.2 员工招聘的依据

调研企业制定招聘计划的主要依据是：①人力资源计划，包括员工需求的数量、岗位(职位)类型；②职位要求，即岗位说明书中所规定的职务要求和履行该职务需要具备的知识和技能；③个人的素质与能力，包括对该职位人员的身体、智力、品德、文化水平或学历、人文素质、专业知识、经验或履历、工作愿望等各个方面的具体要求。

由于市场调研行业以及调研服务的特殊性，市场调研企业的员工除需要具备一定的调研专业技能之外，一般应具备以下基本素质。①身体：身体健康，精力旺盛，行动敏捷。②智力：思维敏捷，有较强的理解和学习的能力、判断力和记忆力。③品德：踏实敬业，有责任感，具有吃苦耐劳的精神。④文化：应具有大专以上的学历，但不限于营销及相关专业。⑤素质：具备良好的人际交流和沟通协调能力。⑥知识：有企业经营管理方面的基础知识。⑦经验:曾经参加或从事过市场调查活动,对该行业有一定的了解。⑧愿望:具有主动工作的意识,有良好的团队意识。

如果调研企业招聘的是高级职员,如项目组长、高级督导、策划经理等业务部门的主管,除达到上述要求外,还必须具备从事职能工作的综合能力,具体包括以下五方面。①计划预算能力:具备财务核算的知识,能根据项目合同做出正确预算和调研方案。②人际沟通能力:能与5～75岁各种年龄阶段的人进行沟通和持续地交流。③语言应用能力:能用通俗、简明的语言准确地表达或描述事物。④观察判断能力:能敏锐地洞察周围环境和人际行为的差异,判断事物变化的趋向。⑤文字表达能力:有良好的文字应用能力,能应用心理学知识设计调查访问工具,撰写调研报告。⑥信息分析能力:具备统计学的相关知识,能对调查数据进行基本的归纳和分析。

11.2.3 员工招聘的流程

调研企业员工的招聘工作主要包括准备、招募、选拔、录用四个基本环节,十一个具体的工作步骤。

1. 制定人力资源规划

调研企业应首先分析和确定近期内员工的数量或层次变动形成的岗位空缺。企业产生职位或岗位的空缺,需要补充一定数量的员工,通常源于以下三种情况:一是企业发展,即调研企业业务增加、服务范围扩大、业务重点转变或引进专业技术装备时,会产生人员的需求;二是员工变化,即企业中原有的员工发生退休、辞职、伤残、解聘时,也会出现人员的空缺;三是结构调整,即企业的员工获得晋升或被降职,员工的层次变化而产生的人力资源结构的变化。

然后,企业应该制订详细的人员招聘计划,明确招聘岗位的类型、数量和人员标准,并需要从企业整体考虑和确定以下问题:①内部提升还是外部招聘?以何者为先?②外聘选用何种方式?③外聘所选用的人才来源如何?有无困难?如何解决?④内部提升或调动,其方向与层次如何?⑤新聘员工应何时到岗?⑥空缺岗位基本薪酬如何?

2. 工作分析

员工招聘的基本依据是岗位设计所生成的岗位说明书。岗位说明书包含了工作的职能描述和任职条件两个部分。职能描述对职位名称、工作概要、工作关系、职责权益、环境条件以及与工作有关的特征进行了详细解释,任职条件则是对应聘该岗位的任职者年龄、性别、学历、能力、经验、身体状况等条件的明确规定。工作分析是招聘选拔的基础,它是对某个职位所从事的工作内容进行分解,并据此确定任职者所需条件和能力。岗位说明书提供了招聘的依据,也为招聘过程中的企业衡量应聘者水平提供了标准和所需的必要信息。

3. 编制招聘计划

根据企业人力资源规划,在掌握了企业人力资源状况、明确了职位空缺后,调研企业需要讨论和确定招聘是否是解决岗位空缺的最佳办法,能否通过其他方式如现有人员加班、工作再设计、将某些工作外包等方式来解决问题,因为保持组织人员的精简和降低人力资源成本永远是重要的。如果确定要进行人员招聘,就要编制招聘计划,如招聘人数、招聘标准、招聘对象、招聘时间和招聘预算等。

4. 成立招聘小组

企业在招聘过程中,通常会成立一个由岗位级别较高的职员和人力资源管理部门人员共同组成的招聘小组,便于统筹和协调招聘工作。由于调研工作的专业性较强,特别是在招聘专业岗位的人员时,应有资深的专业人员参与招聘小组。一般来说,招聘小组由待聘岗位所在部门主管、人力资源部门主管及资深的专业技术人员三部分组成。如招聘中高层管理人员,招聘小组还需要企业负责人力资源的副总、负责待聘岗位所在部门管理的副总参与。

5. 选择招聘途径

员工招聘的途径,主要有内部招聘和外部招聘两种。调研企业应综合考虑岗位缺员程度、待聘人才的市场供求情况、所在的地域待聘人才的保有量、岗位的替代性,选择不同的招聘途径。不同的招聘途径,所采用的招聘方法也不一样,各种招聘方法具有不同的优势与局限性。

6. 发布招聘信息

在发布招聘信息时,企业首先应调查了解各类媒体或渠道的价格费用、待聘人才的工作特性和行为特征等因素,选择恰当的招聘信息发布渠道。并在确保招聘信息完整的前提下,尽可能地进行招聘信息或广告设计,使招聘广告足够吸引应聘者的注意力,并激发他们的兴趣。

7. 收集应聘者信息

企业对收到的应聘者求职简历进行归类分析,同时,在应聘者递交求职简历时,主动要求应聘者填写报名信息表,主动索取应聘者相关信息,这些信息一方面可以为应聘者将来的入职提供一定的档案基础,另一方面可以为人员的初步筛选提供依据。应聘人员的信息除一般包含的基本信息外,要注重了解应聘者的工作经历、技能特长和个人特性,尤其是相关的工作经验和兴趣爱好,这些是确定员工是否适合从事调研工作的重要参考。

8. 审查应聘者信息

对于收到的应聘者的各项资料,调研企业要组织专人进行初步审核,审阅其学历、经验等是否符合所需,特别是个人性格与兴趣是否适合从事调研工作,以及应聘者对公司的个人要求(如薪酬、工作区域、工作时间等),初步淘汰一部分不合格的应聘者。之后将材料转交聘用部门进一步审核。

9. 测试应聘人员

对应聘人员的测试一般分为笔试和面试两个环节。

根据内容的不同,笔试又可分为知识测试和业务测试两部分。其中,知识测试(又称广度考试)是了解应聘者的知识面、学习能力。业务测试(又称深度考试)是了解应聘者的专业知识结构和职业心理状况,包括成就测试、性向测试、智力测试、人格测试和职业兴趣测试等。

面试是企业最常用的,也是员工招聘中必不可少的程序之一。即以面对面的观察、交谈等双向沟通为主要手段,了解应试者价值观、角色意识、职业素养、情感智能、人格品质等。它比笔试具有更大的灵活性和综合性。

10. 应聘人员的选择

根据测试成绩选择确定聘用人员,是企业员工聘用的关键环节。它直接决定了企业的招聘工作和聘用人员的质量。任何企业选择招聘人员的首要条件都是德才兼备,即招聘的员工应该具有良好的品行和一定的专业技能,其次,应具有敬业精神和个人素养。与其他行业不同的是,调研企业人员招聘的特殊之处,在于调研行业要求从业人员既要有严谨踏实的工作作风、良好的客户意识和服务意识,又要具有调研工作的专业技能。虽然后者可以通过教育培训和工作锻炼来实现,但选聘的人员必须具备表达能力(包括语言和文字)、观察能力、沟通能力、协调能力和团队合作精神,以及对行业的兴趣和认同感,这是调研行业从业人员基本的职业素质和成为调研专业人才的前提条件。

11. 办理聘用手续

企业确定聘用人员名单后,对被淘汰的应聘者应及时通知或寄发婉拒信。同时通知新聘员工入职,进行入职体检,与之签订聘用合同,建立新员工信息档案,准备组织新员工入职培训。

11.2.4 员工招聘的途径

员工招聘的途径,主要有外部招聘和内部招聘两种。

1. 外部招聘

企业对外招聘的渠道大致有:人才交流中心、人才招聘会、广告招聘、网上招聘、校园招聘、通过猎头公司和内部员工推荐等。

1)人才交流中心和人才招聘会

我国各地都设有人才市场和人才交流服务机构,一方面,这些机构建有人才资料库,用人单位可以与之接洽,查询符合招聘条件的人才资料。另一方面,各地人才交流中心或机构每年都要举办多场人才招聘会,调研企业可以付费入场,与应聘者直接接触和交流。通过人才交流中心和人才招聘会选择人员,应聘者集中,选择余地大,针对性强,费用低廉。其缺点是时间较长,特殊专业人才和高级管理人员不易获得。

2)广告招聘

通过报纸杂志、广播电视等媒体向公众传达招聘信息,信息传播范围广、覆盖面广、速度快,还可以起到很好的企业宣传作用。相比而言,可以招聘到素质较高的员工。其缺点是招聘时间较长,广告费用较高,要花费较多的时间进行人员筛选。

3)网上招聘

网上招聘是现代兴起的一种招聘方式。调研企业将招聘广告张贴在公司的网站或者3see、市场调查业协会等网站上,也可以在一些专门的招聘网站上发布信息。它不受时间、空间的限制,具有费用低、覆盖面广、时间周期长、联系快捷方便等优点。也存在人员信息的真实性不易查证、应聘人员变动较大的缺点,对高级人才的招聘也比较困难。

4)校园招聘

学校,特别是高校,是市场营销、调研、统计等专业人才高度集中的地方,是调研企业获取人员比较理想的途径。调研企业通过与高校接洽,可以选择开设毕业生专场招聘会、张贴招聘广告、举办招聘讲座和学校推荐等。学校招聘的优势是易招聘到大量的高素质人才,特别是具有发展潜力的创新性人才。但毕业生普遍缺少实际经验,需要用较长的时间对其进行培训,毕业生无法满足组织即时的用人需要,要经过一段较长的相互适应期。招聘的员工到岗率较低,离职率较高。此外招聘时间长、范围相对较窄。

5)猎头公司和员工推荐

通过猎头公司或员工进行推荐这两者都属于一种定向式招聘。能够比较快捷地招聘到调研企业所需要的专业人才或某一类高级人才和尖端人才。其特点是时间短、费用低、能够对应聘者进行充分的了解,招聘到的人才也比较稳定。但也存在着选择面比较窄的问题。

2. 内部招聘

内部招聘,就是将招聘职位的信息向公司内部员工公布,说明招聘岗位的资历、条件、要求,由员工自由应聘,竞争上岗。调研企业通常将内部招聘和人才选拔结合起来,招聘中层主管或对某一部门主管的选拔议而未决时往往采用这种方式。此外还有岗位轮换和返聘等辅助形式。

与外部招聘相比,内部选聘有下列优点:①对应聘人员相对熟悉,考察时间也较为充裕,选才成功率较高;②应聘者了解企业情况,工作适应期大大缩短,就职后能迅速进入角色;③有利于调动员工的积极性,也是一种有效的员工激励方式;④应聘者有一定的学历和工作经验,可节省企业在培训方面所耗费的时间和费用。

内部选聘存在的缺陷主要有:①容易造成“近亲繁殖”或任人唯亲的问题,不利于企业管理;②企业原有的员工容易存在思维定势或“文化惯性”,不利于组织创新和管理革新;③选才范围相对外部招聘狭窄。

11.2.5 调研项目团队的选聘途径

对于采用矩阵式组织方式的调研企业,调研项目团队是业务运作的基本组织单位,也是调研企业人力资源管理的主要对象。调研项目团队的组建通常由项目经理(总监)负责,根据项目的需要选拔聘用相关人员,调研项目团队的选聘途径也包括内部和外部两个来源。

1. 组织内部

调研项目管理者(项目经理)从公司的职能部门挑选团队成员是最常见也是更便捷的团队组建方案。完成调研项目的大多数专业人员都可以从相关的职能部门中进行选拔调配。例如,调研项目的统计分析人员、调查人员、行政管理人员、财务人员等,均可以从公司的研究部、调查部、办公室、财务部挑选适合的人员。组织内部选聘的好处是其人员熟悉企业环境和工作模式,平时经常相互协作,配合默契,项目团队的人员的来源一般有谈判和事先指定两种方式。

1)谈判

在调研项目采用内部竞标方式操作时,调研项目管理者(项目经理)根据项目需要和自己对专业人员的了解,列出预定的项目人员组成名单,并逐一与预定对象进行交流沟通,明确告之该人员在项目组的工作角色、待遇,以及工作的时间、内容和要求。达成一致后该员工同意加入项目团队,这相当于一种“组阁”方式。当然员工也可以拒绝加入项目团队,双方是一种双向选择的关系。这样组成的团队通常有较强的凝聚力,协作良好。但项目执行的质量主要取决于项目负责人的个人威信和组织管理能力。

2)事先指定

在调研项目采用直线制集中组织和管理的模式时,调研项目管理者(项目经理)根据项目需要直接指定项目成员或由职能部门指派人员，形成项目小组，这种方式项目团队的组建速度较快。但由于员工是被动参与项目，容易产生消极情绪，团队内部的协作水平也不如谈判方式形成的团队那样默契。

2. 组织外部

当企业因并行项目较多，人力资源匮乏，或企业缺乏完成某些特殊的调研项目所需要的专业人员时，调研企业或调研项目负责人也往往通过对外招聘招聘临时性人员，或者通过外包方式从企业外部获得特定个人或团体的服务，来满足项目运作的需要。项目团队外部人员的来源一般有公开招聘和委托服务两种方式。

1)公开招聘

当具有适当技能的所有人员已经派往其他调研项目上，或是其他情况造成公司缺少调研项目所需的人员时，从市场上招聘临时人员是一种便捷有效的方法。这在中小调查企业中较为普遍，据统计，国内调查和市场研究公司中约60%～90%的市场调查人员都是聘用的临时或短期的兼职人员，其中学生兼职最多。这种方式主要适合一些经过短期培训就能承担的调研工作，如访问员、数据复核人员等。兼职人员的加入，常常给调研企业带来新的活力，也有利于调研团队成员的交流和学习，其存在的主要问题是人员来源不稳定，每次项目运作都要进行一定时间的业务培训，费用也较高。

2)委托服务

对于某些特殊的调研项目，如果企业缺乏熟悉该项目的专业研究人员，临时招聘未必能得到所需要的专业人员，且对外招聘时间长，成本高。因此调研团队并非一定要企业独立去组建。调研企业可以通过签订协议、支付佣金的方式，把项目或项目的部分工作外包给更为专业的团队或公司，通过整合外部资源完成项目服务，反而能提高企业的服务效率。这种方式常常用在调研项目的咨询顾问、市场策划、行业研究方面，其操作比较灵活，但项目的管理和协调的工作量比较大。

11.3 培训与开发

11.3.1 员工培训

员工培训是使新员工和现有员工掌握调研工作和服务工作所需的基本技能的过程。调研项目运作的培训则是使项目成员具有完成本调研项目中的任务所需的技能。培训虽然会增加一定的成本，但远比由于员工缺乏必备技能而可能给调研项目带来损失和效率低下的代价要小。在需要团队内部密切合作的项目中，若每个成员都具备所需的沟通技能，将大大提高工作的效率，从而顺利实现调研项目目标。

员工培训过程分为以下四个步骤。

第一步：评估培训需求。即指评估工作所需的技能和完成这项工作的员工的实际技能之间的差距，确定需要进行什么培训。例如，要求数据分析员与调查人员共同撰写一份市场研究报告，他可能具备了相应的行业分析能力，但缺乏与他人沟通的技能，或缺乏合作精神和意识，那么他就不需要在专业技术方面的培训，而需要在沟通或团队协作方面的培训。

第二步:建立培训的目标。即确定本次培训应达到的目的和效果。培训目标应该是明确的和可度量的。

第三步:实施培训。选择恰当的培训方式和时间,开展实际的培训。

第四步:培训评估。对受训者接受培训前后的反应、学习、行为和成果进行比较,对培训计划的效益进行评价。

11.3.2 培训需求评估

确定培训需求包括工作任务分析和工作绩效分析两个内容。前者评估新员工的培训要求,后者确定在岗人员的培训需求。

(1)任务分析:对岗位工作作详尽的研究并确定必须具备的技能。它们包括以下几项:分析岗位工作的主任务和子任务,执行子任务的频率,每项主任务和子任务的完成标准、完成条件、必需的技能和知识,并说明对该岗位最佳的培训方式。

(2)工作绩效分析:对在岗员工的工作绩效作细致的研究,核查当前的工作绩效和要求的工作绩效之间的差距,并确定培训是否可以提高工作效率和绩效。其核心是确认哪些是员工无法完成的,哪些是员工不能完成的。前者可能的原因包括:工作目标和要求不明确,服务流程存在障碍,缺乏前端的工作支持,需要必要的设备工具,员工培训不够不具备工作所需技能等。后者可能的原因是:所挑选人不适合,激励制度不合理等。

11.3.3 建立培训目标

培训目标为受训者和实施培训的人提供了共同的努力方向,也为评价培训计划是否成功提供了基准。培训必须建立具体的、可度量的目标。例如,要求调查人员熟练掌握公司客户数据库的使用,培训的目标就设置为能够在接到研究要求后半小时内检索并完成客户动态报告;要求调查人员熟悉现场访问的操作技巧,培训的目标就设置为能够记忆并按照访问顺序采访客户并清晰地记录客户的回答。培训目标详尽说明圆满完成培训计划后受训者能够达到的要求和标准。

11.3.4 培训方法

调研企业常见的培训方法有实践培训、工作指导、专题讲座、案例培训、模拟操作、系统教学等几种。

(1)实践培训:即由新老员工结成对子,采用类似师徒制的方式。由有经验的老员工或主管人员带着新员工进行项目实地操作,由老员工来实施培训,让新员工通过实际动手来学会做该项工作。其优点是费用低、实效性强,受训者边学边干,新员工能够迅速地得到有关他们的工作方法或行为正确与否的反馈。但是这种方法要求老员工具有一定的培训能力,企业对培训者有一定的奖励或激励措施。

(2)工作指导:即对每个岗位的主要工作事项制定详细的流程手册和操作指南,在手册中注明该项工作的每个步骤、操作方法以及操作要点。由该岗位人员一步一步地严格按照流程完成工作。

(3)专题讲座:针对工作中常见问题或某一方面的工作技巧开设专题讲座,聘请专业人员或相关专家同时向一批受训人传授相关知识。专题讲座的针对性强，快速，简洁，花费少，时间短。

(4)案例培训：安排员工有计划地阅读相关案例资料。特别是公司过去完成的调研项目的档案材料，并写出自己的心得体会，组织员工进行讨论总结，这是促使新员工快速成长和迅速掌握企业操作流程的途径之一。这种培训方式在调查和咨询行业中应用频率很高，实效性强。一些企业甚至将其作为员工晋升的考核指标之一。

(5)模拟操作：通过设置虚拟场景或特定的工作情景，让受训员工在一个可控环境下，扮演特定的角色，在专门的培训讲师或老员工指导下，针对特定的条件、环境及工作任务进行分析、决策和操作。其优点是让受训者身临其境，能有效提高受训员工的适应能力、处理实际工作的能力和应变能力。但需要的时间长，对培训体系的设计成本高。

(6)系统教学：由公司人力资源管理部门制订正式培训计划，组织专业教师和教学设施场地(也可以委托相关机构进行)，对员工进行一定时间脱产的系统培训。这种系统化的培训能较好地提升员工的整体素质，全面、深入地使员工系统地掌握所需的工作技能，对新进员工尤其适用。其缺点是时间长、成本高。

11.3.5　培训内容

调查人员培训的主要目的是确保所有新招聘的调查人员对公司运作及调查行业有初步的认识，并了解相关知识和专业基本技能，使其经过培训之后初步达到公司和调研工作所要求的知识和技能。新近入职的调查人员，通常需要 1～2 个月的培训及半年左右的实践实习时间才能进入良好的工作状态。新近入职的调查人员的基础培训包括以下三个部分，资深员工或老员工的培训主要侧重在第三个部分。

1. 基础知识部分

主要包括：市场、行业性质和发展现状；公司概况和组织结构；基本行业概念与术语；职业意识；公司劳动纪律和管理规章制度；调查工作流程与规范；市场调查相关法律和行业规范；统计法规；基本统计分析方法。

2. 基本素质部分

调查人员应具备一定的职业素质，这些职业素质可以通过一定的培训或自我训练得到提升，如表 11-1 所示。

表 11-1

基本素质	目标与要求	训练方式
公共关系能力	善于接触、沟通各类客户；随机应变回答客户问题；有效抵御外部干扰	模拟交流；观点辩论
语言交流能力	准确清晰描述问题；调查提问和沟通变换技巧；准确理解他人的表述	专题研讨；行为描述；模拟访问
文字写作能力	熟练撰写调查计划；熟练撰写初步调研报告；正确设计调查工具	专题讲授；模拟撰写
判断分析能力	准确判断对象特征；准确判断被调查对象情绪；统计数据整理、指标计算	模拟观察；专题研讨；模拟操作

3. 专业技术部分

主要包括：调查操作规范和流程；实地访问工作的质量控制程序；沟通访问技巧；访问意外控制和拒访处理方法；问卷的设计、管理和完成；实地抽样程序及配额控制；材料和问卷复核规范；调查档案管理规范；统计分析初步知识。

市场调查人员培训结束，考核合格后，公司应向受训人员颁发培训证明书，作为其今后入职工作、晋升的依据。

11.3.6 培训应注意的问题

要使员工培训取得良好的效果，必须对培训体系内容和方法进行精心的设计，对培训过程进行有效组织和准备。卓有成效的培训应做到以下几点。

(1)在培训开始时，应给受训者提供培训的整体计划，使之充分了解培训学习的目标。

(2)培训者和受训者之间要充分互动，鼓励受训人员互相交流。

(3)按工作流程的逻辑顺序组织培训，并尽量采用直观的培训工具。

(4)尽量使培训环境与工作环境相似。

(5)详细地记录员工的受训过程和表现，并向受训员工及时反馈，让员工看到自己在培训中是如何成长的。

(6)建立培训激励机制，把培训绩效与员工的发展联系起来，有效地激发受训者的学习积极性。

11.3.7 培训效果评价

在受训者完成其培训计划后，应对培训计划进行评价，看计划目标完成得如何。培训绩效有四个方面可以衡量。

(1)反应：受训者对培训计划进行评价，受训者是否喜欢这种培训？他们认为这样的培训是否有价值？

(2)知识：对受训者进行知识测试，确定他们是否学到了培训预期应学到的知识和技能。

(3)行为：了解受训者的工作行为有没有什么变化。例如，工作中的精神状态、工作热情是否有所改善。

(4)成效：工作中的错误率有没有减少？工作效率是否有所提高？

对培训绩效进行测评的最客观的办法是控制实验法。即选择两组相似的员工，一组为接受培训组，另一组为未接受培训的对比组，进行培训前后的测试。采集接受培训组和对比组在培训前后实际工作的有关数据，这样可以确定接受培训的员工的工作绩效与培训的关系，以便探索和改进培训计划。

11.4 绩效考核和管理

“绩效”一词来源于管理学，对绩效有多种不同的理解和定义，一般认为是组织中个人(群体)特定时间内的可描述的工作行为和可测量的工作结果。这里所讨论的调研企业的员工绩效，可以理解为调研企业中每一个对应工作职位(岗位)的员工完成工作职责所达到的阶段性结果及其过程中可评价的行为表现，具体表现为完成工作的数量、质量、时间、成本以及为企业做出的其他贡献等。绩效是成绩与效率的综合，我们认为，调研企业的员工绩效应包括两个部分，一是指员工的工作完成的业绩或效果，如客户访问计划完成率、有效问卷回收率、调查费用等；二是指员工工作态度和行为，如出勤率、问卷差错率、报告提交及时率。绩效是指员工的工作结果对企业的目标达成具有效益、具有贡献的部分，绩效管理是调研企业人力资源管理的核心内容。

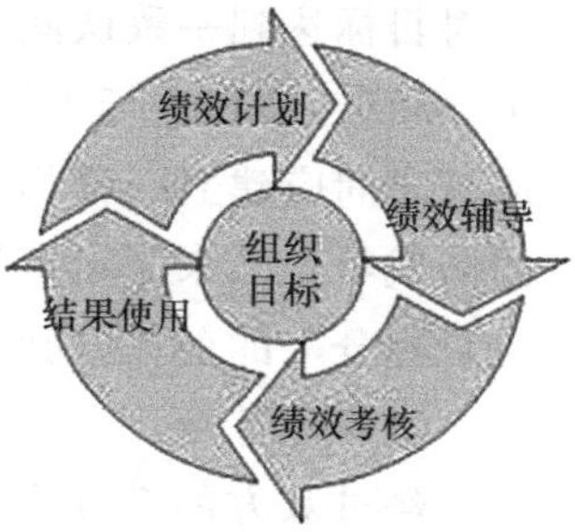

图 11-1 绩效管理的循环

所谓绩效管理是指企业与员工之间就目标与如何实现绩效目标达成共识的基础上，通过激励和帮助员工取得优异绩效从而实现组织目标的管理方法。绩效管理的目的在于通过激发员工的工作热情及提高员工的能力和素质，持续提升个人、部门和组织的绩效。绩效管理的过程也称为 4J 绩效管理流程。它由绩效计划、绩效指导、绩效评估、绩效反馈四个环节构成。操作绩效管理是一个围绕绩效目标制订计划、指导沟通、考核评价、结果反馈的 PDCA(plan-do-check-action)管理循环过程(图 11-1)。它包括四个方面的内容：首先，企业各级管理者(项目团队负责人)和下级管理者或员工为了达到组织目标共同商讨和制订绩效计划；其次，管理者对员工实现各自目标的过程进行监控、指导、帮助和支持；再次，以目标计划为标准对员工绩效进行评定，对业绩实现的程度进行公正、客观、准确的评价和总结；最后，将考核评定结果反馈给员工，并作为员工奖金发放、培训发展、职位升迁、薪酬调整的主要依据，激励员工改进业绩，促进企业与员工的共同成长。

11.4.1 制定绩效目标与计划

绩效目标是绩效管理过程的起点，对于采用项目团队管理模式的调研企业来说，绩效管理就是企业管理层与项目经理、项目经理与团队成员共同研究和确定绩效目标与工作计划、定义绩效评定方法、获得完成任务的工作资源、分析并克服工作障碍，并就工作达成一致共识的过程。绩效计划过程分为以下四个步骤。

1)确定项目小组的绩效目标

管理层与项目负责人通过双向沟通和“谈判”，确定调研工作的目标，即调研项目完成的时限、内容、质量、方法。并明确衡量调研工作绩效的具体指标，就调研项目所需的资源、条件和支持达成共识。找出影响团队绩效的障碍并事先解决和排除这些问题。其中工作目标应符合 SMART[即目标管理中所确定的目标应具有明确性(specific)，可衡量性(measurable)，可达成性(attainable)，相关性(relevant)，时限性(time-bouud)]原则，即绩效目标必须是具体的、可衡量的、可达到的，且与企业目标一致并有明确的完成时间。

2)确定项目成员的绩效目标

项目经理对工作目标(项目目标)进行分析与分解，并细分到每一个团队成员，形成每个项目成员的关键绩效指标(key performance indicator，KPI)，然后项目经理与选出的项目团队成员进行沟通，协商讨论达成合作协议，协议应以工作目标和岗位职责为标准，对成员的工作职责、工作绩效的衡量标准、职位之间的关系协调、完成工作应给予的条件做出明确的规定,团队成员对自己完成工作目标做出承诺。

3)计划讨论

制定绩效目标后,项目经理组织员工展开讨论,确定实现绩效目标的方法和途径,使员工对目标达到一致认同。项目团队的成员都是从事其工作领域的专才,因此在计划的过程中,项目经理在进行工作讨论时应创造一个真正的对话和团队工作气氛。项目经理与团队成员之间应建立一种相对平等的伙伴关系,共同协商、共同研究,并在项目经理的介入下由团队成员自己来制定衡量成功的标准。管理者与员工之间的良好沟通是达成共识、明确各自目标分工的前提,同时也是有效辅导的基础。

4)确定计划

经过双方的充分协商,项目经理应在综合平衡的基础上确定目标,双方就目标的监控、考核的方式达成一致,双方建立有效的工作关系。绩效目标与计划的制订要点可概括如表11-2 所示。

表 11-2 绩效计划制定要素表

步骤	工作分析	设定工作目标	设定 KPI	分配权重	指标检验
主要内容	界定和明确工作岗位(职位)的主要业务内容、工作职责和成果形式	根据工作内容和职责,设定量化及非量化的工作目标	结合岗位(职位)工作目标,设定可衡量考核的代表性 KPI	根据工作目标及员工的任用对企业目标的重要性,确定各 KPI 的权重	检查考核指标与企业目标、工作目标的一致性和对目标的支撑程度
依据信息	企业组织结构图、部门职能表、业务流程、工作内容	企业目标、业务计划、岗位(职位)工作说明书	企业目标、业务计划、岗位(职位)工作说明书	工作目标、业务流程、岗位(职位)工作说明书	工作目标、业务流程、岗位(职位)工作说明书
参与者	决策层、人力资源部门	上级主管、下级员工	上级主管、下级员工	上级主管、下级员工	上级主管、人力资源部门

11.4.2 绩效指导

绩效计划开始实施后,项目团队负责人要对团队成员的工作进行指导和监督。对发现的问题及时予以解决。并根据实际情况对绩效计划进行调整。在整个绩效实施期间,项目负责人都需要对员工进行持续不断地指导和反馈,即进行持续地绩效沟通。持续追踪工作进展情况、找到影响绩效的障碍并及时予以消除。同时,作为激励的一种手段,项目负责人应采用比较人性化的管理方式。与成员建立平等、服务和支持的相互关系。在平等的交往中相互获取信息、增进了解、联络感情。及时处理出现的问题,共同努力实现项目的工作目标。

对员工实现各自目标和业绩的指导是项目负责人的绩效管理的日常工作,项目团队负责人的指导方式主要有两种,一是正式的工作会议,二是非正式沟通。

1)工作会议

在项目实施过程中,项目负责人应定期召开工作会议,或在关键节点上召开工作会议。

利用绩效管理表单、工作报表、总结汇报等方式对员工的工作进程和计划实施情况进行检查(也称中期检查),根据现实情况及时修正计划或工作方案,使之朝着预定的目标发展。

2)非正式沟通

项目负责人通过各种非正式渠道或私下交流的方式对员工进行辅导也是绩效指导的重要途径。“公开表扬,私下批评”是一种非常有效的帮助低绩效者找到真正影响绩效的问题并加以改善的手段。

11.4.3　绩效考核

绩效考核也称成绩或成果测评,是指企业运用特定的标准和指标,采取科学的方法,对承担企业经营过程及结果的各级人员完成指定任务的工作实绩和由此带来的诸多效果做出价值判断的过程。对调研企业来说,在每个调研项目或调研阶段性工作结束时,依据工作任务书和绩效目标,对项目实施结果和阶段性业绩进行评价,公正地、客观地评价员工的工作实绩和表现,对工作目标的完成程度进行评定,不断总结经验,对下一阶段提升工作效率、改进工作绩效具有十分重要的作用。

1. 绩效考核的程序

通过实际实现的业绩与目标业绩的比较来进行绩效考核,以下是一般的步骤。

1)制定考核方案

包括明确考核的目的和对象,确定考核内容,建立考核指标体系,选择考核方法,制定考核工作流程以及确定考核时间。

2)收集资料信息

在对项目绩效或阶段工作业绩进行评价之前,要收集与考核内容相关的信息,特别是目标计划完成过程的信息,以便将来客观地评价员工的绩效、分析目标未达成的原因。收集项目或目标的过程信息是企业管理的基础工作之一。企业应把资料信息的收集纳入到日常管理中,形成程序化、自动化的信息报送和处理制度,建立绩效管理系统。

3)进行分析评价

考核人员或小组依据事先确定的考核方案和考核指标体系,对考核对象逐项进行评价,对各子项评价结果进行综合,逐层次汇总获得总体评分(评价),最后形成考核结论和等级。

4)考核结果反馈

绩效评价应建立健全的绩效反馈机制,考评结论和考核等级要客观、清晰、及时、透明地向考核对象做出反馈,并允许对自己所得到的绩效评价结果有不同意见的员工申诉。这样有利于员工发现存在的问题并及时地改进工作,避免因问题和矛盾的积累而使员工产生对抗情绪。

2. 考核标准的制定原则

绩效考核就是通过对比员工实绩和表现与业绩目标的差距,查找需要进行业绩改进的地方。其核心就是如何制定一套科学合理的绩效考核标准。市场调研企业的绩效考核标准的制定应遵循以下原则。

1)目标清晰

实行绩效考核的目的是为了让员工努力实现企业的目标和要求,所以绩效考核的目标一定要清晰。是考评员工的素质和潜能，还是考评员工行为是否符合职业规则和工作程序？必须要清晰界定绩效考评重点。

2）力求量化

考核的标准要尽可能定量化，目标量化可以提高考评工作的可操作性和确保考评结果的客观性、公正性。为每个员工确定明确的工作目标，从而实现员工的自我控制。

3）利益挂钩

考核的结果必须与被考核对象的利益挂钩，把考核评分和等级与薪酬、晋升、奖惩相联系，才能够引起被考核对象的重视和认真对待。不挂钩的绩效考核是没有任何意义的。

4）多重维度

绩效考评应该是对员工的绩效进行全面评价，不仅考虑业绩成果还要考虑工作行为，即全面考虑员工的“德”、“能”、“勤”、“绩”，从多个方面和维度对员工的绩效进行考评分析。如项目经理的考核，不应只是项目收入、项目费用等数量指标的完成情况，还应该包括客户满意度、合作态度、与其他部门沟通协调情况等。

5）因岗而异

因为岗位性质的不同，工作的内容、性质和特征都存在差异，因此不能用一套通用的评价指标去衡量所有岗位员工的工作绩效。企业必须开展工作分析，设定每个岗位可行的绩效目标，增强绩效考评的可操作性。

6）强调协作

对于市场调研企业，调研项目几乎都是以分工协作形式完成。即使是对个人能力要求极高的数据分析、市场研究，也需要更多的团队协作才能完成任务。在这样的一个背景下，绩效考核应强调团队的整体绩效，员工个体的考核体系中要设置工作协作、关系协调方面指标，并给予较大的权重，否则容易出现个人绩效高而整体绩效低的现象。

3. 绩效考核的标准

按被考核对象划分，调研企业的绩效考核包括员工个人绩效和项目团队绩效两个方面。按内容结构划分，绩效考核包括业绩考核和行为考核两大部分。这里要强调的是很多企业容易过分强调业绩，而忽略了对行为的考核和规范。结果是业务做得好的员工往往不遵守纪律而成为“特殊”群体，成为企业管理的障碍。按考核标准的特征来分，可以选择的绩效标准有 KPI 和工作达成目标两类。

KPI 是用来衡量员工工作绩效表现的具体量化指标，是对工作完成效果的最直接衡量方式。如项目合同额、访问人数、管理费用等，它反映了最能有效影响企业价值创造的关键驱动因素。KPI 比较适合用于考核调研企业中直接与项目业务相关联的岗位的员工绩效，如项目经理、访问员、数据统计分析员，但不适合用于内部协调、后台支持、客户服务等难以量化的岗位的人员考核。

工作达成目标是衡量员工工作绩效表现的非量化指标。主要用于态度性、行为性、过程性的工作任务完成情况的考核，如工作责任心、客户满意度、团队协作效率等，在确定绩效目标和工作计划时，上级主管与员工共同商定员工在考核期内应完成的主要内容及其效果。在考核周期结束时，上级主管将根据期初所定工作任务的实现程度和行为效果，给员工绩效评分。工作达成目标比较适合用于对工作职责范围内相对长期性、辅助性、服务性的，难以量化的绩效完成情况的考核。

4. 绩效考核的方法

调研企业对工作目标进行分解就产生了不同的任务分工，不同分工对应的职位或岗位的工作性质、工作内容和特征有明显的差异，因而决定了绩效考核的内容和考核方法也不同。对于程序性、稳定性高而独立性低的岗位，如调研项目运作的大部分专业岗位（如调查访问员、调查督导、统计分析人员），其考核应包含较多可量化的指标（如问卷完成数量、访问成功率、统计误差等），适合采用标准比较法，即 KPI 体系来客观地评价其工作量和工作水平；对于具有较低的程序性、很高的独立性和非稳定性的岗位，如项目策划员、项目经理、项目研究人员，其考核内容侧重于工作能力和素质、项目完成质量等，适合采用目标管理法，即使用工作达成目标测评来考核其工作绩效；对于具有一定的程序性但独立性较高的岗位，如客户服务人员、项目信息管理人员，就需要把上述两种方法结合起来，除考核其工作量外，还应考核其工作的及时性、客户档案管理规范程度、客户满意度等指标。

绩效考核的方法有强制比例法、相对比较法、小组评价法、重要事件法、情景模拟法等十几种，调研企业中常用的主要有以下几种方法。

1）等级评估法

把被考评岗位的工作内容划分为相互独立的几个模块，在每个模块中用明确的语言描述完成该模块工作需要达到的标准，并设置“优、良、合格、不合格”评价等级，上级主管对被考评人实际工作表现进行评价。

2）目标考评法

此法适用于推行目标管理的工作，如调研项目管理。在项目启动之前，上级主管与被考评对象对需要完成的工作内容、时间期限、考评标准达成一致，签订目标责任书。项目工作结束后，上级主管将被考评对象完成工作的情况与原先议定的考评标准进行对照，来评价被考评对象的工作绩效并兑现相应的奖惩。

3）序列比较法

此法适用于对同类岗位（职务）人员进行考核。企业按照统一的评价模块和统一的标准，对同类岗位（职务）的所有员工进行衡量和测评，并对员工的测评成绩进行比较和排序，由高到低确定绩效等次，并兑现相应的奖惩。这种方法也适用于各个项目团队整体的综合评估。

4）简单排列法

即单独按照某一指标或特征，如出勤率、调研项目合同收入等，将员工按照工作绩效由高到低依次排列。也称为单项排名，再确定评价等级和相应的奖惩。这种方法通常适用于规模较小的调研企业。

11.4.4　绩效考核结果的运用

绩效考核的作用在于帮助组织发现问题，改进员工绩效，增强企业的竞争能力。绩效考核结果的运用，主要包括两个方面：一是制订和实施绩效改进计划；二是作为制定企业人力资源管理方案的依据。

以下是制订和实施绩效改进计划的步骤。

（1）绩效诊断和分析。绩效诊断和分析是在绩效反馈面谈中，主管和员工通过分析和讨论评价结果，找出关键绩效问题和产生绩效问题的原因。

（2）绩效改进计划的制订。绩效改进计划的内容包括对上一周期绩效考核结果和反馈情况的分析、明确需要改进和发展的原因、员工和直接上级目前的状态、绩效改进计划的实施日程、员工经过绩效改进之后应达到的绩效目标。绩效改进计划开始于上一个绩效评价周期的结束，结束于下一个绩效评价周期的开始。

（3）绩效改进计划的实施和评价。作为绩效计划的补充，绩效改进计划同样需要评价和反馈。在制订了绩效改进计划之后，管理者应该通过跟踪监控和沟通反馈，实现对绩效改进计划实施过程的控制。确认绩效改进计划能否按期进行，并根据评价对象的实际工作情况，及时修订和调整不合理的改进计划。绩效改进计划的完成情况反映在员工在前后两次绩效评价中得到的评价结果中。如果员工在前后两次绩效评价中得到的评价有显著提高，这在一定程度上说明绩效改进计划取得了一定的成效。

绩效考核结果在人力资源管理方面的运用，主要包括以下五个方面。

（1）利益分配。计算和兑现本次绩效考核的工资（奖金）和其他奖励。同时依据员工的绩效考核结果，决定员工的薪资是否调级以及调级的幅度，包括确定是否调整员工薪酬体系。对绩效较差的员工扣减或下调其下一个考核周期的薪酬基数。

（2）员工培训。通过绩效考核的结果，企业能够有效地了解到员工的不足与薄弱环节，发现工作团队或员工个人与企业要求的差距，从而及时制订培训计划，组织相关的教育培训活动。对于工作态度不良的员工，应参加公司文化和职业意识的再培训，帮助其重塑自我；对于工作能力不足的员工，通过针对性的培训开发其潜能，提升其工作能力。

（3）职位管理。职位管理是指依据绩效考核结果决定员工的升迁。综合性的绩效考核结果是企业内部升迁的合理而重要的参照标准，对于绩效突出、能力强的员工，应将其晋升到更高一级的职位上，更好地发挥其工作潜能；对于不能胜任目前职位的、绩效较差的员工，降级到较低序列的职位，甚至直接淘汰。做到人岗匹配，保持企业活力。

（4）岗位调配。岗位调配是指不包括升迁或者降职的同级之间横向的工作轮换。扬长避短、因材适用是现代企业人力资源管理的基本导向。通过绩效考核，企业可以对各个岗位（职位）现任职者的工作绩效进行甄别与评价，从而判断现职员工与岗位的适配程度。根据员工的特长和能力，有组织、有计划地将其调配和转换到新的岗位上，做到人尽其才。岗位的调配还包括企业有意识地将一批优秀人才在各种职位之间进行轮换和交流，培养其全面管理能力，为企业发展做好干部储备。

（5）新员工聘用和定级。绩效考核也是新员工试用期的有效管理工具之一。通过对新员工试用期的工作绩效考核，企业能够对招聘结果进行检验，鉴别新员工的实际能力，评价新员工的发展潜力，决定新员工是否聘用以及入职定级。同时还可以为企业有针对性地调整员工甄选标准、改进招聘方法提供基础和参考。

11.4.5　项目团队的绩效考核

1. 项目团队的绩效考核的特殊性

由于调研项目多数是以团队的形式来完成，调研项目团队的绩效考核是调研企业员工绩效考核的重要内容。由于团队工作的特点和团队绩效的特殊性，团队绩效评价具有层次性、二元性的特点，对团队进行绩效考核与员工个人的绩效考核相比，其构成要素、评价指标和评价方法都有很大不同。

(1)团队的绩效考核必须遵循目标一致性原则。即团队的绩效考核必须确保团队目标、团队内个人目标和企业整体目标一致。

(2)团队的协作水平决定了团队的绩效，但团队中员工的努力对其绩效也有很大影响。因此，团队绩效考核需要对团队和个人同时进行考核，而且必须在确定团队绩效指标之后才能确定员工个人的绩效评估指标，两者必须保持高度统一和衔接。

(3)员工个人考核主要关注结果，团队绩效考核更兼顾结果和行为。由于员工的绩效高低很大程度上依赖于与团队其他成员之间的交流、合作、协调。因此往往是员工的行为而不是结果决定了整个团队的绩效。

(4)团队绩效考核的重点不同，团队绩效考核的指标除了员工个人绩效指标外，还涉及团队完成企业目标的整体情况、团队对其成员的影响(结果)、团队成员的满意感、提高团队工作能力等内容。

(5)团队绩效考核结果的应用更偏重于对团队的激励。由于团队绩效往往是所有成员共同努力的结果，个人的成就和努力不一定能清晰地分辨出来。因此绩效评价所产生的激励必须主要以团队为基础。

2. 项目团队的绩效考核的方法

对于采用团队形式运作的调研企业，由于项目团队的整体绩效难以分割，团队内部的协作水平难以准确衡量，影响绩效的因素更为复杂。一般通用的绩效评价方法不适用于团队，应制定专门针对团队绩效考评的方法团队绩效考评应注意以下几方面。

(1)考评主体多元化。参加团队绩效考评的主体既有来自外部的，也有来自内部的，包括上级主管评价、客户评价、同级团队评价以及团队内部员工的评价。

(2)团队绩效考核的指标体系要遵循系统优化的原则。即各个指标权重的设置应以团队绩效的整体最优化而不是个人绩效最大化作为出发点。

(3)实行分层次的考核方法。一方面，团队绩效考核方法的选择要注重整体性，无论采用哪一种方法，都必须让个人绩效和团队绩效挂钩；另一方面，团队的绩效考核也要分层次，团队层次偏重于结果导向，个体层次偏重于行为导向，因此对团队绩效的考核指标的设量，也应按照这个原则，针对不同的考核层次选择不同的考核方法。项目团队的绩效考核通常是将各种绩效考核方法进行综合运用。表11-3是项目团队的绩效考核常用的方法。

表 11-3 项目团队的绩效考核方法

项目团队层次的考核方法	平衡记分法
	KPI 关键指标法
	目标管理法
成员个人层次的考核方法	行为量表法
	360 度考评方法
	专家小组意见法
	目标管理法

11.5 薪酬福利管理

11.5.1 薪酬与薪酬管理

一般而言，薪酬是指员工被组织雇佣，向所在的组织提供劳务而获得的各种形式的经济收入或酬劳，包括了货币、有形服务和福利。它体现的是员工与组织之间公平的交易或交换关系，狭义的薪酬是直接用货币报酬的形式支付的工资，包括基本工资、奖金、各类津贴、补贴、加班费、业绩提成等；广义的薪酬还包括体现为非直接货币支付的报酬部分，如养老金、各类保险、实物福利、带薪休假、带薪学习等，现代薪酬管理还包括了企业利润分红、企业股权红利，以及非物质的薪酬（如企业给予员工的重视、表彰、成就感、责任和个人成长）。

所谓薪酬管理，是指一个组织针对所有员工所提供的服务来确定他们应当得到的报酬总额以及报酬结构和报酬形式的一个过程。即企业对薪酬总体水平、薪酬体系、薪酬结构以及特殊薪酬的规定和政策。在企业的发展过程中，企业还要不断地制定薪酬计划，拟定薪酬预算，与员工进行薪酬谈判和沟通，定期对薪酬系统的有效性进行评估和调整完善。

薪酬对任何一个组织来说都是员工最关注的问题，也是企业最重要的激励手段之一。同时也是企业最困难的决策之一，因为企业的薪酬管理必须兼顾公平性、有效性和合法性三大目标，随着现代社会的发展，人力资源对企业经营效益和持续发展的决定作用越来越明显，企业对薪酬管理的要求越来越高，但薪酬管理受到的限制因素却越来越多，除了企业自身的盈利能力、政府法律法规外，还涉及企业的发展战略和人才战略、外部市场、行业前景、竞争者等因素。

11.5.2 影响薪酬的因素

影响企业确定薪酬水平和制定薪酬体系的因素非常多，通常可以归纳为企业内部因素、企业外部因素和员工个人因素三大类，包括二十四个要素。这些要素对任何一个行业或类型企业的薪酬水平都存在着或大或小的影响（表 11-4）。

表 11-4　影响企业薪酬水平的因素

企业内部因素	企业外部因素	员工个人因素
企业负担能力	国家政策和法律	工作表现
企业经营状况	地区差别	资历与经验
行业前景	行业差别	工作技能
企业远景	地区生活指数	工作量
企业文化	劳动力市场的供求关系	岗位差别
人才价值观	社会经济环境	职务差别
薪酬政策	现行工资率	个人的关系
企业发展及投资战略	商会与工会的力量	年龄

在我国目前的社会环境下，对于调研企业而言影响较大的因素主要有以下八方面。

(1)行业前景。处于不同时期（导入期、成长期、成熟期、衰退期）的行业，整个行业的赢利水平、企业赢利能力及发展前景是不同的，这些差别会导致薪资水平的不同。目前，国内市场调研行业处于从成长期走向成熟期的阶段，行业的整体薪酬水平有逐渐升高的趋势，但随市场需求波动比较大。

(2)薪酬政策。薪酬规模直接影响着企业利润积累，薪酬政策也是企业分配机制的直接表现。由于市场调研企业的扩张并不需要太多的固定资产的投入，所以大部分调研企业并不注重利润积累而比较倾向于员工分配。

(3)地区差别。调研企业在制定薪酬标准时必须充分考虑行业特点和本地区的消费水平。因此不同地区的调研企业，员工的薪酬水平差异很大，一般来说，经济发达地区的薪酬水平比经济落后地区的薪酬水平高。

(4)劳动力市场的供求关系。当劳动力供过于求时，员工会接受较低的薪酬水平；反之则企业会提高员工的薪酬水平。由于市场调研企业所需的员工特别是中高级职员是一种高知识结构的专业人才，从目前国内整体情况看，这一类的专业人才仍然是比较匮乏的。因此，调研企业在财力允许的条件下，一般都将薪酬水平定在比当地同类商业服务行业更高的水平上，以使吸引和留住高水平的专业人员。

(5)员工资历与经验。由于调研服务的质量很大程度上取决于员工的专业判断和经验积累，在调研行业中，员工的资历与经验往往与其工作能力和水平成正向关系。因此调研企业中经验丰富、资历高的员工比入职时间短、资历低的员工的薪酬要高得多，两者的差异远远超过其他行业，其主要原因是薪酬不仅要补偿员工在积累专业技术所耗费的时间、体能、金钱，还包括克服心理压力以及学习的机会成本，要产生较强的激励作用和“留人效应”。

(6)工作技能。在调研服务行业，企业之争便是人才之争，具有较高学历、掌握关键技能的专业人才和具有项目综合管理能力的人才，已成为调研企业持续发展和获得竞争优势的利器。这类人才往往成为调研企业高薪争聘的对象。

(7)工作量。无论是采用计时制还是计件制工资，工作量都与薪资水平成正比。在调研企业中，这种工作量差别导致薪酬悬殊的特征更加明显。

(8)岗位及职务差别。职务意味着资源分配的权力，同时也意味着承担相应的责任。调研项目的成败往往直接取决于管理和负责项目运作的核心岗位人员的能力，这种能力是以权力和承担责任为基础的。岗位等级(职务)高的人权力大，责任也较重，因此其薪资水平相对也较高。

11.5.3 调研企业员工薪酬要素

调研企业员工的薪酬，按报酬支付形式大致可以划分为三大类，每一类又包括若干薪酬要素。

1. 基本薪酬

基本薪酬是指员工工资中的固定部分。它通常按月发放，一般不与员工绩效考评结果挂钩。包括：①固定工资，以月薪(固定员工)或日薪(兼职员工)为基础发放，其高低主要取决于当地的生活费用水平；②岗位(职级)工资，取决于员工的职务(职位)和工作等级的差异，实际上体现了员工对企业所承担的责任和相对价值；③年功(工龄)工资，体现员工的工作经验和劳动贡献的积累；④学历(技术职称)工资，也称技能工资，根据员工取得的学历或技术职称而给予适当的津贴，反映了知识和工资的关系。

2. 浮动薪酬

指基本工资以外，与员工工作业绩直接挂钩的变动部分的薪酬。在调研企业中，这部分薪酬往往被称为绩效工资或风险薪酬。它具有较强的激励性，占薪酬总额很大部分的比例。它包括：①奖金，即员工工作实绩超过规定目标而得到的额外的薪酬，通常与业绩考核指标直接关联；②佣金，一种与工作量直接相关的特殊薪酬，具有临时性、不规律性，如兼职访问员的薪酬通常按完成的有效调研样本量计算；③津贴，即用于员工出差、轮班、交通、出勤以及特殊工作环境下的生活补贴，与员工的工作行为有关；④利润分红，即按员工个人或团队的成就按年一次性给予的报酬。它是对团队或员工过去长期工作行为和工作业绩的认可。

3. 实物福利

实物福利也称为间接薪酬，指企业以非货币形式支付员工的报酬部分。一般包括：①退休金和保险；②发放的各类实物福利用品；③免费提供食宿；④带薪休假或带薪学习；⑤免费提供交通工具；⑥公司用车。它们是各种现金薪酬之外的激励要素。

11.5.4 调研企业薪酬管理的特殊性

薪酬管理是市场调研企业人力资源管理的一个最重要的组成部分，同时也是最为敏感的部分，因为它直接关系到每一位员工的切身利益，并由此影响到市场调研企业的服务能力和持续发展。国内市场研究和咨询行业的员工流动率一直偏高，市场调研企业尤其是中小调研企业的员工流失现象严重，已经成为调研企业服务能力和市场竞争力提升的主要制约因素，成了阻碍和困扰调研企业发展的一大问题。据市场调查业协会的一项统计，近五年来市场研究和咨询行业的员工平均流动率达到78%，调研企业招聘的员工第一年的流失率约为40%，第二年约为66.3%，第三年高达81.6%。员工流失的一个重要的原因，就是调研企业缺乏有效的薪酬管理制度，薪酬管理不具备吸引力甚至打击了员工的积极性，从而产生了“离心力”。调研企业如何构建科学合理、高效灵活，且具有良好激励效应的薪酬管理体系，作者认为，必须从调研行业的实际情况出发，认真剖析调研企业人力资源构成的特点，深入研究调研企业的业务运作及员工工作的规律和特殊性。调研服务的高度专业化、知识密集化和调研业务的团队化运作模式，决定了调研企业的薪酬体系的设计必须解决以下几个问题。

1. 正式员工与兼职员工薪酬的平衡

众所周知，由于人力成本的压力，目前大多数调研企业正式员工的数量较少，兼职员工所占的比例较高。两者从事的工作也有区别，正式员工中的专业人员主要负责客户接洽、项目谈判、项目规划、实施组织，这部分也是调研企业所谓的核心业务，非专业人员一般从事行政、财务等管理工作，兼职员工（主要是大专院校学生）多承担一线调查实施、现场访问、督导、数据统计等工作，有的调研企业还聘请一些专家、学者作为兼职的研究人员。因此，调研项目的主要工作实际上由临时性兼职员工承担。在薪酬体系的设计上，正式员工往往采用基于职位（岗位）的结构工资制，兼职员工主要采用基于项目绩效的计件工资制。因此，在项目薪酬控制在一定范围的情况下，如何在两类员工之间进行分配，做好两类员工的薪酬平衡是非常关键的问题。一种可行的办法是在参照当地同类企业薪酬水平的基础上，根据调研项目的难度和工作量，建立计件薪酬和计时薪酬的转换模式，使两者易于比较，也能让两部分员工都感到公平。例如，某调研企业根据当地调研行业薪酬的总体水平，将正式员工的平均薪酬定为 4400 元（月薪），即相当于每日 200 元。一名现场访问人员完成一份有效调查问卷的平均时间（包括路途交通、寻找对象、预约沟通的时间）约为 30 分钟，那么可以确定该访问人员的计薪标准为：200 元÷(8 小时÷30 分钟/份)＝12.5 元/份。

2. 项目薪酬与岗位薪酬的平衡

对于采用跨职能团队或项目团队模式来完成委托项目的调研企业，其工作直接与项目实施和项目绩效相关联的员工，大部分是各职能部门的专业技术人员，同时也是调研项目团队的成员，为调动其工作的积极性和促进员工之间的协作，往往采用岗位结构和绩效导向相结合的混合计薪体系，即员工的薪酬中既有固定的基本薪酬部分，又有随项目工作变化的浮动薪酬部分。如何平衡两者的关系也是调研企业设计薪酬体系时需要考虑的问题。如果企业的人力资源战略倾向于薪酬的激励作用，则浮动薪酬所占的比例较大，但易使员工丧失心理平衡，并对企业产生不公平和不信任感；如果倾向于薪酬的保健作用，则固定薪酬所占的比例较大，但可能出现"大锅饭"现象，影响员工积极性的发挥。

3. 服务人员与操作人员薪酬的平衡

调研企业直接参与项目运作的业务人员通常有两大类：一线调查操作人员和后台服务支持人员。前者负责现场访谈、问卷调查、数据汇总等调研项目的执行和实施工作，其工作业绩是直观的、可量化的。后者负责与委托客户洽谈签约、项目进程中的沟通对接、项目完成后的跟踪回访等，它同样是保证调研项目顺畅有序和高质量地完成的重要工作，但其业绩却是隐性的。如何在这两类员工之间合理分配薪酬是管理者必须高度关注的问题。内部公平是薪酬管理的一个重要目标，企业在薪酬管理中能否做到公平地对待所有员工，极大地影响着员工的满意度和忠诚度，进而影响着员工工作的积极性、进取心，甚至员工的去留。现实中这两部分员工在评价企业薪酬体系时，往往会因缺乏对另一方工作的了解和客观判断而产生不公平感，进而影响到调查工作质量，影响到向客户提供的、决定客户满意度的服务质量。一个可行的解决办法是实行员工岗位轮换制度，定期举行项目团队内部协调会议，促进员工对工作的了解，教育员工学会换位思考。

4. 团队薪酬与计件薪酬的平衡

在以团队模式进行项目运作和管理的调研企业中，参与项目操作的团队成员，其浮动薪酬（即项目薪酬）通常包含两个部分，一是按照本人完成的工作量获得的计件薪酬部分，二是企业对整个团队项目贡献的奖励细分到该员工的项目奖金，后者我们也称之为团队薪酬。这两部分在员工项目薪酬中所占的比例不同，所产生的激励效应也不同。计件薪酬是一种面向员工个体的业绩激励，团队薪酬是一种面向团队的工作激励，团队薪酬或者项目奖金的作用是鼓励团队成员紧密协作、互相帮助，共同努力完成委托项目。计件薪酬所占的比例如果过高，会让员工把团队的绩效只归因于自身的努力，只计较个人利益而不考虑相互的共享协作，严重影响团队的凝聚力，降低团队的协作效率；所占比例如果过小，则会造成员工之间收入差距很小，滋生团队内部吃大锅饭、搭顺风车的现象。这些都使得薪酬不能有效地成为对员工进行激励和约束的因素。因此，调研项目的团队管理者需要慎重地思考和平衡两者之间的分配关系。一些调研企业解决这一问题的办法是将整个项目薪酬的分配权授予项目负责人，由项目负责人以“组阁”或“双向选择”的方式选择团队成员组成项目小组，与每个成员事先通过谈判商定薪酬的分配方式，项目负责人按照既定的公开的“协议”支付成员报酬，并对表现优秀的员工进行奖励。

11.5.5 调研企业的员工薪酬体系

在11.5.3小节所述的薪酬要素中，对调研企业的员工薪酬体系起决定作用的主要是三种：职位（position）、能力（person）和业绩（performance），即所谓的3P理论。调研企业具体选择哪些薪酬构成要素，取决于企业实际情况、企业发展战略和薪酬策略的要求。

与其他类型的企业相比，调研企业的薪酬设计具有多元性。不同类别的员工的工作性质和特征不同，薪酬体系的结构也不同。市场调研企业的员工按工作任务性质大致可以分为三大类别：一是不直接涉及调研项目操作，其绩效与调研工作量基本无关，只为调研工作提供组织管理、后台服务和技术支撑的管理员工；二是直接从事调研项目实施过程某个环节的工作，其绩效与调研工作量紧密关联的一线员工；三是其工作量与项目工作量虽然没有直接的关系，但其工作能力和工作质量直接影响调研项目绩效的员工。因此，对核心员工和高层管理者，如项目经理、高级督导，通常采用基于职位的薪酬设计策略，这种薪酬体系有利于保持员工的稳定性；对从事一线调查工作或客户服务的员工，如访问员、统计员、客户专员，通常采用基于绩效的薪酬设计策略，这种薪酬体系完全依照员工的业绩来支付薪酬，具有更强的公平性、灵活性、激励性；对于以从事智力活动和知识创造为主的专业人员，如数据分析员、市场研究人员，则通常采用基于能力的薪酬设计策略，因为这部分员工的工作业绩和服务质量更多取决于其自身的知识、技能和经验，这种薪酬体系能够有效促进员工学习、成长，同时有利于保持员工队伍的稳定。

11.5.6 调研企业的薪酬管理策略

1. 薪酬管理的内涵

曾有专家作过调查，薪酬平均占调研企业总成本的70%以上，这个事实说明了薪酬管理对于调研企业的重要性。薪酬管理，是在企业人力资源和发展战略指导下，对员工薪酬支付原则、薪酬策略、薪酬水平、薪酬结构、薪酬构成进行确定、分配和调整的动态管理过程。薪酬管理目标是基于人力资源战略设立的，而人力资源战略服从于企业发展战略。

薪酬策略是指将企业战略和目标、文化、外部环境有机地结合从而制定的对薪酬管理的指导原则。薪酬策略对薪酬制度的设计与实施提出了指导思想，它强调的是相对于同规模的竞争性企业来讲其薪酬支付的标准和差异。

企业的薪酬策略既要反映组织的战略需求，又要满足员工期望。薪酬与组织及其外部环境之间存在着一种依存关系，良好的薪酬策略与企业的发展战略是契合的。它对企业发展战略的支持作用表现在通过薪酬策略向员工发出企业期望的信息，并对那些与企业期望一致的行为进行奖励。薪酬管理策略的重点，就在于调研企业如何使其薪酬政策和管理机制充分体现及匹配它的人力资源战略。

薪酬管理包括薪酬体系设计、薪酬日常管理两个方面。其核心是薪酬体系设计，包括薪酬水平策略、薪酬结构策略、薪酬构成策略。

(1)薪酬水平策略，即企业自身的总体薪酬水平相对于当地市场薪酬行情和竞争对手薪酬水平而言的位置。供企业选择的薪酬水平策略有：领先市场、跟随市场和滞后策略。

(2)薪酬结构策略，即薪酬由哪些部分构成，各占什么比例。可以选择的策略有高弹性薪酬模式和高稳定薪酬模式两种。在实际应用中，一般都是绩效薪酬和基本薪酬各占一定的比例。当两者比例不断调整和变化时，这种薪酬模型可以演变为以激励为主的模型，也可以演变为以稳定为主的薪酬模型。

(3)薪酬构成策略，即企业的薪酬分为多少层级，以及层级之间的关系如何。一般层级差距较大的，重点激励高层人员；层级差距较小的，薪酬较为平均。不同类型员工的薪酬形式上也有不同的侧重，如一线操作人员多实行以激励为主的薪酬策略，后台服务和管理人员多实行以职位为主的薪酬策略。

2. 薪酬管理的目标和原则

薪酬要发挥应有的作用，至少必须符合效率、公平、合法的原则。有效的薪酬管理应对外具有竞争力——支付相当于或高于劳动力市场一般薪酬水平的薪酬；对内具有公正性——支付相当于员工工作价值的薪酬；对员工具有激励性——适当拉开员工之间的薪酬差距。

一般而言，市场调研企业薪酬管理的基本目标包括以下六方面。

(1)让适应企业环境和有发展潜力的员工脱颖而出，吸引企业需要的优秀人才。对于知识密集型和高度专业化的服务企业来说，拥有优秀的人才是保持其外在竞争力的重要因素。

(2)稳定和留住企业的核心人员和关键人才，只有公平合理、付出与回报对等的薪酬制度才可能为企业留住优秀的员工、减少劳资纠纷，实现人力资本投入产出的最大化。

(3)激励员工通过自我学习和竞争协作，提高工作技能，改进工作绩效，创建学习型组织。

(4)创造企业所希望的企业文化和工作氛围，使员工通过薪酬结成利益共同体，努力实现企业的经营目标。

(5)控制运营成本。通过设计合理的薪酬体系，有效地控制员工的资源消耗和人为浪费，从而合理地控制劳动成本，为企业赢得更多的利润。

(6)给予员工安全保障。薪酬及其稳定的给付，是使员工产生安全感的前提。调研企业必须重视员工，特别是一线员工，从基本薪酬中获得保障的程度，有安全感员工才会愿意为企业和工作投入。

11.5.7 市场调研企业薪酬管理的创新

1. 实施战略性薪酬管理

战略性薪酬管理是以企业发展战略为依据，根据企业某一阶段的内部、外部总体情况，正确选择薪酬策略、系统设计薪酬体系并实施动态管理，使之促进企业战略目标实现。战略性薪酬管理与传统薪酬管理的区别是：绝不能把薪酬分配看成是简单地"分蛋糕"的技术性工作，而是一种战略思考。否则，即使薪酬制度设计暂时解决了企业的眼前问题，一旦环境变化和企业发展了，薪酬制度又无法适应了，甚至于会阻碍企业的发展。战略性薪酬管理的思路是，从企业战略层面研究并实施薪酬管理。在设计薪酬体系时，必须弄清楚其根本目的，而不是局限于解决企业眼前的薪酬问题和人力资源部的专业工作，战略性薪酬管理以企业战略为指导，以组织机构岗位优化为基础，以调动全体人员积极性、创造性实现战略目标为目的，以绩效管理为薪酬实际发放的依据，对薪酬分配进行计划、设计实施和控制。其主线是调动全体人员的积极性、创造性。薪酬管理必须与其他人力资源工作紧密联系，形成一个有机体。薪酬管理要符合和把握人力资源开发的方向，提升人力资源管理体系的效能。战略性薪酬管理系统要与执行力、竞争力管理系统有机联系起来，更好地发挥薪酬管理的作用。战略性薪酬管理必须从战略、制度、技术三个层面来系统化思考具有企业个性的结构化薪酬体系设计模型。

2. 实施全面薪酬管理

传统的薪酬管理体系从根本上说是以企业为导向的分配制度，企业薪酬体系缺乏与员工的沟通。而从薪酬管理历史演变的过程来看，现代管理阶段的薪酬管理趋势是越来越以员工为中心来设计企业薪酬，重视员工的参与与多元化要求，强化薪酬的激励作用，强调整体薪酬的效能。

全面薪酬管理体系是以员工为导向的整体性的系统薪酬设计，它认为从激励的角度来看，薪酬是员工个人行为目标和工作动机产生的源泉，有效的薪酬体系及其管理必须让员工明确知道哪些因素影响自身的收益，哪些行为是组织所倡导的。

全面薪酬管理的理念体现在薪酬策略上就是建立结构化薪酬体系，实施多元化的混合薪酬制度，如岗位绩效工资制、复合年薪制等。全面薪酬管理体系可以用一个公式来表达，即：全面薪酬＝货币性薪酬＋非货币性薪酬＝直接薪酬＋间接薪酬＋非货币性薪酬。其中直接薪酬包括基本薪资(固定薪资)，即基本工资、绩效工资、津贴、奖金、股票期权等；间接薪酬包括社会基本保险、各类休假、企业补充保险、其他福利、培训发展等；非货币薪酬主要指来自工作本身、工作环境、身份标志、组织特征几个方面的心理效应。工作本身带来的心理效应包括工作的乐趣、挑战性、成就感、责任等；工作环境带来的心理效应包括和谐的同事关系、领导者的良好品格与工作风格、舒适的工作环境等；身份标志带来的心理效应包括担任较高等级的职位、获得令人尊敬的荣誉、拥有对他人的影响力等；组织特征带来的心理效应包括企业在业界的声望和荣誉、企业的服务品牌与客户信赖、企业在行业的领先地位、企业高速成长带来的机会与前景等。全面薪酬管理体系不仅能够提高薪酬的质量。同时，由于它扩大了薪酬的内容，通过经济和非经济手段帮助企业与员工之间建立起伙伴关系，并让员工前所未有地享受到了个性化薪酬制度所带来的愉悦。

11.6 员工激励

11.6.1 激励的内涵

激励是指组织通过设计适当的外部奖酬形式和工作环境，以一定的行为规范和惩罚性措施，借助信息沟通，来激发、引导、保持和归化组织成员的行为，以有效地实现组织及其成员个人目标的系统活动。调研企业采用一系列有计划的奖惩措施，营造一定的企业环境，通过对员工施以正强化或负强化的信息反馈，可以引导员工心理的变化，使之产生企业所预期的行为反应，实现企业预定的管理目标。具体地说，就是应用各种管理手段和政策措施，调动员工的积极性、主动性和创造性，保证员工的目标与企业的目标一致，并推动员工努力达成企业的目标的过程。

11.6.2 激励原则与方式

1. 激励的原则

调研企业的员工激励应遵循以下原则。①目标结合原则：激励目标设置必须同时体现企业目标和员工需要。②物质和精神相结合原则：物质激励和精神激励缺一不可。③合理性原则：激励措施要适当，奖惩要公平。④明确性原则：激励的方式要明确、公开、直观。⑤及时性原则：激励越及时，效果越明显。⑥正激励与负激励相结合原则：有奖也有罚，奖罚分明。⑦按需激励原则：激励方式因员工的需要而异。

2. 基本激励方式

在激励员工的过程中，员工的个性不同，需要不同，也要使用不同的激励方式。激励的方式是多种多样的。我们对其进行概括，如表 11-5 所示。

表 11-5 员工激励形式

激励形式	含 义	激励特征类型
目标激励	推行目标责任制	正激励、内激励
榜样激励	树典型、管理者身先士卒	正激励、内激励、精神激励
参与激励	员工参与管理、建议制度、职工持股	正激励、内激励
荣誉激励	对员工予以表彰和奖励	正激励、外激励、精神激励
感情激励	关心员工的工作、家庭和生活	正激励、外激励、精神激励
竞争激励	倡导员工之间、部门之间的平等竞争	正激励、外激励
薪酬激励	增加工资，发放奖金，实物奖励	正激励、外激励、物质激励
文化激励	创造公平、互信、和谐的人际环境	正激励、外激励、精神激励

续表

激励形式	含 义	激励特征类型
工作激励	工作扩大、工作轮换、团队自由组合	正激励、内激励、精神激励
能力激励	提供培训、学习机会，职位晋升，授权	正激励、外激励
制度激励	对超越制度规范的行为进行制裁	负激励、外激励
惩罚激励	经济处罚、批评、降职、降薪	负激励、外激励
淘汰激励	开除员工以警示其他员工	负激励、内激励

上述大多数激励措施对市场调研企业也是适用的。不同的是，项目工作团队模式和高比例的知识型员工是市场调研企业两大特征，也是市场调研企业进行员工激励管理需要关注和重视的因素。下面我们主要围绕这两个特征对调研企业的员工激励模式进行具体分析。

11.6.3 工作团队的激励

工作团队是调研企业完成项目服务的基本单位。作为工作团队的负责人，项目经理必须深入了解团队成员的需要和行为动机，建立团队激励机制，提供团队成员满足需要和实现个人成就的机会，这样才能充分调动他们完成调研任务的积极性。实践中，调研企业针对项目团队管理经常采用的激励措施主要有以下几方面。

1. 目标激励

即实施目标管理制度。企业为每个项目团队建立明确的团队目标，进而指导员工设定与团队目标相关的个人目标，使每个人都拥有取得个人成就的机会，还能克服团队中常见的社会惰性、搭便车的现象，这样才会充分调动每个人的积极性，使员工产生自我竞争与他人竞争的动力，从而超过自己的目标，获得胜利。

2. 过程激励

即在调研项目的实施过程中给予员工不断地激励，主要包括以下几个方面。

1)注重榜样力量

团队负责人以身作则、满腔热情地投入工作，团队成员必然也会充满活力，积极追随他，进而克服困难，完成任务。团队负责人的激情本身就是激励员工的一种方式。

2)改进工作关系

调研项目经理在管理过程中，应以激励员工的积极因素为主，以惩罚消极因素为辅。最有效的激励手段是通过不断提高对成员的信任程度，建立良好的上下级关系，更好地满足调研项目团队成员的需要，充分调动每个人的积极性和主动性。

3)改善组织氛围

项目经理通过增进与项目团队成员的交往，不断地对员工的努力做出反馈，对其努力的明朗、公开和迅速表达认可，使团队成员的社交需要、尊重需要得到满足。另一种很重要的激励手段是项目经理设法增加工作中的激励因素，以不断提高团队成员的满意度，使团队成员在完成调研项目目标中的积极方面得到充分的发挥。

4)鼓励员工参与

在项目运作中积极推行员工参与制，授予团队成员更多的责任。让每个员工认识到自己是组织的一个成员，不但应该努力做好自己的工作，还必须关心集体工作的成效。激励团队成员开动脑筋，多提意见。鼓励员工参与同时还能激发员工的责任心，而责任心是高质量完成调研项目任务的关键。

5）给予员工最轻松的工作环境

给予员工最轻松的工作环境，时刻关注但不是时刻干预团队的发展，放手让员工自己做，要充分地尊重并信任他，这就要鼓励员工不断创新，独立思考，挑战尖端，实现目标。1902 年创办的 3M 公司以其强大的研发能力闻名于世，他们每年都能开发 100 多种新产品。让他们保持如此旺盛的生命力的一个因素是 3M 的“15％规则”。所谓“15％规则”，就是团队当中的任何人，都可以用 15％的工作时间，去做与自己职责无关的、自己想做的任何事情来激发创意。他们甚至可以去钓鱼、去登山“找创意”……“15％规则”意在鼓励员工尽情做自己想做的事情，激发他们的创造激情。即使不能达到预期效果，也不会受到任何非议，“在这里你有 100％犯错的自由”！

11.6.4　知识型员工的激励

按美国学者彼得・德鲁克所称，知识型员工是指那些“掌握和运用符号与概念，利用知识或信息工作的人”。在现代的调研企业或项目团队中，是指具有深厚的专业知识、专业特长和较高的个人素质的人员，如项目经理、统计师、调查分析师、高级市场研究员等技术骨干。他们是调研服务价值的主要创造者，也是调研企业不可或缺的重要资源和核心能力，他们的去留对企业具有举足轻重的影响。能否对他们进行有效的管理，保持他们的工作积极性，发挥他们的创新能力和创造力，是提升调研企业人力资源贡献水平的关键因素，是保持调研企业获取市场竞争优势和实现可持续性发展的基石。

1. 知识型员工的特点

对知识型员工进行有效管理必须先了解他们的特点。知识型员工通常文化层次较高，有强烈的独立意识、自我意识和成就动机，具有很强的学习能力和学习精神，具有较强的职场竞争力、较低组织忠诚度，工作流动性强。因此，知识型员工在工作过程和人际关系上往往体现出以下几个特征。

（1）综合能力素质较高。知识型员工多受过正规高等教育，拥有较高的学历水平，常掌握一项或几项专业技能或最新技术，知识储备丰富，视野开阔，对社会、行业、专业有自己独到的认识和理解。

（2）重视事业前景。国外一个研究发现，激励知识型员工的主导因素分别是：个人成长（约占 34％）、工作自主（约占 31％）、业务成就（约占 28％）和金钱财富（约占 7％）。由此可见，与其他类型的员工相比，金钱对于知识型员工来说并非最重要，他们更重视能够促进他们发展的、有挑战性的工作，他们对知识、对个人和事业的成长有着持续不断的追求。

（3）自我意识强烈。知识型员工个性多自由、张扬、独立，自主意识较强，不愿意受制于物，更不喜欢硬邦邦的制度约束，不愿意成为企业组织机器的一颗螺丝钉，甚至无法忍受上司的遥控指挥，知识型员工更倾向于拥有一个自主的工作环境，更强调工作中的自我引导。这种自主性也表现在工作场所、工作时间方面的灵活性要求以及宽松的组织气氛。

(4)较强的成就动机。与一般员工相比,知识型员工更在意自身价值的实现,并强烈期望得到社会的认可,他们并不满足于被动地完成一般性事务,而是更热衷于具有挑战性的工作,把攻克难关看成一种乐趣、一种体现自我价值的方式。

(5)蔑视权威。知识型员工具有特殊的专业知识和技能,在其本专业领域内都是专家,往往可以对其上司、同事和下属产生影响。因此,他们对自己的能力十分自信,不崇尚任何权威。

(6)乐于变化。知识型员工是富有活力的、不安分的创造性个体。倾向于自由、多样的工作方式,注重自我引导,有较强的责任意识,喜欢宽松自由的工作环境以及更具张力的工作安排。

(7)重视工作环境。知识型员工与一般员工相比,更加看重企业的管理环境和工作氛围。他们希望自己的工作获得充分的支持、公平的报酬、企业的肯定和同事的认同。

(8)流动意愿强。知识型员工对专业和职业的忠诚往往大于对组织的忠诚。由于他们具有迎接新挑战的能力与自信,当现有工作无法提供良好的施展平台和职业发展空间,个人价值得不到很好地体现时,知识型员工很容易选择忠于理想和个人意愿转而投向新的企业或新的工作。

此外,由于知识型员工在调研企业中大多从事思维性、创造型工作,如调研规划、方案设计、市场研究。其工作常常面对多变的环境和不确定性的系统,其工作绩效的评价和衡量也存在以下两个方面的问题。

(1)工作过程很难监控。知识型员工的工作主要是思维性的活动,其过程往往是无形的,而且可能发生在每时每刻和任何场所。加之工作并没有确定的流程和步骤,其他人很难知道应该怎样做,固定的劳动规则并不存在。因此,对其工作过程的监控既没有意义,也不可能实现。

(2)工作成果难以衡量。在调研企业,员工往往组成项目团队,通过跨越部门界限来完成调研服务,取得调研成果。项目绩效多是团队智慧和努力的结晶,这给衡量个人的绩效带来了困难。除此之外,成果本身有时也是很难度量的。例如,一个市场分析人员的业绩就难以量化,原因不仅在于影响数据分析结果的因素具有多样性和变化性,还在于预测效果的检验具有滞后性,分析及预测的水平难以衡量。

2. 知识型员工的激励策略

在传统的企业组织中,对员工的管理主要强调控制与服从。知识型员工的自身特点决定了不能运用对传统员工的管理方式来对待他们,应从提供挑战性的工作、营造自主的工作环境、实行弹性工作制、实行分散式管理、重视知识型员工的个体成长等各方面着手。

1)提供挑战性的工作

对知识型员工而言,成就感带给他们的满足感可能是物质难以衡量的,发挥专业特长、实现事业成功对于他们来说可能比物质奖励更重要。因此,对知识型员工不能以物质刺激为主,让他们接受具有挑战性的、多样化的工作,可能对他们的激励力度更大。

2)营造自主的工作环境

为了鼓励知识型员工进行创新活动,应该建立一种宽松的工作环境,使他们能够在既定的企业目标和自我考核的体系框架下,自主地完成任务。例如,在项目团队中,项目负责人一方面要根据任务要求,进行充分授权,允许员工制定他们自己认为最好的工作方法,而不应进行详尽监督和指导,甚至强制规定处理问题的方法;另一方面为其提供其创新活动所需要的资源,包括资金、物质上的支持,也包括对人力资源的调用。当然,应该避免过分强调自主所带来的负面效应,即员工自我迁就现象发生。一种可行的方式是风险分担、利益共享。也就是说,把员工的收益与调研项目业绩联系在一起,激发员工全心全意地投入自己精力,实现项目目标与个人目标。

3)实行弹性工作制

知识型员工更多地从事思维性工作,固定的工作场所和工作时间对他们没有多大的意义,而知识型员工也更喜欢独自工作的自由和刺激,以及更具张力的工作安排。因此,组织中的工作设计应体现员工的个人意愿和特性,避免僵硬的工作规则。现在信息技术的发展和办公手段的完善,为人们远距离办公及信息交流提供了便利条件。特别是从事项目规划、市场研究等方面的工作,员工可以通过因特网随时与公司保持联络,并传输信息和数据,公司管理者也可通过网络向员工进行指导和调控。在这种情况下,不仅可以免去员工上下班交通堵塞和时间浪费,也为员工提供了一种随意轻松的工作环境。

4)实行分散式管理

实行分散式管理而不是等级式管理,知识型员工具有较强的获取知识、信息的能力以及处理、应用知识和信息的能力,这些能力提高了他们的主观能动性,因而常常不按常规处理日常事情。对他们的管理应该注意尊重其人格,激励其主动献身与创新的精神。注意使信息真正能够有效得到多渠道的沟通,使员工能够积极地参与决策,而非被动地接受指令。电脑网络的存在使所有参与者进入了一个平行的世界,这就要求以人为本,实行分散式管理而不是等级制。

5)重视员工的个体成长

在知识经济时代,人才的竞争将更激烈,人力资源管理的一项很重要的任务就是要吸引和留住优秀的人才。与此相悖的是,知识型员工有较强的流动意愿,更注重个体的成长而非组织目标的需要。因此,企业首先应该注重对员工的人力资本投资,健全人才培养机制。为知识型员工提供受教育和不断提高自身技能的学习机会,从而具备一种终身就业的能力。此外,企业不仅要为员工提供一份与其贡献相称的报酬,使其分享到自己所创造的财富,而且要充分了解员工的个人需求和职业发展意愿,为其提供适合其要求的上升道路。只有当员工能够清楚地看到自己在组织中的发展前途时,他才有动力为企业尽心尽力地贡献自己的力量,与组织结成长期合作、荣辱与共的伙伴关系。

☞ 思考与讨论

1. 目前,多数调研企业的一线市场调查人员多来自大专院校的在读学生,如何提升这部分调查人员对企业的认同感、凝聚力和忠诚度?

2. 选择一家调研企业,了解并分析其薪酬结构,并结合对该公司员工的薪酬满意度调查,提出改进建议。

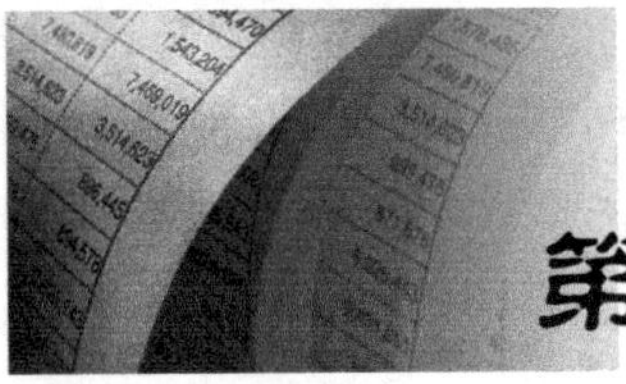

第12章

市场调研企业的质量管理策略

12.1 质量与质量管理

12.1.1 概念与内涵

按ISO8402“质量术语”的定义,质量是反映实体满足明确或隐含需要能力的特性总和。ISO9000:2000又将其定义为一组固有特性满足要求的程度。从定义可以看出,质量就其本质来说是一种客观事物具有某种能力的属性,它由两个层次构成:第一层次是产品或服务必须满足规定或潜在的需要,这种“需要”可以是技术规范中规定的要求,也可能是用户在使用过程中实际存在的需要,实质上就是产品或服务的“适用性”;第二层次是产品特征和特性的总和。顾客的需要必须转化成可以衡量的特征和特性,全部符合特征和特性要求的产品,就是满足用户需要的产品,实质上就是产品的“符合性”。质量的主体可以是任何独立的事物,可以是活动、过程、产品、组织、体系、人以及它们的组合。

市场调研企业是为其他机构或企业提供市场信息和研究咨询服务的企业,其服务质量是指调研服务能够满足顾客所期望的和潜在的需求特征与特性的总和,即调研服务满足项目委托客户需求的程度。它也是调研企业为使客户满意而提供的最低服务水平,以及企业保持这一预定服务水平的连贯性程度。从顾客对服务的认知来看,服务质量包括两个概念:预期服务质量和感知服务质量。预期服务质量即客户对调研企业所提供服务预期的满意度。感知服务质量则是客户对调研企业提供的服务实际感知的水平。如果客户体验质量(即客户实际感知到的服务质量)达到或超过预期质量,客户就会感到满意,从而认为调研企业对客户的服务质量较高;反之,则会认为调研企业的服务质量较低。因此,如果从客户对调研服务感受的角度,市场调研的服务质量可以被定义为委托客户对实际所得到的调研服务的感受与委托客户对调研服务的期望之间的差距。

由于服务质量实际上是客户的主观感受,因而服务质量也是一个变化的概念。客户接受调研企业的服务,总会对服务质量提出一定的要求,而这些要求往往会受到服务时间、服务地点、地域文化、社会环境和市场竞争等因素的影响，这些因素变化，会使人们对同一服务提出不同的质量要求。因此，质量不是一个固定不变的概念，它是动态的、变化的、发展的；它随着时间、地点、使用对象的不同而不同，随着社会的发展、技术的进步而不断更新和丰富。

质量管理，根据 ISO9000：2000 标准的定义，是指在质量方面指挥和控制组织的协调的活动。质量管理的首要任务是确定质量方针、目标和职责，核心是建立有效的质量管理体系，通过具体的四项活动，即质量策划、质量控制、质量保证和质量改进，确保质量方针、目标的实施和实现。

12.1.2　质量管理的发展历程

质量管理的发展就世界范围而言，大致经历了三个发展阶段。

1. 质量检验阶段

质量检验阶段从 20 世纪初至 30 年代末，这个阶段的质量管理，是靠检验把关的质量职能，即从产品中挑出废品，这可以保证出厂产品的质量，但有管理效能差的弱点，表现在以下三方面：①当出现质量问题时，容易造成扯皮、推诿和责任不明。②属于事后检验，无法在生产过程中起到预防和控制作用，一旦发现废品，已是既成事实，很难补救。③要求对成品进行全数检查，但全数检查并不等于百分之百的准确。检查有时在经济上也并不合理，因为这样做会增加检验费用，还会延误交货期限。从技术上看有时也是不可能的，如进行破坏性检查时。

2. 统计质量管理阶段

在统计质量管理阶段(20 世纪 40～60 年代)，由于过分强调质量控制的统计方法，忽视了质量管理的各种组织管理活动，人们误认为“质量管理就是统计方法”。人们对数理统计方法的原理又感到深奥莫测，误认为“质量管理是统计学家的事情”，因而对质量管理产生了一种“高不可攀”、“望而生畏”的感觉。这在一定程度上也影响了质量管理统计方法的进一步推广，限制了它的作用的进一步发挥。

3. 全面质量管理阶段

全面质量管理阶段是在 20 世纪 60 年代以后，全面质量管理主要就是“三全管理”，即全面的质量、全过程和全员参加，是系统科学全局观点的反映，所以有些专家学者又称全面质量管理为质量系统工程。

全面质量管理并不等同于质量管理，它是质量管理的最高境界。“全面质量管理就是把生产技术、经营管理、数理统计、思想教育结合起来，建立起从产品的开发设计、生产制造到销售服务的一整套质量管理活动体系，同时采用最经济的手段，保证生产出满足用户需要的优质产品。”

TQM(total quality management，全面质量管理)理论虽然产生于美国，但真正取得成效却是在日本等国。由于文化背景的不同，在 TQM 的实践中，日本的企业和美国的企业是不同的。日本是实施 TQM 的代表，在日本又叫全员质量管理。日本企业质量管理的成功得益于美国著名质量管理专家爱德华·戴明。戴明的 PDCA 循环，是一个“自我批评，自我改进”的过程。戴明的质量管理思想使日本企业进行了“一次质量革命”。

推行全面质量管理，是现代企业质量管理的必然选择。

12.1.3 现代质量管理的主要理论和方法

随着后工业社会和信息时代的来临，质量管理的理念和方法在原来的基础上又有了创新和发展，主要理论和方法概述如下。

1. 田口方法

田口方法是一种低成本、高效益的质量工程方法，它强调产品质量的提高不是通过检验，而是通过设计。其基本思想是把产品的稳健性设计到产品和制造过程中，一种稳健性产品，对制造工艺、环境、使用条件和材质的差异以及材料的老化、零部件的磨损和腐蚀等的影响是不敏感的。而这样的产品，可以放宽对制造工艺的使用条件的要求，因此可以降低成本。田口方法中用质量损失函数（quality loss function）来衡量质量特性，并将质量损失予以量化。

2. 故障模式和影响分析法

研究产品的每个部分可能存在的故障模式，并确定各个模式对产品的其他组成部分和产品要求功能影响的一种定性的可靠性分析方法。

3. 头脑风暴法

头脑风暴法就是指通过一组人创造性思维，系统地、有计划地提出可行的想法和意见。质量改进活动中，头脑风暴法适用于问题解决的多个阶段，这一方法有助于清楚地认识问题，找出问题原因，寻求纠正措施和可以用来识别质量改进的潜在机会。

寻求问题解决方案需要与专业人员紧密结合，开展头脑风暴的目的在于集思广益，提出尽可能多的，甚至是一些“离经叛道”的创造性想法来，跳出传统技术的解决方案的圈子去解决问题，是一个思维发散的过程。

头脑风暴要遵循自由畅想、避免批评、多多益善、互相融合等原则。

4. 六西格玛管理法

六西格玛管理法是一种统计评估法，核心是追求零缺陷生产，以“接近零不合格品率”的完美业绩追求带动质量成本的大幅降低，最终实现财务成效的显著提升与企业竞争的重大突破。六西格玛管理既着眼于产品、服务质量，又关注过程的改进。六西格玛管理关注过程，特别是企业为市场和顾客提供价值的核心过程。

5. 质量功能展开

质量功能展开是把顾客对产品的需求进行多层次的演绎分析，转化为产品的设计要求、零部件特性、工艺要求、生产要求的质量工程工具，用来指导产品的健壮设计和质量保证。目前，质量功能展开不仅作为提前揭示后续过程中可能存在的瓶颈的技术方法，同时，也成为产品从概念产品阶段向具体设计阶段过渡的最佳支持工具之一。其基本原理为：展开原理，细分化与统合化，多元化与可视化，全体化与部分化，变换原理，面向重点的原理。

6. PDCA 循环工作法

美国质量专家戴明，把质量管理工作过程总结为 PDCA 四个阶段，把这种工作方法称为 PDCA 循环工作法。PDCA 是英文 plan(计划)、do(执行)、check(检查)和 action(处理)四个词的缩写。它反映了质量工作过程的四个阶段,这四个阶段不停地循环下去,不断地改善质量。

除以上的五种方法以外,在现在质量管理中仍然沿用着质量管理的前两个阶段中的许多方法,如统计方法中的老七种工具(层法,排列图,因果图,直方图,控制图,散布图,调查表)以及新七种(联图,系统图,亲和图,PDPC 法,矩阵图,矩阵数据分析法,矢线图)等。

12.2　调研服务质量管理的特征

12.2.1　服务质量与市场调研企业

市场调查服务的服务质量的构成要素、形成过程、考核依据、评价标准均有别于其他产品和服务。首先,市场调查是智力性、无形性服务,其质量难以被客户所评价;其次,客户对服务质量的评价和实际感受都带有很强的主观性;最后,客户对服务质量的评价不仅要考虑服务的结果,而且涉及服务的过程。

客户对调研企业及其服务的满意程度取决于服务质量。由于服务质量实际上是客户的主观感受,取决于客户对调研服务的预期质量和实际体验质量之间的对比。因此如何帮助客户建立对调研服务的正确的预期,如何提高客户对服务质量的感知,是市场调研企业提高服务质量的核心问题。

12.2.2　市场调研企业质量管理的特征

市场调研行业是智力密集型产业,调研服务的无形性,调研过程的不确定性、持续性和主观性,调研活动的多技术多部门协作的特点,使市场调研企业质量管理的目标、组织和模式与其他行业相比,存在着较大的差异。

1. 员工素质决定调研服务质量水平

调研行业属于典型的智力密集型产业,调研企业赖以生存的基础和核心资源就是人力资源。调研效果的质量直接取决于调研人员的资质、能力、专业水平等综合素质。调研人员的素质应包括职业道德素质和业务素质两个方面,两者相辅相成。调研人员的业务素质是调研项目顺利完成的前提,而良好严谨的职业道德是调研项目顺利进行的保证。

2. 调研服务质量难以量化和评价

制造业的产品是企业通过生产过程形成的实物成品,并能按照明确的国家、地方或企业的质量标准进行实时检验,能比较客观、准确地评价其质量。对于调研企业,其产品即项目交付成果,则是通过调研企业对特定的信息进行调查、收集、处理、研究形成的研究结论或咨询建议,非实物产品,研究成果对组织或企业营运的效果也难以及时、量化地反映出来。调研服务的质量更多取决于委托方对调研过程的主观感受。

3. 调研成果的主观性

调研项目从立项到市场调查、企业访谈和调研、研究分析、提出方案、试点实施到得出结论等全过程，是在调研人员和委托方企业的多轮交互中开展的，一般来说都需要一段较长的时间；调研项目的实施和运作也基本上是由调研人员凭其从业的经验以及对行业和企业的把握来进行的，经验丰富的调研人员能够通过以往同类项目总结出相关规律，尽量减少主观性判断造成的失误，但通常意义上来说，调研项目的执行仍依赖于调研人员自身的素养和经验判断，因而市场调研企业的项目成果也带有很强的主观性。

4. 质量控制较困难

一方面，调研项目是由委托方将项目交付给调研企业，由调研企业通过对委托客户、消费者和其他组织（或个人）进行调查获得第一手材料，再根据一定方法和经验进行研究、分析、诊断，向委托方提交研究成果或建议方案，这就决定了调研项目的活动将会涉及多个组织、企业或个人。另一方面，由于市场调研企业内部的专业化分工，调研项目的活动多数涉及跨部门协作，跨职能部门的项目组的组建、分工、协调、信息交流、联络沟通等工作纷繁复杂。因此项目调研活动是一个开放的系统，其过程的质量控制自始至终都会不可避免地涉及不同利益的主体，质量管理工作所涉及的不可控因素和难度比其他行业要大。

12.3 调研服务质量的内涵

12.3.1 技术质量与功能质量

服务质量是市场调查服务营销的基础。市场调查企业提供的服务的质量可分为技术质量和功能质量两个方面。技术质量是指市场调查最终获得的信息和数据的质量，如同有形产品的核心层次是消费者购买的基础一样，它是市场调查服务存在的基础。市场调查的技术质量是一种显性质量，即可以通过明确的理论指标加以评估，如问卷回收率、误差率等，只要市场调查操作严谨、技术合理、人员责任心强，很容易得以改善和提高；功能质量则是指市场调查企业在服务过程与客户沟通和传递信息的水平，即调研过程中的服务质量，涉及企业员工的态度与行为、企业员工外貌仪表、服务流程的完善程度、信息反馈的可靠性、员工与客户的接触、服务的及时性等软件要素。功能质量是一种隐性质量，客户可以感知，但难以用定量化指标来评价。功能质量的提高是一项复杂的企业营销工作，只能通过企业营销流程的整合和改善来实现。

按服务营销理论，服务质量的评价通常有六个基本指标：①规范化和技能化；②态度和行为；③可亲近性和灵活性；④可靠性和忠诚感；⑤自我修复；⑥名誉和可信性。在六个服务评价标准中，名誉和可信性与企业形象有关，是公众和客户对企业的综合评价。其余五项标准中，规范化和技能化与企业技术能力有关，反映了服务的技术质量，其余四项显然全部与服务的过程相关，代表了功能质量。由此可见，功能质量在顾客对服务的评价中的地位往往超过了技术质量，这在市场调研服务中也体现得非常明显。许多客户选择某一调研企业不仅仅是它能提供准确的调查结论和完善的数据（当然这是客户选择的最基本条件，但常常也是客户难以评判的条件)，往往是因为这家调研企业重视和关注自己的需要，迅速地回应自己的要求，耐心友善地对待自己的疑虑，及时地对自己的意见做出反馈等。

12.3.2　调研服务质量的差距

从市场调查行业来说，虽然技术质量是显性质量，但由于存在信息的不对称性，而且客户一般不具备市场调查的专业知识，因此客户对服务质量的感受主要来自功能质量。换句话说，客户感受的服务差距(即预期服务质量与感知服务质量之差)也主要来源于功能质量的差距。在市场调查服务的实践中，功能质量的差距来源于很多因素，我们可将其归纳为四个方面。

1. 认识差距：调查公司对客户的期望缺乏了解

这一差距主要源自市场调查公司不清楚或误解委托客户对市场调查服务的期望质量。其产生的原因有：①所搜集的客户数据和客户需求信息不准确；②没有进行需求分析或对客户的需求分析不正确；③公司与客户之间存在沟通障碍；④公司主要职能部门(如客户部、调查部、技术部)之间信息传递失真；⑤调查过程中缺少信息反馈机制。

2. 标准差距：服务流程和服务标准设计不当

这一差距主要源于企业的服务流程和服务标准偏离客户要求。其产生的原因有：①管理层缺乏统一的经营理念和营销目标；②公司各部门缺乏配合协调；③缺乏服务的意识；④公司各部门职能交叉，政策不一致。

3. 执行差距：未按服务标准提供服务

这一差距是指服务过程中员工的行为不符合质量标准，导致客户满意度降低。可能存在的原因是：①服务标准界定模糊，员工无法执行；②多头指挥、“令出多门”，流程管理混乱；③内部营销不充分，企业文化病态；④员工素质较低或培训不充分，对标准理解有误；⑤缺乏监控机制和激励机制，员工操作随意。

4. 感知差距：服务不能满足客户的期望

这一差距主要指企业的传播失误造成客户不适当的期望，导致客户最终感知的服务质量与期望的服务质量之间存在明显差距，其主要原因是：①过度宣传，滥许承诺；②公司定位不清，营销组合缺乏整合；③缺少“顾客教育”工作；④沟通失误。

12.3.3　提高服务质量的策略

市场调查公司该如何解决上述问题，提高服务质量，提高客户对服务功能质量的感知呢？首先，公司管理层和各职能部门应该共同坐下来，认真探讨、分析差距产生的原因，在统一认知的基础上，以提高顾客满意度为核心，以客户感受为衡量市场调查服务质量的首要标准，制定统一的服务体系，协调各部门的操作流程。就市场调研企业来说，其可以考虑采用的改善措施有：①改进质量评估标准；②重新设计和整合服务流程；③建立和实施服务质量保证体系；④建立质量监控体系；⑤实行服务承诺制；⑥实行以客户满意为导向的员工责任制。

12.4 调研企业质量管理的目标与步骤

12.4.1 目标与思路

质量管理是指为了实现质量目标，确定质量方针和职责，并通过质量体系中的质量策划、质量控制、质量保证和质量改进来使其实现的所有管理职能的全部活动。质量管理的最终目的是使组织或个人获得持续改进的能力、保持持续改进的状态，从而使组织的运行达到最优，以最少的成本获得最大的成果并使个人获得持续成功。市场调研企业质量管理的目标就是通过对调研服务过程的系统管理和全方位的控制，并通过持续地改进，确保调研服务符合客户需求，达到顾客满意。为实现这一目标，调研企业应以系统论思想作为指导，从实现高质量的调研服务的总目标出发，通过对企业本身以及对调研的业务执行过程的分析，找到和确定企业要达到的绩效目标。根据目标来分析业务过程中各种质量因素和客户接触点，按客户期望建立各种服务要素的标准规范和联系，整合、规范和改进调研企业每个部门、每个员工乃至每个客户接触点的工作，努力实现调研服务的低成本、高效益、零缺陷，持续改进绩效，以提升顾客满意度。调研企业的质量管理应强调五个要点：①以顾客满意为标准；②提高服务的综合质量；③强调项目服务过程的管理；④全方位控制质量；⑤建立持续改进的目标。

12.4.2 质量管理体系的构建

美国质量专家戴明，把质量管理工作过程总结为计划、执行、检查和处理四个往复循环、不断优化的阶段，服务质量管理体系就是保障和提升服务质量的前提和基础。调研企业的服务质量管理体系的构建必须从满足客户的需要出发，通过对服务环节、内容和流程的深入分析，建立服务的动态管理机制，通过循环往复地运行，使服务质量管理工作得以有效地推进，使各个客户接触点的服务质量得到充分保障，并形成质量管理的良性循环。以下是其基本步骤。

(1)塑造服务理念和服务模式。通过持续的教育培训和打造企业服务文化，让服务观念深入每个员工的思想，强化企业全员服务意识，努力提高员工素质，做到人人为客户服务。在企业营运机制上，采用以服务理念为基础的“日程倒序制”、“责任追溯制”等管理方式。让每个部门(员工)都把下一个环节的部门(员工)看成自己的客户，牢固树立一线为客户服务，二线为一线服务的工作理念。以这种理念为支撑，从根本上提高企业的服务质量。

(2)建立明晰的服务质量标准。在服务理念的指导下，通过对客户需求的分析，在深入理解顾客的对服务质量期望的基础上，设定客户接触和服务各环节的清晰、明确、有效的标准与水平，建立一套完善的内部质量控制标准和服务流程体系，通过内部控制标准和服务流程使调研服务形成一个完整的服务链，各个环节之间紧密配合、相互支撑，提高企业整体服务质量。

(3)建立完善的服务管理保障体系。从管理层开始建立和贯彻质量全面管理和全程控制理念，通过编制质量体系程序文件、质量手册、作业文件和岗位手册，给每一个服务员工提供操作指南和工作指导，对工具、设施、人员、价格、流程等服务要素制定明确的规范和要求，对违规操作制定处理办法，建立奖惩制度。

(4)建立服务质量检查监督机制。调研企业内部应建立专门的服务质量监督部门，如监察部、督导部，通过该部门监督企业内部的一切服务环节和工作流程，保障企业的服务流程畅通，及时查找服务质量管理中存在的问题，迅速弥补服务的失误。

(5)建立服务质量的持续改进机制。在机构的最高管理层或决策层面上建立服务协调和改进工作制度，如定期召开服务研讨会，把服务质量指标纳入部门业绩考核体系等，使企业的各个部门以客户服务为中心形成高效的协调和协作机制，实现服务质量的持续提高。

12.4.3　市场调研企业的质量管理标准

随着市场调研行业在全球的迅速发展和调研市场内部竞争趋于激烈，许多市场经济体制的国家相继建立了调研行业内部的管理协会，并逐步制定和出台了一系列的行业自律规范和相关的质量管理标准体系。这一方面是为了适应调查委托方对调研服务提供者的要求，确保调研服务满足客户的需要，调研项目的质量水平能得到切实的保障。同时也是调研行业树立行业信誉、规范行业行为，并提升客户信心的必然途径。20 世纪 50 年代以来，各国市场调研行业在总结多年质量管理实践的基础上，相继制定了调研行业的自律公约、质量标准和实施细则。

市场调研行业的质量管理体系标准的精髓在于如何预防少犯错误或者不犯错误，也就是说尽量减少调研结果的误差，保证调研的效果和质量。

欧洲民意和市场研究协会(the European Society for Opinion and Marketing Research，ESOMAR)于 1948 年制定了第一部关于市场和社会研究方面的国际准则，1977 年 ESOMAR 与国际商会(the International Chamber of Commerce，ICC)共同研究和合并相关准则，形成了关于商业调查方面的国际准则《市场研究与社会调查国际准则》，对规范执行研究起着指导作用。该准则主要包括了市场研究的一些基本概念，明确规定了市场研究必须尊重科学，遵守法律，市场研究必须保护被访者的权利，恪守研究者的基本职责，如保守秘密、不做有损行业声誉的事情等，该准则同时也阐明了研究者与客户之间的相互权利与义务。该准则已为所有的 ESOMAR 会员及所在地单位认可，同时也为 ICC 会员和世界各地的市场研究组织认可。该准则虽然是一部约束市场研究行为的协议，在全球不具有法律效力，但任何一个希望成为 ESOMAR 会员的调查机构，都必须接受这部准则。同时该准则还提出了市场调查方面的职业道德和惯例，该准则随后也被其他国家的一些市场研究组织和市场调查行业协会纷纷认可和接受，并成为目前全球市场调查行业制定质量控制和行业规则的基础。

《市场研究与社会调查国际准则》同时也明确指出，在有些国家，当地的立法机构或者专业机构制定了一些关于调查业的特殊规定，如果这些规定与该准则不符，在当地实施研究时，就应当优先考虑当地的特殊规定。当调查机构跨国从事调查活动时，更应当特别注意所在国的有关法律规定。各国的专业调查协会应当负责提供关于各国法律规定的信息。

1999 年，世界最大的国际会员组织——市场调查学会（Market Research Society，MRS）在对准则进行修订和整合的基础上，发布了市场调查学会行为准则，为营销调查与社会调查的从业人员提供了明确的职业标准、道德规范，并定义和明确了数据采集的方法和行动原则。

我国于 1998 年 9 月在北京召开首届中国市场调查业现状与发展研讨会，成立了行业自律性组织——全国市场调查行业协会（筹）（Market Research Association，MRA），并于 2001 年 2 月正式注册成立中国信息协会市场研究业分会（China Marketing Research Association，CMRA），在国际准则的基础上，起草并由 14 家调查机构的负责人签署了《中国调查业同业机构公约（试行）》。2004 年 3 月，《中国信息协会市场研究行业分会行业规则》出台，规则进一步明确了市场研究行业的行业内部竞争和诚信规范以及执行标准，为行业会员单位提供了可行的竞争和研究规则。2004 年 4 月，中国市场信息调查业协会成立，并发布了《中国市场信息调查业自律公约》。2005 年，海格教授与市场调查学会合作出版《市场调查宝典——行动纲要》一书，解释和阐述了各种调查工具的使用技巧和标准，德国市场调查用户协会主席和 ESOMAR 理事会理事马丁·科林翰姆教授出版了《市场调查宝典——公司抉择》，从用户的角度讨论了市场调查过程中可能存在的缺陷和问题，还概述了《数据保护法》和市场调查学会行为准则中规定的职业道德标准。2010 年 6 月，市场研究学会（China Marketing Research Association，CMRA）公布了《中国网络市场调研行业工作标准》，就网络研究中的隐私权保护，网络样本库的招募、管理及使用等方面进行了明确的界定，推出了行业内网络调研的执行标准。

12.4.4 市场调研企业质量管理的内容

根据市场调研企业的具体情况，市场调研项目质量管理的内容包括如下几个方面。

1. 人员的管理

市场调查工作需要大量专业知识的运用，每一个环节都对参与人员的素质、能力、专长提出不同的要求，需要大量各类专业人才的参与。因此，调研企业需要对各个岗位的人员进行培训，同时制定相应的制度来对人员的操作活动和行为进行管理，保证调研工作的质量。

2. 技术（方法）的管理

项目调查中会运用到大量的技术手段和调查方法，如问卷工具、抽样方法、统计分析模型等。方法的选择对项目能否顺利地完成和调研结果的准确性具有重要影响。每一种调查方法都存在一定的利弊，调研企业需要对这些方法进行测试和实验，并根据项目的具体情况来选择不同的方法。

3. 过程的管理

能否对项目操作过程实行全面、有效的控制，决定了调研活动的质量。对调研工作过程管控的重点包括两个方面：一是提高调研方案的适合度，即应确保调研计划和执行方案符合客户的要求和被调查对象的特征；二是建立完善的过程监控体系。如对调研数据进行严格的复核和多层次质量抽查，通过制定和实施访问管理制度来减少调查误差。

4. 服务的管理

服务贯穿于从客户接洽开始到项目结束整个项目过程，并直接影响客户满意度以及期望值。调研企业要特别重视和关注服务流程中的客户接触点，尤其是隐性的服务接触点，如专业人员的言行仪态、客户信息的保密、工作场所的规范等细节，这些细节对提升客户满意度有着极大的作用。

12.5　市场调研项目的质量管理过程分析

12.5.1　市场调研项目流程的质量控制点分析

在市场调研企业完成委托项目的服务过程中，从客户需求调查到最后的客户延伸服务，客户与企业存在着若干接触点和互动过程，委托客户对调研服务质量的感知，正是来源于这些接触点的构成要素。因此，通过对项目调研服务过程中每一个接触点的分析，我们可以了解有哪些要素影响到客户对调研服务和调研企业的看法与印象，进而可以分析这些要素的现状和质量水平，剖析这些要素或环节可能出现的服务问题，并思考应该如何去解决这些问题，从而提高市场调研企业的服务质量。然而，调研服务过程往往不是一个连续的服务过程，它是由一系列分散的客户与企业的互动活动组成，这些活动又是由无数不同的员工完成的，对项目服务过程中客户接触点的分析我们可以采用服务蓝图这一工具。

服务蓝图是一种服务过程的系统流程图，服务蓝图是从顾客的角度来看待服务过程，按照服务的顺序和步骤，从直观上同时展示了服务过程中的顾客行为、前台员工行为、后台员工行为和服务支持过程（见图 12-1）。它描绘了顾客对企业的行为过程、服务实施的过程、顾客的接触点、顾客和雇员的角色、服务中的可见展示等。它首先对服务过程进行合理分解，再逐一描述过程的步骤或任务、执行任务的方法和顾客能够感受到的有形要素，并展示其中的每一个环节的接触点，直观性强、易于沟通、易于理解。

通过对调研项目从开始到结束的运作流程的分析，我们可以画出市场调研企业的流程服务蓝图，分析每一个接触点的作用，找出质量控制点。图 12-2 是市场调研企业完成一个委托项目的服务全过程流程图，图 12-3 是根据该服务流程形成的服务蓝图。

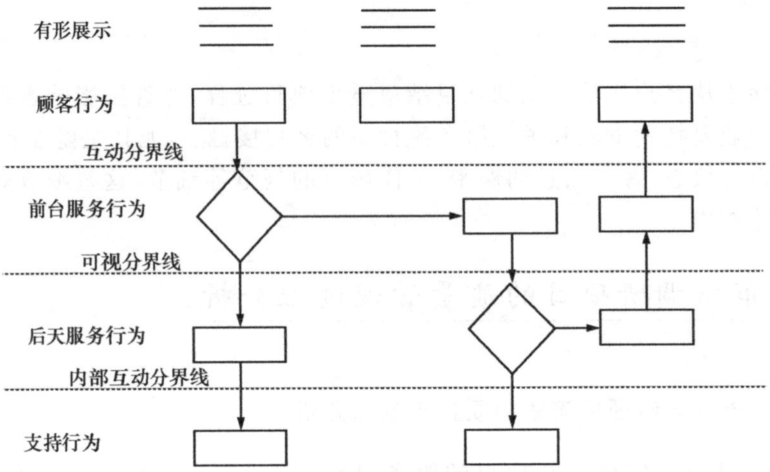

图 12-1 服务蓝图的基本构成要素

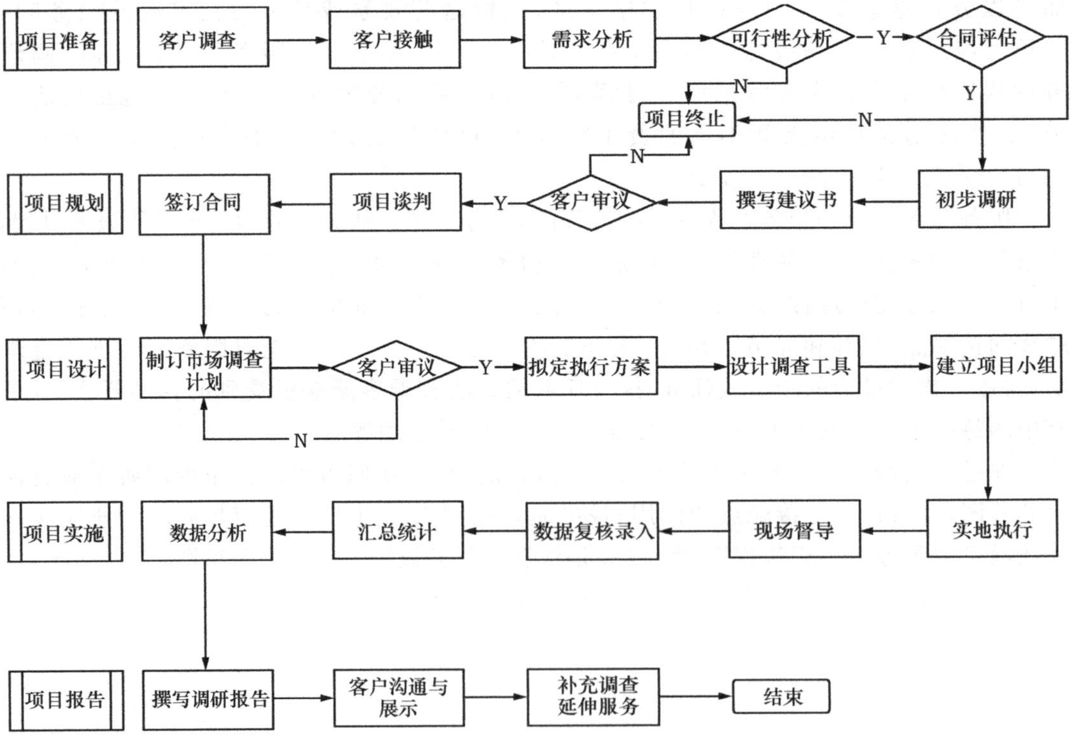

图 12-2 调研项目服务流程图

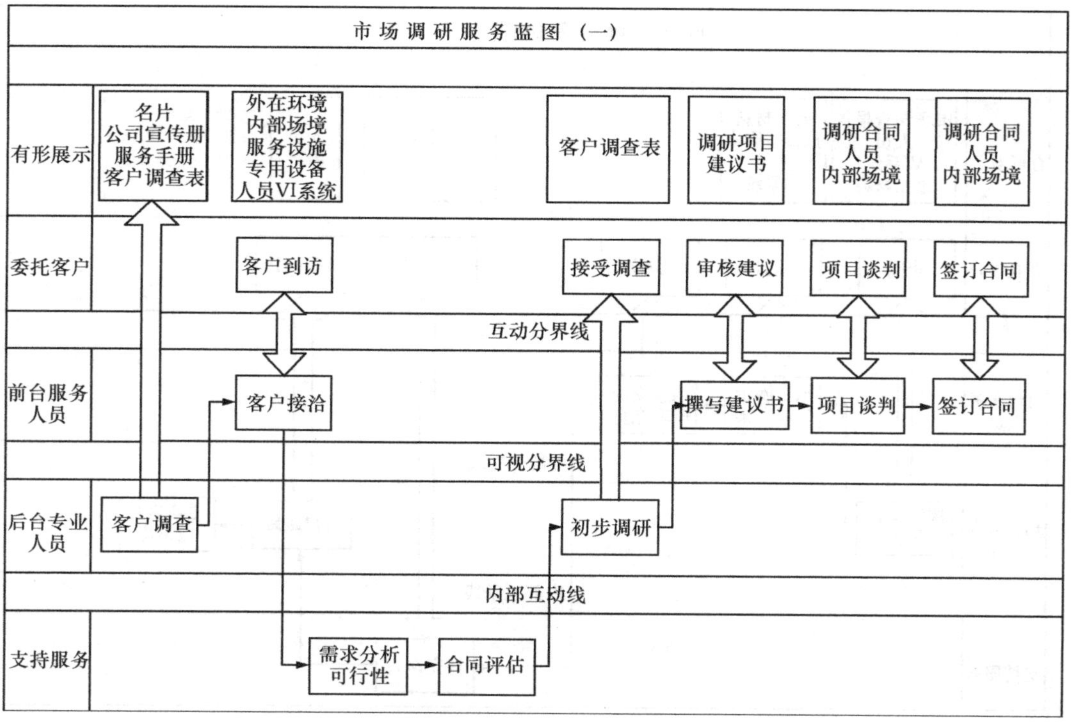
市场调研服务蓝图（一）
有形展示
名片
公司宣传册
服务手册
客户调查表
外在环境
内部场境
服务设施
专用设备
人员VI系统
客户调查表
调研项目
建议书
调研合同
人员
内部场境
调研合同
人员
内部场境
委托客户
客户到访
接受调查
审核建议
项目谈判
签订合同
互动分界线
前台服务
人员
客户接洽
撰写建议书
项目谈判
签订合同
可视分界线
后台专业
人员
客户调查
初步调研
内部互动线
支持服务
需求分析
可行性
合同评估

(a)

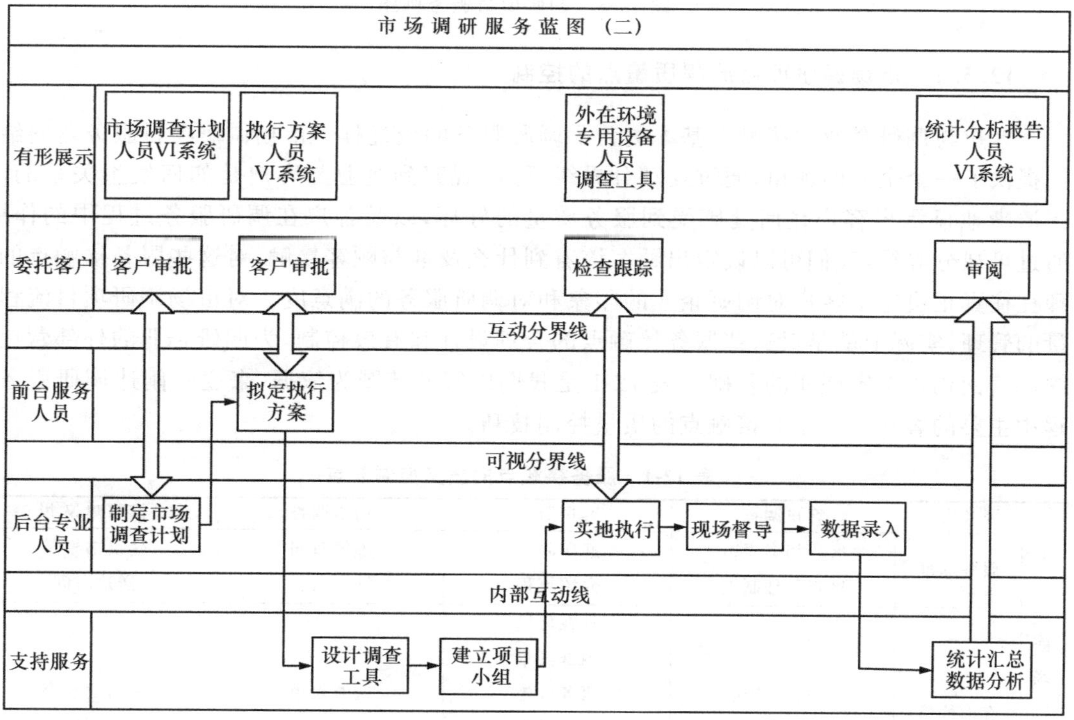
市场调研服务蓝图（二）
有形展示
市场调查计划
人员VI系统
执行方案
人员
VI系统
外在环境
专用设备
人员
调查工具
统计分析报告
人员
VI系统
委托客户
客户审批
客户审批
检查跟踪
审阅
互动分界线
前台服务
人员
拟定执行
方案
可视分界线
后台专业
人员
制定市场
调查计划
实地执行
现场督导
数据录入
内部互动线
支持服务
设计调查
工具
建立项目
小组
统计汇总
数据分析

(b)

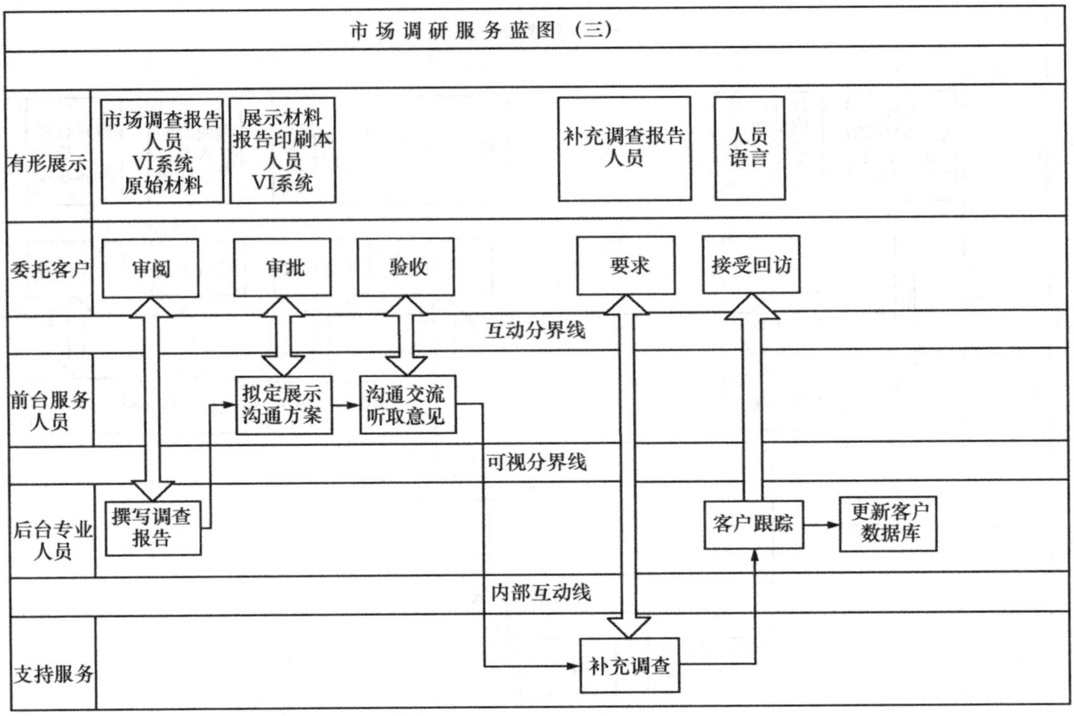

(c)

图 12-3 调研项目服务蓝图

12.5.2 市场调研项目流程质量点的控制

客户与调研企业的接触点基本覆盖了调研服务的全过程。市场调研项目服务蓝图给我们提供了一个全局的视角，通过互动分界线，可以观察到企业与客户是如何发生关系的，它还清晰地显示出客户在何处感受到服务质量的好坏，以及客户在调研服务过程中的作用。通过可视分界线，我们可以确定出顾客该看到什么及谁与顾客接触，对这些服务接触点的管理往往真正决定了客户对调研企业的印象和对调研服务的满意度。对市场调研项目流程质量的管理，实际上就是对这些服务接触点的合理设计和有效控制，为调研企业的外部营销和内部营销构建奠定坚实的基础。表 12-1 是我们以服务蓝图为依据，来逐一阐述调研服务流程中主要的客户——企业接触点的质量控制技巧。

表 12-1 服务接触点的质量控制要点

	服务次序	客户调查	客户洽谈	初步调查	撰写建议书
前场	服务标准	客户档案规范 客户管理制度	迎送辞令 介绍流程	等候时间 答询内容	建议书模板 送达时间
	有形线索	名片 公司宣传册 服务手册 客户调查表	外在环境 内部场景 服务设施 专用设备 人员 VI 系统	调查表单 人员	调研建议书 人员

续表

前场	互动分界线				
前场	服务人员		欢迎客户 了解意向 介绍公司 介绍服务 初步洽谈		递交初调报告 撰写建议书 递交建议书
后场	可视分界线				
后场	专业人员	预约访问 资料收集 访问记录		访问客户 收集信息 撰写报告	
后场	内部互动线				
后场	支持服务	相关资料准备	环境维护	相关资料准备	
后场	数据库	客户数据库	客户记录	初步调查计划	初步调查报告
前场	服务次序	项目谈判	签订合同	制定市场调查计划	拟定执行方案
前场	服务标准	项目谈判流程	签约仪式	计划模板 送达时间	执行方案模板 送达时间
前场	有形线索	调研合同草案 人员 内部环境	调研合同草案 人员 内部环境	调查计划 人员 VI 系统	执行方案 人员 VI 系统
前场	互动分界线				
前场	服务人员	准备谈判方案 会场布置 预约确定时间 人员介绍	会议记录 融洽谈判氛围 安排谈判进程	递交调查计划 听取意见 修订计划反馈	拟定执行方案 提交执行方案 客户沟通
后场	可视分界线				
后场	专业人员	合同解释 逐项交流	项目磋商 方案调整 决定是否签约	制订计划 计划修订	
后场	内部互动线				
后场	支持服务	会议纪要 材料准备	财务预算	财务预算	工作量预算
后场	数据库	合同草案	合同	合同 调查计划	预算标准

续表

前场	服务次序	实地执行	统计汇总 数据分析	撰写调查报告	设计沟通展示
	服务标准	现场操作手册 访员管理制度	统计模型 统计工作手册	调查报告规范 档案管理制度	展示方案模板 送达时间
	有形线索	外在环境 专业设备 人员 调查工具	统计分析报告 人员 VI 系统	市场调查报告 人员 VI 系统 原始材料	展示材料 报告印刷本 VI 系统 人员
	互动分界线				
	服务人员				递交展示方案 客户沟通 展示场地准备
后场	可视分界线				
	专业人员	实施调查 递交执行日程 请客户参与 协同客户检查		分析研究 撰写报告	
	内部互动线				
	支持服务		资料复核汇总 统计分析	统计分析	展示材料准备
	数据库	调查工具库	统计方法库 数据管理系统	调查报告	
前场	服务次序	项目汇报和交流	补充调查	客户跟踪	
	服务标准	客户管理制度	调查工作制度 介绍流程	标准用语 客户管理制度	
	有形线索	展示材料 报告印刷本 VI 系统 人员 内部场景	补充调查方案 补充调查报告 人员 VI 系统	人员	
	互动分界线				
	服务人员	介绍调研过程 展示调研成果 听取客户评价 了解客户要求	方案	了解客户使用情况 了解客户潜在需求	

续表

后场	可视分界线				
	专业人员	了解额外需求	制定补充调查方案 实施补充调查		
	内部互动线				
	支持服务	相关资料准备			
	数据库	调研数据库	客户记录	调研数据库	

12.6　现代质量管理方法的应用

12.6.1　六西格玛管理

六西格玛是一种能够严格、集中和高效地改善企业流程管理质量的实施原则和技术。它包含了众多管理前沿的先锋成果，以“零缺陷”的完美商业追求，带动质量成本的大幅度降低，最终实现财务成效的显著提升与企业竞争力的重大突破。

六西格玛管理在市场调研企业中的运用主要体现在以下几个方面。

1. 市场调研企业需要真正关注调研委托方的需求

六西格玛管理业绩测量的起点和终点都是“调研对象的心声”，以调研对象贯彻始终，而调研对象反映的心声是否真正满足调研委托方的需求，是市场调研企业需要关注和重视的。

六西格玛管理首先要确定委托方的调研需求，基于这些需求去进行调研的规划、设计和实施，没有满足委托方的需求即构成“缺陷”。

六西格玛管理正是在逐步降低“缺陷”的过程中提高调研委托方的满意度的。

2. 以数据(事实)驱动管理

在六西格玛中，确定要解决的问题要靠收集数据，衡量目前的水平要靠数据，实际做到的与期望做到的差距要靠数据，可以说用数据说话是六西格玛管理的显著特点。六西格玛管理要求分析和测量调查对象的态度，分析影响委托方满意的所有因素，通过评估系统，跟踪结果和产出，并追溯其他可预测因素。六西格玛用数据作为基础，来支持或推动决策的形成，而非靠定性的、感觉的、经验的、情绪的、职位的方法和模式来进行决策和驱动管理，因为这些东西不稳定、不可靠、不科学。

3. 针对过程采取措施

在市场调研的过程中，六西格玛强调要针对过程、而非针对结果采取措施。例如，解决调研成果存在的误差是对结果采取措施，接待不满调研委托方也是对结果采取措施，其实这些不符合调研委托方要求的、不符合规定的，都是在市场调研的过程中产生的。六西格玛水平不是靠检验来实现的，它强调要对市场调研活动过程中造成的无法更好地满足调研委托方的需求的因素采取控制措施，如在调研方案的设计、调研问卷的设计、调研样本的选择和对象的确定等方面，就要采取相应的控制措施，减少波动，防止缺陷的产生，从而从根本上解决问题。这才是针对过程采取措施。

4. 预防性管理

对于市场调研企业,预防性管理意味着在调研活动正式实施之前,预测问题、数据、状况等的变化方向和趋势,提前采取前瞻性、预防性的控制和纠偏措施,来保证调研过程朝着预期的目标发展。六西格玛强调要进行预防性的积极管理,积极管理意味着设定并跟踪有挑战性的目标,设计有效的调研方案,合理地调研问卷,建立清晰的问题回答顺序,对采取预防措施和事后解决问题的人都给予同等程度的奖赏,挑战传统的、静态的、被动的、消极的做事方法。

5. 追求完美但容忍失败

六西格玛管理的实质就是在为调研委托方努力提供完美的、高水平服务的同时,努力降低调研成本。为此要进行探索,要采取一些措施对调研方案、内容、形式等进行改进甚至进行全新设计,要建立六西格玛企业文化等。在这个追求卓越的过程中,不见得每一种方法、手段、措施都非常正确、得力和有效,有可能有些尝试是失败的。六西格玛管理强调要追求完满,但也能坦然接受或处理偶发的挫败,从错误中总结经验教训,进行长期的、持续的改进。

12.6.2 顾客满意战略

1. 实施顾客满意的质量战略的依据

企业战略是企业根据内外环境及可取得资源的情况,为求得企业生存和长期稳定发展,对企业发展目标、达到目标的途径和手段的总体谋划,它是企业经营思想的集中体现,是一系列战略决策的结果,也是制定企业规划和计划的基础。同样的,顾客满意是质量管理模型的核心和主要目的,始终影响着其他要素,对其他要素有着指导意义,要正确地实施 TQM 就要先树立顾客完全满意的质量战略。因此,市场调研企业必须改变过去那种以企业为主体、以生产或销售来取得经济效益的观念,牢固确立以顾客为中心、以满足顾客需求追求经济效益的经营思想。

2. 顾客完全满意质量战略的要点

①以"顾客满意"为中心,调整市场调研企业经营战略。市场调研企业经营战略的目标系统要以"顾客满意"为中心,质量进入市场调研企业的经营战略,市场调研企业经营战略思想要体现"不断提高顾客满意度"的质量战略方针。②以"顾客满意"为宗旨,促进全面质量管理。全面质量管理的目标就是通过让顾客满意和本组织所有成员及社会受益而达到长期成功,市场调研企业只有推行全面质量管理才能保证顾客完全满意质量战略的实现。③以"顾客满意"为导向,重视市场调研企业信息管理。重视对产品生产前和销售后的顾客信息管理和市场有关信息的管理,建立系统化的信息收集、分析、储存、处理等规范,建立覆盖市场调研企业所有业务过程的管理信息系统。

思考与讨论

1. 选择一家市场调研企业,画出其服务流程图和服务蓝图,分析其存在的问题,并提出解决的建议。
2. 市场调研项目的执行过程中的质量管理点有哪些?试撰写一份访问执行质量控制手册。

第13章

市场调研企业的客户关系管理

13.1 调研企业客户关系管理的意义

13.1.1 客户关系管理的定义与内涵

1999年，Gartner Group Inc公司提出了客户关系管理(customer relationship management，CRM)概念，研究者对CRM的有各种不同定义，客户关系管理既是一种管理理念，又是一种软件技术。前者是指企业选择和管理有价值客户及其关系的一种商业策略，以客户为中心来整合和支持市场营销、销售与服务流程。后者是指用计算机自动化分析销售、市场营销、客户服务以及应用支持等流程的软件系统。以客户为中心的管理理念和信息技术支持系统是CRM实施的基础。它的目标是提高客户满意度，培养、维持客户忠诚度，从而增加收入、最终提高公司的盈利能力。CRM理念引入中国已有数年，我们可以从以下几个方面来理解其内涵。

(1)客户关系管理是一种经营管理方式。其核心内容是将企业的客户作为企业一项重要的资产，通过实现市场营销、销售、服务等活动自动化，完善的客户服务体系来满足客户的需求，实现客户的成功和终生价值。

(2)客户关系管理是一种旨在改善企业和客户之间关系的管理机制。它涉及企业的市场营销理念、服务与技术支持等与客户相关的领域。通过向企业的市场和客户服务的专业人员提供全面、个性化的客户资料，并强化跟踪服务、信息服务能力，使他们能够协调建立和维护一系列与客户和合作伙伴之间的面对面的交流、沟通，为客户提供快捷、优质的服务，提高客户满意度。

(3)客户关系管理是一种企业经营战略与企业文化，它在“以客户为中心”的管理思想指导下，使企业在客户服务、市场营销及技术支持方面形成彼此协调的整体，为企业带来长久的竞争优势。

(4)客户关系管理旨在通过信息共享和优化企业业务流程来更有效地降低企业经营成

本。客户关系管理的实施，要求以客户为中心来构架企业，完善对客户需求快速反应的组织形式，规范以客户为核心的工作、流程，建立客户驱动的服务设计，进而培养客户的品牌忠诚度，提高获利水平。

CRM 实质上是企业为改善客户关系、提高服务质量和客户满意度（忠诚度）而建立的一套新型客户管理模式和客户服务体系。客户关系管理的重点是培养企业忠实的客户和率先使用者。

13.1.2 客户关系管理对调研企业的意义

1. 调研企业实施客户关系管理的必要性

随着我国市场经济体系的建立和国际经济一体化进程的加快，市场进一步开放，市场竞争日趋激烈，越来越多的企业认识到市场调研的重要性，市场调查行业迅速蓬勃发展起来。然而，国内多数企业寻求专业调查公司的服务的意识仍然比较淡薄，市场调研服务的需求增长有限，在赛立信研究集团 2009 年针对北上广三地企业进行“市场调研和咨询的需求”的调查中，接受访问的 400 家企业中仅有 7%的企业表示曾委托独立调查机构作过市场调研，近 70%的企业表示由自己来完成，有 21%的企业表示“两种方式都有”。调研服务低迷的原因主要有三个方面：一是调查费用高，目前大多数国内企业能够接受的调查费用远远低于调查公司的报价和实际的调查成本；二是多数企业尤其是中小企业对市场调研服务不了解，对市场调查结果能否在经营管理中发挥辅助决策的作用缺乏信心；三是调查行业自身的运作不规范，滥价竞争，使企业对市场调研服务的质量和水平存在顾虑。三个问题的本质是企业对市场调研服务存在误解和缺乏信心。只有企业对市场调研有强烈需求，才能从根本上促进市场调研企业的发展。因此，市场调研企业必须高度重视客户关系，建立良好的客户关系，为客户消除顾虑，刺激他们的需求，才能赢得客户的信任，求得自身的迅速发展。

2. 调研企业实施客户关系管理的重要性

在竞争激烈的买方市场条件下，客户成为现代企业最重要的稀缺性资源，客户选择决定着企业的命运，客户资源是企业最宝贵的财富。据有关机构统计，93%的企业 CEO 认为，客户管理是企业成功和更富竞争力的最重要因素。正如管理学大师德鲁克所言：“衡量一个企业是否兴旺发达，只要回过头看看其身后的客户队伍有多长就一清二楚了。”对于市场调研企业而言，通过客户关系管理，企业能够根据客户的行为变化等信息在第一时间把握环境变化和服务潜在需求情况，应时而变，使企业在市场竞争中处于主动地位，实现调研业务的可持续发展。实施客户关系管理对调研企业的意义具体体现在以下几个方面。

1）实施客户关系管理可以带来直接的经济收益

美国学者赖克尔德和萨塞研究表明：忠诚客户增加 5%，许多企业的利润就可增加 25%～85%。帕累托的 20/80 营销法则也表明，企业经营利润的最大来源是 20%的客户的重复购买。调研企业实施客户关系管理可以为企业创造实实在在的价值，这种价值主要体现在以下几个方面：提高客户忠诚度，降低客户开拓成本，降低企业的营销成本，提高效率，获得利润最大化等。

2）实施客户关系管理可以更好地适应竞争环境

鉴于国内调研市场“僧多粥少”的严峻现实，一些生存在夹缝中的中小调研企业为了争夺客户，在项目竞标中使用低价格策略，走上滥价竞争的道路。同时，调研服务同质化趋势已成为行业的主流方向，这就加剧了同行业对同一目标市场的竞争强度。价格竞争很容易被同行竞争对手复制。只有非价格竞争优势才能保证企业长期获利，而调研企业对客户的特定服务项目和良好的客户关系本身是很难复制的，因此，实施客户关系管理成为新经济时代竞争取胜的法宝。

3)客户关系管理系统有利于提高调研企业营运水平

目前国内中小型市场调研企业多数成立于 20 世纪 90 年代的经济高速增长期，专业人才匮乏，技术手段滞后。少数的国内市场调研企业虽使用了 SPSS 或 SASS 软件，但多数调研企业尚不具备专业的数据分析系统和数理统计工具，不能给客户提供深入的、持续的调研服务。现代客户关系管理系统在功能方面能很好实现营销、服务、电子商务和呼叫中心等应用的集成，调研企业可以把客户关系管理和电子商务结合成一个相互支持、高度融合的整体，共同发挥客户关系管理的强大功能，从而提升企业的核心竞争力。

13.1.3　调研企业客户关系管理的内容

调研企业客户关系管理的核心是通过建立客户关系管理体系，不断地改善业务拓展、服务模式和技术支持等与客户关系有关的业务流程并提高各个环节的自动化程度，从而降低服务成本，增加收入与盈利，稳定市场份额，最终从根本上提升企业的核心竞争力，使得企业在当前激烈的竞争环境中立于不败之地。作为一种基于信息技术平台的管理体系和方法，调研企业客户关系管理的基本内容主要有以下几方面。

(1)客户拓展：如何寻找、选择和开发新客户，建立客户关系。

(2)客户教育：如何推广调研服务，提升客户认知。

(3)客户交流：如何建立良好的客户关系，管理客户反馈。

(4)客户管理：如何建立客户数据库，并利用其提升客户服务水平。

(5)客户营销：如何透析客户真正的需求，根据客户价值实施细分营销。

(6)客户维护：如何实现企业对客户的服务承诺，提升客户满意度，获得客户的忠诚。

(7)客户恢复：如何处理客户异议，挽救调研服务失误。

(8)客户挖掘：如何评估客户价值，挖掘客户潜在需求。

13.2　客户开发与客户教育策略

市场调研企业必须以市场营销和客户中心的观念来指导公司的经营活动，明确自身的服务定位，从客户的问题出发，根据客户的需要提供有效的信息来实现与客户的相互信任，建立双方的长期协作的“双赢”关系。通过满足客户来满足自己，通过成就客户来成就自己。

13.2.1　新客户开发

客户是企业的生存和发展的重要资源，现代市场竞争的本质就是客户资源的争夺。企业要想发展壮大，就必须不断吸引和拓展新客户。当然，在开发新客户之前，调研企业首先要收集潜在客户的信息，根据客户的需求差异，细分客户群体，并筛选出符合适合企业资源和能力的目标市场，为企业未来的服务定位提供依据。

1. 潜在客户信息获取渠道

调研企业可以考虑从下列渠道中收集和获得可能成为未来客户的有关信息：①管理顾问咨询公司、咨询公司及其他信息服务公司；②金融、保险、物流等服务性企业；③广告或广告代理机构；④各类行业协会及其出版物；⑤全国性或区域性的新闻媒体（如杂志、报纸等）；⑥工商管理机构、税务机构；⑦企业名录。

2. 客户选择及其策略

调研企业在收集了一定数量的潜在客户名单后，通过初步分析先筛选出对市场调研服务具有一定需求的可能的客户群，再针对这些可能客户群进行跟踪调查和深度研究，从中遴选出符合适合企业资源和能力的目标客户群。当然，不同的调研企业，资源实力、项目运作能力和研究专长有很大的差异，因此他们所选择的目标市场也是不同的。一般情况下有以下几类。

(1)外资和中外合资市场调研公司。如AC尼尔森、北京特恩斯，其资金实力雄厚、人员素质较高、管理运作规范，可运作跨区域、跨行业、宏观性的调研课题，主要以进入中国市场的大型跨国公司、地方政府、金融机构为服务对象。这类调研企业多采用无差异营销策略。

(2)规模较大、具有全国性影响力的本土调研公司。如北京零点集团，年营业额超过千万元，自身实力雄厚，可承接全国性、行业性的商业调研项目，其服务对象多为大型中外合资企业、知名品牌企业和部分上市公司。这类调研企业也同样可以采用无差异营销策略。

(3)区域性中小型市场调研企业。它们在资金规模、人力资源、技术手段等方面都与大型或超大型市场调研公司有着较大的差距。其所从事的市场调研业务基本局限于企业所在省、市（地区）范围内，主要服务对象大多数也是公司所在地（省、区）的各类企业、广告机构或地方政府。目标客户主要选择对当地经济发展的影响力较强、地方特色显著或市场需求变化较快的行业，因为这些行业要求调研企业的信息反馈速度快、熟悉当地的市场环境和商业文化。这类调研企业往往采用差异性或集中性营销策略。

需要注意的是，不是所有的客户都能为调研企业带来收益，大客户也不等于优质客户，一般而言，具有以下特征的客户通常是调研企业客户开发的首选：①具有比较强烈的市场调研意识，对调研委托服务及市场有一定了解；②价格敏感度较低，企业信誉良好，付款及时；③调研企业对客户所在行业和业务比较熟悉，服务成本较低；④愿意与调研企业成为长期合作伙伴。

3. 客户拓展方式

在确定目标客户群以后，调研企业应根据市场的具体情况制定客户开发方案，有计划地、有针对性地与潜在客户接触和沟通，方可有的放矢、提高客户拓展效率。市场调研企业可选择的客户开发方式较多，常见的主要有下列几种。

(1)连锁法：即利用现有顾客推荐新客户。西方有一个著名的1/20定律，即一个成功的顾客可为企业带来20个潜在的顾客，调研企业可利用与自己保持良好关系的老客户，请他们引见或推荐同行企业或关系企业，能有效降低新市场区域摸底调查的成本，也是一种比较简便的潜在客户开发方法。

(2)广告法：通过当地重点媒体，利用刊登企业广告、发布企业新闻等方式进行自我推介，同时收集市场反馈信息。实力较强的调研企业还向社会定期公开发布市场分析报告、行业发展预测报告、行业（企业）评价排名等方式吸引目标客户的关注。

（3）公关法：通过参与、赞助当地政府的大型公关活动，直接参与社会公益活动，组织各类专题研讨会，参加目标客户行业会议等活动，经常在各种交际圈亮相，扩大自身的市场知名度和影响力。

（4）拜访法：这是一种"广种薄收"的办法，即调研企业的客户代表有针对性地走访潜在客户，了解客户需求意向，收集客户基本资料。同时向客户传递企业的服务信息。

（5）资料检索法：利用电话名录、企业名录、工商统计资料等查找和了解潜在客户的资料，分析和筛选出潜在客户和准潜在客户，然后有针对性地发送企业宣传手册。

（6）替代法：从竞争对手开展的促销活动、发布的调研信息或目前操作的项目来了解潜在客户的分布，积极争取参与咨询调研服务方面的投标活动。

（7）中心法：选择在本地区或客户群体中有影响力的、信息灵通、人际交往能力强的人物，利用其影响力推荐客户，这些中心人物通常是政府机构或社团领导、行业权威或专家、社交名流等。

（8）"猎犬"法：即牢牢盯住可能成为潜在客户的特定企业，主动跟踪和收集其动态信息，专门研究其需求，积极为其提供相关咨询服务，直到使其成为企业的固定客户。

（9）网络法：通过因特网收集潜在客户信息，发布企业服务信息，吸引客户关注。

对于外资和中外合资市场调研公司以及业内公认的形成一定规模、具有全国性影响力的较权威的调研公司来说，它们可以选择任何一种客户拓展方法；但对于区域性中小型市场调研企业则要慎重选择。因为中小调查企业知名度、信任度都比较低，简单的广告、少量公益活动或上门拜访所传递的信息量极为有限，很难得到客户的接受和认同。由中心人物或权威机构推荐、直接参与行业活动两种方式是通过人际交往渠道进行口碑传播，传递的信息量较大、可沟通性强，是中小调查企业比较理想的业务推广方式。

13.2.2　客户教育

1. 客户教育的目标

由于目前市场调研服务还不被大多数客户认知和了解，如果客户不清楚调研公司能够提供什么服务，如何提供服务，在调研服务中的角色是什么，以及如何评价他们以前从未接受过的服务，那么，他们往往会对调研企业产生不恰当的期望，并让调研企业承担调研失误的责任。而且调研服务中的一些错误或问题，即使是由客户造成的，仍旧会导致客户觉得不满意。调研服务跟普通的商业服务不同，普通商业服务只有在顾客在场时，服务者才能完成服务过程，如理发、美容服务；而市场调查过程中委托客户只执行监控和协调的职能或不定期了解一下调查活动的进程，一般情况下还会加入市场调查的全过程，客户的参与程度比普通的商业服务低得多。因此，如果没有客户教育或者教育不当，会加剧客户异议的产生，甚至造成客户流失。调研企业的客户教育是企业必须承担的非常重要的一项营销工作，其主要作用有以下四方面。

1）强化客户对服务的认知

通过客户教育，让客户尽可能多地了解调研公司能做什么、怎样做、能达到什么质量和水平、需要什么时间和条件，从而减轻客户的顾虑，并取得客户对调研服务的认同。深度的客户教育，还能使客户赞同调研企业的价值观，理解自己在调研服务中应该承担的权、责、利，以及如何参与调研过程。并且使客户了解自身在调研服务过程中的角色，以及完成协助、监督这些角色所需要具备的能力和对调研企业提供的条件。

2)为顾客提供选择的机会

企业可以为不同期望的客户提供多种可选择的方案，帮助顾客重新设置服务期望，这在付费方式的选择中是很常见的。除了时间和成本，在速度和质量方面为客户提供选择也可以调节顾客期望。有些客户对于时间很敏感，他们期望调研企业能在较短的时间内提供所需的信息，对于这些时效要求较高的客户，调研企业也可以对客户提供背景数据方面提出相应的更高要求，如背景材料提供的时间、准确性、完整性等，或者要求客户适当降低在市场调研某些细节方面的要求；而对于那些非常注重调研质量和精度的客户来说，调研企业可以要求延长调研时限，适当缩小调查范围。

3)建立有效服务的标准

在一些市场调研领域中，客户对于服务质量和满意的标准并不明确，即使他们曾经有过服务经历也没多大帮助，这时需要教育客户，帮他们建立服务标准，从而使他们的服务期望稳定在一个正常的范围。如果调研企业以适当的方式教育顾客，而且这种教育是可信的，在顾客评估过程中对该企业是有帮助的。例如，对于消费者动态和满意度的调研这类专业分析要求高的服务，企业可以通过帮助客户理解和建立的标准是：高价格与高质量存在正比关系；具有较大规模的调研企业更有可能提供优质的、有效的咨询服务。这样，有良好的声誉、优秀的专家和丰富的市场调研经验的企业会得到顾客的偏好，他们的期望会受到引导，对价格的敏感性会降低。

4)处理顾客不现实的期望

在消费的过程中很多客户都存在价廉物美的普遍心态，但是有些客户会提出一些不切实际的期望，表现为调研的要求超出调研企业的服务范围、服务能力，甚至不合实际。通过沟通来平稳这些顾客的心态是有必要的，例如，进入一家调研公司的客户告诉接待人员他希望一个星期内拿到调研报告，而调研企业实际上无法在这么短的时间内完成客户委托的调研项目，如果接待人员能有合情合理的解释，处理比较恰当，不仅能够转变顾客期望，还能使他朝着有利于调研企业的方向发展。

2. 客户教育的内容

客户教育可以采取各种各样的形式，主要有以下一些内容。

(1)服务前的交流。让客户了解调研服务，阐明能够给予客户的回报和可能利益，使客户认知和接受调研企业，能够更好地配合自己。

(2)提供各种手册。加深客户对调研公司及调研项目的运作流程、服务方式、研究价值等内容的了解。

(3)服务中的交流。服务的整个过程中，随时与客户进行沟通，深入了解客户及其需求，以确保调研服务的有效性。

(4)服务流程透明化。例如，通过展示服务流程蓝图、邀请客户代表参与调查全过程等方式，让客户充分了解和信任自己，树立良好的企业形象。

(5)有形展示。通过对办公工具、专业调查设备等硬件设施,以及数据分析工具、专业软件的展示,让客户了解公司的服务理念和服务水平。

(6)服务后的交流。调研课题完成后,与客户共同召开调研结题会或沟通会,了解客户方对调研报告的使用情况。

13.3　客户关系的维护与巩固策略

13.3.1　维护客户关系的重要性

管理学上有一个著名的公式"10－1＝0",其含义是一个客户流失产生的损失,需要争取10个新客户才能弥补。因此,客户关系管理首先提倡的是保持现有客户。实现现有客户的重复购买是企业追求的首要目标。因为老客户随着对调研企业的了解不断深入,双方的沟通和交易效率会更高,调研服务的成本明显降低,同时,老客户对价格的敏感度也比新客户低。而留住老客户的一个捷径就是维护和保持良好客户关系。此外,良好的客户关系还会给企业带来意外的收获,如老客户推荐就是调研企业客户拓展行为中成本最低,最为便捷的方式之一。

13.3.2　如何维护客户关系

维护和保持良好客户关系可以从以下几个途径入手。

1. 开展一对一营销,建立学习型关系

一对一营销就是调研企业根据客户的特殊需求来相应调整自己的经营行为。例如,定期问候、定期访问、提供资料与服务手册、为客户提供有独特创意的建议,提供常年跟踪服务等。一对一营销要求调研企业与每一个客户建立一种学习型关系。所谓学习型关系,是指调研企业每一次与客户的交往都使调研企业对该客户增长一份了解,客户不断地提出需求,而调研企业按此需求不断地改善服务,从而使调研企业不断提高客户满意的能力。与客户建立学习型关系,不仅可以使调研企业保持客户,而且随着时间的增长,客户在享受调研企业提供的个性化高质量服务的同时,会逐渐变得不再特别看重服务的报价。这样,竞争者就很难通过价格战来破坏企业与客户的紧密关系。因此,开展一对一营销,与客户保持长期的学习型关系,企业不仅可以留住客户,还能够扩大赢利空间。

第一,要开展一对一营销,最重要和关键的是建立客户数据库。第二,对客户的需求和动态进行长期跟踪研究。第三,要对客户进行差异分析,不断探询目标客户的意见,针对不同的客户,以不同的方式来提供一对一的定制化服务。第四,企业要与客户保持互动沟通,加强情感交流。第五,调整服务以满足不同客户的需要,为客户提供个性化服务。

2. 提供高度集成的交流渠道

有些市场调研企业售后服务跟进不足,报告出来后交给客户就算了事,既不与客户沟通,也不关心客户如何使用调研报告,其结果使调研信息的应用效果大打折扣,客户满意度很低,进而导致客户怀疑调研信息的真实性和可靠性,使客户对调研企业和调研服务产生了戒备心理和不信任。因此,为了留住客户,调研企业必须提高自身与客户的沟通能力和服务能力，包括对调研问题的定义的准确度，调研实施过程的开放程度、质量监控程序、调研信息的反馈程度等。同时，企业还应建立公司与客户之间的沟通渠道。企业可以充分利用现代因特网和先进的信息技术，将电话、传真、Web、无线接入等多种交流渠道进行高度集成，使客户无论在任何地点、任何时间，都能够非常方便地通过自己喜欢的渠道，快捷顺畅地与调研企业进行交流。同时，调研企业也能够对客户做出及时的反应，并提供准确、一致以及最新的信息，从而使客户的问题或抱怨能更快地和更有效地得以解决，最终提高客户的满意度。

3. 利用因特网来完善服务

比尔·盖茨在《未来时速》里说过这样一句话："如果想领导这个数字时代，就必须充分了解因特网，这样才能准确预测网络生活方式对你的产业意味着什么"。然而，现在国内许多调研企业所建立的网站，并没有站在电子商务的高度充分地利用网络的交流功能和营销功能，仅仅将网页作为企业的电子宣传栏或者简单的电子广告，最终使企业的网站变成孤岛。提高网络的电子商务应用水平也是维护和保持良好客户关系的重要途径。调研企业可以尝试建立专门的客户服务网站，首先，网站可以通过对客户网页浏览的顺序、停留的时间长短为这位客户建立个人档案，识别出潜在的客户。其次，将网站和企业的内部管理系统(ERP、CRM 等)进行动态连接，客户面对可以通过网络随时查阅相应的信息，并跟后台的调研专业服务人员进行交流。再次，调研企业的网页要和客户数据库实现动态的连接，充分考虑到客户面对在网上可能碰到的困难时需要的帮助和技术支持开展网上自助服务，客户可根据自己的意愿，随时随地地上网查询，自行解决自己遇到的问题，以帮助降低成本。最后，调研企业可以通过 Web 的电子商务优势来进行潜在客户开发、时间登记、合同续订、服务请求以及电话反馈等。这些都将在时间和空间上极大地拓展服务渠道，使企业能够面向客户提供全天候访问服务，从而不断完善服务质量，使客户受益最大化。

4. 客户服务与客户关怀

客户服务是企业为提高客户满意度而进行的一系列的活动，包括为客户提供咨询、指导、帮助、问题解答等，侧重于与客户建立良好的关系，以保障与彼此的长期联系，从而谋求双方的共同利益。客户服务意味着应对不同的客户采取不同的策略。而客户关怀则是企业对客户表示的语言上、行动上的关心，体现了客户关系管理"想客户之所想"的思想。随着竞争的日益激烈，调研企业依靠基本的数据分析、成果报告等售后服务已经不能满足客户的需要，必须提供主动的、超值的让客户感动的服务，才能赢得客户的信任。因此，企业一定要分析客户的需要与偏好，在营销活动的不同时期围绕客户需要与偏好，提供针对性的关心。企业可运用多种手段来关怀客户，如主动电话营销、网站服务、呼叫中心等。此外，把必要的权力、信息、知识和报酬赋予员工，让他们自己决定自己的工作，这种授权方式对客户服务和客户关怀也起着重要的作用。在 e 时代，企业只有做到 CCPR(conventent 方便、care 关怀、personality 个人化、response 立即响应)，才能更好地维护客户关系。

13.4　客户分级管理

13.4.1　客户分级管理的内涵

管理学界有一个著名的帕累托 20/80 法则(二八法则):80%的效益来源于 20%的客户。然而,在中国,有很多调研企业往往比较注重拓展新的客户群,却忽视了真正为本企业创造了主要效益的老客户。企业花费大半时间去拼命寻找新客户,却忽视了这样一个最简单的道理:即老客户是最好的客户。企业应关心他们,善待他们,他们是企业的最大资产。据报载:国际驰名的市场调研企业罗兰·贝格公司现有的业务收入有 77%来自于忠诚的客户。对市场调研业而言,客户与公司的关系并非简单、短暂的交易活动关系,而应该是连续、长期、互利、互惠的伙伴关系。实际上,调研企业留住老客户比赢得新客户的代价低得多,调研企业去劝导那些对竞争对手满意的客户把服务项目从他们认同的调研企业那里转到本企业,需要耗费更多的精力和费用,争取一个新客户的成本是保留一个老客户的 5～10 倍。因此,长期留住老客户能为企业创造更多的利润。那么,如何来巩固现有客户呢?当客户数量达到几十家(包括已有的和潜在准备开拓的客户),同一客户可能产生两次或两次以上的调研服务且不同客户间的价值差异明显时,就可以按照 80/20 原则思想对客户进行分级管理。

所谓客户分级管理,就是根据客户对于企业的价值和贡献率等各个指标,对企业的全部客户进行逐一测评,将测评值按一定的比例进行加权。然后根据既定的分类标准和测评结果,对企业的全部客户进行分类,对同类顾客进行统计分析,了解和发现其共同需求,在客户接受服务前,就根据客户的需要,有针对性地制定营销策略和服务方案,实施差异化的服务,发挥企业营销资源的最大效率。“以客户为中心”并不代表以所有的客户为中心。企业的人力、物力资源总是有限的,有限的资源投入要能够产生最大的产出,就必须把资源投入到最能够产生价值的客户身上。创造价值分级的服务。

通过市场细分,调研企业可以根据顾客价值来设置服务级别。特点和价值层次不同的客户,对服务内容的期望和评价要素是不同的,因此企业可以针对不同层次的客户提供不同等级的服务。例如,提供不同的调研数据分析的深度与广度,企业也可以针对不同的顾客提供不同的附加服务,如对长期优质客户除完成市场数据调查外还增加营业诊断建议、战略改进方案等额外服务。这样,选择不同方向的客户对调研服务的期望就会得到较好的区分和控制。企业提供分级服务有两大好处:一是通过客户自己选择服务级别,他们的服务期望就得到自我控制而保持在一个特定的范围;二是企业可以依据顾客对服务级别的选择来判断客户价值,有助于企业区分顾客层次。关键的是企业需要洞察各种不同的顾客期望和顾客需求之间的关系,如优质顾客更看重企业的调研质量和数据可靠性,而对费用价格不太敏感,那么调研企业针对优质级别的顾客服务就应当提供良好的质量承诺。

13.4.2　客户分级管理的步骤

客户分级管理的工作流程主要包括以下几个步骤。

(1)确定客户分级的目标。对于调研企业而言,客户分级就是要使重要客户感受到企业为他们提供的附加服务和特殊待遇，同时，刺激有潜力的客户向重点客户看齐，激励各级客户给予调研企业更多的项目或长期使用企业提供的服务，进一步为调研创造更多的价值。

(2)确定客户的分级指标。调研服务企业常用于衡量客户等级的指标有调研合同数量、调研合同金额、调研服务使用频度、客户信用状况、服务合同平均利润率、营业收入增长率等，调研企业也可以根据实际情况自己设定分级指标，或者是用上述若干个指标进行加权。并确定客户分类的标准。

(3)客户的分级与分析。对每一个客户逐一计算和衡量指标量，并按指标量对客户进行排序，根据客户分类的标准对客户进行分类，区分不同价值的客户。

(4)制定客户分级(分类)服务方案。针对每一类客户的差异性需求，制定出各类客户的分级激励方案和配套管理措施。这些措施可以包括项目价格优惠、附加咨询服务、服务优先序等，并据此对调研企业的服务资源进行合理配置，实现客户资源价值和企业投入回报的同步最大化。

(5)执行客户分级(分类)服务方案。

(6)分级(分类)效果的评估与调整。

表 13-1 是阿方索市场研究咨询集团对客户进行分级管理的标准及措施。

表 13-1　客户分级管理表

客户类别	分类标准(特征)	营销措施
VIP 客户	调研项目或咨询合同数量居于所有客户排序的最前 5%，合同收入占企业总营业收入 40%～60%的客户	价格优惠，服务优先，一对一个性化服务、新服务推介
A 级(重点)客户	调研项目或咨询合同数量居于所有客户排序的第二个 5%，合同收入占企业总营业收入 20%～30%的客户	优先服务，经常访问，提供定期咨询
B 级(普通)客户	调研项目或咨询合同数量居于所有客户排序除 VIP 和 A 级客户外的前 20%的客户，数量多，行业分布广，但调研项目或咨询合同占企业营运收入的比例不高	筛选和重点培养一批客户向前两类客户转化
C 级(小型)客户	调研项目或咨询合同数量居于所有客户排序最后 70%的客户，客户规模小、数量多，服务需求频率不稳定	提供有限服务，控制单项合同价格

调研企业只有对不同级别的客户采取不同的管理和营销措施，才能降低成本，获得更强、更有利可图的市场渗透，并有利于资源的合理配置，实现利润最大化。还可以利用高利润客户的影响力来促进品牌宣传。

案例

华南国际市场研究公司的“浓缩”客户

华南国际市场研究公司在 1998 年、1999 年开始了强化客户关系的调整，当时受到亚洲金融危机的影响，借此机会，华南国际开始对一些不盈利或低盈利的项目和客户进行重新筛选；优化组织结构；精兵简政，提高管理效率。如把 300 多个参差不齐的客户减少到 150 多个大中型客户，后勤支援与管理部门压缩了 15%的人手，对一些占总费用比重较大的项目

(人工费用、场地费和劳务费)进行重新合理安排与控制,这些措施使得公司在低迷的市场环境下仍取得了不俗的业绩,也成为华南国际进一步改进公司管理的好时机。对于大部分企业来说,客户是多多益善的,但华南国际的反其道而行之的方式却使企业在放弃了一部分单子之后,营业额不但没有下降,反而获得了增长的机会。

13.5　提升客户满意度与忠诚度的策略

客户对调研服务的评价和感受是客户购买调研服务决策过程的最后一个环节,它决定了客户对市场调研企业提供的调研服务的满意程度,也在很大程度上决定了客户未来是否愿意再接受调研服务以及是否再选择先前的调研企业。伊利集团董事长兼总裁潘刚曾说过这样一句话:“现代企业的竞争力不在于其拥有多少资本、设备、网点和员工,而在于其拥有多少市场,也就是拥有多少忠诚的和能为企业创造价值的客户。”

13.5.1　提升客户满意度

营销大师菲利普·科特勒认为,客户满意是“指一个人通过对一个产品的可感知效果(或结果)与他的期望值相比较后,所形成的愉悦或失望的感觉状态”。客户满意度并不仅仅取决于服务的客观质量,更取决于客户在交易过程中的真正体验是否超越其期望值。满意度一般或较低的客户会很容易更换调研公司,去寻求更好、更新的调研服务,也容易受环境因素的影响而产生变化,如当企业的竞争对手采取降低服务的价格等手段时,一部分客户会转向竞争对手的服务;而高度满意的客户很可能在下次产生调研需求时首先选择曾经提供过服务的较满意的调研企业,对服务价格则不太关注。

调研企业需要为不断提升客户满意度制定客户满意战略,这一战略应遵循的基本思想是:①站在客户的立场上去研究和设计调研服务流程,尤其是调研中的客户沟通过程;②不断完善客户服务系统,最大限度地使客户感到调研服务的真实、可靠和便利;③重视客户的意见,鼓励客户参与调研过程;④千方百计留住客户,并挖掘客户潜在需求;⑤构建企业与客户充满友善的人性化的接触界面,使服务过程体现真诚和温暖;⑥按照以客户为中心的原则,围绕客户满意建立富有活力的企业组织。

从操作层面来说,调研企业提升客户满意度需要重视以下战术:①适当承诺,有诺必行;②设立明确的服务质量标准;③从细微处关心和贴近客户;④针对不同的客户(细分市场)提供个性服务;⑤利用客户数据库营销;⑥在第一时间内有效弥补服务的失误。

案例

科思瑞智调查公司的客户培训

2001 年 5～6 月,科思瑞智调查公司(Consumer Research Corp,CRC)的研究总监受客户委托,为多家消费品企业及 IT 企业实施了市场研究专项培训。CRC 发现,培训作为项目合作的前期交流或者提交报告后的延伸服务,不仅能够帮助客户内部对市场调查服务的使用达成共识,而且能有效提升客户满意度。这些受培训企业中约 50%～70%成为科思瑞智的忠诚客户。

13.5.2 提升客户忠诚度

客户忠诚度即客户忠诚于企业的程度,客户坚持重复购买自己喜欢的同一家调研公司的调研服务,而不管环境的影响和市场的作用。客户忠诚的特征是一种客户购买行为的持续性。客户忠诚不仅能带动企业的长期利润增长,带动员工的忠诚,还有利于企业建立良好的口碑。

客户满意则属于情感范畴,而客户忠诚属于行为范畴。要提升客户的忠诚度,公司不仅应完善客户服务内涵,还要始终坚持"以客户为中心"的经营理念,时刻以客户为关注焦点,开展各项经营活动,实施营销管理工作的创新,加强对客户的管理工作,与客户建立长期稳定的战略合作关系。

正如赛普顿的公司宗旨:"用客户最少的资源,为客户创造最大的利益。"调研企业同样需要制定客户忠诚提升战略,这一战略应遵循的基本思想是:①良好的客户服务;②获得和保留客户反馈;③化解客户抱怨;④降低客户成本(时间、精力、费用等)。

实现这一战略可行的具体措施有:①建立规范的操作流程及良好的沟通反馈制度,并以适当的方式将项目运作和公司管理的信息传递给委托客户;②不仅仅提供数据,也不只是局限于数据分析,还要协助客户实时做出正确的业务决策;③定期进行用户满意度调查,及时地倾听到客户的声音,有的放矢地进行质量改进;④定期召开企业和客户协商例会,研究客户不满意事项及原因,采取整改措施,提升为客户服务的水平;⑤建立客户项目动态数据库和网上查询系统,为客户开发项目查询软件和界面,专门使客户能实时了解项目进程和合同履行状态,大幅度提高客户沟通服务的效率和质量。

13.5.3 增进客户利润贡献度

每一个客户对调研企业的利润贡献度的差异很大。因此,了解客户的价值,以及他们的利润贡献度是客户关系管理成功的关键。而要增进客户利润贡献度,则要确认获利最丰富的客户差别,并对不同阶层的客户采取不同的营销措施,决定营销资源的最佳分配方式。因此,企业应建立专业的客户信息管理队伍,负责客户数据的采集、挖掘和分析。增进客户利润贡献度要做好以下几个方面。

(1)建立统一的客户信息管理操作流程和贡献度的计算模型,确保贡献度计量的准确性。在应用市场细分制定客户服务方案时,无论是大客户还是中小客户,都要注意以贡献度为标准进行细分。

(2)依赖已建成的客户关系管理系统,充分挖掘客户资源,按照细分市场原则,设置客户贡献度分析指数,优化服务流程,统一服务标准,为客户提供高效、便捷、体验一致的差别化服务。

(3)在配置调研资源时,要按照市场和效益原则进行分配,按照客户的综合贡献调整资源,确定哪些客户对企业贡献最大。对那些贡献大的客户,应该投入更多的资源,以获得更大的回报。

13.6　恢复客户关系

虽然企业可以为维护客户关系采取各种措施和努力，然而，由于各方面的原因，企业始终无法完全避免客户流失的现象。重新争取流失客户是在维护客户关系的措施无效的情况下采取的补救措施。客户流失不仅损耗着企业的人力、财力、物力，也会使企业逐渐丧失竞争优势。因此，重视对客户资源流失原因的分析，弥补调研服务的失误，恢复和改善客户关系是客户关系管理的一项重要工作，它包括了建立服务承诺、处理客户异议、补救调研失误几个方面的内容。

13.6.1　处理客户异议

客户异议，就是指企业在提供调研服务过程中的举措得不到客户赞同，而使客户提出质疑或拒绝。而客户的质疑或拒绝往往是导致企业客户流失的关键因素。主要有以下几种情况。

(1)在客户接触阶段，由于调研服务的无形性，委托客户往往因无法确定将获得什么样的调研结果，也无法确定可能获得的调查服务水平而心存顾虑。对此，调研企业应做好客户教育工作，了解客户特征及其委托原因，并发放公司的宣传手册，详细介绍公司的服务，塑造专业化形象，但要避免过分宣传。

(2)在合同洽谈阶段，客户总希望自己的综合成本(价格，时间，精力等)最低，而对服务质量的要求又比较高，因此在这方面两者往往会发生冲突。那么，企业谈判人员就应解释定价的理由，说明公司服务的差异化优势，并详细了解客户对时间、精度的要求，从而取得客户的信任。

(3)在课题规划阶段，沟通不够，会使得设置的调查项目不完整，或并不是客户真正需要的。因此，在这一阶段，项目负责人或者项目小组应增加与客户的沟通频率，反复了解和澄清客户的真正需要，以巩固客户关系。

(4)在项目执行阶段，由于客户自身较少参与其中，又看不到整个操作过程，因此，客户难免会担心调研质量，怀疑统计数据的真实性。为减轻客户的忧虑，企业应随时向客户反馈项目进程，分阶段将调查结果汇总反馈给客户，主动征询其意见，尤其注意客户要求“补充调查”的内容，因为这往往是许多客户委托调查的真实意图所在。充分表现对客户的关心，提升客户满意度。

(5)在调研报告阶段，客户面对自己所购买的产品——一份调研报告，往往会不知所措，不知如何去使用它，而陷入一堆看不明白的数据中，得不出有价值的结论，从而对调研质量产生质疑和不满。因此，调研企业应主动要求召开成果展示和沟通会议，向客户说明数据来源，并提供策略建议，同时还要跟踪调研报告的使用情况，让客户感到物有所值，提高客户忠诚度。

13.6.2　补救调研失误

1. 调研失误的表现

调研服务的无形性、差异性、分离性、时效性、可复制性等特点，决定了影响服务质量的因素是异常错综复杂的，市场调研企业或者对客户所涉及的行业的市场形态、供需特征、竞争现状和发展规律进行深入的了解，或者缺乏对行业的特殊性和复杂性的研究，或者由于某种原因无法了解目标客户的真正需求，在提供调研服务的过程中，往往会出现调研服务的失误。主要表现在以下诸方面：①调研项目未能按合同如期完成；②规定的调研项目未能全部完成；③调研项目偏离客户需求；④统计数据不够准确、不够完整；⑤统计结果和数据分析与现实存在偏差；⑥调研报告浮于表面，只能解决客户的一些初级问题。

2. 客户对调研失误的反应

当调研服务出现失误时，往往会造成客户的负面反应，归纳起来大体分两类。

(1)保持沉默。保持沉默的客户最有可能放弃再次购买调研服务或者转向其他竞争者，他们不相信投诉的有效性，遇到问题也经常采取回避的做法。

(2)采取行动。客户采取行动的通常是抱怨。这种抱怨实际上可以分为两类：一是直接面向调研企业的抱怨，抱怨的目的也非常清楚，即希望调研服务的失误得到纠正或弥补，他们会直接向调研企业投诉并要求得到一定的补偿或补救。二是无目的抱怨，如向自己的朋友、同行传播或者甚至在网上发表关于公司的负面信息，无论是哪一种抱怨都会直接或间接降低客户满意度和忠诚度。因此，当企业的调研出现失误时，就必须对失误的部分加以补救。

3. 调研失误的补救策略

服务补救是服务企业在出现服务失误时，所做出的一种即时性和主动性的反应，目的是通过这种反应，将服务失误所带来的客户服务质量感知、客户满意及员工满意下降的负面影响减少到最低程度。服务补救是企业用来解决顾客抱怨，并通过抱怨处理建立客户对企业信赖的策略。对于企业来说，当认识到调研失误发生时，不管失误的原因是来自客户还是企业自身，都必须遵循以下几项原则。

(1)企业要有承担责任的态度，并且在接到问题后就要尽快解决。对企业来说，一定要掌握好这个向客户提供服务补救的机会，以挽回客户的忠诚度。

(2)为了进行有效的服务补救，企业应当建立完善的服务评估体系和服务补救制度，使其成为挽救和保持客户与企业关系的重要工具，对于服务中可能出现的缺陷和问题制定相应的检查办法与补救措施。

(3)企业要对每一个客户接触点设立相应的操作流程和服务规范，让客户确认公司提供的服务已达到其要求。

(4)企业不仅仅是被动地听取客户的抱怨，要勇于鼓励客户抱怨，通过听取客户的意见来确定企业服务失误之所在，积极、主动地查找那些潜在的服务失误。

出现调研服务失误时，可以采取的具体补救措施有以下五种。

(1)欢迎并鼓励客户投诉。当抱怨来临时，不应该采取一种回避的态度，而是欢迎并鼓励客户投诉。用曾任英国航空公司CEO的马歇尔先生的话来说："我热切地相信顾客的抱怨对我们是最珍贵的机会，这既可保住顾客，防止他把业务带到别处，又可从中获悉哪些问题须改进。"

(2)真诚道歉。服务补救开始于向客户道歉，既然调研失误事实已经成立，调研企业就应该积极接受这一现实，主动让失望的客户感到公司的诚意。

(3)紧急复原。紧急复原意味着为纠正服务失误而采取的行动,其重点在于"紧急",它向客户证明调研企业对客户的抱怨非常重视。公司的反应越快,补救越努力,挽回形象和提高客户满意水平的可能性就越大。

(4)善待客户。投诉中客户都希望被诚实、细心和有礼貌地对待,否则的话即使投诉已经得到迅速解决,客户也会强烈感到不公平。因此,当紧急的复原工作完成以后,服务人员就应该对客户表示同情和关心,对客户的失望和愤怒表示理解,这一点是服务补救的必要因素,这会使客户感到调研企业对他的处境十分敏感和关心,这会使许多愤怒烟消云散,有助于为双方的相互尊重打下良好基础。

(5)适当补偿。客户总是希望失误补救的结果或赔偿能与其不满意水平相匹配,即调研企业为其错误而采取某种行动的付出至少等于他们已经遭受的损失。公司应该积极提供给客户可以选择的补偿方式,以便更好地提升客户的满意度。

13.7 服务承诺

13.7.1 服务承诺的作用

服务承诺也称服务保证,服务承诺最初是作为一种有效的促销手段,表现为服务组织就自身服务质量向顾客许诺达到一定的标准,如旅馆的24小时热水供应、商品的包退包换等。市场调研企业的服务承诺可以理解为由调研机构提供的一种契约:一种以顾客满意为导向,在调研服务销售前对顾客许诺调研服务项目应当达到的效果或质量标准,如调研结论的真实性、数据的可信度等,以消除客户的顾虑,吸引客户购买调研服务,并在服务活动中忠实履行承诺的制度和营销行为。服务承诺是服务补救的一种特别方式或补充工具,有效的承诺不仅可以作为调研企业的一种营销宣传工具,同时也是调研企业自身对服务质量进行定义、培养和维护的一种方法。为提升质量承诺的可信度与完善性,一些调研组织除了服务保证标准外,还向用户提供附加性补偿承诺,即承诺在调研企业的服务质量达不到所承诺的标准与水平时,调研企业愿意为此对客户进行金额赔偿或补救。制定服务承诺对于调研企业的意义有以下四方面。

1. 降低顾客感知风险、提升客户信心

由于调研服务具有无形、不可复制和不可储存的特征,是典型的"后验"商品。多数客户在做出调研服务委托的决策时,总是对调研服务的质量心有余悸。因此,服务保证的推出,令客户对调研服务购买决策的感知风险仅限于调研企业拒绝履行其服务承诺这一道德败坏行径。因为只要调研企业能认真履行其服务保证,则客户基本上在购买之前就能确定其服务的保底效用。此外,调研企业敢于就调研服务的某一质量指标做出服务保证,会增加顾客的消费信心,尤其是当顾客只在意服务的可靠性,而对赔偿不甚关心时。

2. 促使企业更加重视顾客需求与质量控制

服务承诺实际上是服务质量标准的一部分,或者说是服务质量标准的外显部分。为了维护企业形象和避免因低质量服务的出现而导致企业赔偿行为的发生,调研企业一般会对服务承诺中所承诺的质量标准极为重视,迫使调研企业认真识别、掌握和努力消除调研服务过程中的潜在的隐患,有效实现服务质量的事前控制。此外,为消除客户顾虑并促使其签约,调研企业制定服务承诺时会围绕着委托客户极为重视的需求特征和质量因素而展开,这就要求调研企业必须更好地把握客户的需求,从客户的视角思考如何提高调研服务的感知质量。

3. 激发顾客的抱怨和对企业的关注热情

珍妮尔·巴特等学者在《抱怨是金》一书证明了服务承诺在激发顾客抱怨方面的卓有成效。Bitner 等学者把顾客不愿抱怨和投诉的原因归纳为五个方面:一是顾客认为企业不会负责;二是顾客不愿等待和面对造成失误的人员;三是顾客无法确定自身权益与企业应履行的义务;四是顾客不愿为抱怨花费时间;五是顾客担心提出抱怨后会得到较差的服务。而服务承诺的有效设计与实施,可有效地克服阻碍顾客进行抱怨的上述因素。服务保证的赔偿承诺就企业愿意为服务失败负责表明了立场,并为顾客判断抱怨或投诉收益提供了尺度。服务保证的质量承诺为顾客判断服务失败提供了依据,可令顾客轻易地判断与识别服务失败的发生,并勇敢地、有理有据地面对造成服务失败的人员。因此,一个好的承诺可以从客户那里得到快速及相关的反馈,它能够激发客户来抱怨,特别是对于那些不容易表达自己意见的客户。

4. 有利于激励员工,提升企业的内聚力

一个有效的承诺也为调研企业设立了清晰的服务努力标准。它促使调研企业思考和明确对员工的工作期望,并会为此与员工进行沟通。承诺也为调研企业的员工们提供了以服务为导向的目标,让员工围绕承诺展开共同的行动。承诺的服务标准对客户是一种吸引力,对服务人员则是一种鞭策、挑战和激励,有助于增强他们的责任心,提高服务质量。调研企业服务承诺制的实行,将有利于企业提高服务质量,满足客户需求并令其满意,改善企业自身的形象。

13.7.2 服务承诺的内容

调研服务通常对服务的下述内容进行承诺:①服务数量的保证,如抽样数量、调研覆盖范围等;②服务质量的保证,如有效回收率、样本误差率等;③服务时限的保证,如调研完成时限、调研结论提交时间等;④附加服务的保证,如提供专家咨询、提供营运改进方案等;⑤服务满意的保证,如提供完整的原始材料、正式印制的报告书等。

此外,有效的服务承诺应设置附加性补偿承诺,即对一旦承诺没有实现或未达到承诺确定的标准,企业应当给予顾客合理的赔偿,并且使顾客获得赔偿的程序简单、迅速。由于调研服务是不能被“退货”的。因此调研企业常常会制定相应有服务“补偿”条款,包括:①部分退款或全额退款;②延期罚款;③补充性调研。

13.7.3 如何进行有效的服务承诺

调研企业向客户传递的服务承诺会影响客户对调研服务的预期。当这种预期得不到满足时客户就会失望,从而导致公司的形象受损。因此,企业在做出承诺时要相当谨慎,不可滥许承诺,否则只会使客户满意度降低。有效的服务承诺必须是无条件的,也必须有意义,即要承诺的是那些对客户来讲十分重要的服务元素,而不是承诺自己的分内之事。有效的服务承诺必须是易于理解和沟通的，并易于接受和赔付的。

首先，在沟通中要保持适度的低“姿态”，切忌过分夸大公司实力，如果公司操作能力或技术水平确实难以满足客户要求，应委婉地向客户说明，同时提供替代方案或其他解决方式。

其次，对市场调研功能、作用包括可能产生的误差向客户做出客观的说明和解释，借用公司已为其他客户完成的课题做例子，对公司实力和课题完成能力做出直观、清晰的表述。

最后，提供“额外”增值服务。实践证明“额外”服务往往能较大地提高客户的满意度和忠诚度。

此外，承诺也不是何时何地都适用的，在一些情况下，承诺是行不通的。例如，公司现有服务的质量低劣，承诺与公司形象不符，承诺的成本超过利润等。当然，在做出服务承诺后，还需要更多的协调和承诺管理，因为调研服务不可能像有形产品的生产那样标准化、机械化。

13.8　调研服务的深度开发

13.8.1　客户数据库营销

数据库营销在欧美企业中已经得到了广泛的应用，在国内也得到了越来越多的企业的青睐。斯坦·瑞普(Stan Rapp)为数据库营销所下的定义是：企业运用当今计算机和电讯技术的巨大潜力，以个性化、持续性、低成本的方式推进其客户导向的营销活动的能力。数据库营销就是企业通过收集和积累用户信息，经过分析筛选后针对性的使用包括(direct message，DM)、电子邮件营销(e-mail DM，EDM)、网络传真营销(e-fax)和短消息服务(short message server，SMS)等在内的多种形式的直复营销手段，与客户建立一对一的互动沟通关系，进行客户深度挖掘、客户关系维护，并依赖庞大的客户信息库进行客户促销、风险控制的营销方式，是一套内容涵盖现有顾客和潜在顾客，可以随时更新的动态数据库管理系统。

由于数据库营销强调建立长期客户关系，支持企业与客户之间的沟通，从而使客户和企业实现双赢，因此它也成了现代企业客户关系管理的一个重要手段和发展趋势，对于以提供信息搜集和咨询服务为主的知识密集型企业来说，数据库营销在降低营运成本、提高营销效率、获得忠诚的客户群体和建立企业竞争优势方面的作用尤其明显。

数据库营销的基础是客户数据库。实际上可以分为两大内容：一是客户数据库的建立、管理和维护；二是客户数据库的挖掘和应用。

1. 客户数据库的重要作用

目前，国内不少市场调研企业都没有较完整的客户数据库，数据的匮乏使其难以建立有效可靠的研究模型，定量分析能力和数据挖掘能力较差。另外，有些调研企业的客户数据库虽然建立起来了，但客户数据库没有根据自身的实际情况进行设计，客户资料收集不全、客户资料陈旧，或是不知道有什么用，也不知道如何用。因此，建立、管理和完善客户数据库是调研企业增强自身可持续发展能力的一项十分重要的工作。客户数据库能够帮助调研企业在客户关系管理和营销中实现多种不同目标。

(1)利用客户数据库,可以充分地了解顾客的需要。锁定适合企业的目标客户,有针对性地进行沟通和促销,提高反馈率,从而降低营销成本。

(2)利用客户数据库,可以对客户开展一对一的沟通和提供个性化的服务。从而有效防止客户的流失,并实现客户拓展的目标。顾客数据库中的信息是个性化营销和顾客关系管理的重要基础。

(3)利用客户数据库,可以对客户进行差异分析,对顾客的价值进行评估。从中识别出企业的高价值客户,并对各类顾客采取相应的营销策略,实现客户分级管理的自动化。

(4)利用客户数据库,可以分析出与竞争者有联系的顾客特征,进而分析竞争者的优劣势,改进营销策略,提供比竞争者更好的服务,增进与客户的关系。

(5)利用客户数据库,可以经常保持与老客户的沟通和交流,了解其需求变化情况,及时获得服务效果的反馈信息,从而调整和优化客户服务方案。

(6)利用客户数据库,可以计算顾客生命周期的价值,以及顾客的价值周期。根据顾客的历史资料不仅可以预测需求趋势,还可以评估需求倾向的改变。这样使企业的服务的设计和营销目标定位更准确。

(7)利用客户数据库,可以通过深度分析和数据挖掘,进行交叉销售并促进客户重复购买调研服务,还可为新的调研服务的开发提供准确的信息。

2. 客户构成

依据客户对调研企业的态度可以分为现有客户、潜在客户和流失客户三类。不同的客户,调研企业进行客户分析的内容和重点也不相同。

1)现有客户

指正在接受和已经接受本企业提供的调研服务的组织。调研企业关注的重点是他们的购买频率、终身价值、需求变化及服务意见反馈等。

2)潜在客户

这是调研企业争取的对象,也是客户管理关注的重点之一。调研企业可以通过与现有客户的相似性或同类服务的客户档案进行辨认。对从未接受过调研服务的客户,重点要了解他们“为什么不购买”的原因,调查他们对于调研服务的认知、对风险的顾虑、对价格和质量的期望等内容。对其中一些已经购买了竞争者服务的潜在客户,重点要进一步调查他们为什么向竞争者购买,为什么不选择自己。从而找出自己与竞争者的差距,不断完善自己,增加对潜在客户的吸引力。

3)流失的客户

对于流失的客户,许多调研企业往往将其彻底放弃,实际上这是一种错误。调研企业不仅应反思其流失的原因,以避免再次发生同样的情况,还应将其继续保留在客户档案中,并向其发送信件,往往很多此类客户都能再次被调研企业争取回来。

3. 客户数据库的内容

调研企业的客户数据库一般包括两个部分:静态的客户档案库和动态的客户服务跟踪数据库。

客户档案库是指在一定时期内不发生变更的、相对稳定的有关客户基础信息。一般包括以下内容。

(1)组织基本资料。即客户对象最基本的原始资料。主要包括客户的名称、组织性质、地址、电话、网址、所有者、业务范围、法人代表及组织营运方式、资产规模、主要经营项目等。这些资料是客户管理的起点和基础。

(2)决策者资料。即客户的主要决策人或所有人的个性、兴趣、爱好、家庭、学历、年龄、能力、创业时间等。

(3)客户特征资料。主要包括服务区域、营运能力、发展潜力、经营观念、经营方向、经营政策和经营特点等。还包括客户的部分业务状况,如近期的业务实绩、经营管理者和业务员的素质、与其他竞争者的关系。

客户服务跟踪数据库,是指调研企业在与客户交往或交易活动中形成的、动态的变化信息。主要包括以下三方面的内容。

(1)交易记录。主要包括客户与调研企业每次交易的时间、服务项目、咨询内容、价格、支付模式、调研合同完成情况等。交易数据是有关客户与调研企业交易的历史事实。

(2)信用数据。主要包括客户的企业形象、声誉,与调研企业交易的付款状况、交易条件、信用状况及出现的合同纠纷和诉讼问题等。

(3)动态反馈。主要记录的是某个特定客户公司与调研企业之间的关系动态,包括了调研企业业务人员上门访问记录、客户异议及其处理记录、遇到的调研失误及其原因和补救措施、项目结题会会议记录、反馈意见等,它反映了客户与本企业的业务关系及合作态度。借此可以分析客户与调研企业合作的稳定性和未来合作的趋势,帮助企业制定满足客户的个性化需求营销战略与战术。

4. 客户数据库管理

对客户数据库进行管理时应重点做好以下工作。

(1)调研企业应注重系统地、多渠道地收集客户资料,并进行深入分析,提炼出符合自己特定需要的信息。

(2)调研企业必须为每一位客户建立档案,记录他们的基本情况和连续不断的购买行为,并善于分析研究其档案记录,从而掌握他们需求的变化发展趋势,以便及时提供相应服务。

(3)调研企业应整合各部门、每个人所接触的客户资料进行统一管理,包括对客户类型的划分、客户基本信息、客户联系人信息、企业调研人员的跟踪记录、客户状态、合同信息等。

13.8.2　客户数据深度开发

客户数据深度开发是指从客户数据库中挖掘出隐含的、先前未知的、对企业决策有潜在价值的知识和规则,并能够根据已有的信息对未来发生行为做出结果预测,为企业服务决策和客户策略提供依据。客户数据的挖掘和深度开发可以帮助企业管理客户生命周期的各个阶段,应用到以客户为中心的企业决策分析和管理的各个方面。随着市场经济的推动和信息技术的发展,只有融合了数据挖掘和深度开发的高效的客户关系管理才能更好地适应当今信息时代及其网络化特征,成为现代企业在激烈的市场竞争中生存的根本和制胜的关键。

调研企业该如何进行客户数据深度开发呢?

(1)通过客户基本数据库与服务跟踪数据库的对照进行聚类分析,可以得到所有的客户的分类类别、类间成员相似性偏好，有助于找到针对性强的营销细分市场，由此帮助制定细分客户的营销计划。又可节约大量营销成本，提高营销的效率。

(2)通过客户服务跟踪数据库对客户的分类再进行汇总和差异分析，可以挖掘出客户的行为特征。如通过客户档案中交易时间的统计，可得到客户与企业频繁交易的平均间隔时间，据此可制定针对频繁客户的资源投入计划，而对过长时间没有新的交易的频繁客户，应及时查明原因并采取适当的措施。

(3)通过各个客户服务跟踪数据库的对比分析，可以发现交易间的关联。一个典型的例子是：北京捷孚凯市场调查公司利用数据挖掘技术工具进行关联分析，发现多数作消费者行为调查的企业，同时也需要作竞争者调查。于是捷孚凯将两者进行打包销售，调研合同额得到了良好的增长。因此，调研企业可利用关联规则分析，从数据库中整理出类似上述这类隐藏于表象之下的需求之间的潜在的联系。

(4)通过客户服务跟踪数据库的时间动态分析，可以发现某客户或某类客户的异常变化，采取有针对性的措施。如系统检测到某类客户的交易量突然普遍减少，可以进一步查明造成这种差异的原因，如果是由于客户所在的行业效益整体滑坡，就有必要调整即将投入的资源，同时更新此类客户的信息。

13.8.3 客户深度开发

客户深度开发就是通过老客户拓展新客户。老客户如果对企业的服务拥有满意和忠诚，便会为自己的选择而感到欣喜和自豪。由此，也能自觉不自觉地向同行或同类组织夸耀、推荐所购买的服务。这样，老客户就会派生出许许多多的新客户，给企业带来大量的潜在商机。国外有一种“1：25：8：1”的说法，意思是一个忠诚的老客户可以影响 25 个消费者，能诱发 8 个潜在客户产生购买动机，其中至少有一个人产生购买行为。当然，反过来讲，一个不满意的客户也可能打消 25 个人的购买意愿。由此，老客户的影响力之大可能超出我们的想象。

调研企业可以通过给予老客户更多的关怀、提高老客户的满意度、维持老客户、充分发挥老客户的口碑作用来发展新客户，使合适客户群体日益扩大。

案例

罗兰·贝格公司的客户推荐

新浪财经和中国管理咨询网对罗兰贝格公司创始人罗兰·贝格进行了联合访问，当问到他成功的因素时，他说：“客户的推荐是取得长期成功非常重要的因素。对咨询感到满意的客户，会把公司推荐给他的朋友和合作伙伴，这样你就有了新客户，公司业绩就可以不断增长，名望和形象也就随之逐步确立起来了。名望对于管理咨询公司来讲非常重要，因为你卖的不是花、笔这样有形的产品，可以看得见、摸得着。就咨询项目而言，我们卖给客户的是希望，告诉客户你有能力帮助他们解决问题，为他们提供解决方案。咨询公司为他们所创造的价值是客户不能看见和触摸的。通常公司以往为客户创造价值的实例可以取得客户的信任，进而愿意推荐公司，这是非常非常重要的成功因素。公司的名望及人才确确实实是我们的资本。”

13.8.4　服务深度开发

在传统的经营管理思想的影响下，调研企业似乎只关心如何获取新的客户，而根本忽略了如何保持住已有的客户，如何从老客户身上挖掘更多的潜力。调研企业可以通过以下措施进行服务深度开发。

(1)把客户进行分级，并根据不同的客户采用不同的服务方式。对于大客户，要为其提供高效、便捷的一点受理"即时服务"。即大客户在调研报告使用过程中若有障碍随叫随到，并通力解决、一管到底。

(2)从基本服务延伸到增值服务。例如，在调查课题执行过程中，可以注意观察有哪些信息对客户的未来经营有用而客户尚未察觉或未包含在本次调查服务合同中，在调查成本增加不大的前提下，调查人员在实地执行时，可以对这类信息也"顺便"一并收集，调研完成后作为额外服务赠送给对方；在调研完成后，不仅为客户提供正确的数据和调研报告，还协助客户做出正确的业务决策。

(3)以为客户创造更适宜、更和谐、更独特、更方便、更快捷、更实惠的服务为目标，加强客户关系管理，使客户关系管理不能停留在服务质量异议的处理上，还要建立较完善的营销服务体系，从更深层次、更广范围为客户创造价值，培养客户的品牌忠诚度，建立长期稳定的战略合作伙伴关系，赢得客户，赢得未来。

☞ 思考与讨论 >>>

1. 市场调研企业进行客户教育有哪些有效的工具和方法？
2. 服务承诺与服务满意度的关系是什么？市场调研企业是否一定要向客户做出服务承诺？

第14章

市场调研企业业务流程管理

14.1 流程与流程管理

14.1.1 流程管理的涵义

迈克尔·哈默(Michael Hammer)与詹姆斯·钱皮(James A. Champy)有一个对业务流程的经典定义:我们定义某一组活动为一个业务流程,这组活动有一个或多个输入,输出一个或多个结果,这些结果对客户来说是一种增值。简而言之,业务流程是企业中一系列创造价值的活动的组合。业务流程管理(business process management,BPM),是一套达成企业各种业务环节整合的全面管理模式。即企业根据自身的目标和战略,以规范化、标准化构造一项工作任务(业务)在各岗位、各部门的一系列活动,并严格界定各个活动的先后顺序、内容、方式、责任,以使不同活动在不同岗位角色之间实现顺利交接,以持续地提高组织业务绩效为目的的系统过程。市场调研的业务流程就是为达到满足客户特定信息需求的价值目标,由调研企业中不同的人或部门按照既定的、明确的先后顺序、内容、方式、责任,分工和共同完成的一系列调研活动。这些活动将调研企业的人员、设备、工具、资金、时间等资源和工具、方法等内容连接和整合起来,使调研活动在不同岗位角色、时间和空间上形成严格的转接关系。一般而言,在承接客户委托调研项目的过程中,一个调研企业从与客户的初步接洽到提交调研报告并收取尾款,包含了若干业务环节。调研企业以流程管理作为切入点去改善企业的管理,需要为自己建立一个完整的业务流程,清晰地定义各调研环节之间的接口,确定调研工作任务在不同的人或部门之间的顺序、内容、方式、责任,降低调研环节之间的耦合度,使得整个调研活动像一条生产流水线一样,来提高调研企业的运行效率、提升资源的利用效率、优化人员之间的协作关系,从而降低调研企业的运营成本、提高调研企业对客户需求的响应速度,以争取调研企业利润的最大化。

良好的业务流程设计与管理是保证调研企业规范、高效运行的关键。对调研企业的业务流程管理包括流程分析、活动定义、资源分配、时间安排、岗位职能、流程质量监控、效率测评等。由于流程管理是为了客户需求和服务价值而设计的，因而也要根据客户需要和内外环境的变化进行持续不断地优化。业务流程的管理按照其变革的程度应该分为三个层次：业务流程的建立和规范、业务流程优化和业务流程重组。这三个不同层次的变革分别适用于不同阶段和管理基础的企业。从我国调研行业的发展现状来看，国内的大部分调研企业在解决了生存问题，开始走向规模化、规范化发展的时候，面临的最大的问题是无序，通常会出现组织结构不健全，岗位权责不清，没有制度流程，业务职能交叉，企业的运作基本上依赖于人的经验和惯性，经常会发生业务运行不畅、管理紊乱、执行不到位、跨部门工作效率低下等问题，从流程管理的角度，这个时期的企业急需的是建立起基本的流程和规范，如项目运作流程、作业指引标准、岗位说明书等。重点是通过识别和描述流程，明确岗位权责，使工作例行化、自动化和简明化。本章主要从第一个层次对调研企业的项目流程管理（project process management）进行分析和定位描述。

14.1.2　流程设计与管理的作用

调研业务的流程设计与管理在现代市场调研企业的重要作用有以下五方面。

1. 节约资源和成本

调研业务流程的设计通过建立业务流程模型、管理规范与操作标准，理顺调研业务在各部门的组织、运作、转接和技术的组合，可以消除原来调研业务流程中的冗余、重复和矛盾，缩短流程周期和降低成本，并能清晰地确定流程中各个环节所需占用的资源和时间，对于必须跨部门协作且与客户紧密联系的市场调研服务来说，流程设计的效果尤为明显。

2. 改善工作质量

对调研业务流程进行梳理和整合设计。首先，可以大幅降低甚至消除造成企业损失的错误，如丢失表格和文件或错误存档、遗漏重要信息或必要审查。其次，显著改善流程的可视化程度，使调研服务的所有参与者能了解自己在流程中的角色，特别是调研项目的组织者和管理者能够确切地了解流程在任何时候的状态。再次，流程的可视化进一步明确了岗位职责，使调研服务各个环节中的参与人都清楚地知道什么时候应当完成哪些工作，减少了延误、误会或疏忽。最后，可提高一致性。公司内部和外部各方对工作都有明确的期望，结果使得员工、客户和合作伙伴都有了更高的满意度和向心力。

3. 固化知识和技术

一方面，通过对调研业务流程的系统设计，可以把市场调研的管理方法和操作技术固化到业务流程中去。随着管理的细化和规范化，最大限度地消除个人素质、工作能力等造成的服务失误，并提高调研项目运作的执行力。通过系统固化流程，由流程按照定义的时间和流转规则，自动记录及控制工作节奏，形成有效的信息反馈回路，可以满足客户对项目的管理需求及服务质量的要求，真正实现调研企业的规范化管理。另一方面，通过固化流程，让那些随着流程流动的知识固化在企业里，并且可以随着流程的不断执行和优化，形成企业独特的知识库和方法库，对于新进入企业的员工，通过参与业务流程就能实现自我学习，很快地熟悉调研项目的业务处理，提高处理业务的能力和水平。

4. 实现流程自动化

据相关统计，在调研项目的执行过程中，有 30%～40% 的时间用于各环节、参与人员、协作部门之间的沟通、确认、检查、核对，有效的项目处理时间仅占60%～70%。并且在流程处理过程中需要项目管理者不断通过催促、追问或其他手段去推进，在多个调研项目并行操作时，这种方式不仅耗时耗力，效率低下，还常常会发生项目被无故拖延或不知所终的情况。通过业务流程的梳理和设计，明确各环节的输入输出时间和反馈规则，并辅之以计算机网络管理，使调研项目按照既定的计划和规则实现自动流转，就能很好地解决这一问题，实现业务流程的自动化。

5. 提升协作效率

一个调研项目的操作不可能仅靠一个部门来完成，更多依赖调研企业各部门如客户部门、企划部门、执行部门、研究部门之间的协同合作，特别是一些涉及地域范围很大的项目还存在着跨地域、跨企业的合作。但调研企业传统的职能式组织结构虽然分工相对清晰，但各部门容易出现"本位主义"问题，注重部门利益而忽视企业利益、重视上级的感受而忽视实效，有时还形成部门之间权责不清的灰色地带。通过对业务流程的设计、规范和整合，可以建立起面向项目(任务)的流程处理机制，自动地串联起各部门，使各部门以项目价值和效益的实现为最高利益，形成协同工作、相互支持的团队意识，达到业务流程良好完成的目的。

14.1.3 流程管理的目标

调研企业进行业务流程设计和管理的主要目标是：①通过规范化、标准化和精细化管理提高对调研项目操作的控制能力与质量水平。②通过项目流程的梳理、设计优化提高调研项目的推进力度和工作效率。③通过流程制度、信息规范和操作指引使调研技术和方法等隐性知识显性化。④通过系统化、流程化提高组织内部各部门、岗位之间的协作效率，使调研项目在各个环节的运作更加顺畅，实现调研资源的合理配置和高效运用。⑤通过不断探索、优化和再造业务流程，逐步形成完善、成熟的项目机制、规范体系与管理文化，使调研企业的运作模式可以实现快速复制和转移。

14.1.4 流程管理原则

调研服务流程的起点是客户，终点也是客户。调研服务流程的设计因客户而存在，其核心的目的是为客户提供更好更快的服务。从客户满意的战略出发，调研企业的业务流程设计应遵循以下几个原则。

(1)客户导向原则。流程设计必须面向客户，树立以客户为中心的理念，以提升客户满意度为终极目标。

(2)目标一致原则。员工或部门的每一个活动都是实现企业目标的一部分，要使员工或部门通过流程达成共识，保证管理流程面向企业共同目标。

(3)价值增值原则。必须确保流程中的每项活动都是增值的活动；对流程的每项活动都有明确的产出绩效指标。

(4)闭环管理原则。业务流程形成完整的闭合回路。让流程中各节点责任人具有决策权，把控制系统嵌入流程之中。

(5)竞争优势原则。流程是企业竞争优势的体现和来源，应该根据公司业务战略设计独特的业务模式和业务流程，使经验和知识在流程中得到积累和继承。

(6)结果优先原则。围绕项目的目标或结果，而不是单个的环节来设计流程。流程团队成员必须共同对流程成果负责，而不能是“铁路警察各管一段”。企业对流程责任的追究和流程效果的奖励也要面向整个团队。

(7)工具规范原则。流程设计和管理必须采用统一的分析方法和流程图制作工具，统一规范流程中的各种信息符号，制定和使用标准化的信息文档和表单工具，使流程中的人员沟通快捷、交流方便。

14.1.5　调研业务流程设计的步骤

①组织流程调研；②确定流程梳理范围；③明确流程的目标及关键成功因素；④明确调研项目分工及责任部门；⑤设计各环节(部门)的协作流程图，设计各环节(部门)的业务接口；⑥设计各环节(部门)内部的职责和执行流程图，使项目运作程序化和结构化；⑦描述各环节的处理规则和操作标准，包括时间、效率的要求；⑧确定信息传递的表单规范；⑨集成各环节流程，编制岗位操作手册，作为业务工作的指引和依据。

14.2　调研企业业务流程概述

14.2.1　调研企业的项目流程

按照目前业内公认的规范，一个市场调研如果为客户提供市场调研项目的全程服务，其项目流程可划分为准备、规划、设计、实施与报告五个主要阶段，大致包含了 21 个基本环节(子流程)，如图 14-1 所示，下面我们将在 14.3 节详述每一环节(子流程)的业务活动及其管理任务。

14.2.2　调研项目流程活动定义

1)客户调查

调研企业通过了解企业需求，对当地市场进行初步摸底调查，搜集市场环境和企业需求的基本信息，明确哪些组织最有希望成为本调研企业的客户，他们所在的行业及其竞争状况如何，并据此制定出将潜在客户转变为现实客户的可行方案，为潜在客户的开发做好准备。

2)客户接触

调研企业主动与潜在客户接触，通过交流沟通了解客户是否具有调研需求和意识，初步了解客户的期望，促进客户对市场调研行业和双方合作形式的了解与认同。寻机实施客户教育，推介调研服务，增进客户的信任，为调研双方未来的合作奠定基础。

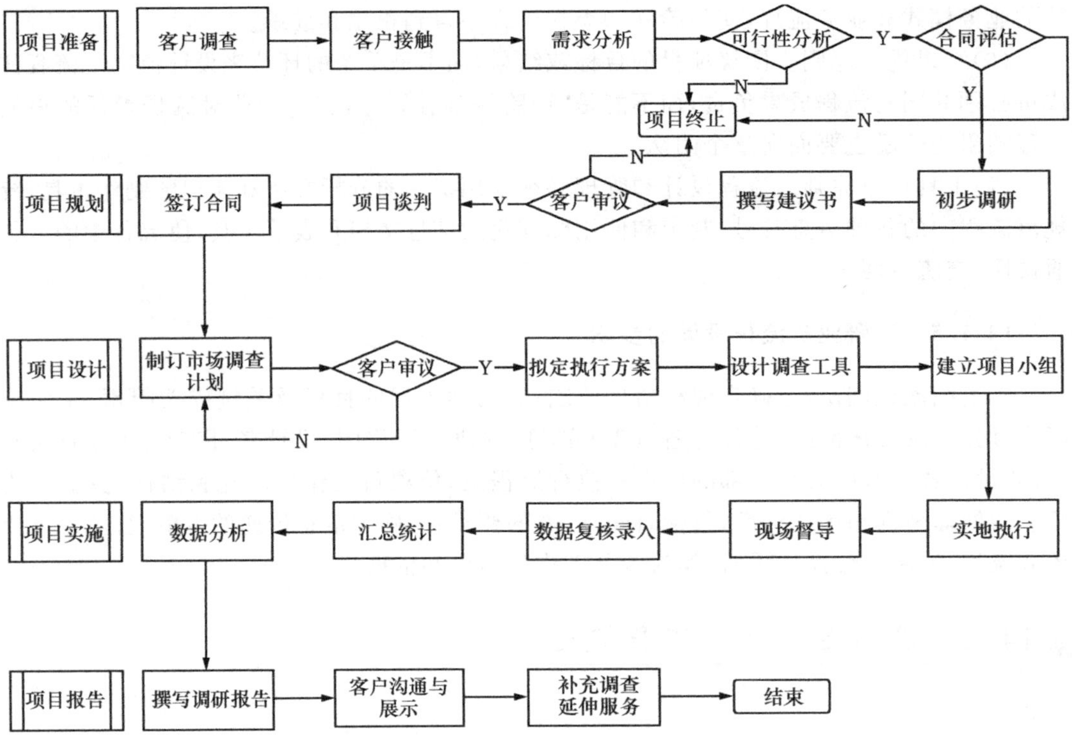

图 14-1　调研项目的基本流程

3)需求分析

对客户的合作意向及其强度进行判断,了解客户对调研服务的具体要求;并了解和判断委托客户的支付能力、信誉度、是否具有支持该项目的资源,以及能否调动必需资源支持项目进行等因素。需求分析帮助调研企业规避经营风险,同时也便于针对不同的客户制定相应的营销和服务策略。

4)可行性分析

在需求分析的基础上,围绕委托调研项目进行系统的技术论证和经济合理性综合分析。分析论证调研项目技术上的可行性和经济合理性,确定是否能够承接该项目,并选择最优的调查方案。

5)合同评估

调研企业对(可能与委托客户签订的)调研项目合同未来可能产生的收益程度、占用资源的需求、可能的风险及概率等因素进行评估,即对调研合同的投入-产出比进行预算。

6)初步调研

通过初步调研和分析,全面地了解委托客户的行业状况和企业现状,明晰委托方调研需求的基本目标、调查对象的特征、主要调研内容,以及未来调研工作的方向、重点和难点。初步调研是调研企业撰写项目建议书和制订市场调研计划的基础。

7)撰写建议书

调研企业就调研项目提出框架性的总体设想,对调研项目实施的必要性、调研项目实施的总体思路和方案，以及调研费用估算进行论证，为调研项目的委托方和调研企业的正式谈判与签约打下基础。

8）项目谈判

调研企业通过谈判与委托客户之间就调研目标、地域范围、调研方法、完成时间、实施组织等相关细节问题展开讨论，对调研期限、样本数量、知识产权等敏感问题交换意见，其内容将成为起草正式委托合同的基础和依据。

9）签订合同

调研企业和客户通过谈判解决双方在时间、费用、内容方面的争议，达成一致后，由委托客户和市场调查公司正式订立协议条文。市场调研服务合同明确界定了委托客户和市场调查公司之间在开展调研活动时各自的权利、责任和义务。调研合同是解决双方在合作期间可能产生的争议和法律仲裁的基础。

10）制订市场调查计划

在签订正式合同后，调研企业要根据合同制订详细的市场调查计划。市场调研计划是对整个市场调研活动的目标、对象、范围、内容、时间、步骤、方法、费用等方面的整体策划和规定，是市场调研活动未来的操作指南。

11）拟定执行方案

根据市场调查计划对调研项目的内容进行分割，确定各调查子项目实施的时间、地点、样本量、调查方法，并根据实施方案和日程向调查人员下达工作计划和工作说明书，将工作内容具体落实到人。同时确定每位调查人员的工作计划、调查资金和工具的分配。

12）设计调查工具

调研企业的专业技术人员根据调查计划，对市场调查中需要使用的各种调查工具，如调查问卷、访问表、观察记录表、调查日志等记录调查信息的文档进行设计和规范；对市场调查中所需使用的专业技术设备列出详细的清单和使用计划，如录音录像设备的使用数量、时间、地点及使用规范等。

13）建立项目小组

调研企业根据委托合同和调查计划的要求，选拔项目经理，从相应的部门选拔和抽调相关专业人员，组成跨部门项目协作小组，并根据项目实施的需要聘用相应的调查人员、督导人员和其他技术支持人员。对小组人员进行项目实施培训，举行项目准备会，为调研项目的执行做好人力、知识和技术的准备。

14）实地执行

调研项目小组按照执行方案和日程计划进行实地调查，通过随机访问、拦截访问、入户访谈、发放回收问卷、现场体验、网上征询意见、实地观察记录等方法收集相关项目信息。

15）现场督导

在调研项目的执行过程中，调研企业必须派出专职督导人员，对所有调查人员的访问和信息收集工作进行管理、指导、督促和监控，保证调查员严格按照项目要求，按时、按量完成有效的数据采集工作。并及时处理实地调查中出现的各种意外问题，保证数据采集的有效性和准确性。

16)数据复核和录入

在调查结束,资料回收后,首先对数据的有效性进行检查,检验原始资料和数据的完整性、准确性,剔除不可靠、不准确或与调查目的无关的资料,对于有遗漏的资料进行补充调查。对有效的、可靠的信息进行整理、编辑、编号、归档,并按照既定的编码录入电脑系统,形成定量化的数据,为下一步的统计分析工作打好基础。

17)统计汇总

应用EXCEL、SPSS、SAS等统计处理软件,将单个的调查数据进行汇总,并按照预定的公式进行计算,转化为一系列可用于项目分析的综合统计指标。对数据进行相关性、可靠性检验,测算和评估数据误差。

18)数据分析

调研企业的研究人员根据调查项目的要求,运用统计方法及数据模型,分析和解释统计数据,对调研数据所反映的问题做出一定结论,并在此基础上进行趋势预测,向客户提供决策建议。

19)撰写调研报告

市场调研报告是数据分析完成后形成的书面报告,是调研工作成果的集中体现。市场调研报告的内容,一是向客户详述市场调研的结果,使客户清楚地了解本次市场调研得出的基本结论;二是说明市场调研的方法和过程,向客户证明调查数据和结论的可信度。

20)客户沟通与展示

调研企业应向客户提交经正式印刷并装订成册的市场调研报告,以表明对客户项目的重视和严谨、认真的态度,此外,调研企业应主动与客户进行沟通,以召开结题会、成果展示会、专题研讨会等形式举行一次正式的交流活动,对调研结论及其来源进行说明,解答客户问题,听取客户意见。

21)补充调查和延伸服务

市场调查项目完成后,客户可能提出增加某些调查内容或扩大调查范围的要求,如果客户的额外要求不会产生太多的成本和时间,调研企业可以考虑帮助完成一些辅助调查或补充调查,能很好地提高客户的满意度。此外,必须牢记的是项目完成不等于服务终结,调研企业要对客户使用调研成果的情况进行回访和定期跟踪,据此了解调查项目的真实价值,及时对调研工作进行总结,还可能因此获得潜在的合作机会。

14.3 调研业务流程分析与设计

14.3.1 市场调研项目整体流程

调研项目的运作是市场调研企业的核心业务。项目运作的管理流程取决于调研企业内部的专业化分工程度,与调研企业的组织结构营运规模有关,规模越大、调研服务范围越广的企业,职能分工越细化。对一般的中小调研企业而言,最基本和普遍的职能分工和组织设计是通过设置客户管理、项目策划、调查执行和分析研究4个职能部门,来承担和完成调研项目的全部工作流程,如图14-2所示。

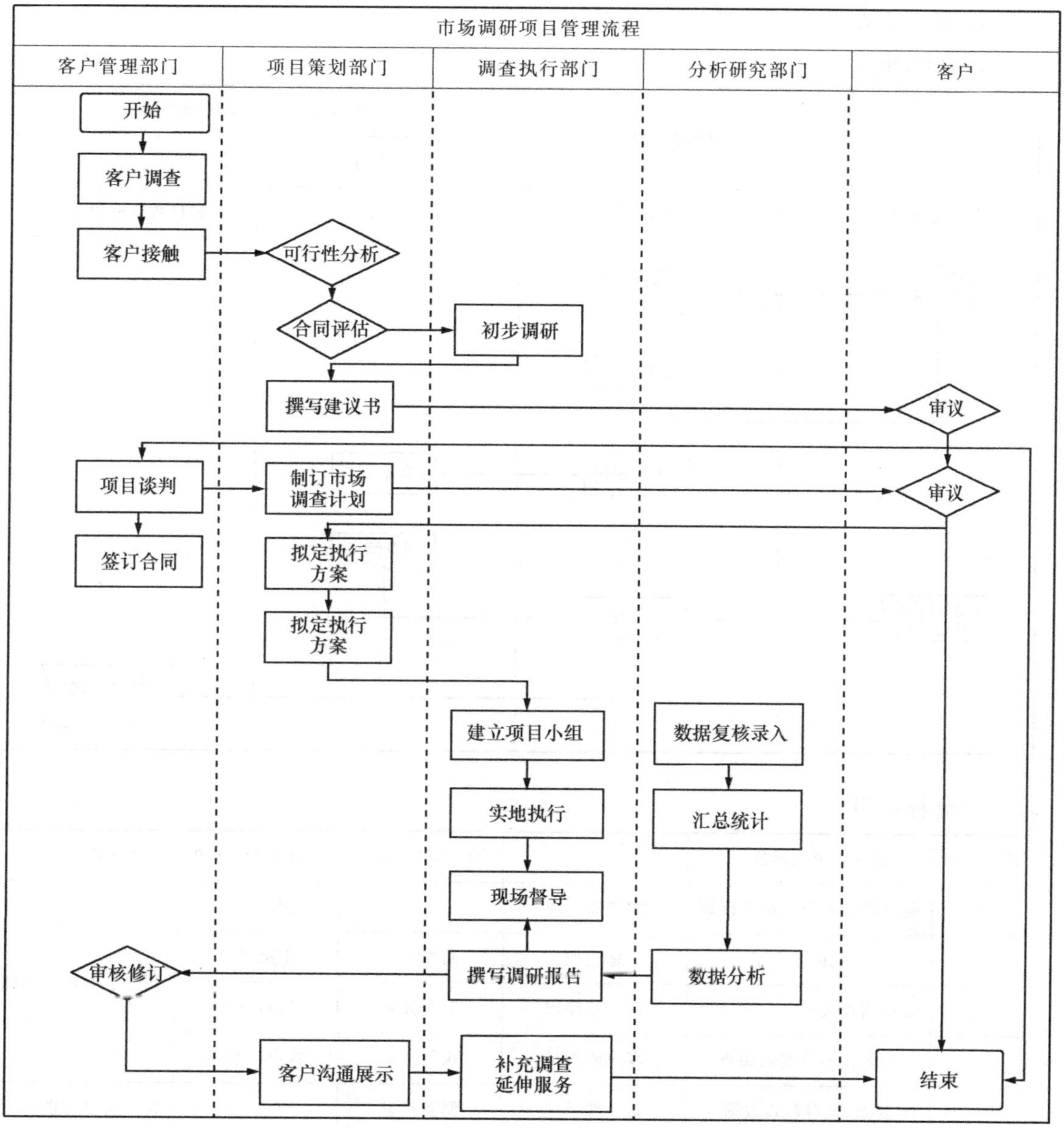

图 14-2　中小调研企业职能分工和调研项目的管理流程

14.3.2　调研项目业务子流程设计

调研项目的每个业务环节(子流程)设计的内容包括环节(子流程)定义、流程活动、活动顺序、主管部门(岗位)、参与部门(岗位)、责任人、输入信息规范、输出信息规范、相关管理制度(规定)等。环节子流程可以采用流程图和流程说明书两种规范工具来进行设计和界定。下面我们对调研项目管理流程的主要环节进行分析和设计。

1. 客户调查

1)流程图

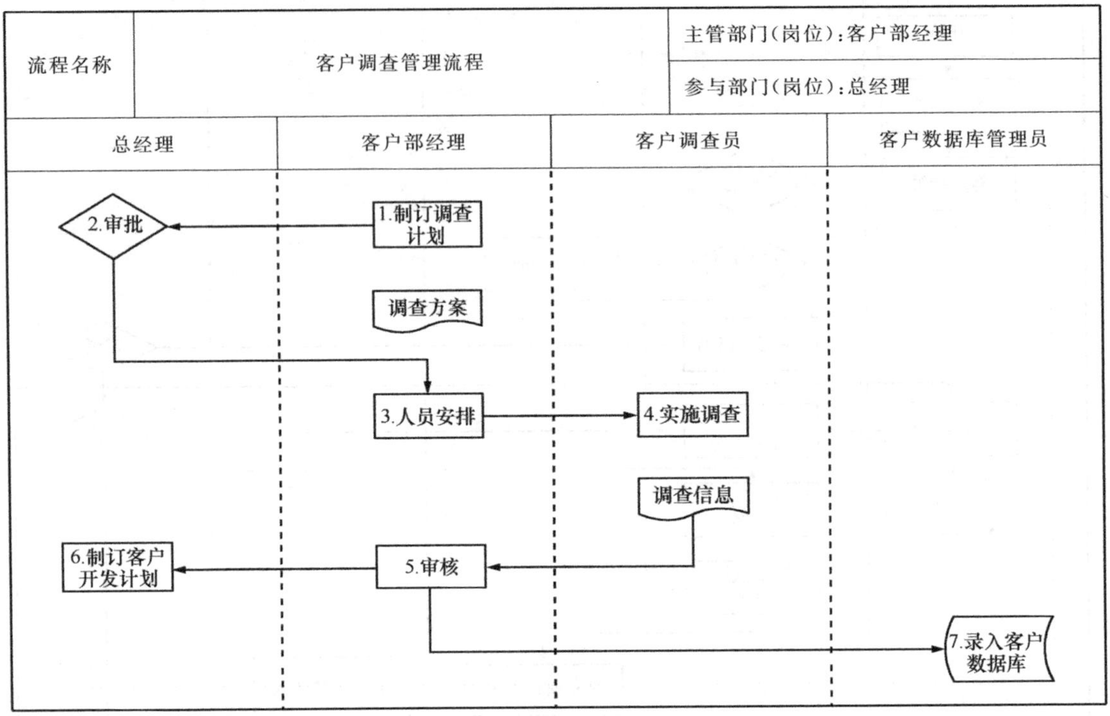

2)流程说明

流程环节	流程环节内容描述	责任人	输入信息/表单	输出信息/表单	管理制度/规定
1	制订潜在客户的调查计划	客户部经理		调查计划	客户市场调查制度
2	审批调查方案	总经理	调查计划	审批意见	
3	安排调查人员和工作日程	客户部经理	调查计划	执行方案	
4	对潜在客户实施调查	客户调查员	执行方案	客户信息表	
5	复查、核对调查数据	客户部经理	调查信息		客户信息管理制度
6	制订客户开发计划	总经理	调查信息	客户开发计划	
7	客户信息归档录入	客户数据库管理员	调查信息		客户数据库

2. 客户接洽与项目分析

1)流程图

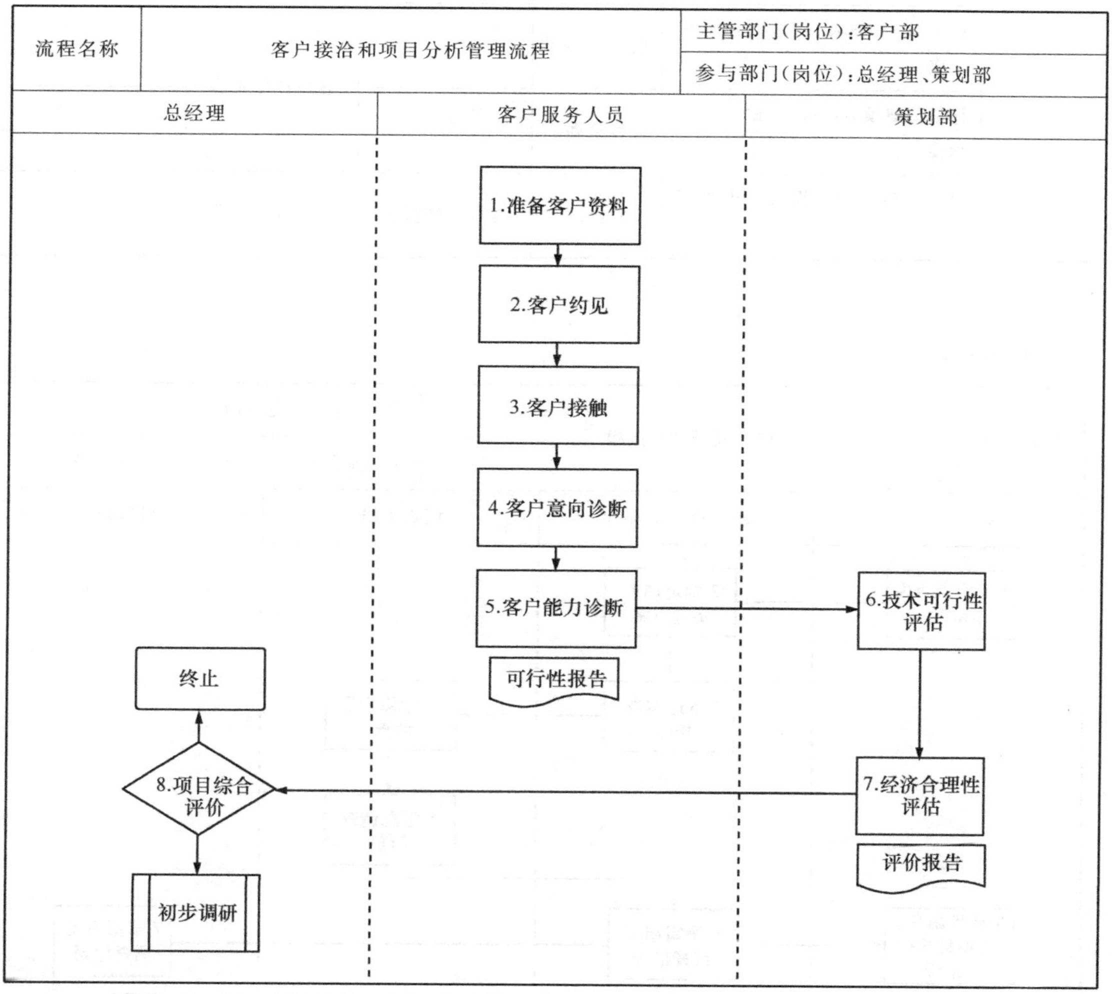

2)流程说明

流程环节	流程环节内容描述	责任人	输入信息/表单	输出信息/表单	管理制度/规定
1	调取客户数据库,了解客户情况	客户部	客户数据库		客户管理制度
2	约见客户	客户部			
3	与客户进行初步沟通交流	客户部		会议纪要	
4	判断客户需求意向和强度	客户部		项目可行性报告	
5	判断客户的支付能力和对项目的支持能力	客户部			

续表

流程环节	流程环节内容描述	责任人	输入信息/表单	输出信息/表单	管理制度/规定
6	论证调研需求在技术上能否完成	项目策划部		客户评估报告	
7	评估调研项目的收益，确定是否承接	项目策划部			
8	对项目各方面的投入产出进行综合评价	总经理	客户评估报告	审批单	

3. 初步调研

1)流程图

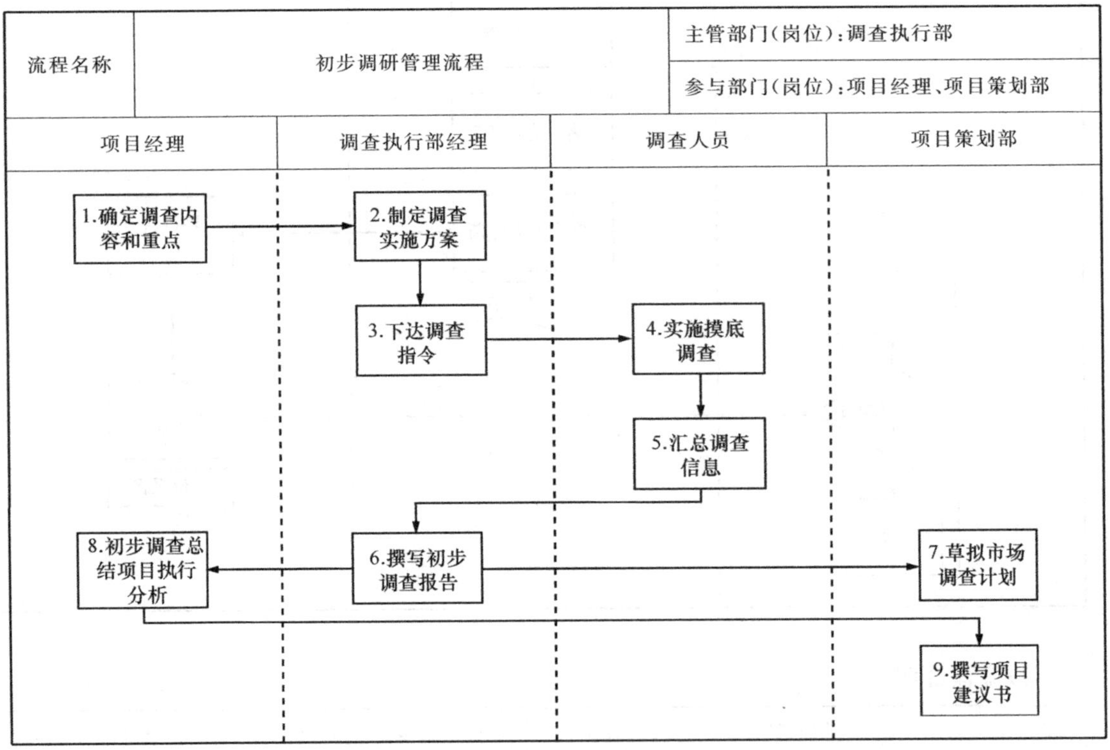

2)流程说明

流程环节	流程环节内容描述	责任人	输入信息/表单	输出信息/表单	管理制度/规定
1	围绕项目确定背景调查的主要内容和重点	项目经理	客户评估报告		
2	确定调查实施的日程和工作方案	调查部经理		初步调查方案	

续表

流程环节	流程环节内容描述	责任人	输入信息/表单	输出信息/表单	管理制度/规定
3	向调查人员下达调查指令	调查部经理	初步调查方案		
4	按方案实施摸底调查	调查人员	初步调查方案		市场调查操作手册
5	汇总调查信息	调查人员			
6	撰写初步调查报告	调查部经理		初步调查数据分析报告	市场调查报告模板
7	根据初步调查结论起草市场调查计划	项目策划部	初步调查数据分析报告	市场调查计划	市场调查计划模板
8	对初步调查工作进行总结和补充调查	项目经理	初步调查数据分析报告	初步调查总结报告	
9	撰写调研项目建议书	项目策划部		项目建议书	项目建议书模板

4. 项目谈判与签订合同

1)流程图

流程名称	项目谈判和合同签订管理流程	主管部门(岗位):项目经理
		参与部门(岗位):客户部

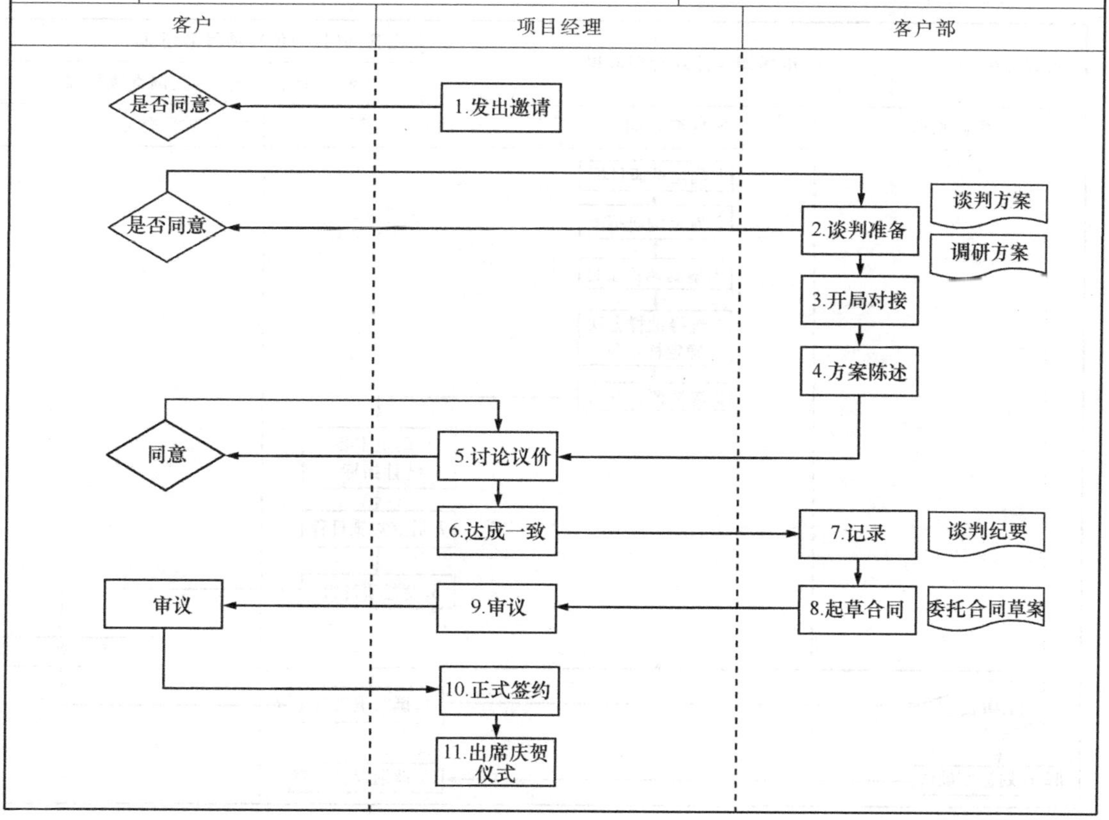

2)流程说明

流程环节	流程环节内容描述	责任人	输入信息/表单	输出信息/表单	管理制度/规定
1	向客户发出谈判邀请	项目经理			
2	准备谈判的策略、内容和程序、计划草案	客户经理		谈判方案 调研计划草案	
3	相互介绍、融洽气氛	客户经理			
4	向客户陈述调研方案构想	客户经理	调研计划草案		
5	双方对方案内容和项目价格进行磋商与讨价还价	项目经理			定价制度
6	双方就主要内容形成一致意见	项目经理		谈判纪要	
7	双方签署谈判会议纪要	客户经理		谈判纪要	
8	根据会议纪要起草调研服务委托合同	客户经理	谈判纪要	调研服务委托合同	
9	双方对合同内容进行审议、批准	项目经理 客户			
10	签订合同	项目经理		调研服务委托合同	
11	举办合同签订的庆贺活动	项目经理			

5. 制订调查计划和实施准备

1)流程图

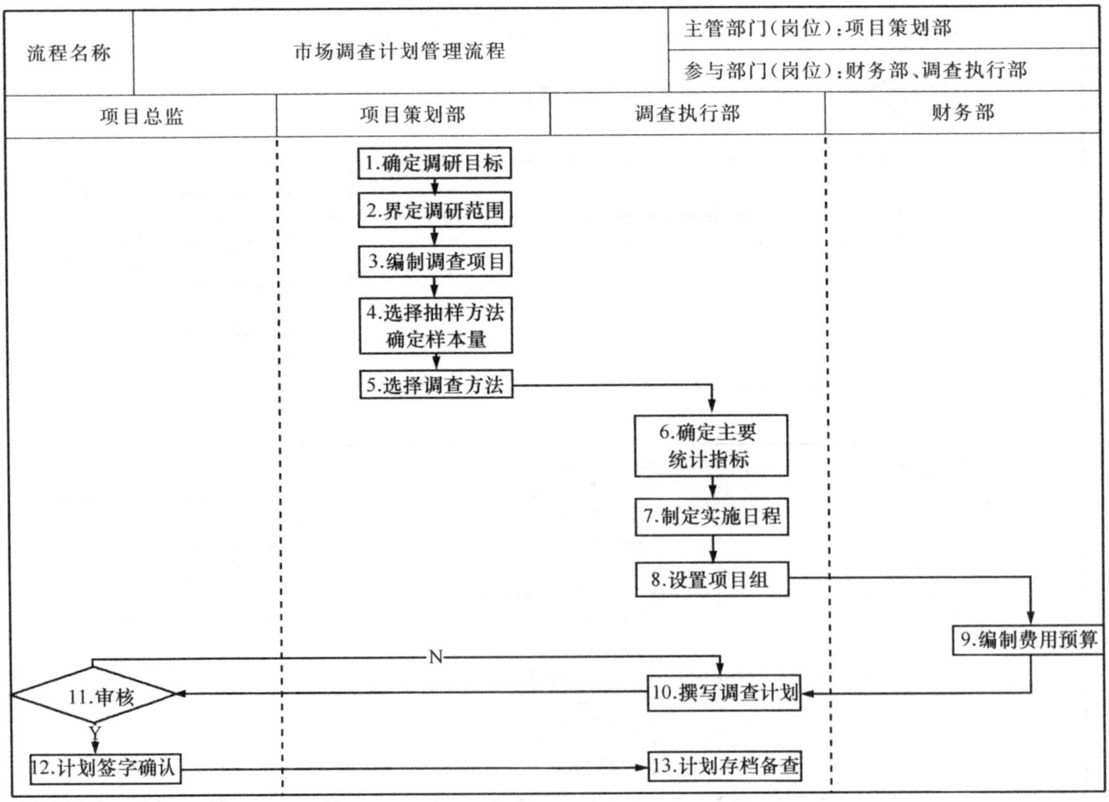

2）流程说明

流程环节	流程环节内容描述	责任人	输入信息/表单	输出信息/表单	管理制度/规定
1	确定调研项目的预期目标	项目策划部			
2	界定调研对象、范围、时间	项目策划部			
3	编制调查项目和子项目	项目策划部			
4	确定抽样方法和样本量	项目策划部			
5	确定调查方法和工具	项目策划部			
6	确定主要的统计分析指标	调查执行部			
7	拟定调查实施方案和日程	调查执行部			
8	确定调查项目组的人员数量、结构和要求	调查执行部			
9	编制项目费用详表，进行成本和利润预算	财务部			
10	根据上述内容和规范撰写调查计划	调查执行部		市场调查计划	
11	审核批准调查计划	项目总监	市场调查计划修订稿		
12	交客户签字批准调查计划	项目总监		市场调查计划终稿	
13	正式印制调查计划，存档和提交相关职能部门	调查执行部			

6. 调查实施准备

1）流程图

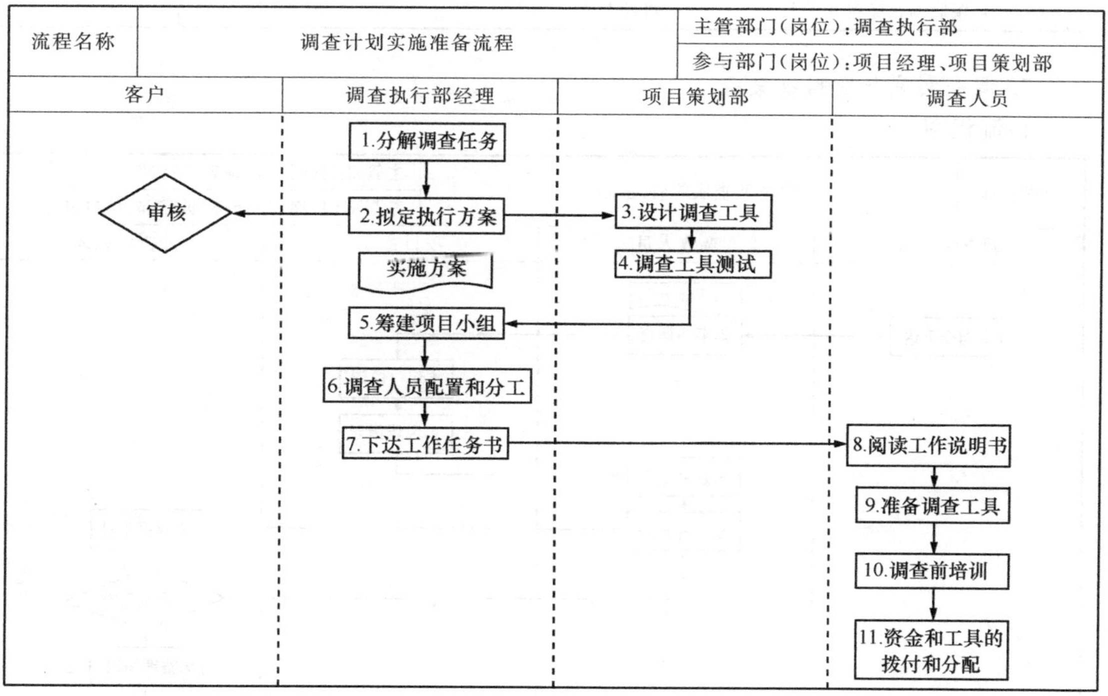

2)流程说明

流程环节	流程环节内容描述	责任人	输入信息/表单	输出信息/表单	管理制度/规定
1	根据调查计划细分调查工作,任务落实到人	调查执行部经理	调查计划	执行计划	
2	撰写实施方案和工作日程	调查执行部经理		实施方案	调查实地操作手册
3	设计工作表单规范、列出设备清单	项目策划部	执行计划		
4	试用和检查调查工具的有效性,并进行修订	项目策划部		调查工具清样	
5	按项目要求选聘各类人员,组建项目小组	调查执行部经理	实施方案		
6	确定项目小组的人员分工	调查执行部经理	实施方案	项目小组名单	
7	编写工作任务书,逐一下达给所有调查人员	调查执行部经理	实施方案	工作任务书	
8	了解工作内容和步骤	调查人员	工作任务书		调查实地操作手册
9	按任务领取和准备调查用表单	调查人员			
10	进行项目情况说明和相关技能培训	调查人员			调查人员管理制度
11	领取调查经费和设备	调查人员			

7. 调查实施与数据收集

1)流程图

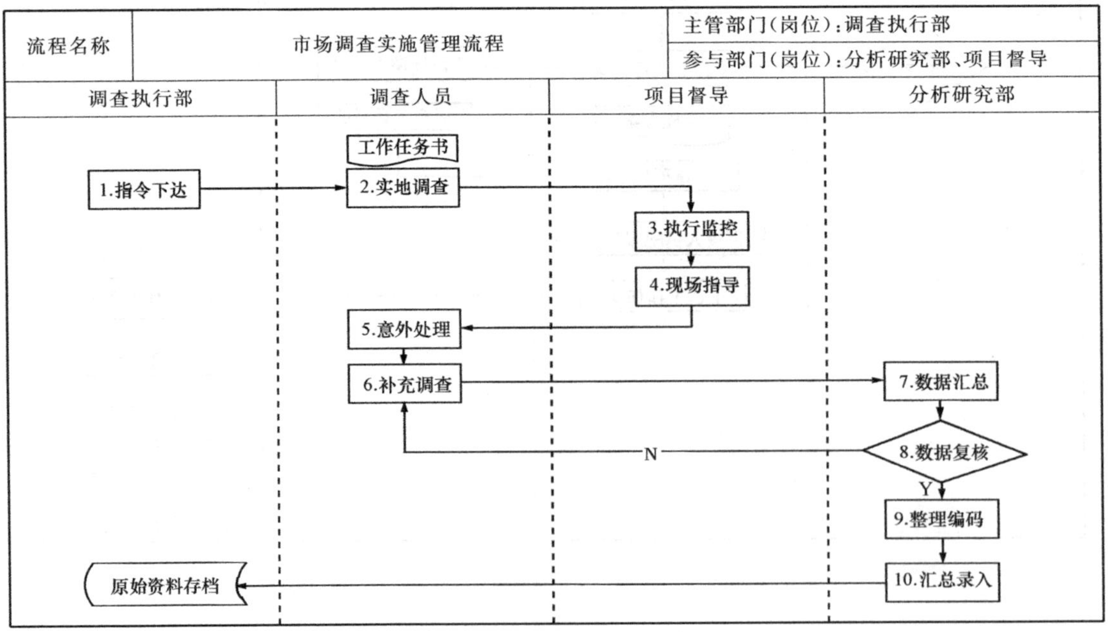

2)流程说明

流程环节	流程环节内容描述	责任人	输入信息/表单	输出信息/表单	管理制度/规定
1	向调查人员下达工作任务书和工作说明书		执行方案	工作任务书 工作说明书	
2	根据工作任务书按时、按质、按量实施信息收集		工作任务书 工作说明书		调查实地操作手册
3	对调查人员工作情况进行监控、记录和核实			督导记录	督导工作手册
4	对调查人员进行现场指导				
5	处理意外情况或调查失误				
6	对遗漏的样本、不确定的信息进行补充收集			补充调查记录	
7	汇总原始数据和调查材料		原始数据和调查材料	统计图表	统计规范操作手册
8	对数据和调查结果进行检验、复查和核实		原始数据和调查材料		
9	对有效数据进行整理、编码、录入电脑		调查数据	项目数据库	
10	将原始调查资料封存归档		原始数据和调查材料		档案管理制度

8. 统计分析和报告

1)流程图

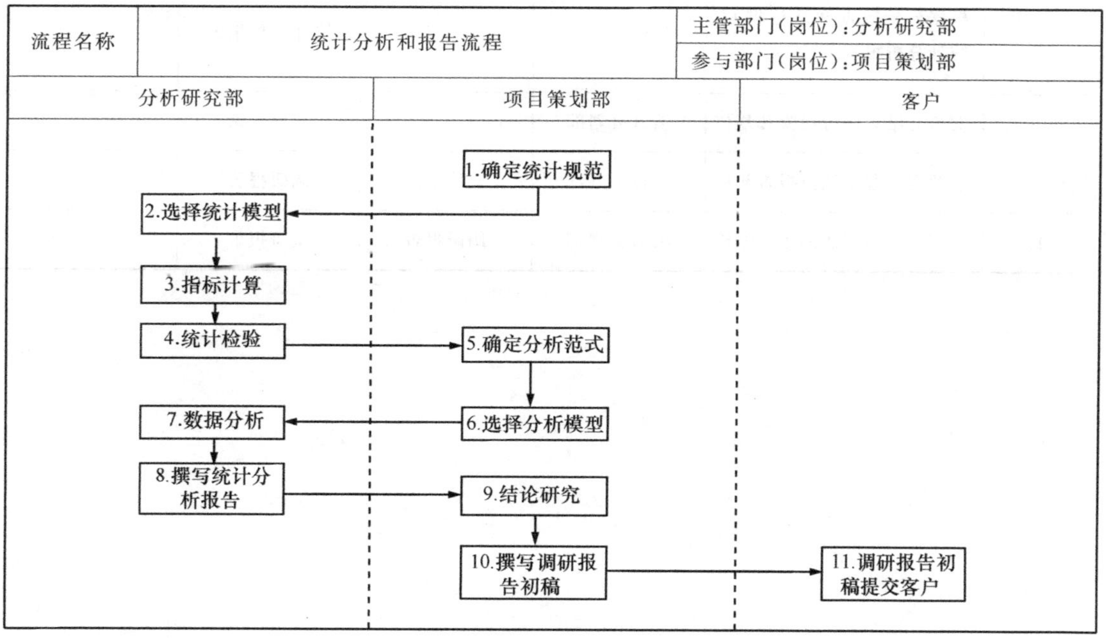

2)流程说明

流程环节	流程环节内容描述	责任人	输入信息/表单	输出信息/表单	管理制度/规定
1	确定统计工作的内容、顺序、步骤、指标规范、要求	项目策划部		统计工作方案	统计工作规范
2	选择统计指标计算的模型和公式	分析研究部		统计模型清单	
3	汇总和计算调研所需的各个综合指标	分析研究部	统计模型清单		统计模型
4	对统计指标进行误差水平、有效性和相关性检验	分析研究部		统计指标清单	统计模型
5	确定进行分析研究的方法和流程	项目策划部			
6	选择分析工具和模型	项目策划部		数据分析模型清单	
7	对统计指标和调查资料进行独立分析和交叉分析	分析研究部	数据分析模型清单		
8	根据分析数据和结论撰写统计分析报告	分析研究部		统计分析报告	
9	对研究结果进行检验和复核	项目策划部		统计结论	
10	按照规范起草调研报告初稿	项目策划部	统计结论	调研报告	
11	向客户通报调研的主要结论	项目策划部	调研报告	调研报告	

9. 成果展示和延伸服务

1)流程图

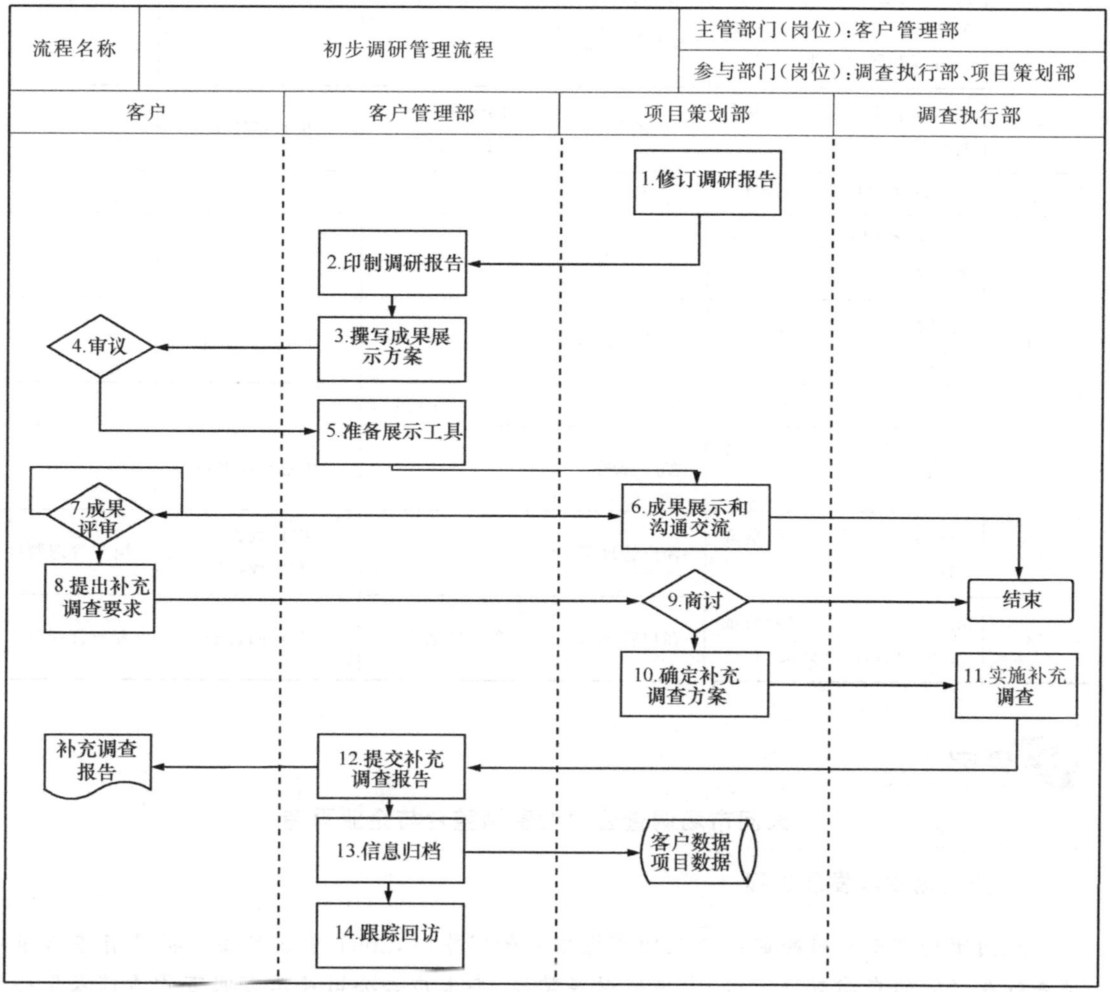

2)流程说明

流程环节	流程环节内容描述	责任人	输入信息/表单	输出信息/表单	管理制度/规定
1	根据客户意见和要求修订调研报告	项目策划部	调研报告	调研报告	
2	正式印刷和装订调研报告	客户管理部			
3	策划制定调研成果展示方案	客户管理部		调研成果展示方案	客户管理制度
4	审议批准调研成果展示方案	客户	调研成果展示方案		
5	准备展示会议及相关材料	客户管理部	调研成果展示方案	调研报告、PPT、视频	

续表

流程环节	流程环节内容描述	责任人	输入信息/表单	输出信息/表单	管理制度/规定
6	向客户详细展示和说明调研过程和研究成果	项目策划部			
7	对调研报告及研究成果进行评价	客户	调研报告、PPT、视频	项目结题书	
8	提出额外追加调查的要求	客户			
9	确定是否同意进行补充调查或额外追加调查	项目策划部			
10	制定补充(追加)调查工作方案	项目策划部		补充调查方案	
11	实施补充(追加)调查工作	调查执行部	补充调查方案		
12	向客户提交补充调查的数据和研究结论	客户管理部		补充调查报告	
13	项目数据和客户资料整理归档	客户管理部		项目数据库 客户数据库	档案管理制度
14	定期回访客户,了解调研成果的使用情况和效果	客户管理部	客户数据库	客户回访表	客户管理制度

案例 1

天问市场调查公司的营销整合与企业再造

1. 公司创立和发展过程

天问市场调查公司的前身是天问市场信息研究中心,2001 年 5 月由一批具有丰富市场调查行业经验的在职教师发起,由当地财经学校、丰采广告公司及乐万家百货连锁零售公司共同出资 80 万元创立,为股份制有限责任公司,主要从事市场调查、营销策划、经营诊断、管理培训等咨询服务,2005 年后公司的业务项目主要集中于市场调查服务。其中财经学校方拥有控股权。其成立初衷是希望通过媒体、教育、实业的联姻,构建一个产、学、研一体化的实践运作平台,探索校企相结合的企业发展模式。公司管理者由原财经学校教师团队和少数公司人员组成。一年后财经学校将股份转让给公司主要管理者,其余两家股东也只是派人出任公司监事,定期参加公司董事会议,基本不干涉公司的经营决策和日常运作,公司实质上演化为合伙制企业。公司现有股东(同时也是公司经营管理者)6 人,专职人员 12 人,兼职人员 50 余人,大部分来自附近高校师生。公司管理人员均为本科以上学历,素质较高,其中 5 人是财经学校市场营销专业的专业教师,技术能力很强,实践经验丰富,熟悉市场调查的业务运作。公司固定投资约为 30 万元,公司(租用)的办公面积约为 300 平方米,除基本办公设备外,拥有多媒体访谈室、广告测试室、单面镜访谈室和 CAPI 电访中心及内部联网的计算机系统(有 40 台终端)。

天问市场信息研究中心成立初期的主要业务是为广告公司及百货连锁零售公司提供定期和日常的市场调查与研究服务。天问市场调查公司建立后，按照有限责任公司模式独立经营、自负盈亏，完全走向市场化运作，面向各类社会组织和机构提供有偿的调查和咨询服务。公司实行董事会领导下的总经理负责制，总经理和副总经理以下设企划部、客户部、执行部、研究部、培训部、财务部等6个部门。公司经营的前3年(2001～2003年)中，承接的委托调查服务课题涉及消费者调查、竞争调查、广告效果调研、市场环境分析、地区经济动态预测等多个方面，其服务的客户包括房地产、粮食、烟草、百货零售、娱乐、日用消费品、交通运输、新闻传媒等十几个行业60余家企业，甚至包括区政府产业办公室、城市规划局等一批政府部门。

公司初建时其经营范围涉及市场调研、经营诊断、营销企划、战略规划、管理培训、广告测评等六个方面，因其具有专业院校的背景和媒体的支撑，咨询服务的能力较强、公司的社会信誉良好，外资和国内的大型调研咨询类企业尚未进入当地市场，因此本土企业纷至沓来，委托业务拓展较为顺利。成立次年(2002年)营业收入即达270万元，2001～2004年营业收入的年平均增长率为30%。同时在西部地区逐步建立了良好的业务关系网络，拥有一批优质客户群体。但随着国家西部大开发战略的实施，大批外资和国内的大型市场调研企业纷纷涌入西南三省，它们在人才投资、技术设备、信息渠道、服务网络等方面的优势显著，在业务推广和咨询服务方面具有更强的竞争力；同时，公司原经营和管理模式上存在的种种弊端和问题也逐步显露出来，行业数据积累不足、专业化调研能力不强，客户满意度降低，使天问公司在渐趋激烈的市场竞争中开始处于下风，2005年公司经营出现萎缩的趋势，老客户流失率将近60%，新客户的增长速度减缓，业务推广困难。此外，公司固定客户的绝对数量虽然有一百余家，但市场调查服务的单项价格偏低，即使在经营较好的前两年，每年承接的调查项目有30～40个，但年平均营业收入不到180万元，项目合同平均单价低于5万元。公司盈利微薄，经营一度陷入困境。2005年8月，公司召开董事会扩大会议，管理层对公司现状和经营问题进行了反思，走访了部分客户，并邀请一批专家学者对企业的发展问题进行分析，重新明确了公司未来的竞争定位和经营思路，在此基础上制定了公司的战略发展规划和营销战略。

2. 问题与症结

与会者分析和总结了公司运作的主要问题。虽然公司面临着竞争对手的强劲挑战，但西部地区特别是本地区由于经济发展的整体水平和市场化程度较东部发达地区滞后5～10年，调研市场方兴未艾，可开发潜力巨大。而且，外资和国内大型市场调研企业虽然实力雄厚、运作成熟，但其进入西部地区的时间都比较短，对西部市场尤其是省内市场的企业需求、消费环境、经济文化、产业发展状况等缺乏了解，实现人才本土化尚需一定时日。短期内公司的业务网络还不会产生严重的动摇。经营观念的滞后和营销策略的失当才是造成公司目前经营困境的根本性原因，具体反映在以下几个方面。

1)企业定位不明

公司业务泛而不精，有限的公司人才和资源被分散到了调研、企划、培训等诸多业务上，造成专业分工程度过低，专业技术人员与项目之间同步交叉，往往一个人(部门)需要同时处理若干不同性质的业务,结果造成公司职能部门之间协调困难,主营业务不明确,在各个经营项目均毫无特色和优势,缺乏核心竞争力。

2)缺乏市场开拓意识和竞争意识

公司的业务骨干基本来自省内高校的教学、科研部门,自我推广意识薄弱,市场拓展能力不强。业务项目的承揽往往是被动地等客上门,对外宣传缺乏主动性;公司运作三年仍没有建立完整的客户档案(数据)库,没有制订市场拓展计划,没有既了解专业又熟悉市场的业务拓展人员,仅凭公司经营者的个人关系维系业务,市场拓展缺乏主动性、积极性。项目报价和投标多数不考虑顾客需要和支付能力"闭门造车",缺乏竞争意识。

3)服务意识薄弱,与客户缺乏沟通

公司员工的个人能力和专业素质较高,但服务意识薄弱,项目实施缺少灵活性和弹性,调研过程中客户的临时性需要或变更内容的要求往往被拒绝;调研人员缺乏与客户沟通的主动性,对客户的咨询缺少耐心,对客户的问题不屑作答,这些都大大降低了客户的满意度,增加了客户的流失;此外售后服务不足,缺少项目跟踪机制,许多委托项目在向客户递交调研报告后,既不了解客户的反应也不了解调研报告的使用情况,项目服务的质量信息得不到及时反馈,工作质量的改进也就无从谈起。

4)缺乏市场细分和清晰的目标市场策略

公司所承接的调研课题涉及十几个行业,范围太宽,调研人员往往需要在初步市场调查中花费较多的时间来熟悉委托课题所涉及的市场背景和专业知识,降低了调查工作的效率;同时由于公司调研人员缺乏对客户的需求和行业的深入研究,缺少行业经验沉淀,没有形成完整可用的行业数据库,不能针对特定客户的需求提供有效的专业服务,客户满意度较低;此外由于专业知识准备不足,调研人员与委托方的沟通也常常存在专业技术方面的障碍,往往因沟通问题误解顾客需要,导致项目设计失误。

5)服务流程不规范,缺乏严格的质量监控体系

公司业务制度缺乏可操作性,没有一套完善、规范客户服务程序、信息沟通渠道和沟通反馈机制。没有专职客户接洽人员,客户接待和合同洽谈工作随意性很大。公司员工之间经常因未能及时沟通信息而导致工作矛盾和重复;服务流程不清晰、不透明,调研项目缺少严格、规范的质量管理体系,导致各职能部门之间责任不明、扯皮推诿,委托客户对项目进程和服务内容不了解,极大地降低了客户的信任度和营运效率。

6)公司形象和服务的推广不力

公司经营者不重视形象整合和企业形象的宣传,没有广告计划,很少参加各种社会公共关系活动,没有自身的VI系统、业务推广手册等促销工具。因而公司虽在本省市场中有一定的影响力,但在全国同类企业中的知名度却很低,因此与同类企业的项目合作和信息共享较少,数据资源利用率较低,严重制约了其承担跨地域项目的操作能力。

7)陷于价格战而忽视了服务质量

由于公司存在着上述问题,其各项业务缺少"拳头产品",项目消化能力较弱,公司固有的优势得不到有效利用,服务质量一直未能得到有效提升。因而其主要服务对象基本停留在当地中小企业层面上,与当地的其他中小调查企业的市场定位重叠,频频陷于恶性价格竞争的旋涡,企业经营陷入困境。

通过以上分析，公司管理层对企业运作存在的问题有了比较清楚的认识，就未来的改革和发展达成共识，并形成了“转变经营观念、实施客户满意战略”的会议决议，其核心是对公司经营方向、服务模式进行战略调整，建立健全相应的管理制度，通过实施营销整合、再造服务流程，实现公司业务的重振。

3. 环境分析与企业定位

首先，公司管理层对企业资源和竞争状况进行了分析，认为公司在本省同业中的竞争优势和市场机遇在于五方面。

(1)技术力量较强。公司有高校背景，便于吸纳高层次人才；公司有一批从事市场调研理论研究和实践操作的专门人才；现有的设备、专业设施在本地同行企业中首屈一指。

(2)人才储备充分。公司专职兼职调查人员全部来自高等院校，整体素质比较高，且每年可在毕业生中选择优秀人才进入公司，人力资源丰富。

(3)竞争环境良好。目前尚无大型的市场调查公司或外资调查公司进入本地市场，进入西南地区的外资调查企业和大型国内调查企业也只有三四家且立足未稳。公司的竞争者主要是当地的一些民营调查公司和新闻媒体附属的广告公司，且数量较少、实力有限。

(4)政策支持。公司与当地教育主管部门、区(县)一级政府保持良好的合作关系，经营活动得到其充分支持。

(5)社会资源优势。公司主要股东之一的乐万家百货连锁零售公司是省内零售行业的知名企业，实力雄厚、经营网点完整，在商界影响力较强，为公司进入商界提供了良好的人际关系网络和信息收集渠道。另一股东丰采广告公司则拥有媒体优势和传播网络，便于企业形象和服务的宣传推广。

在充分认知公司优势和不足的基础上，公司管理层对未来业务的发展进行重新定位，确立了“集中资源优势，以研究特色开拓客户，以优良服务巩固市场”的思路，明确以(重点行业)市场调研为主业，以“行业市场分析权威”为形象定位，调整公司业务结构，制定了公司未来三年的成长目标，即努力发展成为西南地区“行业性、专业化的大中型市场调研服务企业”。在这一目标的指导下，公司经营者通过市场细分和反复论证，决定选择以下三个行业作为公司今后调查服务的目标市场和推广重点。

(1)白酒和卷烟生产行业。烟酒行业是该省经济的主要支柱，白酒的产销量在全国仅次于四川省，卷烟生产规模名列全国前三位，这两个行业在西南诸省的经济中也占有极重要的地位。企业数量众多，且各个企业的经济实力较强，属于“高支付力”的客户。

(2)中成药生产经销企业。该省有国内最丰富的中草药自然资源，以中成药开发、生产、销售为主的各类医药企业近 800 家，有一批在全国市场也颇具影响力的中成药品牌，属于典型的地方特色产业。

(3)百货零售业。西南地区的一线城市如成都、昆明、贵阳均属典型的消费城市，工业消费品几乎全部来自外省企业，没有地方主导品牌，形成了“群雄争霸”的竞争格局。因而零售商业相对比较发达，如该市不到 300 万人口的市区中就有超大型百货商场 26 家，大型零售连锁企业 12 家，竞争激烈。各品牌厂商都非常重视消费者信息和竞争动态，给市场调查业务的拓展创造了良好的契机。

4. 整合服务体系

从2005年10月开始，公司陆续出台一系列措施，对公司的经营模式和管理制度进行创新，对营销要素和服务体系进行整合和再造，其主要内容有以下七方面。

1）突出业务主项

公司根据自身特长，明确以竞争动态跟踪、家庭消费数据监测为业务主项，重点投资购置了用于入户访问和卖场记录的相关调查设备，重点开发针对商场和消费者家庭的调查技术。同时，对上述三个行业进行深入研究，构建信息监测网，并与该市统计局建立合作关系，将消费调查数据与官方渠道提供的宏观统计数据结合起来，形成详尽、完整、有效的行业数据库，为上述三个行业的企业提供日常竞争和消费需求信息。

2）规范调研服务流程

以客户需要为导向，从客户接触、合同洽谈，到调研报告、服务追踪，建立了一套严格、完整的调查服务操作规范，并通过系统培训形成标准化的客户服务流程。同时建立了调查人员内部评级制度、项目团队协作制度，从管理机制和流程上着手提高服务水平。

3）强化客户沟通机制

建立客户督导制度，聘请客户参与调查项目执行全过程；设立分段式数据报告体系和定期沟通机制；按调查阶段向客户提供进度报告和调研汇总数据。此举一方面增强了调查服务的透明性，提高客户满意度，另一方面增加了与客户交流和沟通的机会和时间，为进一步延伸调查服务打下良好的基础。

4）建立员工培训和激励机制

建立员工个人职业发展规划；除定期分级对员工进行服务意识和操作技能的培训外，针对每一个委托调查课题开展项目操作培训；完善员工业绩考核指标体系和相应奖惩制度。

5）创新客户服务模式

树立“顾客是唯一的”观念，建立顾客数据库；通过客户期望分析，针对每一个客户需要提供调研服务建议（计划）和定制化服务；对“高等级”客户免费提供市场动态跟踪服务；每一个调研课题都与客户共同成立执行协调和项目监控小组，强化企业与客户的沟通。

6）强化市场推广

引入和建立公司CI系统；向客户展示公开的服务蓝图；建立售后服务机制，主要通过补充调查和调研报告使用跟踪服务来提升服务价值和客户忠诚度；与省级电视台经济频道、商业报刊等多家媒体合作推出市场专题栏目（节目），提升企业的社会信誉和公众形象。

7）建立商业区域数据库

公司投入大量人财物力对该市城区的全部消费品商业零售网点进行摸底普查，并在此基础上设计和绘制了《城市商业网点布局图》，同时记录每一个零售网点的基本信息，以此建立了零售商业数据库；并通过定期动态更新和行业数据深度挖掘，形成了实用价值很高的分销渠道数据库，向多家企业提供有偿服务。由于这一措施能够为客户提供全面、完整的市场信息，极大地强化了公司的竞争力和行业声誉，提高了公司的服务收入。

5. 效果评述

经过近一年半的努力，营销创新和公司再造取得了明显的效果，公司经营能力和服务水平有了长足的进步。首先，调查服务开始出现良好的增长势头，2006年和2007年公司营业收入分别为275万元和357万元，2008年更是达到创纪录的404万元。2009年仅第1季度的营业额即达265万元，相当于2005年全年收入的1.5倍；固定资产余额达到200万元，相当于投资初期的10倍；员工数量增加到近200人，具备了单独承担跨省、地区的市场调研课题的能力。其次，公司知名度和社会信誉度大大提高，其研究成果《西南三省商品市场的培育和发展》《企业价值测评研究》等获得省社科进步一等奖，已发展成为西南地区颇具影响力的中型市场调查公司。最后，客户流失率明显下降，对公司服务的满意度明显提高，目前除已建立固定委托关系的22家本地大型百货零售企业和连锁企业外，公司提供定期数据服务的企业就有37家，其中有8家省外企业，一批过去已流失的客户又重新找上门来。

从本案例中我们不难得出结论：市场调查企业的兴衰与其经营理念和营销模式息息相关，市场调查企业能否突破成长的瓶颈，获得长足的发展，关键在于如何面向市场需求有效地提供良好的服务，面对竞争如何建立自己的特色定位，发挥自身的竞争优势。

根据上述案例思考和回答下列问题。

1. 天问公司2005年前后的目标市场营销策略有什么变化？
2. 试对天问公司面临的营销环境进行SWOT分析。
3. 天问公司2005年确立的经营理念和市场定位是什么？
4. 2005年以后，天问公司是如何根据其市场定位来调整经营策略的？

案例2

管理之魂，浴火重生

当国内知名大学MBA的毕业生杨凯经过层层筛选进入这家世界著名的管理咨询公司时，才发现他面临的是一个完全不同于他见过的跨国公司和国内企业的管理体系，压力、挑战和机遇都向他扑面而来。

1. 公司简介

BP公司是全球最著名的管理咨询公司之一，在信息系统整合和管理咨询这一行业中全球排名第三，且其业务保持着年均17%的增长率。公司总部位于美国洛杉矶，主要业务是向全球大型企业或企业集团提供咨询服务，内容包括市场调研、财务分析、信息系统整合、营运诊断、品牌规划、管理咨询、电子商务构建、营销策划等八大类服务。

BP公司根据地理区域及其民族文化的差异，将全球划分为八个大区：美国区、亚太区、大中华区、欧洲区、中北美区、南美区、西亚区、非洲区，通过在这些地区设立八大子公司来管理和运作全球业务，各大区又根据业务拓展的需要再建立相应的分支机构。例如，杨凯进入的大中华区公司（驻地上海），下设有沈阳分公司、北京分公司、上海分公司、广州分公司、重庆分公司等五大分公司以及设在上海的综合研发中心和北京的发展研究院。

2. 项目管理

BP公司具有一套独特的营运模式——项目总监制，中华大区各地分公司（分部）设有12～16个职能部门，除分公司管理必需的财务、行政两部门外，所有职能部门按咨询业务的专业分工来设置，如市场调研部、数据分析部、品牌管理部、IT事业部等，而每一职能部门只有唯一的任务：招聘符合条件的该专业人才，通过多模式的培训使之成为可供挑选的、具有相当专业技能的员工。分公司老总和职能部门均不负责具体咨询项目的运作。在杨凯看来，这些分公司的老总倒像是个大办公室主任兼人力资源部经理，只是负责项目总监的来往接待、食宿安排，以及员工的培训和办理必要的人事手续，不涉及具体业务项目，也不允许干涉业务项目的运作，这与国内其他公司老总对业务往往具有绝对决策权的传统管理模式可谓天壤之别。

BP公司的咨询项目的实际运作是通过一套项目总监负责制和内部自由竞标制度的体系来完成。咨询项目的实际负责人是项目总监或副总监，项目总监或副总监均由普通专业员工通过不断培训和业绩累计，从见习助理、中级专业职员、高级专业职员、项目组长、项目副经理、项目经理、项目副总监、项目总监逐级升迁形成。如项目经理需至少担任30个业务项目的咨询经理、参与完成50个咨询项目、累计接受200小时或80个案例的培训后方能晋升取得。项目总监、项目副总监、咨询经理仿佛是一种职称资格和履历而不是行政职务。公司在全中华区共有这样的项目总监或副总监50余名。他们拥有争取、运作和管理咨询项目的权力。

3. 项目运作

首先，设在大中华区总公司的营运中心负责与委托方公司（客户）进行业务接洽、谈判、前期调研和合同签订。任何员工也可利用自己的人际关系寻找客户介绍给公司，而一旦公司与委托方谈判完成签约后，公司将付给介绍人一笔可观的业务拓展费，但从此该项业务与介绍人再无任何关系，而统一由公司负责管理。BP公司建有自己的内部局域网（网站），签约后的项目由大中华区总公司的营运中心将项目的要求、完成时限和前期调研的相关资料公布在特定“项目招标专区”网页上。大中华区总公司所有项目副总监级以上的人员用特定的密码进入专区浏览。并可对自己感兴趣的任何项目进行投标，投标者通过仔细阅读和分析项目资料，确定是否投标，当然也可以同时向多个咨询项目投标。投标者按规定格式撰写投标书，说明完成该项目的基本思路、工作内容、完成时间、所需经费等，将投标书电子文档通过网页上专用程序发送到营运中心。营运中心在规定投标时限内收集所有标书，隐去投标者姓名后，组织专家组对标书进行评审（专家组名单实行严格保密，通常由大中华区公司以外的其他公司专家组成），通过匿名投票方式选出中标方案。然后，营运中心将通知中标者，并在最迟2天内将标书要求的经费拨入中标者独立银行账户中。

下一步，中标者（称为项目经理）将首先建立项目工作组。项目经理可到中华区五大分公司的任何一家挑选项目工作人员。中标者根据咨询项目的需要到特定职能部门选择专业人员。而这种选择也是一种双向选择，项目经理有权选择任何自己满意的员工（不必通过公司老总的认可同意，公司老总也无权干涉），但专业职员也可以考虑和决定是否加入项目组，专业职员有权回绝项目经理的邀请，同时专业职员在工作时间和精力上不发生冲突的前提下，可以同时加入多个项目组，兼做多项目的专业工作。此外，中标者可以自己亲自担任该项目的项目经理，也可以指定一名专业职员代替自己管理项目运作。工作组建立完成后，中标者(项目经理)和所有参加项目的职员将进行集中研讨培训，然后项目组将进驻委托方企业或指定区域开展咨询工作。

4. 费用及薪资

拨入指定账户的项目运作费用，由项目中标人(项目经理)自由支配和决定使用途径与方式。公司不予过问。其中支付给咨询项目工作组成员的薪资部分，公司给出各职级职员的最低项目报酬标准，只要在此标准之上，项目经理可自行决定支付给该职员多少报酬。

所有专业职员(包括项目总监)的薪资由固定薪资和项目浮动薪资两部分构成，固定薪资根据职级从3000元到12 000元(月薪)不等，由公司统一支付；项目浮动薪资则根据参与项目的多少、参与者在项目中承担的工作量而定，由项目经理确定。一般而言，职级越低，则项目浮动薪资在总薪资中所占的比例越高。

5. 过程管理和业绩考核

除了要求按合同时间完成咨询工作外，公司营运中心对项目小组的咨询工作通常采取"三不"原则：不干涉工作过程、不评价咨询效果、不调整项目人员。充分发挥项目小组的集体智慧和创造力，并鼓励项目小组创新，尊重项目小组的工作成果。但项目一旦启动，公司即派出一位观察员，全程跟踪、记录咨询工作过程，对咨询过程中的各类文档(如市场调查问卷、员工访谈记录、咨询报告等)进行收集，对咨询过程中的各种"事件"(如交流座谈、现场分析、小组讨论、流程设计等)进行录音、录像、记录、整理相关资料上报公司。但该观察员绝不对咨询工作发表任何意见或干涉咨询进程。最后全部汇总完成的项目资料编辑归档后，形成咨询项目档案进行公司案例库。观察员的所有费用(食宿、交通、工作费用)均由公司单独另行支付，不得由项目组承担。

6. 历练与奋斗：再造自我

新职员进入公司的半年为学习期，新职员只有学习研讨任务而不进入项目工作，也不考核工作业绩。新职员在半年的学习期中，每天早上到公司报到后即进入阅读室，通过网络进入公司案例库，选择自己感兴趣的案例进行研读。公司规定每天必须研读至少2个案例，且撰写和上交研读书才算完成。新职员在半年内至少完成50个案例的研读，方能成为正式职员进行相应的专业职能部门，有权接受项目经理的挑选和聘请参加咨询项目工作。

经过半年令人窒息的学习和研读，杨凯总算成为了公司的正式员工。但他突然发现要融入这个团队也是非常不容易的事。首先，没有任何项目总监(副总监)熟悉和了解这个新人，当然也没有哪个项目经理敢随便选择这样一个"毛头小伙子"承担咨询工作。项目总监们往往都是选择自己比较了解、能力出众、配合熟练的老员工，这也很合乎情理。因此公司新人的淘汰率非常高。尽管公司从不主动辞退员工，但坐"冷板凳"看着别人撒欢毕竟不是愉快的事，何况这些自视天之骄子的高学历者。很快3个与杨凯一起进入公司的同学选择了离开。而且杨凯也发现,尽管BP是一个智力密集型的企业,但公司似乎并不在乎员工的去留,也几乎不主动挽留包括高级总监在内任何提出辞职的员工。

但杨凯是个不轻易服输的人,经过冷静思考原因,他决定“主动出击”,于是他找到一位还比较好打交道的刘总监,提出愿意不取分文到他的项目组工作,哪怕只是接接电话、跑跑路、打印复印资料之类的杂活。刘总监考虑了一下同意了,毕竟这并不会给他带来麻烦和增加费用,多一个人也多份力嘛。杨凯终于得到了参与咨询项目工作的机会。

由于扎实的专业功底和平时善于观察积累,杨凯很快就适应了项目组的工作,从打杂到材料撰写,再到独立进行数据分析,他上手得很快,同时也很快熟悉了这位刘总监的沟通风格和工作方式。而刘总监也在工作中了解了他的特长、能力,并对他的工作效率和质量感到满意。参加了两三个项目后,他接到了刘总监的正式聘请,正式担任下一个咨询项目的数据分析员工作,领到了自己的第一份项目浮动薪资。后来的事就顺理成章了,刘总监在公司每季的总监茶话会上(这也是公司的规定,副总监以上每季要以茶话会方式集中2~3天,以便互相交流经验、推介新人)又把他推荐给了其他项目总监,杨凯承担的咨询项目越来越多了,他终于融入公司文化,成为了人人欢迎的专业骨干。他曾感慨地说:我现在才明白,如何最快融入环境、寻找切入点才是应聘这家企业的最后一道“试题”,那就是应聘者必须要学会主动与人沟通交流、主动寻找工作机会,具有寻找和抓住发展的机遇的能力!

经过4年不懈的努力,现在杨凯已成为一名出色的项目副总监,也能投标“承包”项目,组建自己的咨询团队了。但他也感觉到竞争的压力越来越大,时刻有一种被他人超越的恐惧感。因为每个新入职的员工都在不断研读前人的案例,从中汲取成功的精华、总结失败的教训。由于“站在巨人的肩上”,新晋升的员工所完成项目的水平往往超越了前辈,成本控制更加有效,咨询质量越来越高。这种“长江后浪推前浪”的同事之间竞争使杨凯不得不拼命学习、奋斗,努力迎接一个又一个挑战!

根据上述案例思考和回答下列问题。

1. 从全球范围上讲,BP公司的企业组织结构是什么类型?在大中华区的内部,承担BP公司的业务运作的组织结构又是什么类型?对于具体的咨询项目而言,BP公司的项目工作组方式的结构具有什么特征?

2. BP公司的项目运作经费和员工薪资管理分别采用的是哪一种管理方式?

3. 试分析和总结BP公司的营运管理模式的特色和优点。

4. BP公司是如何对员工进行培训和激励的?

☞ 思考与讨论

1. 选择一家调研企业,画出其项目执行的流程图,分析其流程的合理性和效率,提出改进的建议。

2. 为一家调研企业制定一份调查流程管理手册。

参考文献

伯恩.2005.市场调研技术手册.卢媛,孟朝晖译.北京:人民邮电出版社

樊志育.1995.市场调查.上海:上海人民出版社

郭国庆.2005.服务营销管理.北京:中国人民大学出版社

海格.2000.市场调研.张天赐译.北京:中国标准出版社

何慧,张萍,刘艳红.2002.市场调研经理手册.北京:企业管理出版社

纪宝成,吕一林.2002.市场营销学教程.北京:中国人民大学出版社

迈克丹尼尔,盖茨.2000.当代市场调研.北京:机械工业出版社

萨德曼,布莱尔.2004.营销调研.宋学宝,等译.北京:华夏出版社

叶万春.2011.企业形象策划——CIS导入.3版.大连:东北财经大学出版社

附　　录

附录1　中国市场调研公司2010年排名

排名	公司名称	公司简介	业务领域	员工人数/人	年营业额/万元
1	央视市场研究	CTR市场研究是中国领先的市场研究公司，成立于1995年，2001年改制成为股份制企业，主要股东为中国国际电视总公司和TNS	包括消费者固定样组、个案研究、媒介与产品消费形态研究、媒介策略研究、媒体广告及新闻监测。可提供连续性的多客户研究，还可以为不同客户提供量身定制的具有针对性的解决方案	500	55 000
2	央视-索福瑞媒介研究	央视-索福瑞媒介研究是CTR和TNS合作成立的中外合资公司	拥有世界上最大的电视观众收视调查网络，提供独立的收视率调查数据，致力于专业的电视收视和广播收听市场研究，为中国内地和中国香港传媒行业提供可靠的、不间断的收视率调查服务	1 200	30 000
3	上海尼尔森市场研究有限公司	尼尔森公司是全球首屈一指的媒介和资讯集团，尼尔森公司为私营公司，其业务遍布全球100多个国家，总部位于美国纽约	提供全球领先的市场资讯、媒介资讯、在线研究、移动媒体监测、商业展览服务以及商业出版资讯	2 000	
4	北京特恩斯市场研究咨询有限公司	由原TNS Custom and Research International合并而成的TNS Research International中国是中国专项市场研究公司中的佼佼者，致力于为客户提供可行性市场洞察和基于调研的商业咨询，以帮助客户做出更具成效的商业决策	在消费品、科技、金融、汽车等多个领域为客户提供全面而深刻的专业市场调研服务和行业知识，并拥有一整套先进独特、覆盖市场营销和商业运营所有环节的商业解决方案，其中产品开发与创新、品牌与沟通、利益相关者关系管理、零售与购物者研究和定性研究等更是公司的特色强项	500	23 600
5	北京益普索市场咨询有限公司	益普索于2000年进入中国，目前已经成长为中国最大的个案研究公司之一。益普索在中国拥有专业人员700余名，在北京、上海、广州和成都均设有分公司	专注于营销研究、广告研究、满意度和忠诚度研究、公众事务研究等四大领域的市场研究服务	900	20 000

续表

排名	公司名称	公司简介	业务领域	员工人数/人	年营业额/万元
6	新华信国际信息咨询(北京)有限公司	1992年年末，新华信在北京成立，率先在中国开展市场研究咨询服务和商业信息咨询服务，并于2000年推出数据库营销服务。迄今，新华信已发展为中国领先的营销解决方案和信用解决方案提供商	收集、分析和管理关于市场、消费者和商业机构的信息，通过信息、服务和技术的整合，提供市场研究、商业信息、咨询和数据库营销服务，协助企业做出更好的营销决策和信贷决策并发展盈利的客户关系	700	25 000
7	零点研究咨询集团	中国专业研究咨询市场的早期开拓者与当前领导者之一，旗下有“零点调查”(专项市场研究)、“前进策略”(转型管理咨询)、“指标数据”(共享性社会群体消费文化研究)和“远景投资”(规范的投资项目选择与运作管理服务)，提供专业调查咨询服务	零点调查针对不同的客户需求，提供针对性的研究服务，目前的业务主要定位在消费者研究、品牌研究、评估性研究、产品与营销研究四大研究领域	258	10 223
8	北京捷孚凯市场调查有限公司	总部位于德国纽伦堡的GfK集团，是全球五大市场研究集团之一，拥有80年的发展历史。2005年，GfK集团全球年营业收入超过10亿欧元，在全球拥有超过6 000人的全职员工，在69个国家和地区设有120多个分公司和分支机构	GfK集团目前在全球范围内的市场研究业务，涉及专项研究、医疗保健研究、消费电子零研、消费者追踪、媒介研究五大领域	150	6 700
9	北京新生代市场监测机构有限公司	成立于1998年，2003年引进外资，成为中外合资企业。新生代从1998年开始持续跟踪和监测中国市场的变迁，记录中国市场风云变幻，提供市场和消费者洞察，协助客户在商战中制定成功决策	连续研究：连续性的、年度的与单一来源的大众市场研究与分众市场研究 媒介研究：平面媒体研究、电波媒体研究、户外媒体研究、网络媒体研究、新媒体研究 消费研究：行业与市场分析、销售研究、营销研究(品牌/产品/价格/广告/促销)、消费研究、客户满意度研究		

续表

排名	公司名称	公司简介	业务领域	员工人数/人	年营业额/万元
10	慧聪邓白氏研究	慧聪邓白氏研究前身为慧聪网旗下的慧聪研究院，成立于1993年，并于2003年随慧聪国际整体在中国香港上市。慧聪研究在多个行业已成为资深的行业市场研究专家，跻身成为国内一线市场研究服务机构	主要由两大业务体系构成：一是根植于IT、通信、汽车、家电、医药、媒体、化工、工业品等行业的市场研究解决方案；二是基于1 400多家平面媒体监测与5 000多个网址源监测的媒体监测解决方案	400	5 000
11	英特知·联恒市场研究有限公司	1997年8月成立，总部位于上海，在北京和广州设有分公司，是中国市场研究协会、中国信息协会市场研究业分会、欧洲 ESOMA、美国 AMA 的成员	业务范围从日用消费扩展到医药、金融和IT等专业领域	160	4 020
12	赛立信研究集团	赛立信成立于1996年，旗下包括赛立信市场研究有限公司，赛立信商业征信有限公司，赛立信媒介研究有限公司，上海赛立信信息咨询有限公司，北京赛立信市场调查有限公司，赛立信资讯(香港)有限公司，以及设于深圳、武汉、成都、西安、厦门等城市的现场执行机构	服务范围涉及市场研究服务、媒介研究服务、竞争情报研究服务、商业信用调查服务。其中，赛立信(媒介研究)是国内最大的广播收听率数据服务商，在该领域占有70%以上市场份额。同时，赛立信也是中国内地竞争情报研究服务的领航者	150	4 500
13	现代国际市场研究有限公司	MIMR于1995年创立于广州，是中国最早成立的市场研究公司之一。目前，公司在上海、北京、成都等地设立了全资分公司，在深圳、南京设立办事处，研究服务项目遍及全国100多个城市及乡镇	专注于快速消费品、移动通信产品、汽车、金融、医药保健品、家电耐用产品、时尚服饰、IT因特网等领域的研究。MIMR结合研究专业模型和公司的实践经验，基于企业营销过程的5大块创建了有针对性的5大研究体系20多项研究技术，为客户提供全方位的市场研究和信息咨询服务	120	3 500
14	艾瑞咨询集团	艾瑞咨询集团是一家专注于网络媒体、电子商务、网络游戏、无线增值等新经济领域，深入研究和了解消费者行为，并为网络行业客户及传统客户提供市场调查研究和咨询服务的专业研究机构	网络媒体、电子商务、网络游戏、无线增值等新经济领域	120	3 500

续表

排名	公司名称	公司简介	业务领域	员工人数/人	年营业额/万元
15	广州诚予国际市场信息研究有限公司	成立于1996年，经过了十多年的历练，已经发展成为全国知名的专业咨询公司，在广州、北京、上海、武汉拥有四家分公司，调查网络遍布全国。是目前中国内地唯一拥有较为全面的行业营销数据库的咨询机构，是中国唯一进行营销决策支持系统开发的研究公司	服务范围涉及市场研究、服务提升咨询、数据挖掘管理三个方面。研究领域涉及移动通信、IT产品、快速消费品、房地产、汽车、医药等诸多类别，尤其在通信、IT领域的研究在全国同行中处于领先地位，在快速消费品领域与宝洁、安利等国际一流公司建立了长期战略合作关系	126	3 000
16	思纬市场资讯有限公司	思纬市场资讯公司是英国Aegis(艾吉斯)集团旗下的市场研究集团，思纬在57个国家121个城市拥有5 700多名员工，包括600多名定性研究专员和2 000多名专业研究人员	业务领域包括：快速消费品、科技、电讯、汽车、银行金融、娱乐传媒、食品零售		
17	北京商情咨询集团	北京商情咨询集团是国内著名的以实证调查为基础，以通信业、金融业市场研究及管理咨询为主干业务的资深研究咨询机构	北京商情在市场调查、市场研究与管理咨询领域建立了一整套科学的研究规范和分析方法，特别是在市场营销、服务营销、企业管理、培训和现场指导等方面形成了自己独特的研究模式	170	2 500
18	广州明镜市场研究咨询有限公司	明镜公司于1997年成立，是一家融市场研究、咨询、市场服务为一体的专业型市场研究公司。现为欧洲市场研究协会、美国市场信息协会、中国市场调查信息行业协会会员	主要研究行业有：移动信息、金融服务、医药行业、家用电器及快速消费品等行业。核心研究领域有服务管理提升、管理咨询、渠道整合、企业运营模式研究、市场预测、信息收集、品牌研究、消费者研究、产品研究、营销推广等	120	2 300
19	北京数字100市场研究公司	北京数字100市场研究公司成立于2004年，注册资金500万，专注于金融、消费品、汽车、广告等行业，长期服务国内外著名企业。数字100研究总部设立在北京，在上海设有分公司	融合了市场研究公司的专业经验与先进的IT技术。形成面向金融、快速消费、母婴、IT、汽车、广告等行业的系列产品，包括：银行服务价值链研究、高端客户需求调研、NPLab™新产品实验室、产品留置、母婴市场研究等系列产品	120	2 000

续表

排名	公司名称	公司简介	业务领域	员工人数/人	年营业额/万元
20	上海简博市场研究有限公司	简博公司成立于1998年，从一家只有6个人的小公司成长到今天有200名员工，5个分公司的规模，10年时间走出了一条扎实稳健、渐进辉煌的道路。CBR的客户中有60%是日本客户	擅长耐用消费品，尤其以汽车见长 快速消费品：瓶装饮料、酒类、药品、保健品、食品、护肤品、纸尿裤等 耐用消费品：汽车、摩托车、电脑、音响、音乐播放器、数码产品、摄像机、家电等 其他：B2B调查、网络调查	100	2 000

注：此表根据《中国信息协会市场研究分会会员名录·2010年》整理，为中国调查业影响力与营业规模居于前20位的专业调研机构

附录2　部分调研企业的组织结构

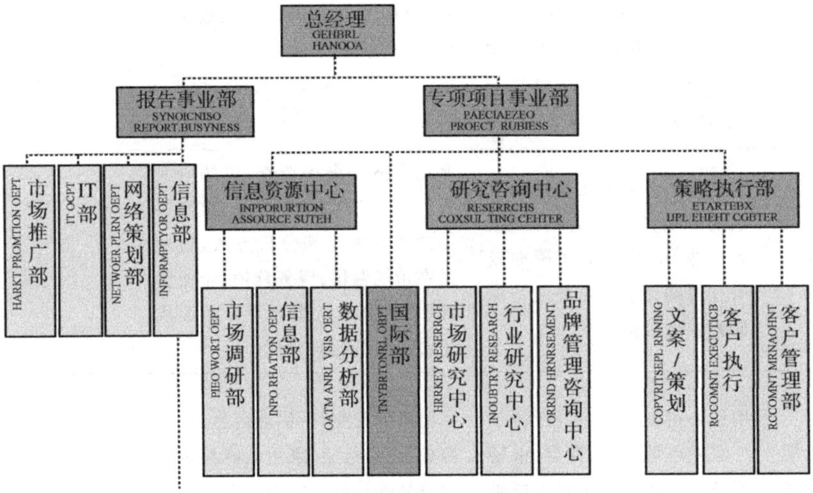

上海恒辉市场咨询有限公司

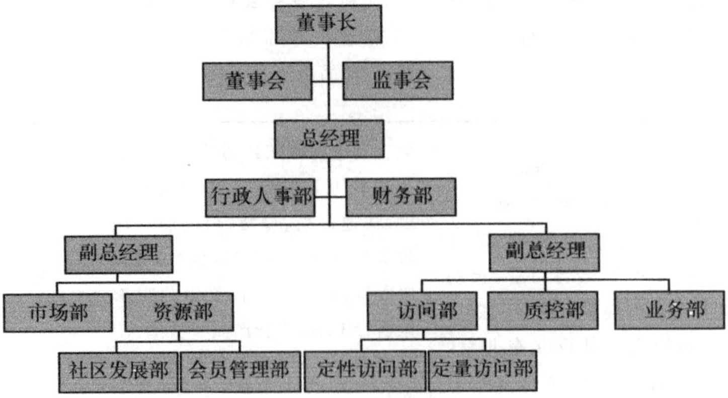

北京英特维市场调查有限公司

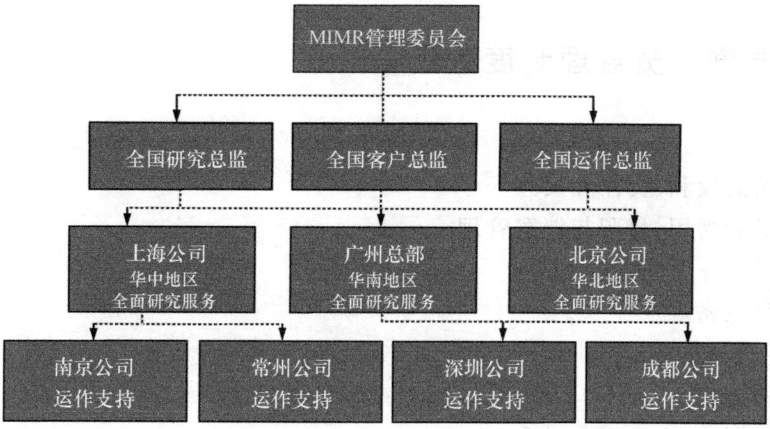

现代国际市场研究有限公司

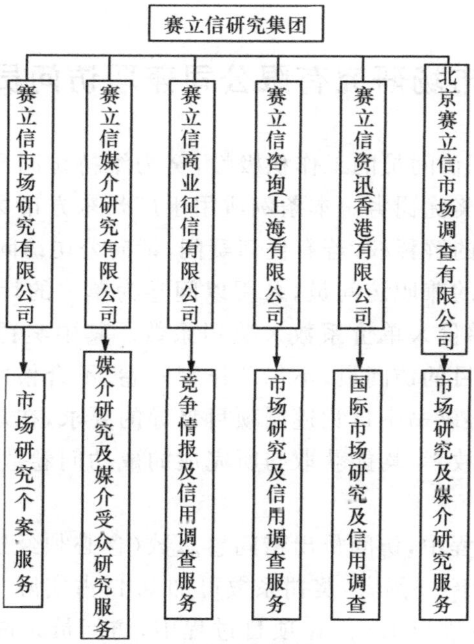

赛立信研究集团

附录 3　调查人员管理制度大纲

总则
调查人员的权利、责任和义务
调查人员的聘用、辞职与档案管理
调查人员工作手册
调查人员保密规定
调查人员薪酬规定
日常纪律规定
项目纪律制度
调查人员的晋升与等级制度
奖惩制度

附录 4　广州东方市场研究有限公司兼职访问员奖罚条例

本条例旨在激发兼职访问员的工作积极性，努力维持访问质量于高水准之上。本条例的实施原则是奖勤罚懒、奖优罚劣。本条例适用于广州东方市场研究有限公司的兼职访问员，本公司保留对本条例的解释权，若有任何疑问，请向公司访问部督导咨询。

第一，参与访问项目的兼职访问员，采用以问卷为单位的计件取酬方式，即：项目劳务费＝成功问卷数×问卷单价×单价系数×奖罚系数。其中奖罚系数范围为 0.8～1.2。在项目实施过程中，参加项目的访问员，不包含作废问卷、不合格问卷、终止的问卷等；问卷单价在项目开始前签订的协议书中自觉遵循项目督导的要求，在规定时限内完成自己的访问任务，没有较大的质量事故者，均能获取与所完成的成功问卷数相应的劳务费，问卷单价系数由其等级确定计算。

第二，在整个项目过程中，访问员出错问卷总数（含必须经过补问才能使用的问卷），占实际完成问卷数的比例小于 5%者，奖罚系数可加 0.1；占实际完成问卷数的比例大于等于 5%、小于 15%者，奖罚系数为 1.0。在项目过程中，访问员凡能以热情积极的态度参与项目，主动完成访问任务，自觉遵守访问要求，按时交卷，并且在整个项目过程中均没有出现质量事故，没有丢损访问工具者，奖罚系数可增加 0.1～0.2。访问员凡有表现特别出色者，或在项目过程中能恰当地处理突发事件，维护公司的良好声誉，避免或减少公司经济损失者，由项目督导提议，经访问部主管核实、批准后可给予特别奖励，数额由访问部主管确定。

第三，凡有以下情形的访问员，其劳务费奖罚系数扣减相应数值，同时出现数种情况的，累计扣减。

（1）对项目督导的工作安排有抵触情绪，无理要求挑选居委、村委，奖罚系数扣减 0.1。

（2）未经项目督导允许而无故推迟交卷时间的，每次扣减 0.05 的奖罚系数值，情节严重导致项目进度受阻者，可加重扣罚，直至扣除该项目全部劳务费或保证金。

(3)出错问卷数(含必须经过补问才能使用的问卷),占实际完成问卷数的百分比大于等于15%、小于25%者,奖罚系数减0.05;大于等于25%、小于30%者,奖罚系数减0.1;大于等于30%者,奖罚系数减0.2。若出错比例过大,可视情况加重扣罚并考虑是否暂停其访问任务,或重新进行基础培训,重新培训者经考核合格后可继续保留访问员资格,不合格者将被取消资格。凡必须补问的问卷应及时补问后交给督导,若有拖延以致影响项目进度的,参照上一款进行处理。

(4)凡在访问过程中使用不合乎公司规范的言行欺骗被访者的访问员,其奖罚系数扣减0.2。

(5)因访问技巧使用不当导致被访者投诉,奖罚系数扣减0.1。

(6)因保管不当,导致访问工具丢失或严重损坏,奖罚系数扣减0.05;若丢失问卷或地址表,奖罚系数扣减0.1。丢失产品或礼品应先赔偿后扣减0.1,情节严重者扣罚全部劳务费或保证金。

(7)在项目实施过程中,访问员因非客观原因中途退出项目的,所做问卷作废,并考虑扣除保证金及取消其访问员资格。以上各项,凡当事人态度恶劣或出现重大事故者,将加倍扣减奖罚系数或保证金,直至取消其访问员资格。

第四,需要补问的问卷,原则上由原访问员前往补问,如有特殊情况确需其他访问员补问的,则这部分补问卷的数量划入实际前往补问的访问员的成功问卷数当中,对原访问员则参照第三条(3)、(4)款扣减奖罚系数值。

第五,在项目过程中,访问员的问卷如果经QC(quality control)部复核,认为有质量问题或有较大疑问需要澄清者,将约请访问员面谈,访问部根据面谈的结果对事件做出相应处理。

(1)访问员"作卷"(即根本没有去访问,而凭空填写答案),属于严重的作弊行为,经核实后扣发该访问员该项目的全部劳务费,扣除保证金并永远取消东方市场研究有限公司兼职访问员资格。

(2)访问员应该严格遵循指示进行访问(包括样本地址、随机表或配额表的指示,问卷的逻辑顺序和提问要求等)。若私自违背上述指示,则不按指示访问的问卷以废卷处理,并且每出现一份这样的卷扣罚三份相应问卷的劳务费。但如有故意隐瞒事实真相者,经核实后扣罚该项目全部劳务费和保证金,并重新考虑其兼职访问员的资格。相反地,如果访问员有不遵循指示进行访问的情况发生,但QC部复核之前主动向访问部督导承认者,则只对这些问卷作废卷处理,不另外扣罚。

(3)被QC部约请面谈的访问员,若对复核结果有异议,可提出再次复核的要求,QC部将视情况安排合适的复核员或督导与访问员一起去再次复核。再次复核的结果将是最后定论。若确认是访问员的责任事故,则按本条例的相应条款加倍扣罚,严重者可扣除全部劳务费及保证金直至取消其访问员资格。若再次复核时能排除访问员的责任,则由访问部赔偿访问员再次复核的时间损失,计算标准视具体项目而定。

第六,访问员在项目过程中领受的访问任务应由本人独自完成,绝对不能由他人代做,或私自与其他访问员调换任务。凡有这种情况者,非本人完成的问卷作废卷处理,不作为成功问卷计酬,并考虑取消兼职访问员资格及扣除其保证金和全部劳务费。

第七，凡有私自截留派发产品、礼品者，除全部扣发项目劳务费外，还将扣除其保证金及重新考虑其访问员资格，情节严重者将请其所在单位协助解决，同时保留通过法律程序向当事人追讨公司所蒙受的名誉损失和经济损失的权利。

本公司的兼职访问员被视为公司的同事，各人均有义务和责任自觉维护、传播公司的良好形象。凡遇有本条例中没有涉及的情况，本公司将遵循奖勤罚懒、奖优罚劣的原则进行公正处理。

附录 5　天问市场调查公司员工绩效-晋升制度

市场调查执行体系员工绩效-晋升条件系表

职位	业绩标准	行为标准	培训及其他要求
初级访员	参与 2 个以上项目的调查工作	完成 3 个以上完整案例的学习	完成基础培训
中级访员	参与 4 个以上项目的调查工作	完成 6 个以上完整案例的学习	完成基础和拓展培训
高级访员	参加 6 个以上项目，至少独立承担 2 次专项工作	完成 12 个以上完整案例的学习	完成基础和拓展培训，接受 5 小时以上专业培训
资深访员	参加 8 个以上项目，至少独立承担 3 次专项工作	完成 20 个以上完整案例的学习	接受 10 小时以上专业培训，获得培训合格证书
项目指导	独立承担过 2 次以上计划预算、报告撰写或问卷设计	完成 20 个以上完整案例的学习	接受项目指导专项培训，获得培训合格证书
调查分析师	独立承担过 2 次以上计划预算、报告撰写或问卷设计	完成 20 个以上完整案例的学习	接受专项或专业培训累计超过 40 小时
高级调查分析师	协助项目经理完成 3 个以上项目管理	完成 25 个以上完整案例的学习	接受过系统培训或获得职业证书
项目助理	协助项目经理完成 5 个以上或独立主持过项目管理	完成 25 个以上完整案例的学习	接受过系统培训或获得职业证书
项目经理	独立主持 2 个以上项目管理	完成 25 个以上完整案例的学习	接受过系统培训或获得职业证书
项目总监	独立主持 5 个以上项目管理	完成 30 个以上完整案例的学习	接受过系统培训或获得职业证书

附录6　市场调查人员考核方案

一、考核目的

1. 通过对个人绩效进行管理和评估，提高个人的工作能力和工作绩效，从而提高组织整体的工作效能，最终实现组织战略目标。

2. 了解员工的工作能力、工作绩效，为公司人员的晋升、薪资调整、培训发展等提供依据。

二、考核频率

1. 月度考核：考核实施时间为下月的1～5日，遇节假日顺延。

2. 年度考核：考核实施时间为下年度1月的________～________日。

三、考核实施主体

人力资源部负责组织绩效考核的全面工作，在具体实施过程中，被考核者的直接上级是考核评估的主要责任人。

四、考核内容

1. 工作态度(10%)

工作态度指标是指员工在完成工作任务过程中为提高组织效能、保持良好组织运行状态和不断发展所做出的行为表现。具体包括如下几个方面：自愿执行工作之外的任务活动；必要时为成功地完成任务而坚持付出额外的努力；帮助他人并与他人合作；遵从组织规则和程序；认同、支持和维护企业目标。

2. 工作业绩(60%)

工作业绩是员工在工作中所取得的成绩，其考核指标如表1所示。

表1　市场调查人员绩效考核表

<table>
<tr><td rowspan="2">方案名称</td><td colspan="3" rowspan="2">市场调查人员考核方案</td><td>受控状态</td><td colspan="2"></td></tr>
<tr><td>编　号</td><td colspan="2"></td></tr>
<tr><td>执行部门</td><td></td><td>监督部门</td><td></td><td>考证部门</td><td colspan="2"></td></tr>
<tr><td>考核指标</td><td>权重</td><td colspan="4">指标说明</td><td>分数</td></tr>
<tr><td>调研计划完成率</td><td>30%</td><td colspan="4">考核期内调研计划完成率达到____%以上</td><td></td></tr>
<tr><td>调研费用</td><td>15%</td><td colspan="4">控制在预算之内</td><td></td></tr>
<tr><td>市场调研报告提交及时性</td><td>5%</td><td colspan="4">市场调研报告在计划时间内完成，每出现一次未及时完成扣____分</td><td></td></tr>
<tr><td>调研报告的认可数量</td><td>15%</td><td colspan="4">考核期内调研报告被领导认可的实际数量</td><td></td></tr>
<tr><td>市场调研报告质量</td><td>35%</td><td colspan="4">领导满意度评价情况(主要从调研报告构思的严谨性；所采用调研方法的科学性、合理性；调研数据处理情况；调研报告中所反映的问题是否符合公司情况、针对所提出的问题提出的建议或方案的可行性等情况进行评定)</td><td></td></tr>
<tr><td colspan="6">总计</td><td></td></tr>
</table>

3. 工作能力(30%)

工作能力主要是对员工按要求完成工作所必需的专业知识、技能及其他条件的考核。其考核指标如表2所示。

表2 市场调查人员工作能力考核表

考核指标	说明	分数	考核得分
专业技能	处理本职位所需要的各项专业工作能力并解决工作上发生的专业问题的情况		
调查能力	对工作所需信息多渠道收集、整理能力		
问题解决能力	对日常工作发生的问题进行分析并提出应对方案的能力		
创新能力	掌握专业发展的最新趋势并应用在工作改善及革新方面的情况		

五、考核的实施

1. 绩效评估

考核者根据被考核者在考核期内的工作表现和考核标准,对被考核者评分,员工本人将自己的述职报告于考核期间交于人力资源部,人力资源部汇总并统计结果,填写市场调查人员考核总结表见表3,在绩效反馈阶段将考核结果告知被考核者本人。

表3 市场调查人员考核总结表

1. 综合评分	
2. 该员工在前一段工作	□表现最好员工之一 □表现优良 □表现满意 □尚需若干改进才能达到满意的地步 □需大幅度改进才能达到满意的地步
3. 该员工的主要优点	
4. 该员工的主要缺点	
5. 绩效改进计划	
6. 该员工是否适应本职工作	□是 □否,如否,哪些工作较适合
7. 该员工的晋升潜能、晋升方向	
8. 其他意见	
主管签字:　　　　日期:	

2. 绩效审核

人力资源部对考核结果进行审核,并负责处理绩效评估过程中所发生的争议。

3. 结果反馈

人力资源部将审核后的结果反馈给考核者,由考核者和被考核者进行沟通,并讨论绩效改进的方式和途径。

六、考核结果的应用

考核结果分为 5 等，划分标准见表 4，其结果可为人力资源部进行薪资调整、员工培训、岗位调整、人事变动等提供依据。

表 4　绩效考核结果等级划分标准

A	B	C	D	E	
优秀	好	合格	待提高	差	
编制日期		审核日期		批准日期	
修改标记		修改处数		修改日期	

附录 7　2013 年 4 月国内主要城市市场调查和研究行业的员工薪酬水平

城市	总体平均月薪	从事本行业工作时间			学历		
		1～2 年	3～4 年	不限经验	中专/高中	大专	本科及以上
北京	5 376	6 334	6 416	—	3 481	6 261	6 616
南京	3 809	3 591	4 367	3 503	3 418	3 541	4 020
沈阳	3 253	3 413	4 181	3 057	2 579	3 459	3 702
广州	4 335	4 187	4 719	3 567	3 484	4 006	5 887
长沙	3 333	3 314	4 581	3 065	2 729	3 291	3 904
上海	5 778	4 567	6 268	—	3 614	4 452	7 870

资料来源：592 招聘网，http://www.job592.com/，单位：元/月